高等学校新文科教材

数字化管理系列

大数据与商业智能

基于RapidMiner的数据挖掘

主 编 / 夏 俐

副主编 / 吴 记 卓晓坡 沈华晓

王 杉 吴浩然

BIG DATA AND BUSINESS INTELLIGENCE

中国人民大学出版社

·北京·

前言

“管理即决策”，图灵奖和诺贝尔经济学奖获得者赫伯特·西蒙（Herbert A. Simon）这样认为。在大数据时代，整个社会各维度生产组织活动愈加信息化和数据化，利用数据挖掘和人工智能技术从大量数据中发现有用的信息和知识，指导和优化决策过程，已经成为一种新范式，将对人类社会的各个方面以及科学研究的各个领域产生深远影响。在变革浪潮中，如何将企业生产经营决策与大数据和人工智能技术相结合显得尤为迫切，这也是新时代新商科的发展趋势。

数据挖掘往往涉及许多人工智能和机器学习算法，需要学生有较强的数理基础和编程能力。商学院以及人文社科领域的学生由于课程设置和专业要求不同，在代码编程能力要求方面无法与理工科学生同等对待，亟须采用一种编程门槛较低的方式以学习和实现数据挖掘中的各类算法。不同于 Python 这一目前被广泛运用的机器学习编程环境，RapidMiner（被 Altair 公司收购之后于 2023 年 3 月更名为 Altair AI Studio）是一个国际流行的数据挖掘可视化软件，具备图形用户界面易于操作的特点，非常适合用作数据挖掘领域的入门学习平台。

本书是由编者在中山大学管理学院多年讲授“大数据与商业智能”等本科生和研究生课程的教学基础之上，结合数据挖掘和人工智能领域的学科知识特点，充分考虑商学院学生的背景知识结构，组织教学团队骨干教师共同编著而成。其中第 1 章（绪论）、第 3 章（数据预处理）、第 14 章（RapidMiner 高阶功能）和附录（数据挖掘任务实践与示例）由夏俐撰写，第 2 章（数据统计与可视化）和第 13 章（文本分析）由吴记撰写，第 6 章（决策树）、第 8 章（朴素贝叶斯）和第 9 章（K 近邻）由卓晓坡撰写，第 5 章（回归分析）和第 7 章（模型评估与集成学习）由沈华晓撰写，第 10 章（支持向量机）和第 11 章（神经网络）由王杉撰写，第 4 章（关联规则挖掘）和第 12 章（聚类分析）由吴浩然撰写。本书可用作各大院校商学院和人文社科领域的本科生和研究生教材，也可供对数据挖掘和机器学习感兴趣的社会人士学习参考。本书的出版承蒙国家自然科学基金项目（72342006，72371253）和广东省高等教育教学研究和改革项目的资助，也得到了 Altair 公司的大力支持，在此一并致谢。

各大院校的授课教师如果需要参考课程课件及相关电子资料，在明确授课用途的前提下，可以与编者联系索取：夏俐，中山大学管理学院，xiali5@sysu. edu. cn。

目录

// 第 1 章 //

绪　论

数据挖掘（data mining）又称数据库中的知识发现（knowledge discovery in databases），即通过对数据库中存储的数据进行分析，从中发现有价值的规律、模式或趋势，从而提升我们对数据所代表的具体事务的理解和认识，帮助我们更好地解决实际问题。

1.1　数据挖掘的发展历程

数据挖掘的历史与计算机的发展历程密切相关。20 世纪 60 年代计算机逐渐开始应用，不过早期计算机的数据存储在磁盘中，数据容量有限，相应的数据分析需求有限。20 世纪 70—80 年代随着大型数据库技术的发展和普及，数据库中存储了大量数据，对这些数据进行检索和分析的需求越来越多，而且复杂度日增，此时数据挖掘真正登上了历史舞台。数据挖掘的研究和相关算法开始出现，能够“学习”和“预测”数据之间的相互关系，并指导行业专家将学习预测结果应用于实际问题。其中一个标志性研究成果是 1986 年由罗斯·昆兰（Ross Quinlan）提出的决策树 ID3 算法，后来发展为 C4.5 算法，由此数据挖掘作为一个专门的研究方向正式亮相。进入 21 世纪，随着信息化时代的到来，互联网技术使得数据的产生和交互进入了一个倍增时代，根据 IDC 发布的《Data Age 2025》报告，全球每年产生的数据将从 2018 年的 33ZB（$1ZB=10^{21}$字节）增长到 2025 年的 175ZB，相当于每天产生 491EB（$1EB=10^{18}$字节）的数据，真正的大数据时代来临，此时如何从海量数据中分析和挖掘各类信息和知识变得更加迫切，对现实世界和商业活动的意义重大，数据挖掘也进入了全新的飞速发展时期。也是在这个时期，出现了大数据（big data）、商业智能（business intelligence）等一系列新名词和新理念。

数据挖掘领域的国际顶级学术会议是 ACM SIGKDD 数据挖掘及知识发现会议（Conference on Knowledge Discovery and Data Mining，KDD），第一届 KDD 于 1995 年 8 月 20—21 日在加拿大魁北克省蒙特利尔市举行，至 2024 年 KDD 已经举行了 30 届。第一届 KDD 的成功举办意味着数据挖掘领域已经形成一个普遍存在的国际学术团体，在学术意义上正式成为一个研究领域。“数据挖掘这一研究领域是涉及机器学习、机器发现、统计学、智能数据库、知识获取、数据可视化、高性能计算和专家系统研究人员的共同兴趣领域。数据和信息的快速增长催生了从数据库中提取知识的需求和机会，研究人员和应用开发人员都在积极响应这一需求……由于参与需求的强烈和正式论文需求的日益增长，有必要将之前的 KDD 研讨会（workshop）形式改为开放参与的国际会议形式。本次国际会议（KDD’95）将延续 1989 年、1991 年、1993 年和 1994 年 KDD 研讨会的传统，汇集来自不同领域的研究人员和应用开发人员。”①

1.2 数据挖掘的特点介绍

数据挖掘是一个典型的多学科交叉的研究领域。如图 1－1 所示，数据挖掘涉及机器学习、运筹学、统计学、数据库技术、高性能计算等多个学科，同时也是多种应用领域的重要技术手段，例如可运用于解决商业智能、工业智能、生物医疗、智慧能源、智慧交通等相关行业问题。在上述问题中，数据挖掘是核心，是实现数据驱动的商业智能分析与决策的基础。

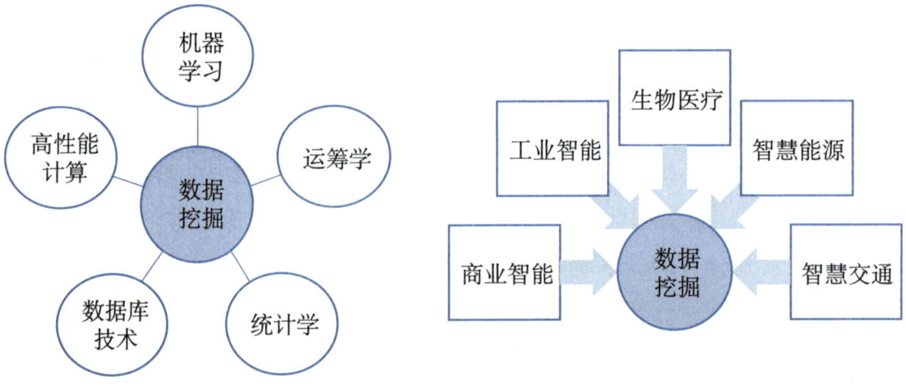

图 1－1 数据挖掘的多学科交叉特点和多应用领域特色

数据挖掘与机器学习（machine learning）的关系非常密切，数据挖掘中许多挖掘算法都是机器学习算法，两者都可以视为人工智能学科中的重要技术手段和实现途径。数据挖掘的目标是从数据中发现有价值的模式和知识。机器学习的定义有多种，例如可以理解为：“机器学习是一门人工智能的科学，该领域的主要研究对象是人工智能，特别是如何在经验学习中改善具体算法的性能”“机器学习是对能通过经验自动改进的计算机算法的研究”“机器学习是用数据或以往经验，以此优化计算机程序的某些性能指标”等。而近年来非常热门的深度学习（deep learning）则是机器学习的一个研究方向——“深度学习是机器学习领域一系列试图使用多重非线性变换对数据进行

---

① 引自第一届 KDD 的内容介绍，详见 https：//aaai. org/conference/kdd/kdd95。

多层抽象和特征提取的算法，使用深度神经网络来实现，本质上是机器学习中特征学习方法的一类"，已被应用于许多领域：计算机视觉、语音识别、自然语言处理（NLP），尤其是 ChatGPT 等。机器学习几乎无处不在，即便我们没有专程调用，它也经常出现在大数据应用中。机器学习对大数据应用的贡献主要体现在促进数据科学家的多产性、发现一些被忽视的技术方案等方面。上述价值来自机器学习的核心功能：让分析算法无须人类干预和显式程序即可对最新数据进行学习。这就允许数据科学家可以根据典型数据样本集创建一个机器学习模型，然后利用算法自动概括和学习这些已有数据和新数据。

1.3 数据挖掘的流程步骤

一个典型的数据挖掘任务一般要经历如图 1-2 所示的流程步骤，包括业务理解、建立数据集、数据预处理、数据挖掘、模型评估、实施部署等。其中，业务理解是指定义恰当的、适合数据挖掘技术解决的商业问题；建立数据集包括整理自有数据源和购买第三方数据等；数据预处理主要包括数据清洗、数据集成、数据规约、数据变换等一系列操作，以形成高质量数据集供后续算法使用；数据挖掘是核心步骤，主要是指采用各种可行数据挖掘算法模型并调整合适算法模型参数，在数据集上进行挖掘和分析；模型评估是指针对前述各种算法模型的挖掘结果在测试集上进行性能评价，从中选优；实施部署是指挑选出满意的数据挖掘模型结果，分步实施部署至实际系统中，以帮助业务人员解决相应的商业问题，实现商业智能。需要注意的是，虽然数据挖掘算法是核心步骤和关键所在，但是一个数据挖掘任务常常将花费最多的时间、人力、金钱在数据准备阶段，通常我们会将 60%以上的费用花在购买和准备数据集上，将 60%以上的时间精力花在数据预处理上，数据清洗等任务在一个项目执行过程中经常被视为是"dirty work"，但其对于整个项目成败来说至关重要，只有提供高质量的数据集才能让算法发挥性能、得到理想的数据挖掘结果。

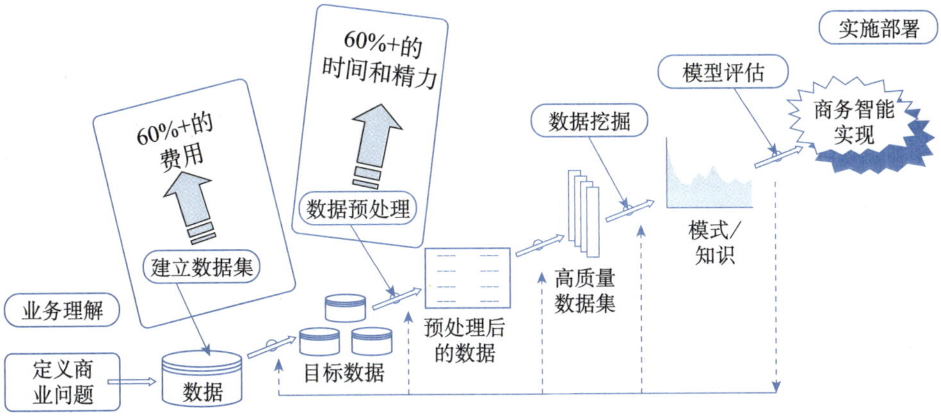

图 1-2 数据挖掘任务的常见流程步骤

1999 年国际数据挖掘相关行业领导者共同提出了跨行业数据挖掘标准流程（cross-industry standard process for data mining，CRISP－DM）方法论，由 SPSS 等几家当时在数据挖掘商业实践中经验丰富的商业公司所倡立的 SIG（CRISP-DM Special Interest Group）组织提出凝练。CRISP-DM 方法论目前已经成为业界公认的有关数据挖掘项目实践的标准方法论，它将数据挖掘项目分为六个步骤：业务理解、数据理解、数据准备、建立模型、模型评估、实施部署（见图 1－3）。总的来说，数据挖掘项目的具体步骤不一而足，需要与具体问题结合而定。

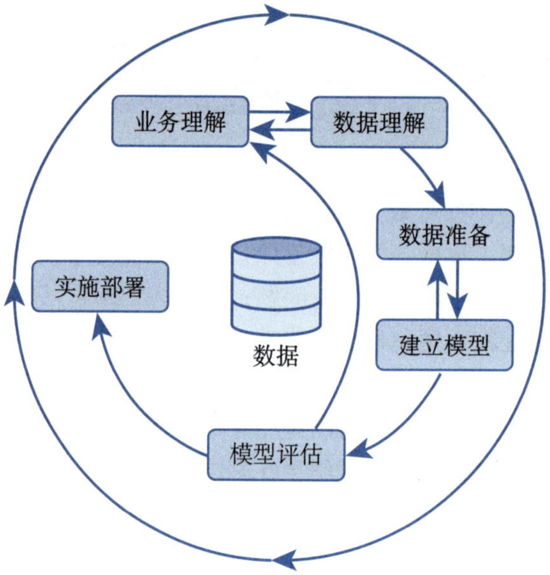

图 1－3　数据挖掘项目主要步骤

1.4　数据挖掘的典型任务

数据挖掘可以用于解决各类应用问题，例如精准营销、需求预测、产品推荐等。这些应用问题的外在形式多样、五花八门，无法一一穷举，但是通过总结凝练其背后的共性问题，我们可以把数据挖掘任务归纳为如下几类典型任务：关联规则挖掘、回归、分类、聚类、文本分析、离群点分析。

1.4.1　关联规则挖掘

关联规则挖掘的目的是从数据中挖掘频繁模式。频繁模式体现了多个数据属性之间的相关性，即这些属性字段值经常同时出现。基于此可以进一步构造相应的关联规则，从而揭示这些字段之间的规律。关联规则挖掘的一个典型例子是“啤酒与尿布”，即通过挖掘超市中哪些商品经常同时被购买（出现在同一张购物小票上），从而揭示这些商品之间的关联购买关系，进而指导超市管理人员进行商品的联合促销和营销活动策划。

关联规则挖掘的核心——找出具有强相关性的标称属性字段，其实与数值属性之间的相关系数分析本质上是相似的，不同之处在于相关系数针对的是取值为数字的属性字段之间的相关性，而关联规则或者频繁模式挖掘针对的是取值为标称值的属性字段之间的相关性。标称属性（例如颜色属性字段，其取值为红、黄、蓝、绿等标称值，而非数字）是无法计算相关系数的，但是可以通过频繁模式挖掘来评估它们之间的相关性。

1.4.2 回归

回归也是一类典型的数据挖掘任务，其与后面将要介绍的分类都可以称为预测，也即通过挖掘样本数据集 $\{(x, y)\}$ 来学习从输入向量 x 到输出标量 y 之间的关系。通常可以用函数 $y=f(x)$ 来表示两者之间的关系，那么预测的核心就是从各种可能的函数族中寻找最优函数形式来表示 x 和 y 之间的关系，该函数形式也可理解为样本数据集所蕴含的模式或者知识。当输出变量 y 为连续取值时（例如资产定价中的因子回归模型），该预测任务被称为回归；当输出变量 y 为离散取值时（例如图像识别中的人脸识别），该预测任务被称为分类。

根据函数 f 的具体形式不同，回归可以进一步分类，例如当假设 f 为 x 的线性函数时称为线性回归，此外还有多项式回归、非线性回归、逻辑回归等。如果进一步考虑一些惩罚项或者约束条件（在机器学习中也可称为正则项），还有岭回归、Lasso 回归等其他回归算法。如果输入变量是一系列具有时间下标的数字 x_t，而输出变量 y 是基于当前时刻 t 之前的 x 序列来预测 $t+1$ 时刻的 x 值，也即 $y=x_{t+1}$，该任务被称为时间序列分析（例如股票价格预测），并可视为一类特殊的回归。典型的时间序列预测模型包括自回归（AR）、滑动平均（MA）、自回归滑动平均（ARMA）、差分自回归滑动平均（ARIMA）等。

1.4.3 分类

分类是数据挖掘和机器学习领域研究最成熟、应用最广泛的一类典型任务，其目标是学习和挖掘输入变量 x 到输出类别 y 之间的函数关系，从而对新的输入数据 x 进行应属类别的预测。分类也是要寻找最优预测函数 $y=f(x)$，根据 f 形式的不同，也有不同的分类模型和算法。例如，当 f 为树状结构时，称为决策树分类模型；当 f 为线性分类函数形式时，称为支持向量机分类模型；当 f 为多层嵌套的非线性激活函数形式时，称为神经网络分类模型等。典型的分类模型包括决策树、朴素贝叶斯、K 近邻、支持向量机、神经网络等，这些分类算法几乎同时也是机器学习里面的经典算法。这类任务在机器学习中又称监督学习，这是因为样本数据集中类别标签 y 被视为机器学习算法的监督信号。当样本数据集中不存在标签信号 y 时，机器学习任务被称为非监督学习，例如关联规则、聚类、主成分分析等任务就属于非监督学习。此外，还有一类机器学习任务叫作强化学习，这是介于监督学习和非监督学习之间的一种多阶段动态决策任务，没有明确的监督信号，但是强化学习在每个时刻决策动作完成之后都有一个奖励值作为反馈信号，可以部分起到监督信号的作用。强化学习任务需要在每个决策时刻做优化，属于一种动态优化问题，难度更大，而之前的监督学习和非监督学习往往都属于静态优化问题。

1.4.4 聚类

聚类与分类相似，都是要把数据划分为不同类别，但是聚类是针对没有标签的数据集进行类别划分，基于最大化类别内部的相似度、最小化类别之间的相似度的原则进行类别分组。例如，从电商数据中识别同类型的顾客人群，这在互联网企业中是一类典型的共性任务，也称为用户画像，它作为实现推荐系统的技术手段，目前已经广泛应用于各类互联网业务中。由于没有标签信号，聚类在机器学习中属于非监督学习。常见的聚类算法包括 K 均值、DBSCAN 算法等，其研究尚不成熟，难度较大。

1.4.5 文本分析

文本分析是指在大量文档数据中搜索、分析和提取有用信息，这里的文档可以是互联网上的文本或多媒体数据。文本分析与传统数据库挖掘的区别在于文档数据往往是非结构化的，信息查询通常以关键字的方式进行，没有数据库中常用的结构化查询语言（SQL）的查询结构。文本分析的主要技术涉及自然语言处理，通常是使用概率模型来进行建模分析，近年来非常热门的生成式预训练模型 ChatGPT 也是使用概率模型来进行生成文字的预测。文档之间的相似度可以通过相应的语言模型来衡量，主要涉及的技术包括采集、分词、词频统计、词向量、文本聚类、检索分析等。

1.4.6 离群点分析

数据集中可能包含不遵守一般行为和模型的数据，这些数据称为离群点，离群点分析的目的就是要把这些离群点找出来。检测离群点可以使用统计检验方法、距离测量或者基于密度的方法。例如，通过与常规消费数据相比较从而发现大笔金额的异常消费，可用于信用卡的盗刷预警问题，离群点可能跟消费的地点、支付类型或者频率有关。离群点分析也可以应用于工业领域的故障诊断，例如通过分析数据中心应急电池的健康状况数据来进行故障诊断，找出失效或者濒临失效的电池组等。

除了上述列举的几种典型数据挖掘任务之外，还有一些其他类别的数据挖掘任务，例如图挖掘、时间序列分析、主成分分析等。随着研究的深入和需求的发展，数据挖掘的算法模型还在飞速发展中，将会出现更多更新的数据挖掘任务和相应的算法模型。

1.5 数据挖掘的经典算法

各类数据挖掘问题可以归纳总结为如图 1－4 所示的典型任务，为解决这些典型共性问题，人们研究设计了各种数据挖掘算法。2006 年 12 月，国际数据挖掘会议（IEEE International Conference on Data Mining）评选出了数据挖掘领域的十大经典算法，具体过程如下。

会议组织方邀请 ACM KDD 发明奖得主和 IEEE ICDM 研究贡献奖得主作为数据挖掘

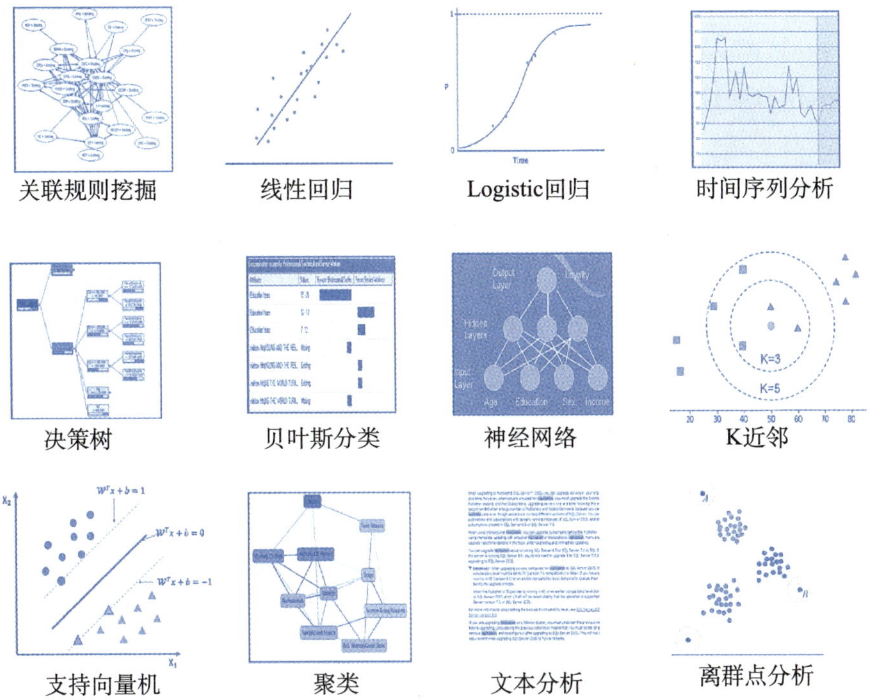

图1－4　数据挖掘的典型任务

十大算法提名委员会专家，整个评选过程分为三个阶段。首先是提名阶段，由本领域专家提名给出被提名算法名称，并给出简短评价以及算法的代表性人物。然后进入验证阶段，需要验证算法效率，并查证该算法成果的被引用频次，要求在 2006 年 10 月底之前在 Google Scholar 上查出被引用 50 次以上。在提名和验证两个阶段共推选出 18 个算法，并按验证指标排序，其中 8 个在后来的投票中未进入前十，不妨称为提名奖得主（Finalist）。下面列出获提名奖的算法名称及首发文章：

- FP-Tree：Han J，Pei J，Yin Y. Mining frequent patterns without candidate generation. SIGMOD'00，2000.（关联规则挖掘的快速算法）
- HITS：Kleinberg J M. Authoritative sources in a hyperlinked environment. Proceedings of the 9th Annual ACM-SIAM Symposium on Discrete Algorithms，1998.（网页超链诱导主题搜索）
- BIRCH：Zhang T，Ramakrishnan R，Livny M. BIRCH：an efficient data clustering method for very large databases. SIGMOD'96，1996.（聚类算法）
- GSP：Srikant R，Agrawal R. Mining sequential patterns：generalizations and performance improvements. Proceedings of the 5th International Conference on Extending Database Technology，1996.（时间序列模式挖掘）
- PrefixSpan：Pei J，Han J，Mortazavi-Asl B，et al. PrefixSpan：mining sequential patterns efficiently by prefix-projected pattern growth. ICDE'01，2001.（时间序列模式挖掘）
- CBA：Liu B，Hsu W，Ma Y M. Integrating classification and association rule mining. KDD'98，1998.（分类算法）

● Finding reduct：Pawlak Z. Rough sets：theoretical aspects of reasoning about data. Norwell，MA：Kluwer Academic Publishers，1992.（粗糙集理论）

● gSpan：Yan X，Han J. gSpan：graph-based substructure pattern mining. ICDE'02，2002.（图数据挖掘）

最后是投票阶段。为保证广泛的代表性和公正性，投票委员会在提名委员会的基础上做了扩大，增加了 KDD-06，ICDM'06，SDM'06 三个国际会议的程序委员会委员。投票前，由推选的第三方专家介绍算法及其学术影响（被引用情况等），研究应用现状以及前景，在充分酝酿的基础上投票产生了十大数据挖掘算法，清单如下：

● C4. 5：Quinlan J R. C4. 5：programs for machine learning. Morgan Kaufmann Publishers Inc.，1993.（决策树分类算法）

● K-Means：MacQueen J B. Some methods for classification and analysis of multivariate observations. Proceedings of the 5th Berkeley Symposuim on Mathematical Statistics and Probability，1967.（聚类算法）

● SVM：Vapnik V N. The nature of statistical learning theory. New York：Springer-Verlag，Inc.，1995.（支持向量机分类算法）

● Apriori：Agrawal R，Srikant R. Fast algorithms for mining association rules. VLDB'94，1994.（关联规则挖掘算法）

● EM：McLachlan G，Peel D. Finite mixture models. New York：John Wiley and Sons Inc.，2000.（期望最大化：一种参数迭代估计算法框架）

● PageRank：Brin S，Page L. The anatomy of a large-scale hypertextual web search engine. Proceedings of the 7th International Conference on World Wide Web（WWW-7），1998.（谷歌公司的搜索引擎算法）

● AdaBoost：Freund Y，Schapire R E. A decision-theoretic generalization of on-line learning and an application to boosting. Journal of Computer and System Sciences，1997，55(1).（集成学习算法）

● K Nearest Neighbours（KNN）：Hastie T，Tibshirani R. Discriminant adaptive nearest neighbor classification. IEEE Transactions on Pattern Analysis and Machine Intelligence，1996.（一种朴素的分类算法）

● Naive Bayes：Hand D J，Yu K. Idiot's bayes：not so stupid after all? . International Statistical Review，2001（69）.（一种概率形式的分类算法）

● CART：Breiman L，Friedman J，Olshen R，et al. Classification and regression trees. Belmont，CA：Wadsworth，1984.（一种二叉决策树分类算法）

上述这些参与评比的算法在数据挖掘领域都产生了极为深远的影响，在学习数据挖掘时，可以这 10 种算法为主线，如果能把每一种算法都弄懂，整个数据挖掘领域就掌握得差不多了。本书的内容将覆盖除 EM、PageRank 之外的其他 8 种算法。虽然上述评选至今已经近 20 年了，但是大部分算法仍是目前流行的经典算法。考虑最近 10 年来一些新出现的有影响力的算法，可以将深度学习算法（一种利用深度神经网络进行分类或回归预测的算法，是 2010 年至今最成功的人工智能和数据挖掘算法）、集成学习算法（GBDT、XGBoost 等利用梯度或者高阶导数信息指导决策树的集成生长与参数调整，在许多实际数据挖掘项目中往往作为系统集成层面的算法整合方案）等纳入十大经典算法名单，作为我们学习和掌握数据挖掘算法的路径指引。

1.6　数据挖掘的案例介绍

随着技术和算法的发展，数据挖掘已经广泛应用于互联网、零售、电信、银行、交通、能源、制造、医疗、政府等行业领域，辅助人们进行更科学快速的决策和管理。

1.6.1　啤酒与尿布

啤酒与尿布的案例可以视为数据挖掘最早的经典案例。20 世纪 90 年代，美国沃尔玛超市对一年多的原始交易数据进行了详细分析，得到一个意外发现：与尿布一起被购买最多的商品竟然是啤酒（见图 1-5）。借助数据仓库和关联规则，商家发现了这个隐藏在背后的事实：美国的妇女们经常会嘱咐丈夫下班以后为孩子买尿布，而 30%～40% 的丈夫在买完尿布之后顺便购买自己爱喝的啤酒。有了这个发现后，超市调整了货架的布置，把尿布和啤酒摆放在一起销售，从而大大增加了销售额。

Transaction No.	Item 1	Item 2	Item 3	...Item N
100	Beer	Diaper	Chocolate	
101	Milk	Chocolate	Shampoo	
102	Beer	Wine	Vodka	
103	Beer	Cheese	Diaper	
104	Ice Cream	Diaper	Beer	
...				

图 1-5　美国沃尔玛超市的“啤酒与尿布”数据挖掘案例

这个案例属于数据挖掘中的典型任务——关联规则挖掘的应用，通过分析购物数据中不同商品被同时购买的相关关系来揭示商品销售的隐藏规律，帮助商家提高零售收益。类似案例还包括美国塔吉特超市的精准营销，该超市通过分析每个客户的个性化购物特征来预测客户行为的变化，改变和培养客户的消费习惯，算法竟然比某位女性顾客的家人更早知晓其意外怀孕的情况。此类数据挖掘案例广泛存在于现今的精准营销之中。

1.6.2 CineMatch——奈飞推荐算法

推荐算法旨在利用数据分析来发现和满足用户的个性化需求，最早的推荐算法据说来源于美国一家提供互联网视频点播服务的公司奈飞。奈飞公司早期是一家 DVD 影片租售公司（自 1997 年开始），后来转型并成长为互联网巨头，拥有数以亿计的线上会员。在转型过程中，奈飞公司一直很注重如何从用户的观影数据中发现和挖掘用户的个性化观影需求，2009 年发起了一项奖金为 100 万美元的 CineMatch 竞赛活动，向全球所有参赛者提供 100 万条观影数据的样本集（见图 1－6），寻找推荐算法的最优解决方案。最终冠军由 AT&T 公司贝尔实验室的科学家获得，他们运用主成分分析、奇异值分解等一系列数据矩阵处理技术实现理想的用户相似距离度量和个性化推荐。奈飞公司将推荐算法和数据挖掘技术广泛运用于公司业务的各个方面，包括自营电视剧的制作过程，其打造的热播美剧《纸牌屋》也是利用数据挖掘技术来实时动态地根据观影和评论数据调整电视剧的剧情、演员、定价等设计、制作、播出环节，获得了巨大成功。

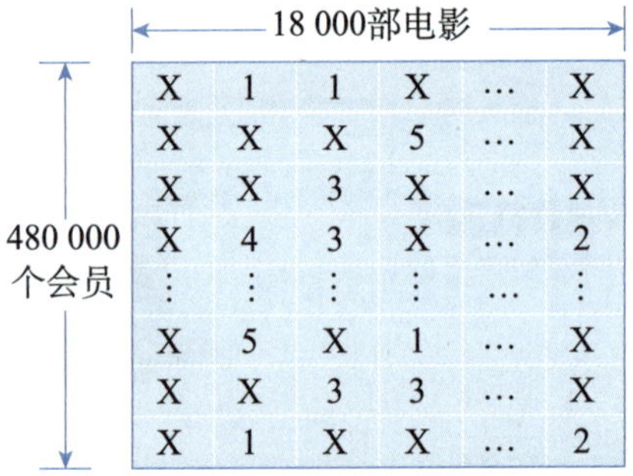

图 1－6　CineMatch 比赛的观影数据示意图

国内最早将推荐算法运用于商业活动并取得巨大成功的互联网公司是字节跳动，其于 2012 年推出的“今日头条”是一款基于数据挖掘的推荐引擎产品，为用户推荐个性化的信息内容，其后续产品如抖音也利用推荐算法在短视频领域取得巨大成功。目前推荐算法已经广泛运用于互联网业务中，几乎每一家互联网公司都有一个智能推荐算法的研发队伍。当前主流的智能推荐系统主要以协同过滤算法为基础，通过寻找用户之间的最佳相似度量来将具有相似爱好需求的用户聚为一类，将同类中其他用户的喜好记录推荐给当前用户，实现“用户画像”“千人千面”的精准营销。从数据挖掘的共性典型任务角度来看，推荐算法大致可以归为聚类，目前也有尝试使用强化学习等算法实现动态多阶段、具有反馈能力的智能推荐。

1.6.3 基于机器学习的数据中心节能

数据中心是信息化时代的核心基础设施。2024 年，全球超大规模数据中心数量达到1 100多个，据预测，其市场规模将从2021年的620亿美元增至2030年的5 686亿美元。数据中心最主要的运营费用在于电费，计算机服务器和空调设备会消耗大量电能。根据规定，我国新建大型、超大型数据中心的电能使用效率（PUE，数据中心总耗能与服务器耗能之比，该数值总是大于1，数值越小越节能）不超过1.3，数据中心节能优化能带来极大经济效益与商业价值。

腾讯公司作为全球著名互联网公司，其数据中心建设水平居于前列，通过搭建覆盖全国几十个数据中心的星云平台，实时采集和存储不同地域、不同业务、不同基础设施形态的数据中心运行数据。数据范围涵盖数据中心电力、制冷、环境温湿度等各方面信息，每1分钟存储更新一次，大部分数据中心数据存储时间范围在2～3年。腾讯数据中心的末端设备形态为微模块（MDC），监控数据的完备性和数据质量都优于传统数据中心。腾讯自建机房的每个MDC共有260节电池，电压、电流、内阻、温度等信息每年将产生近2.4×10^{8}条样本数据，整体数据量十分庞大，从中挖掘数据背后隐含的信息、提升数据中心能耗效益，意义重大。

本书作者及其研究团队以腾讯数据中心采集的测点数据为输入，对不同状态下的PUE进行预测，基于预测模型与专家经验来降低数据中心的PUE。作为参考，美国谷歌公司DeepMind团队强化学习算法（AlphaGo围棋算法核心）的首个工业应用，也在帮助谷歌数据中心实现节能（2014年）。我们通过运用一系列机器学习和数据挖掘技术，实现了0.04%的PUE预测误差精度（分钟预测尺度），优于谷歌之前实现的0.4%，并在腾讯天津数据中心进行实际部署，实现了将近1%的能耗降低。具体情况如图1-7所示，也可参阅论文：杨震，赵静洲，林依挺，夏恒，夏俐，赵千川，管晓宏．数据中心PUE能效优化的机器学习方法．系统工程理论与实践，2022，42（2）。该案例是数据挖掘和机器学习技术在能源领域的成功应用，属于数据挖掘的典型共性问题——回归预测，涉及深度神经网络、XGBoost等集成学习算法。

1.6.4 金融服务创新

传统银行业在放贷之前需要进行客户信用评估，以确定其放贷金额、利率、期限等数据，管理其放贷风险，这往往需要耗费数周乃至数月时间。互联网金融时代，通过利用大数据和数据挖掘技术，该类信用评估任务所需时间得到了极大缩短。蚂蚁金服利用阿里巴巴提供的客户交易数据，可以从100多个不同的风险维度快速评估客户的信用水平，提供少到几百元多达几十万元的小额贷款，其信用评估和放贷速度快到只需几分钟。

2012年，英国金融公司Derwent Capital Market运用数据挖掘和机器学习技术，通过分析社交网络平台例如推特上的公众信息记录（3亿条推文/天），及时感知和预测社会公众对某一股票的看法，对网民的情绪进行评分并建立金融模型，以预测证券市场趋势，辅助优化投资决策，据称预测成功率达到87.6%。该任务可以视为数据挖掘中的典型共性问题——文本分析，需要利用自然语言处理等机器学习技术实现从海量文本中进行信息挖掘和提取，评估网民的评价态度，实现情绪预测。

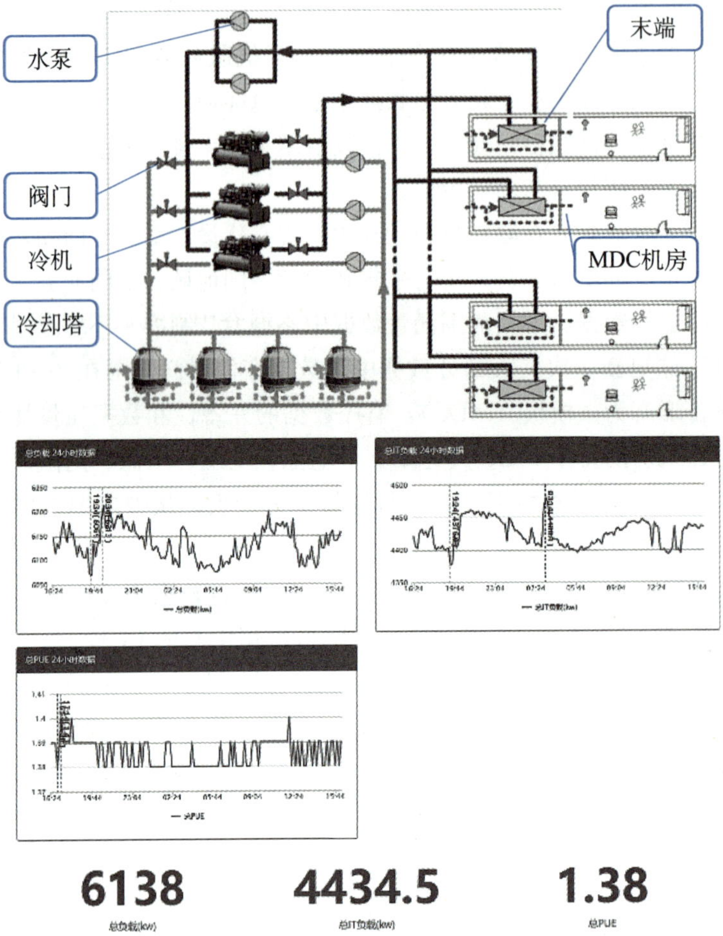

图 1-7　数据中心冷机系统和 PUE 预测与节能效果示意图

1.7　RapidMiner 软件介绍

数据挖掘涉及大量数据的处理分析和挖掘算法，往往需要专用的软件平台。数据挖掘的常用软件平台可以分为商业软件和非商业软件两大类。主要的数据挖掘商业软件（非开源）包括 SAS Enterprise Miner、IBM Intelligent Miner、SPSS Clementine、Oracle Darwin、DB Miner、Microsoft Analysis Service 等。非商用软件（开源）包括 RapidMiner、Python、WEKA、R、Gephi 等。近年来随着深度学习和人工智能算法的飞速发展，Python 平台上面集成了大量的机器学习算法模块，在数据挖掘领域的使用率也日渐增加。RapidMiner 作为一款面向图形用户界面的数据挖掘软件工具，通过算子模块拖拽方式进行算法流程设计和操作，具有非常好的可视化和易用性，以及良好的扩展性（支持 R、Python 等），并包含最新的大语言模型等生成式人工智能算法模块供用户调用，得到了许多数据挖掘和机器学习用户的青睐，尤其适合初学者。

RapidMiner 源于 2001 年莫里克（Katharina Morik）教授所领导的一个人工智能项目

Yet Another Learning Environment（YALE），后由其学生米尔斯瓦（Ingo Mierswa）博士和克林肯伯格（Ralf Klinkenberg）博士于 2007 年正式成立公司进行研发。它提供一个用于数据挖掘、机器学习、商业预测分析的开源计算环境，因为其具备图形用户界面（GUI）特点，所以很适合数据挖掘的初学者。2022 年，RapidMiner 被 Altair 公司（纳斯达克上市公司，计算智能领域的全球领导者之一，在仿真、高性能计算和人工智能等领域提供软件和云解决方案）收购。2023 年 3 月，Altair 公司将 RapidMiner 与其数据分析和 AI 产品整合，升级为全新平台 Altair RapidMiner，其中面向个人用户的桌面型单机版本被命名为 Altair AI Studio。在本书后续内容中，我们将使用 Altair AI Studio 来指代传统的 RapidMiner 数据挖掘软件，也有少数地方会互替使用，读者可以将两者等同视之。Altair AI Studio 提供的数据挖掘和机器学习程序包括数据加载和转换（ETL），数据预处理和可视化，数据挖掘算法建模、评估和部署，同时 Altair AI Studio 还包含自动建模功能和最新的大语言模型等生成式人工智能算法模块，并支持用户对自定义的大模型精调训练。数据挖掘的流程是以可扩展标记语言（XML）文件加以描述，并通过一个图形用户界面显示出来。Altair AI Studio 由 Java 编程语言编写，其中还集成了 WEKA（一个机器学习软件平台的名称）的学习器和评估方法，并可以与 R、Python 等协同工作。Altair AI Studio 中的功能均是通过连接各类算子形成流程来实现的，整个流程可以看作工厂车间的生产线，输入原始数据，然后输出算法模型的计算结果。算子则可以看作执行某种具体功能的函数，不同算子有不同的输入输出特性。

下载 Altair AI Studio 软件需要进入官方网站界面 https://altair.com/altair-rapid-miner，如图 1－8 所示；点击 Browse Product Trials 进入 Altair 产品浏览试用界面，如图 1－9 所示；选取 Altair AI Studio 下的 Download Now 进入注册与下载界面，如图 1－10 所示。注册完成后即可根据自己电脑的操作系统类型下载合适的 Altair AI Studio 软件。

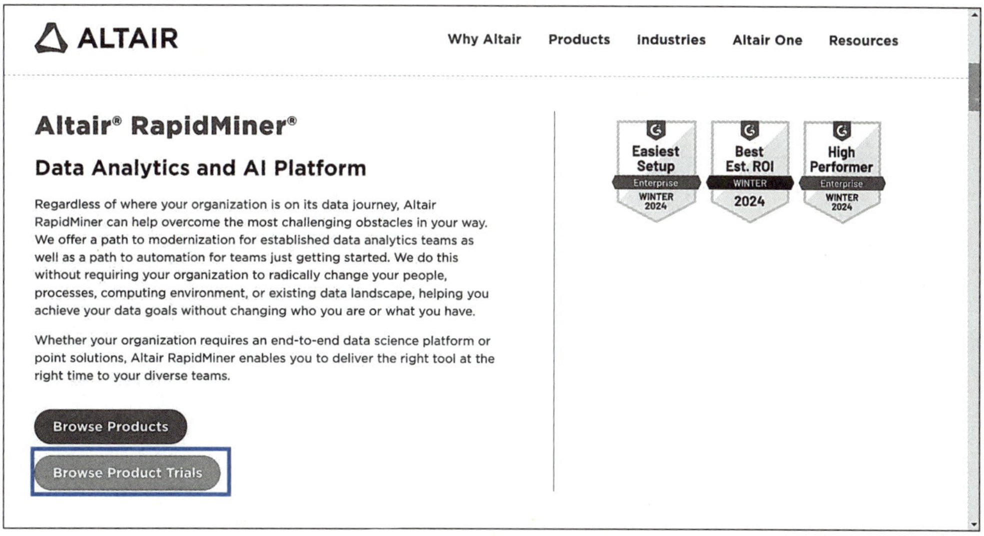

图 1－8　Altair 官方网站界面

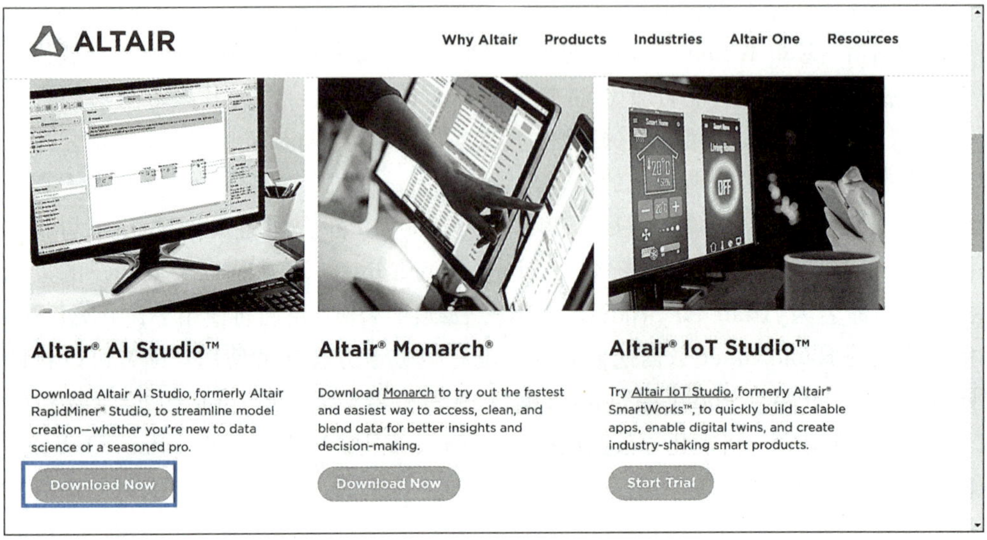

图 1-9　Altair 产品浏览试用界面

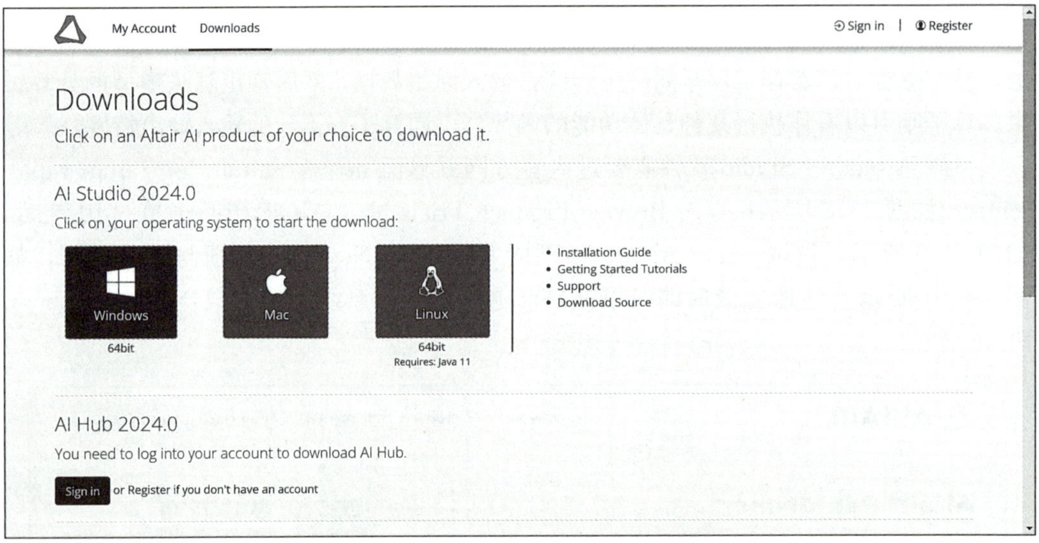

图 1-10　Altair AI Studio 注册与下载界面

下载完成后，安装 Altair AI Studio 软件。双击安装程序，进入安装界面，如图 1-11 所示；点击 Next 进入下一界面，如图 1-12 所示；点击 I Agree 接受条款进入下一界面，如图 1-13 所示；方框中选择软件的安装路径，可使用默认安装路径，最后点击 Install 即可开始软件的安装，安装过程如图 1-14 所示；等待软件安装完成后，点击 Finish 即可完成软件的安装，如图 1-15 所示。Altair AI Studio 软件默认有 14 天试用期的 Professional edition license，过期后功能将退化成 Starter edition license，基本功能仍可继续使用，也可以申请学生教育免费版（建议使用学校官方邮箱）。

图 1－11　Altair AI Studio 安装界面（1）

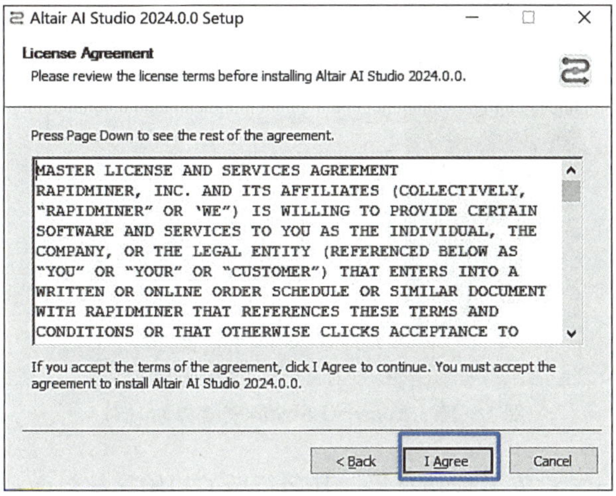

图 1－12　Altair AI Studio 安装界面（2）

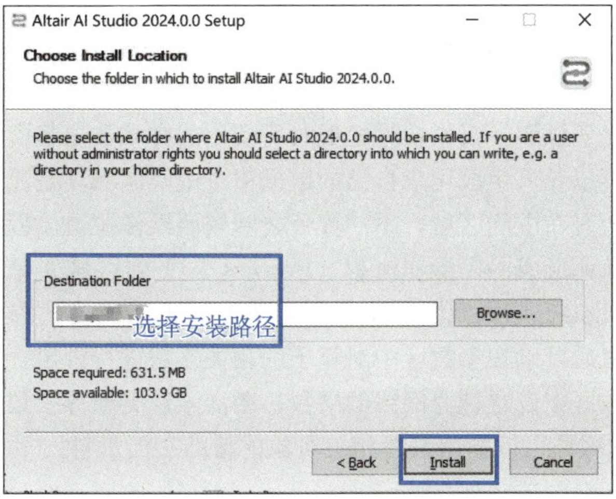

图 1－13　Altair AI Studio 安装界面（3）

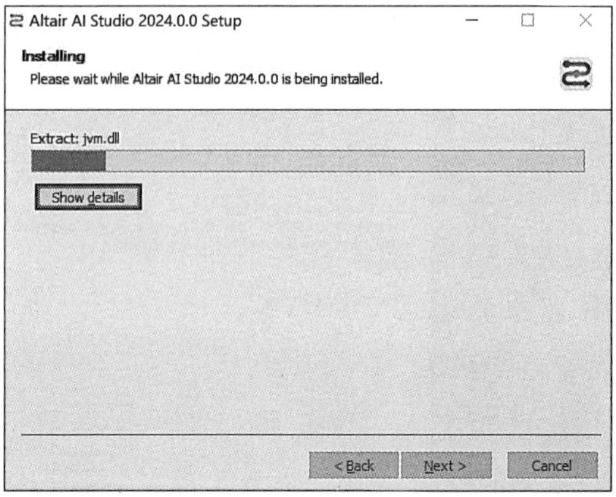

图 1-14　Altair AI Studio 安装界面（4）

图 1-15　Altair AI Studio 安装界面（5）

Altair AI Studio 软件安装成功之后，其运行后的初始导航界面如图 1-16 所示，点击 Blank Process 创建一个空白流程，进入用户界面，如图 1-17 所示。在用户界面中，除了通用的菜单和工具栏之外，Altair AI Studio 的图形化用户界面主要可以分为五个区域，其中左下角区域 1 是算子区域，里面可以选择各种算子（Operators），每个算子可视为一个函数接口，完成相应算法的计算功能，例如神经网络算子、支持向量机算子等。左上角区域 2 是资源库，是指数据挖掘时所使用的样本数据集资源，其中包括一些自带的数据集，也可以导入生成用户自己的数据集。中间区域 3 是流程视图，我们可以把选定的算子拖拽放置在中间区域，不同算子之间按照操作逻辑流程，通过箭头按照顺序相互连接起来，从而形成一个操作流程（Process）。上方区域 4 是透视图选择栏，可以在设计视图（Design）、结果视图（Results）等之间来回切换。右上方区域 6 是参数区，选定一个算子之后可以在参数区中对算子的相关参数进行设定，例如选择神经网络算子之后可以在参数区中设置神经网络的层数、激活函数类型等参数取值。右下角区域 7 是帮助文档，在此区域可以学习参考相关对象的帮助文档资料。

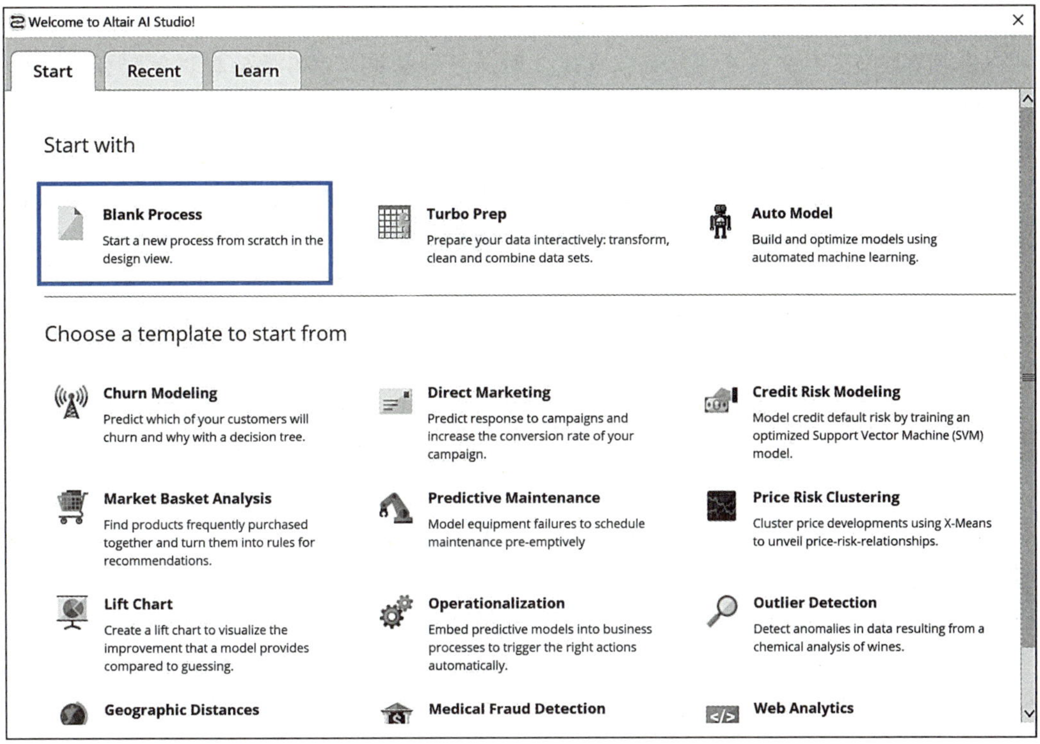

图 1 - 16　Altair AI Studio 初始导航界面

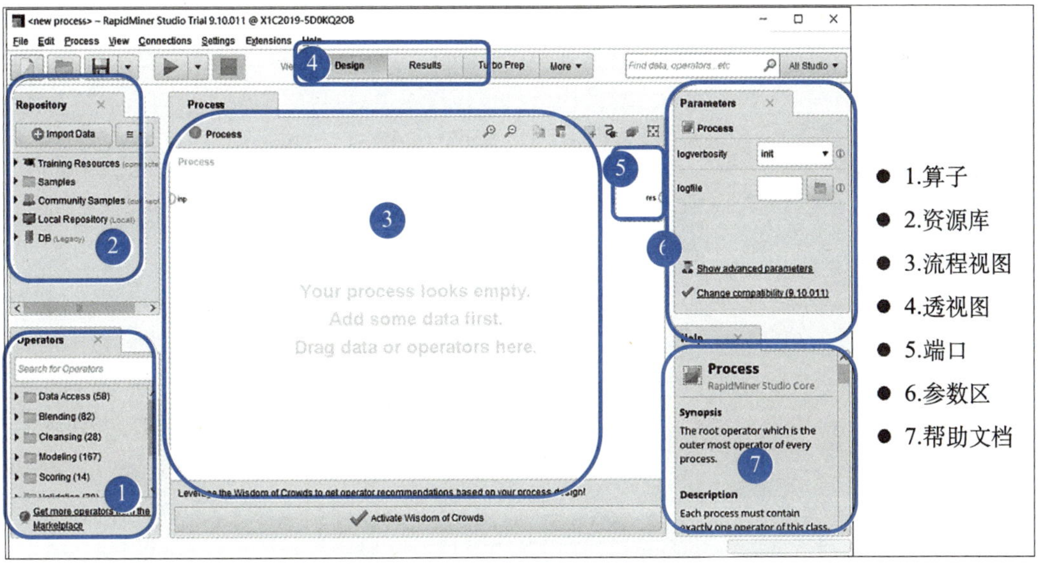

图 1 - 17　Altair AI Studio 用户界面

至此，我们就可以开始使用 Altair AI Studio 来执行具体的数据挖掘任务了。关于 Altair AI Studio 的更多功能设置和使用操作，需要我们在后续章节的学习过程中逐渐练习和掌握。此外，Altair AI Studio 的各类问题解答可以查看其帮助文档（英文），具体参见 https://docs. rapidminer. com。

// 关键概念回顾 //

数据挖掘：又称数据库中的知识发现，即通过对数据库中存储的数据进行分析，从中发现有价值的规律、模式或趋势，提升对数据所代表的具体事务的理解，帮助我们更好地解决问题并做出决策。

机器学习：人工智能的实现路径之一，研究如何在经验或数据中学习或改进具体算法的性能。机器学习是实现许多数据挖掘功能的算法来源。

数据挖掘的流程步骤：主要包括业务理解、建立数据集、数据预处理、数据挖掘、模型评估、实施部署等步骤。跨行业数据挖掘标准流程已成为业界公认的有关数据挖掘项目实践的标准方法论。

数据挖掘的典型任务：千变万化的数据挖掘案例背后的共性问题大致可以归纳为几类典型任务——关联规则、回归、分类、聚类、文本分析、离群点分析等。

数据挖掘的十大经典算法：ICDM’2006 投票选出了十大经典算法，包括 C4.5、K-Means、SVM、Apriori、EM、PageRank、AdaBoost、KNN、Naive Bayes、CART。后来兴起的深度学习应更新进入名单前列。

RapidMiner：一款面向图形用户界面的数据挖掘软件工具，通过算子模块拖拽方式进行算法流程设计和操作，具有非常好的可视化和易用性，相较于 Python 语言更为适合初学者，也是本书实验任务的软件操作平台。

// 第 2 章 //
数据统计与可视化

数据统计与可视化是数据科学的重要组成部分，能够帮助研究者和实践者理解数据分布、揭示数据特征，并为后续分析建模提供有力支持。本章将介绍常见的数据类型及其对应的视觉认知原理，讲解数据统计指标、数据距离度量、常见可视化图表及其展示方法等，并以鸢尾花数据集为典型案例展示数据统计与可视化的实际应用。

2.1 数据统计与可视化概述

2.1.1 数据基本类型

在商业智能领域，数据可视化的目的是将复杂的商业数据转化为直观的视觉格式，以支持更快、更准确的决策过程。正确理解和分类数据是设计有效可视化的关键步骤之一。数据根据其性质和用途可分为多种类型，每种类型的数据都有适合其特点的可视化方法。以下是数据可视化中常见的数据类型：

(1) 定性数据 (qualitative data)。定性数据用于描述无法通过数值量化的属性或特征，常用于分组或分类。常见的类别有标称数据 (nominal data) 和序数数据 (ordinal data)。前者没有内在顺序，用于标识不同类别或组的数据，如产品类别、部门名称、品牌等都属于名义数据。后者除了表示类别外，还蕴含顺序或等级，例如客户满意度 (高、中、低)、优先级 (高、中、低) 等。

(2) 定量数据 (quantitative data)。定量数据又称为数值数据 (numerical data)，是指可以通过测量或计数得到的数据，用数字来表达。定量数据可以进一步分为两类：连续数据 (continuous data) 和离散数据 (discrete data)。连续数据可以在某个范围内取任何值，通常是通过测量获得的，比如身高、体重、温度或时间等。例如，人的身高可以是 170.1 厘米、170.12 厘米，或者任何在可能范围内的值。离散数据是指只能取有限个或可数个可能值的数据，通常是通过计数获得的，比如班级里的学生人数、书店里的书籍数量或者设备在一天中的故障次数等。例如，一个班级里的学生人数可能是 30 人，但不可能是 30.5 人。定量数据的分析和处理通常涉及统计学、数据科学和数学等领域的技术和方法，可以用来计算平均数、中位数、众数、标准差等统计指标，以及进行更复杂的数据分析和建模。

（3）时间序列数据（time series data）。时间序列数据是与时间有关的数据，按先后顺序排列。这种数据用于分析某些指标随时间变化的趋势，如季度销量数据、股票每日收盘价格、月价格指数等。

（4）空间数据（spatial data）。空间数据是包含地理位置信息的数据，重点分析的是位置和地理特征等空间要素。在商业智能中，空间数据常用于分析市场分布情况、地理位置趋势和区域销售绩效等。

2.1.2 视觉认知与信息处理

人类视觉系统的运作方式和我们如何处理视觉信息，对数据可视化的设计和应用具有深远的影响。理解视觉认知的基本原理有助于我们设计更有效的可视化工具和方法，提升信息传达的效率和准确性。

1. 人类视觉系统如何处理和解释视觉信息

（1）视觉信息的感知与传递。视觉信息处理从眼睛开始，当光线进入眼睛并通过晶状体聚焦在视网膜上时，视网膜上的光感受器（如视锥细胞和视杆细胞）将光信号转换为电信号。这些电信号通过视神经传递到大脑的视觉皮层，大脑进一步处理和解码这些信号，将其转化为有意义的视觉图像。

（2）低级和高级视觉信息处理。视觉信息处理分为低级和高级两种类型。低级处理包括颜色、亮度、边缘和运动检测等基本视觉特征的感知，这些处理发生在视觉皮层的初级区域。高级处理则涉及更复杂的任务，如对象识别、面部识别和场景理解，这些任务需要将低级特征整合并在更高的脑区进行处理。理解不同层次的处理有助于我们设计更具效果的数据可视化工具，使观者能够快速且准确地获取关键信息。

（3）视觉注意力和选择性注意。视觉注意力是指人类视觉系统在处理大量视觉信息时集中于特定部分的能力。选择性注意让我们能够在复杂的视觉环境中过滤掉无关的信息并聚焦于关键信息。数据可视化设计可以利用这一特性，通过颜色、大小和位置等视觉线索来引导观者的注意力。

2. 视觉感知与数据可视化的关系

（1）颜色。颜色在数据可视化中起着重要作用，因为它能够快速传达信息并引导观者的注意力。例如，热力图（heatmap）利用颜色深浅表示数值的高低，从而帮助观者快速识别数据的模式和趋势。在设计时需要注意色盲友好的配色方案，并避免使用过多颜色导致信息过载。

（2）形状。形状是另一个重要的视觉元素，不同的形状能够传达不同的信息。例如，散点图中的点可以使用不同的形状来代表不同的类别数据，帮助观者区分数据组。形状的选择应根据其易辨识性和数据的特性来决定，确保观者能够轻松区分和理解数据。

（3）布局。布局是指数据在图表中的空间组织方式。布局的选择可以极大地影响数据解读的效率和准确性。例如，网格布局可以帮助观者比较数据点之间的关系，而使用聚类算法优化的布局可以揭示数据的群组和层次结构。良好的布局设计可以简化复杂信息的展示，增强数据的可读性和可解释性。

2.1.3　数据可视化的引入

眼睛是感知信息能力最强的人体器官之一，最高带宽可以达到 100MB/S；而视觉感知是人类大脑的最主要功能之一，超过 50%的人脑功能用于视觉信息处理。可视化可以理解为利用人眼的感知能力对数据进行交互的可视表达以增强认知的技术。数据可视化作为可视化的一个子类目，主要用于展示具体数值信息的图形技术，旨在促进观者对数据的理解，揭示数据中的趋势和模式，以及提供分析数据的方法，同时避免歪曲所呈现的信息。数据可视化是将数据和信息转换成图表、图形、列表和图像的实践，以便用户理解和洞察复杂数据的过程。通过使用视觉元素，数据可视化帮助人们识别模式、趋势和异常，从而在数据分析、决策制定和信息传播中发挥关键作用。

数据可视化在当今数据驱动的世界中扮演着至关重要的角色。研究表明，将数据可视化与纯文本进行比较时，个人使用的认知资源平均减少 19%，回忆细节的能力提高 4.5%。数据可视化不仅转换了数据分析的方式，也极大地影响了数据的解释和决策制定过程。

1. 提高数据理解和洞察力

通过图形和图像形式，数据可视化使复杂的数据集变得易于理解，帮助人们快速识别数据中的模式、趋势和异常，从而获得深刻的洞察力。此外，数据可视化也能揭示隐藏的趋势和关联，某些数据关联和趋势可能在原始数据中不明显，数据可视化可以揭示这些隐藏的模式，为业务策略和运营优化提供支持。

2. 强化记忆和认知

视觉元素比纯文本或数字更容易被大脑处理和记忆。数据可视化利用这一点，通过图形化展示数据，提高对信息的记忆和认知效率。以图 2-1 所示的词云为例，在词云中，字体大小通常与单词出现的频率成正比，越常见的单词在词云中显示得越大。词云使得非技术用户能够快速捕捉到文本数据的核心主题和关键概念。

图 2-1　词云展示图

资料来源：根据网络资料（https://commons.wikimedia.org/wiki/File：Foundational_word_cloud_without_headers_and_quotes.png）整理。

3. 提高数据的可访问性，促进决策和沟通

数据可视化提供了一种直观方式展示商业智能的分析结果，不仅帮助管理者和决策者基于数据做出更快和更准确的决策，还使得非技术背景的人也能理解复杂的数据分析，提高了数据的可访问性和理解度，使得更广泛的受众能够参与数据驱动的决策过程。

2.1.4 数据可视化的历史与演变

数据可视化作为一种将信息转化为视觉形式的手段，具有悠久的历史。其发展经历了从简单的符号表示到复杂的计算机图形技术的演变。为了更好地理解数据可视化的历史与演变，我们将数据可视化的发展分成几个关键阶段进行分析。

1. 欧洲中世纪早期的尝试

（1）等值线地图。等值线地图是最早的可视化形式之一，使用等高线或等值线来表示地理信息，如地形的高低起伏和大气压力的变化。这些地图在中世纪被用于航海、军事和科学研究，成为传递复杂信息的工具。

（2）简头图（T-O 图）。简头图是一种欧洲中世纪的地图类型，用来表示已知世界的三个部分：亚洲、欧洲和非洲。图中使用“T”形来代表地中海和尼罗河等主要水体，“O”形环绕表示已知世界的边界。这种地图展示了可视化的早期功能——简化信息并突出重要特征。

（3）天象图。在中世纪和文艺复兴时期，天文学家绘制了各种天象图，用来记录和预测天体运动。这些图表帮助人们理解天文学原理，也是早期可视化的一部分。

2. 17 世纪至 19 世纪：统计图表与科学革命

（1）统计图表。17 世纪至 19 世纪是统计学和数据可视化的快速发展时期。统计图表如条形图、饼图和散点图等在这一时期被广泛使用。英国工程师威廉·普莱费尔（William Playfair）被认为是数据可视化的奠基者之一，他发明了现代意义上的条形图、折线图和饼图，用于展示经济数据。

（2）科学革命。随着科学革命的发展，研究人员需要一种有效的方式来展示实验数据和发现。图表成为科学论文中的重要组成部分，用于帮助解释复杂的科学现象。这一时期的图表通常手绘而成，强调数据的精确和简洁。

3. 20 世纪初至中期：数据可视化的成熟化

（1）20 世纪初的发展。20 世纪初，数据可视化技术得到了进一步的改进。这一时期，科学家和统计学家致力于开发新的图表类型，以满足不同数据分析需求。例如，气象学家进一步改进了等值线图（如等压线图和等高线图），用于精确表示气象数据和地形数据。等值线图用于显示变量的空间分布，如气压、温度或降水量的等值线分布图可以帮助人们更好地理解和预测气候模式和天气变化。

（2）信息设计与大规模统计图表。信息设计领域的先驱爱德华·塔夫特（Edward Tufte）在 20 世纪中期提出了许多数据可视化的原则。他强调数据展示的“数据密度”和“图表的真实度”，即如何在图表中最大化信息传递而不失真。塔夫特的工作推动了数据可视化领域的成熟，形成了许多现代图表设计的理论基础。

4. 20 世纪末至今：计算机时代与交互式可视化

（1）计算机技术。随着计算机技术的进步，尤其是图形处理能力的增强，数据可视化进入了一个全新的阶段。20 世纪 80 年代后，计算机图形学的发展使得高维数据的三维展示成为可能。20 世纪 90 年代，互联网的兴起和图形用户界面的广泛使用，使得交互式数据可视化工具开始普及。

（2）大数据与实时数据可视化。进入 21 世纪后，数据量呈爆炸式增长，大数据时代来临。这一时期的可视化技术需要处理更加复杂和更大规模的数据，实时数据可视化也成为热点。数据可视化工具开始集成到商业智能平台中，支持企业进行实时数据分析和决策。

（3）开源可视化工具与编程语言。R 和 Python 等编程语言的流行，以及 D3. js 等开源可视化库的发布，使得数据科学家和分析师能够自由定制和创建交互式可视化图表。这一阶段的数据可视化已经不仅仅是简单的图表生成工具，还成为数据分析和展示的重要组成部分。

5. 未来发展趋势：人工智能与虚拟现实

数据可视化技术正处于快速发展和变革的时期。随着人工智能、机器学习和新型交互技术的应用，数据可视化正在向更加智能化、个性化和动态化的方向发展。

（1）自动化数据可视化。自动化数据可视化是指使用算法和预设规则自动生成最合适的数据可视化形式。借助自动化工具，用户可以快速创建图表，而无须手动选择图表类型或调整设计元素。这种趋势极大地提升了数据分析的效率，使得非专业用户也能轻松进行数据可视化。

（2）机器学习和人工智能在数据可视化中的应用。机器学习和人工智能在数据可视化中的应用主要体现在两个方面：数据模式识别和可视化优化。通过机器学习算法，系统可以自动检测数据中的异常值、聚类或趋势，并生成相应的可视化内容。此外，人工智能还可以优化可视化设计，如自动选择最能传达信息的图表类型和布局，提升用户体验。

（3）个性化和动态交互可视化。个性化可视化允许用户根据个人需求和偏好定制数据展示的方式。这种趋势在用户体验（UX）和数据分析工具设计中尤为明显。例如，仪表板可以根据用户的角色或业务需求自动调整显示的指标和图表类型。动态交互可视化则允许用户与数据进行实时交互，通过缩放、过滤和排序来探索数据的不同维度和层次。这种交互方式不仅增强了数据分析的深度，还提升了用户的参与感和体验。

理解视觉认知与信息处理的原理能够帮助设计更有效的数据可视化工具和方法。随着科技的进步，数据可视化正朝着智能化、自动化和个性化的方向发展，为数据分析和信息传播提供了更加丰富和创新的手段。未来，数据可视化将继续在揭示数据洞察和支持决策中发挥关键作用，并不断推动技术和应用的边界。

2. 1. 5　数据可视化的应用

数据可视化在商业智能领域扮演着不可或缺的角色，它通过将复杂的数据集转化为直观易懂的视觉格式，大大增强了人们对数据的理解度和洞察力。企业借助数据可视化工具，不仅可以快速识别销售趋势、收入来源及产品线表现，而且可以深入分析客户购买模式和市场动态，从而制定或调整营销战略。

1. 商业智能中的数据可视化

（1）销售与市场分析。在销售与市场分析中，数据可视化可以帮助企业识别和预测销售趋势。通过使用时间序列图表和热力图，企业能够直观地观察销售量随时间的变化，并识别出高峰期和淡季。这种可视化方式不仅有助于销售团队优化销售策略，还能帮助市场营销部门调整广告投放时间和预算分配，以最大化市场影响力。此外，数据可视化还能够揭示产品线的表现，帮助企业识别最畅销和最滞销的产品，进而优化库存管理和产品组合策略。

（2）客户行为与购买模式分析。企业通过数据可视化工具可以深入分析客户行为和购买模式。使用聚类分析和关联规则挖掘等技术，数据可视化可以展示客户的购物路径和偏好。这些洞察可以帮助企业制定个性化营销策略，如推荐系统的优化和针对性促销活动的设计，从而提高客户满意度和忠诚度。

（3）财务分析与风险管理。在财务分析方面，数据可视化工具（如动态图表和仪表板）能够实时展示财务数据，包括利润、成本、现金流、应收账款和应付账款等信息。这种实时可视化使得企业财务团队能够迅速识别潜在的财务问题和机会，从而做出及时的风险管理和财务决策。特别是在复杂的财务环境中，数据可视化可以帮助识别现金流的趋势和异常波动，为财务稳定提供有力支持。

2. 运营优化与供应链管理

（1）优化运营效率。数据可视化在优化企业运营效率方面同样发挥着关键作用。通过可视化工具，企业能够快速识别流程中的瓶颈和低效环节，例如生产线的停工时间和设备故障率。使用甘特图和散点图等可视化形式，运营团队可以直观地分析流程数据，找出改进的机会，从而减少生产时间和成本，提高整体效率。

（2）库存管理与供应链监控。在库存管理方面，数据可视化帮助企业动态监控库存水平和周转率。通过使用堆积柱状图和地理热力图，企业可以查看不同仓库和地区的库存状况，识别过剩库存或缺货风险，优化库存补充和调拨策略。在供应链监控中，数据可视化工具能够实时跟踪供应链各环节的运作状态，快速识别潜在的供应风险和中断点，确保供应链的稳定性和高效运转。

3. 人力资源管理与合规性监控

（1）人力资源管理。数据可视化在人力资源管理中也发挥着重要作用。通过图表和仪表板，人力资源部门能够实时监控员工绩效、人员流动情况、出勤率和薪酬成本等关键指标。借助热力图和时间序列图，人力资源团队可以识别人员流动的趋势和模式，为制定招聘、培训和保留策略提供数据支持，进而优化人力资源配置，提高员工满意度和生产力。

（2）合规性监控。在合规性监控方面，数据可视化工具尤其适用于金融服务等高度受监管的行业。企业可以利用可视化仪表板实时监控风险暴露和合规性指标，如信用风险、市场风险、操作风险以及反洗钱监控等。通过快速识别潜在的风险和合规问题，企业可以及时采取纠正措施，确保运营的安全性和合规性，减少法律风险和声誉风险。

4. 商业智能仪表板

商业智能仪表板提供了一个互动的界面，不仅允许用户自定义视图，深入挖掘和探索数据，还可以让用户从多个维度观察数据。通过交互式的操作，用户能够轻松筛选、过滤和排序数据，进行多维分析，为决策制定提供了强大的支持。例如，企业管理者可以使用仪表板快速查看所有关键业务指标的概览，同时点击查看细节，深入分析各个业务领域的表现。这种灵活性使得商业智能工具在数据驱动的决策过程中变得不可或缺。

随着技术的不断进步，数据可视化工具和技术将持续演化，带来更加强大和灵活的解决方案。例如，增强现实（AR）和虚拟现实（VR）技术的应用将使得数据分析更具沉浸感，帮助用户更直观地理解复杂数据。此外，随着机器学习和人工智能的发展，自动化数据可视化工具将能够根据数据特征自动生成最优的图表形式，减少人为干预，提高分析效率。通过不断创新和改进，数据可视化将成为现代商业管理中不可或缺的利器，进一步推动企业在数据驱动的市场中实现增长、获得竞争优势。

2.2　数据统计与可视化技术

2.2.1　数据统计指标

数据统计指标是描述数据集特征的数字化度量，帮助我们了解数据的整体表现、变化规律和分布特性。不同类型的数据统计指标可以反映数据的不同方面。常见的数据统计指标主要分为三大类：集中趋势指标、离散程度指标和分布指标。

1. 集中趋势指标

集中趋势指标用于衡量数据的“中心位置”或代表性数值。它们通常能够反映数据的整体水平，帮助我们快速了解数据的大致位置。

（1）均值。均值是最常见的集中趋势指标，表示数据集所有数据值的算术平均。计算公式为：

$$\text{均值}(\mu) = \frac{1}{N}\sum_{i=1}^{N} x_i$$

式中，N 是数据点的数量，x_i是数据中的每个值。均值非常直观，但它对极端值（即离群点）较为敏感。

（2）中位数。中位数是将数据按大小排列后，位于中间位置的值。当数据集有奇数个元素时，中位数是最中间的元素；当数据集有偶数个元素时，中位数是两个中间元素的平均值。中位数不受离群点的影响，因此特别适用于偏态分布的数据。

例如，数据集 {1，3，5，7，9} 的中位数是 5，而数据集 {1，3，5，7，100} 的中位数仍然是 5，尽管 100 是一个极端值。

（3）众数。众数是数据集中出现频率最高的数值。对于某些类型的数据，尤其是分类数据或多峰分布的数据，众数是一个重要的指标。例如，数据集 {1，1，2，3，3，3，4} 的众数是 3。需要注意的是，数据集可以有一个众数（单峰），也可以有多个众数（多峰），或者没有众数（如果所有数据值出现的次数相同）。

2. 离散程度指标

离散程度指标用于描述数据值的分布宽度或波动程度。它们帮助我们了解数据的变动幅度以及数据集的分散程度。

（1）方差。方差是数据与均值之间差异的平方的平均值，反映了数据的波动幅度。方差越大，表示数据点偏离均值的程度越大，数据越分散。计算公式为：

$$\sigma^2 = \frac{1}{N}\sum_{i=1}^{N}(x_i - \mu)^2$$

式中，x_i是数据集中的每个值，μ 是均值，N 是数据点的数量。由于方差的单位是原始单位的平方，因此它有时不直观，需要用标准差来解释。

（2）标准差。标准差是方差的平方根，是衡量数据分散程度的常用指标。标准差的单位与数据的原始单位相同，因此相比于方差，更容易直观理解。计算公式为：

$$\sigma = \sqrt{\frac{1}{N}\sum_{i=1}^{N}(x_i - \mu)^2}$$

标准差越大，表示数据分布越宽，波动越大。标准差可以帮助我们理解数据值与均值之间的偏差程度。

（3）极差。极差是数据集中的最大值与最小值之差，反映了数据集的总体变动范围。计算公式为：

$$\text{极差} = \max(x) - \min(x)$$

极差虽然简单直观，但它对极端值（离群点）非常敏感，因此通常与其他离散度量（如标准差）一起使用。

3. 分布指标

分布指标用于描述数据分布的形状和特性，包括数据的偏斜程度和峰态。它们帮助我们了解数据集的对称性、尖锐度以及尾部的特性。

（1）偏度。偏度描述数据分布的对称性或不对称性。正偏（右偏）意味着数据的右尾比左尾长，负偏（左偏）意味着数据的左尾比右尾长。计算公式为：

$$\text{偏度} = \frac{1}{N\sigma^3}\sum_{i=1}^{N}(x_i - \mu)^3$$

1）正偏（右偏）：大部分数据集中在分布的左侧，少数数据点在右侧（如收入分布、房地产价格分布）。

2）负偏（左偏）：大部分数据集中在分布的右侧，少数数据点在左侧（如年龄分布）。

（2）峰度。峰度度量的是数据分布的尖锐程度或平坦程度。正态分布的峰度为 3，称为中性峰度。峰度较大的分布（峰度＞3）称为尖峰分布，表示数据集有较重的尾部，即极端值出现的概率较大。峰度较小的分布（峰度＜3）称为平峰分布，表示数据较为均匀，尾部较轻。计算公式为：

$$\text{峰度} = \frac{1}{N\sigma^4}\sum_{i=1}^{N}(x_i - \mu)^4 - 3$$

注意：峰度的公式中减去 3 是为了使正态分布的峰度为 0，从而便于比较不同分布的尖锐度。

2.2.2 数据距离度量

数据距离度量用于量化数据点之间的相似度或差异度。不同类型的距离度量方法适用于不同的数据特征和分析需求，尤其是在机器学习、聚类分析、推荐系统等领域，它们是比较和分类的基础。常见的距离度量方法包括以下几种。

1. 欧氏距离

欧氏距离是最常见的距离度量之一，用于度量两点之间的直线距离，适用于定量数据，尤其是在平面或多维空间中，能够清楚地描述两点间的最短路径。计算公式为：

$$D=\sqrt{(x_1-x_2)^2+(y_1-y_2)^2}$$

欧氏距离常用于计算空间中的点之间的直接距离，在图像识别、计算机视觉和聚类算法中非常常见。

优点：简单直观，易于计算。缺点：对离群点较为敏感，容易受到数据尺度的影响。

2. 曼哈顿距离

曼哈顿距离也称为城市街区距离，适用于网格状结构的数据。方法是计算两个点在各坐标轴上的绝对差值之和，类似于沿着城市街区网格计算两地的步行距离。计算公式为：

$$D=|x_1-x_2|+|y_1-y_2|$$

曼哈顿距离通常用于需要考虑每个坐标轴上差异的应用场景，如图像处理中的块匹配，或者在交通网络等网格状结构中。

优点：计算简单，特别适合需要按坐标轴分割数据的场景。缺点：同样对尺度敏感，不适合高度相关的特征数据。

3. 余弦相似度

余弦相似度是一种常用于文本数据分析和高维数据比较的度量方法，特别是在自然语言处理中应用广泛。它衡量的是两个向量之间的夹角余弦值，即两个向量的相似度。计算公式为：

$$\text{余弦相似度}=\frac{A\cdot B}{\|A\|\ \|B\|}$$

式中，$A\cdot B$ 是向量 A 和 B 的点积，$\|A\|$ 和 $\|B\|$ 分别是向量 A 和 B 的模长（即向量的大小）。余弦相似度的值范围是 $[-1,1]$，值越接近 1 表示两个向量越相似，值接近 0 则表示两个向量之间没有相似性。

优点：不受向量大小（长度）的影响，尤其适用于比较方向相似的数据，如文本数据、用户偏好等。缺点：只能用于衡量方向相似度，无法反映大小上的差异。

4. 马氏距离

马氏距离是一种考虑数据协方差的距离度量，适用于具有不同方差或协方差的数据。与欧氏距离不同，马氏距离能有效地考虑各个维度的相关性，使得特征之间的尺度差异不会影响结果。计算公式为：

$$D_M=\sqrt{(x-\mu)^{\mathrm{T}}S^{-1}(x-\mu)}$$

式中，x 是数据点，μ 是均值向量，S^{-1}是数据的协方差矩阵的逆矩阵。马氏距离考虑了各特征之间的相关性，并且在数据集的标准化或特征转换后表现更好。

优点：适用于高维数据，能有效处理具有相关性的特征。缺点：计算复杂，且需要知道数据的协方差矩阵。

5. 杰卡德相似度

杰卡德相似度常用于衡量两个集合或二进制数据之间的相似度，特别适用于分类数据和稀疏矩阵的比较。它通过计算两个集合的交集与并集的比值来衡量相似度。计算公式为：

$$J(A, B)=\frac{|A \cap B|}{|A \cup B|}$$

式中，A 和 B 是两个集合，$|A \cap B|$ 是两个集合的交集元素的个数，$|A \cup B|$ 是两个集合的并集元素的个数。杰卡德相似度的值范围是 [0，1]，值越接近 1 表示两个集合越相似，值接近 0 则表示它们差异较大。

优点：适用于二进制数据和集合数据，能够直接度量交集与并集的关系。缺点：对于数据量大的集合，计算可能较为耗时。

2.2.3 可视化的基本图表

常见的数据可视化方法包括条形图、直方图、散点图等，但并不止这些。某种意义上，任何能够展示数据特点的方法都能够称为数据的可视化。在实际使用中，需要根据数据的特点以及展示的需求选取恰当的方法对数据进行可视化，下面介绍一些常用的数据可视化方法。

1. 定性数据的图表展示

定性数据的图表展示主要有列联表、条形图、饼图、帕累托图等形式。

(1) 列联表。列联表是一种简单的表格，用来显示数据的分类和频率。它通常包含列标题（代表不同的类别）和行标题（代表每个类别的一个层次或分组），常用于分析同组数据中不同变量属性之间的联系。以某个类风湿性关节炎新疗法的双盲临床试验数据集为例，该数据集有 84 个样本数据以及 4 个变量属性，分别是 ID、Treatment（Placebo，Treated）、Sex（Male，Female）、Improved（None、Some、Marked），这 4 个属性对应的数据都是名义数据，括号中表示该属性的可能取值。表 2－1 展示了 Treatment 属性与 Improved 属性之间的列联表，其中 Improved 为列标题，代表不同的类别；Treatment 为行标题，代表同一类别下的不同分组，每个单元格代表对应含义下的样本数量。

表 2－1　Treatment 与 Improved 列联表

Treatment	Improved			
	None	Some	Marked	Sum
Placebo	29	7	7	43
Treated	13	7	21	41
Sum	42	14	28	84

（2）条形图。条形图是表现定性数据的一种常用方式，因为它能直观地展示不同类别的数量或频率。条形图利用条形的长度来表示各类别的样本数量，条形可以水平或垂直排列，提供了一种清晰直观的方式来比较各个类别。在定性数据中，垂直条形图（柱状图）和水平条形图都非常常见。每个条形的长度与它代表的数值成正比，能够让使用者快速地比较不同类别之间的样本数量。还是以某个类风湿性关节炎新疗法的双盲临床试验数据集为例，图 2-2、图 2-3 分别展示了 Improved 属性垂直条形图以及水平条形图。

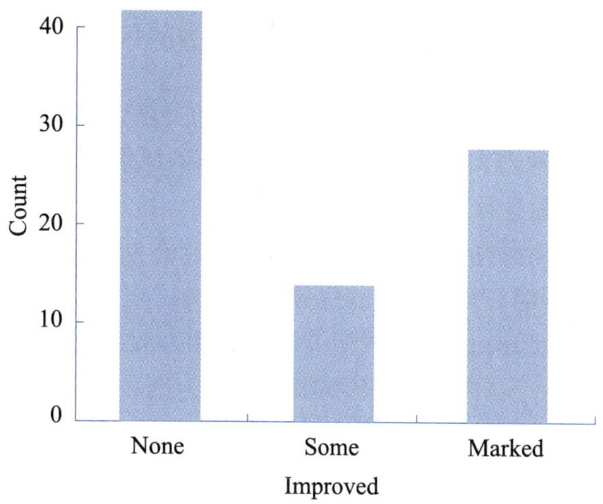

图 2-2　Improved 属性垂直条形图

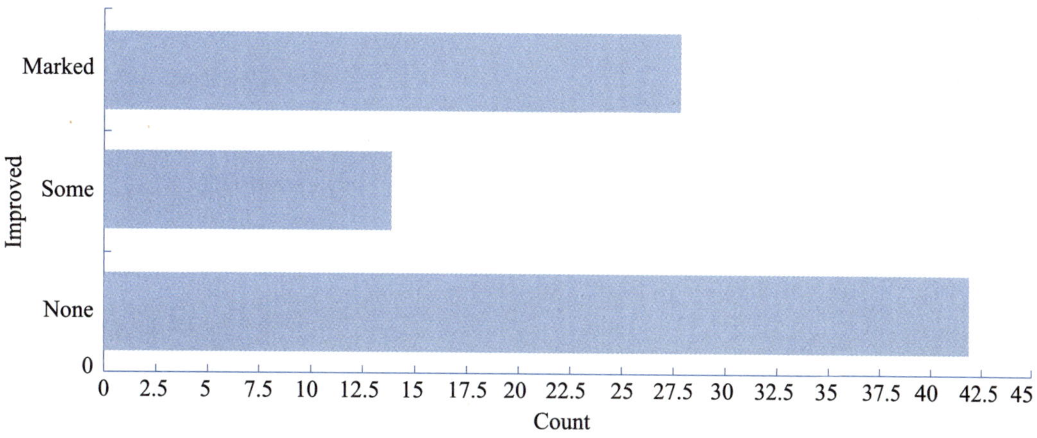

图 2-3　Improved 属性水平条形图

（3）饼图。饼图是一个圆形的统计图表，被划分为多个扇形区域，每个区域（或“切片”）的大小与其代表的类别的样本数量成正比，是展示定性数据非常常用的图表类型。饼图非常适合展示整体中各部分的比例之间的关系，尤其是当想强调部分与整体之间关系时。依旧以某个类风湿性关节炎新疗法的双盲临床试验数据集为例，图 2-4 展示了 Improved 属性饼图，我们可以通过饼图，直观地比较该属性中不同类别的占比。

（4）帕累托图。帕累托图以经济学家维尔弗雷多·帕累托（Vilfredo Pareto）的名

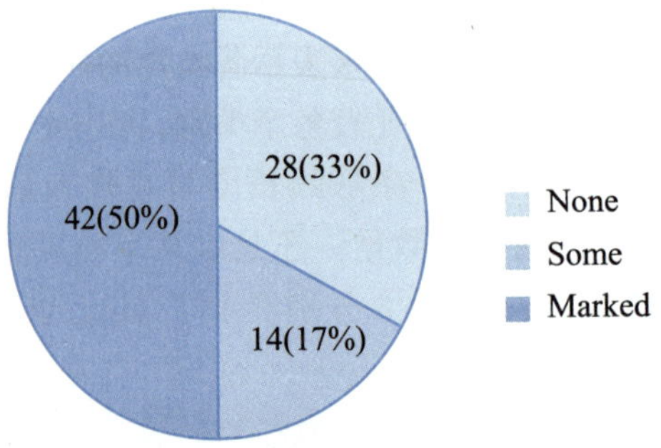

图 2－4　Improved 属性饼图

字命名，用于确定少数重要因素在某个特定问题中的贡献大小。在质量管理领域通常被称为“80/20 法则”，意味着大约 80%的问题由 20%的原因引起。帕累托图结合了条形图和折线图，其中条形图显示不同类别的频率或个数，按照大小降序排列，最大的类别在左侧。折线图则累积显示总量的百分比，通常绘制在同一图表的次要 Y 轴上，以显示各类别累加起来的总影响。帕累托图的优势在于区分“至关重要的少数”（vital few）和“无关紧要的多数”（trivial many），使我们能够把注意力放到重要的类别和因素上。依旧以某个类风湿性关节炎新疗法的双盲临床试验数据集为例，图 2－5 展示了 Improved 属性帕累托图。

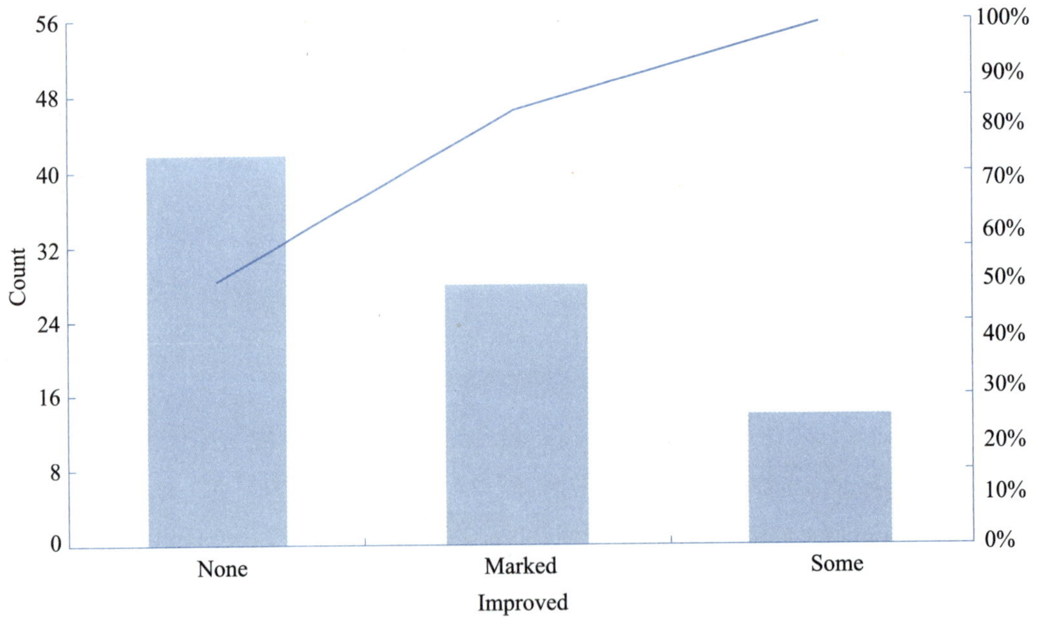

图 2－5　Improved 属性帕累托图

2. 定量数据的图表展示

定量数据的图表展示可以采用多种形式，以直观地展示数据的分布、趋势、关系等特征，常用的类型包括直方图、折线图、雷达图、箱形图、散点图等。

（1）直方图。直方图是一种统计报告图，用于表示一组数据的分布情况。它通过将数据分布在不同的区间（或称为“分组”或“bin”）内，并用矩形的柱体表示每个区间内数据的频率或数量，从而可视化地展示数据集的分布特征。以鸢尾花数据集为例，该数据集有 150 个样本数据以及 5 个变量属性，分别是 Sepal. Length、Sepal. Width、Petal. Length、Petal. Width、Species。除了最后一个属性是类别属性变量，对应的数据为名义数据外，其余属性都为连续属性变量，对应的数据为连续数据。图 2-6 展示了鸢尾花数据集中萼片宽度直方图。

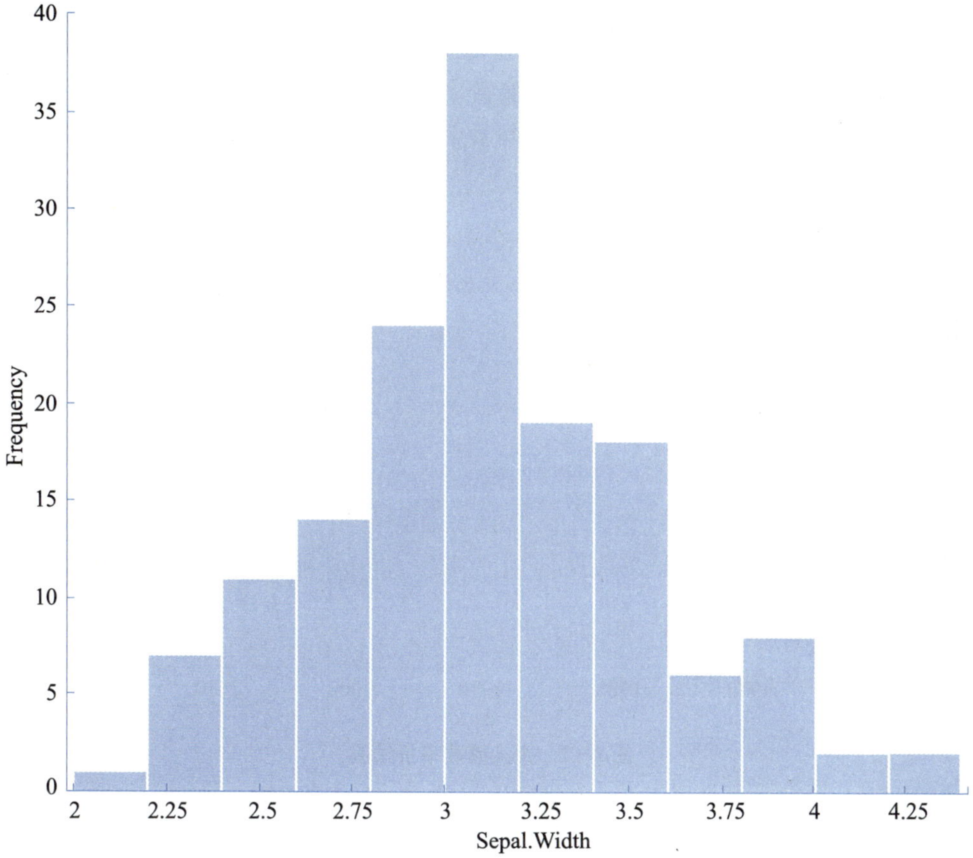

图 2-6　萼片宽度直方图

直方图适于查看数据的形状、中心位置和离散程度等统计特性。下面详细解释直方图的特点和构成：

1）水平轴显示数据的分组，每个分组代表数据的一个区间范围。这些区间可以是等宽的，也可以根据需要设定为不等宽的。有时，水平轴也会显示组中值，即每个组区间的中点值。

2）垂直轴显示每个组的频数（样本数量）、相对频数（每组频数占总样本数的比例）或百分比。垂直轴的度量标准根据直方图的目的和数据的特点而定。

3）矩形的高度代表对应分组的频数、相对频数或百分比。矩形的宽度代表分组的区间宽度，而其高度则反映了该区间内样本点的数量。

直方图与条形图的区别如下：直方图用于展示连续数据的分布情况。直方图中的矩形是紧密接触的，因为它表示数据区间的连续性。条形图用于比较分类数据的大小。在条形图中，各矩形之间通常会有间隔，因为它表示的是不同类别的数据，而这些类别之间没有内在的顺序或连续性。

（2）折线图。折线图是一种通过绘制线段连接各个数据点来展示信息的图表，特别适合于展示变量随时间或其他连续变量变化的趋势。它能够清晰地表示数据点之间的上升、下降或波动情况，因此广泛用于时间序列数据的可视化，以及在不同条件下对多个变量进行比较。以一个时间序列数据集为例，该数据集记录了美国 1967—2015 年的月度经济数据，包含 574 个时间点的数据以及 6 个变量属性，分别为 date、pce（个人消费支出）、pop（总人口）、psavert（个人储蓄率）、uempmed（失业持续时间中位数）、unemploy（失业人数），其中 date 表示时间节点，其余变量属性都为连续变量。图 2 - 7 展示了 psavert 随时间变化的折线图。

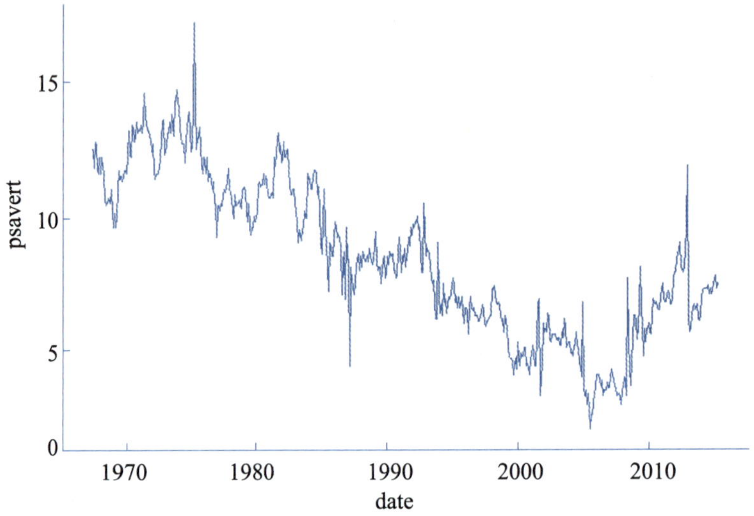

图 2 - 7　个人储蓄率折线图

折线图的主要特征如下：

1）横坐标：通常表示时间或其他连续变量，用于展示数据变化的基准。

2）纵坐标：表示被观察变量的取值，用于展示数据随时间或其他连续变量变化的情况。

3）样本点：每个样本点表示在特定时间点或条件下变量的具体取值。

4）线段：数据点通过线段连接起来，线段可以直观地展示数据随时间或条件变化的趋势。

（3）雷达图。雷达图也称为蜘蛛网图或星形图，是一种用于展示多个定量变量的图表，这些变量使用从同一点开始的轴表示，轴线通常是等角分布的。每个变量的值沿着其轴线从中心向外延伸，值的大小由轴线上的点的距离表示。然后，对应于每个变量值的点相连成一个多边形，形成了数据的雷达图。这种图形非常适合比较多个项目或实体在多个维度上的性能。图 2 - 8 使用雷达图根据员工绩效指标对两个员工进行比较分析，详细数据如表 2 - 2 所示。

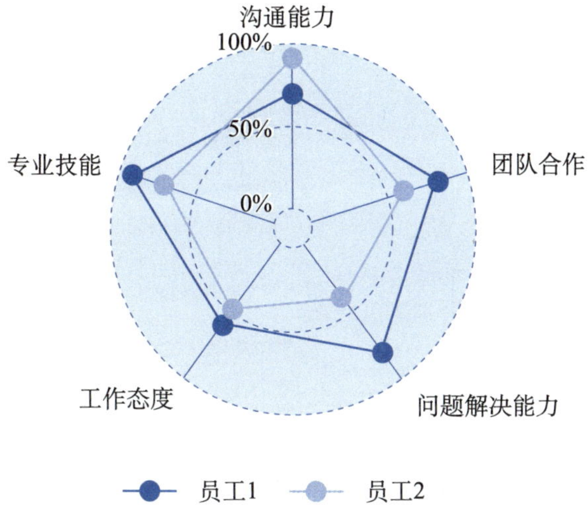

图 2-8 员工绩效评价雷达图

表 2-2 员工在不同绩效指标下的表现分数

员工	沟通能力	团队合作	问题解决能力	工作态度	专业技能
员工 1	0.7	0.8	0.8	0.6	0.9
员工 2	0.9	0.6	0.4	0.5	0.7

创建雷达图时需要注意变量选择和数据标准化。变量选择方面，选择反映分析目标的关键变量，保持图表的简洁，避免过多的变量使图表过于复杂。数据标准化方面，为了公平比较，对不同量级或单位的数据进行标准化处理。当多个变量的取值相差较大或量纲不同时，可进行以下变换处理后再绘图。

- 线性变换：$y=\frac{x_i-\min x_i}{\max x_i-\min x_i}$
- 标准化变换：$z=\frac{x_i-x}{s}$
- 对数变换：$y=\log(x_i)$

（4）箱形图。箱形图也称为箱线图或盒须图，是一种用于展示数据分布特征的统计图表。它通过五数概括（最小值、第一四分位数（Q1）、中位数（Q2）、第三四分位数（Q3）、最大值）来描述数据，同时用于识别数据中的离群点和极值。还是以鸢尾花数据集为例，图 2-9 展示了各品种鸢尾花对应萼片宽度箱形图。

箱形图的组成如下：

1）箱体：箱体的底部和顶部分别表示第一四分位数和第三四分位数，箱体的长度（IQR，即四分位距）表示数据中间 50%的分布范围。

2）中位线：箱体内的一条线，表示数据的中位数。

3）触须：从箱体向外延伸的线条，用于表示数据分布的范围。触须的具体计算方法有多种，常见的一种是四分位距规则，即触须延伸到箱体外 1.5 倍的 IQR 范围内的最远点。

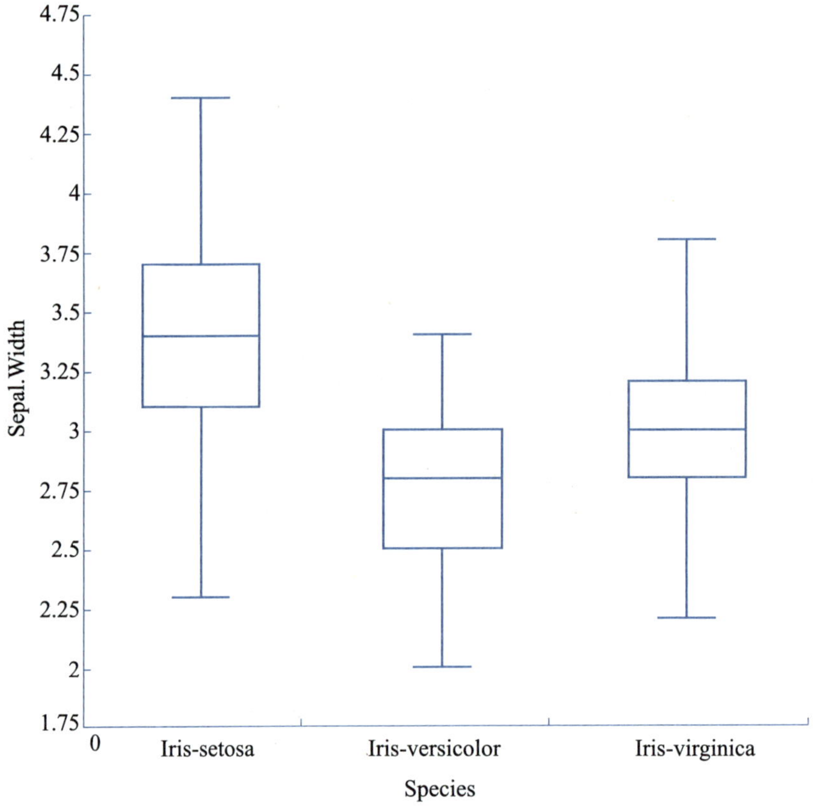

图 2-9　各品种鸢尾花对应萼片宽度箱形图

4）离群点：数据点如果其值与 Q1 或 Q3 的距离超过 1.5 倍的 IQR，则被认为是离群点，在箱形图中通常用“o”表示。

5）极值：数据点如果其值与 Q1 或 Q3 的距离超过 3 倍的 IQR，则被认为是极值，在箱形图中通常用“ * ”表示。

需要注意，箱形图是去掉离群点和极值点后绘制的图表。箱形图可用于数据分布概览，快速获取数据的中心位置、离散程度、偏斜方向和潜在的异常值；可用于比较不同数据集，通过并排放置多个箱形图，可以直观比较不同数据集或分组下的数据分布差异。

（5）散点图。散点图是一种用于展示两个定量变量之间关系的图表类型。其中每个数据点在图表上由坐标位置表示，反映了这两个变量的值。散点图能够提供这些变量之间是否存在某种相关性（如正相关、负相关或无相关）的直观视觉证据，并且可以揭示出变量间的关系模式，例如线性、非线性或聚类趋势。散点图包括二维散点图、重叠散点图、矩阵散点图和三维散点图等类型。

1）二维散点图。二维散点图是数据可视化中一种非常基础且强大的工具，它用于探索和展示两个变量之间的关系。通过在二维平面的坐标系中绘制点，用横轴代表变量 x，纵轴代表变量 y，每组数据（x_i，y_i）在坐标系中用一个点表示，n 个样本数据在坐标系中形成的 n 个点称为散点，由坐标及其散点形成图。依旧以鸢尾花数据集为例，图 2-10 展示了萼片长度与萼片宽度散点图。

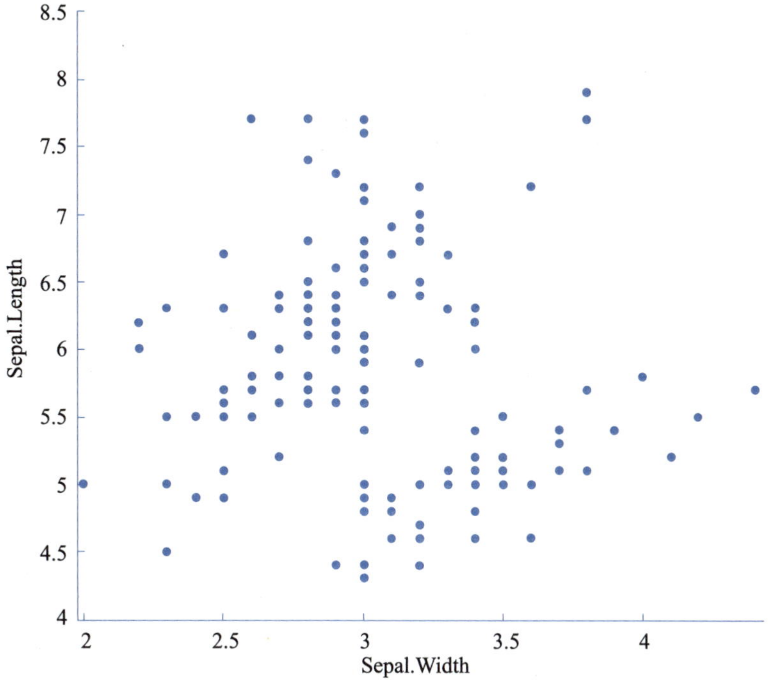

图 2-10 萼片长度与萼片宽度散点图

2）重叠散点图。重叠散点图是一种将多个变量的散点图绘制在同一张图表上的方法，用于比较这些变量之间的关系。这种方法允许我们直观地观察不同数据集之间的相似性和差异性，特别是当我们想要探索两个或多个变量间的相关性时，重叠散点图非常有用。绘制重叠散点图时，变量值之间的数值差异不能过大，否则不便于比较。依旧以鸢尾花数据集为例，图 2-11 展示了花瓣长度与萼片长度、萼片宽度重叠散点图。

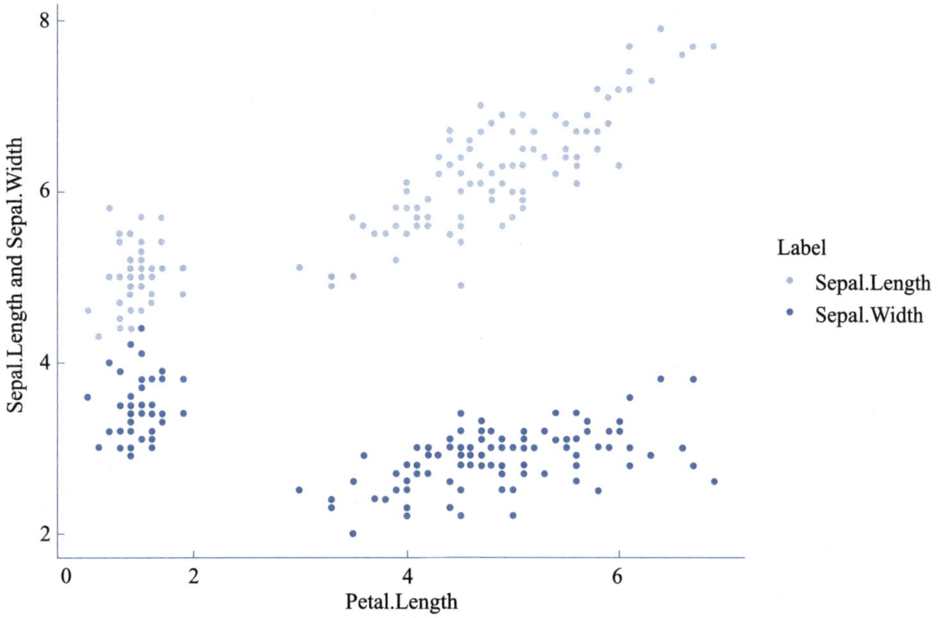

图 2-11 花瓣长度与萼片长度、萼片宽度重叠散点图

3）矩阵散点图。矩阵散点图也称散点图矩阵，是一种用于同时展示多个变量之间两两关系的数据可视化工具。它通过在一个矩阵格式中排列散点图来实现，其中矩阵的每个单元格代表一对变量之间的散点图。矩阵的行和列代表数据集中的变量，因此每个变量都会与其他所有变量配对一次。依旧以鸢尾花数据集为例，图 2－12 展示了萼片长度、萼片宽度、花瓣长度、花瓣宽度矩阵散点图。

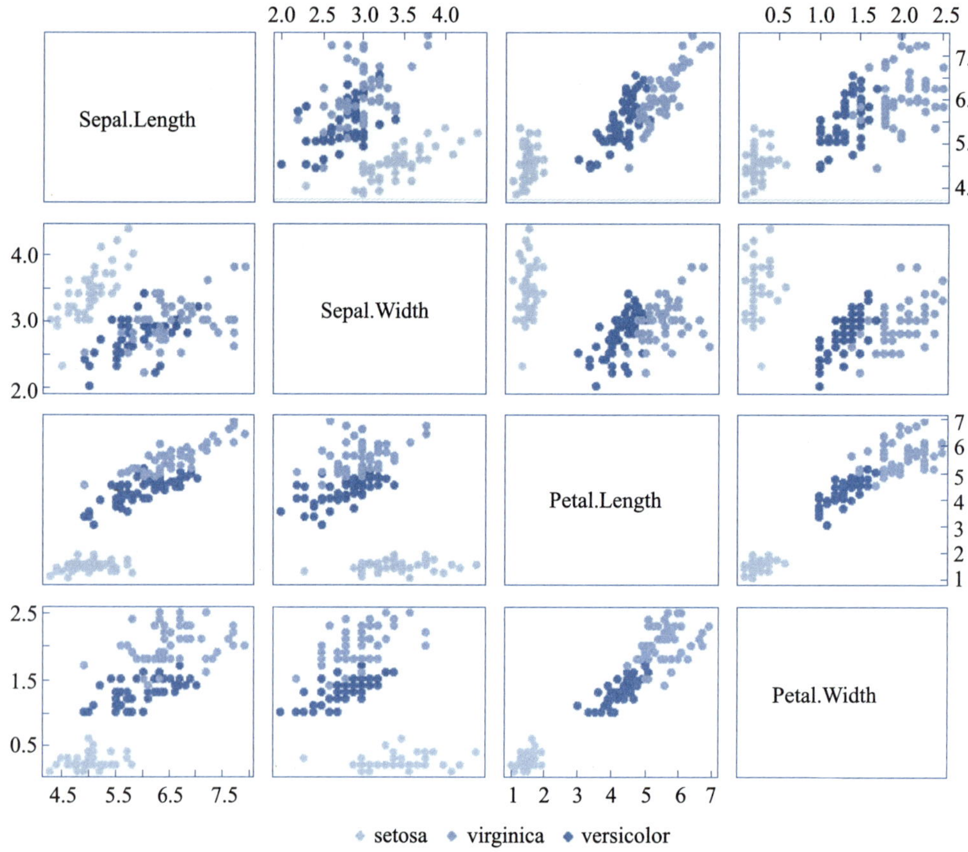

图 2－12　鸢尾花矩阵散点图

4）三维散点图。三维散点图是一种用于展示三个变量之间关系的图形表示方法。与二维散点图相比，三维散点图在空间中增加了一个维度，允许我们同时观察三个数值变量的相互作用和关系。在三维散点图中，每个数据点的位置由这三个变量的值在三个轴（X 轴、Y 轴和 Z 轴）上的坐标确定。依旧以鸢尾花数据集为例，图 2－13 展示了以萼片长度、萼片宽度以及花瓣长度作为三维坐标的三维散点图，并且该图还根据鸢尾花的品种进行了分类。

3. 数据图表的展示方法

通常来说，评价一张图表是否合适，可以用以下几个关键准则来考量：

（1）清晰性与准确性。图表应该能够清晰准确地传达信息，避免歧义和误解。数据展示应忠于原始数据，不夸大、不缩小数据的变化或差异。

（2）简洁性与高效性。图表应该在不牺牲清晰度和准确性的前提下，以最简洁的方

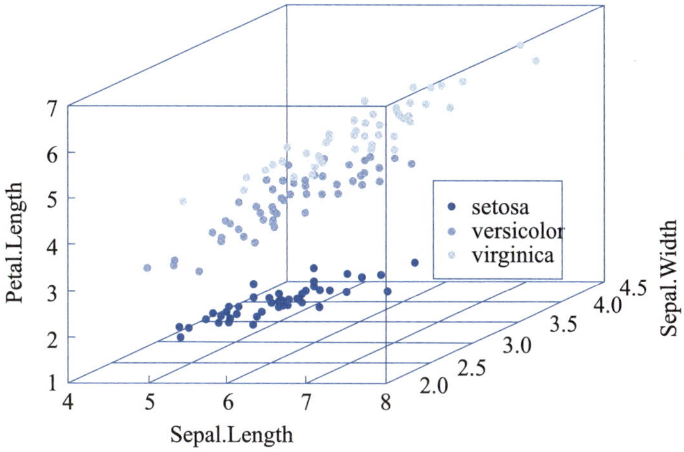

图 2－13　萼片长度、萼片宽度与花瓣长度三维散点图

式向读者提供最多的信息，避免不必要的装饰和复杂性。

（3）可读性与可理解性。图表设计应考虑到目标读者的背景，使用恰当的图表类型、颜色方案和标签，使信息易于解读。要提供足够的背景信息和解释，包含必要的图例、标签和注释，帮助读者理解图表所表达的观点。

（4）视觉吸引力。虽然信息传达是图表的首要目的，但良好的视觉设计也非常重要。合理的颜色选择、布局和设计元素可以增加图表的吸引力，提高读者的兴趣和参与度。

（5）多维度的展示。对于复杂数据集，图表应能展示数据的多个维度，但同时保持清晰和可理解。使用多维度的图表（如气泡图、三维散点图）时，要确保额外的维度增加了价值，而非混乱。

（6）表述数据的真实情况。图表应忠于数据，避免误导读者，包括展示数据的变化范围、分布特征和任何可能的异常值或趋势。

（7）适合其用途。选择最适合展示数据类型和目的的图表类型。比如，散点图适合展示两个变量之间的关系，柱状图适合比较类别数据。优秀的图表是数据的直观展示，更是一种有效的沟通和思考工具，能够促进信息的快速理解和深入分析。

不合适的图表可能会导致误解或无法准确传达信息，以下是常见的不合适图表的特征：

（1）图表冗余。使用过多的装饰性元素，如不必要的颜色、图案、阴影等，这些元素没有提供额外的信息，反而分散了读者的注意力。图表包含的数据点过多而没有进行适当的聚合或总结，使得图表难以解读。

（2）无法进行组间比较。在一个图表中展示了多组数据，但由于设计不当（如颜色选择不当、图例位置不佳等），使得读者难以比较不同组间的数据。

还有使用不适合比较的图表类型，比如用饼图来比较不同组的数据大小，但饼图通常适合展示总体中的比例分布，而不是进行组间比较。

（3）压缩或扭曲垂直轴刻度。垂直轴的刻度不是均匀分布的，或者刻度的范围选择不当，导致图表中的数据变化被压缩或扩大，从而误导读者。例如，一个图表的垂直轴刻度从 100 开始而不是从 0 开始，这可能会扩大数据间的差异。

（4）垂直轴没有 0 刻度。对于某些图表类型（特别是柱状图和折线图），如果垂直轴不从 0 开始，可能会误导读者对数据变化的解读。

创建图表时，避免这些常见问题是非常重要的，以确保图表能够有效、准确地传达信息。正确的做法是选择适合数据和分析目标的图表类型，保持设计的简洁性，并确保图表的刻度、起点和比较基准合理准确。

2.3 实验案例与实验任务

2.3.1 案例内容与步骤

1. 实验背景

鸢尾花数据集（Iris）是数据分析领域最经典的数据集之一，其包含 150 个不同亚种的鸢尾花样本，每个样本包含 5 个特征，分别记录了该样本的花萼宽度、花萼长度、花瓣宽度、花瓣长度以及所属亚种。我们希望在对数据进行进一步分析之前，使用数据可视化的方法直观地展示该数据集。

数据集来源：Altair AI Studio 系统自带的样本集 Samples/data/Iris 数据。

2. 数据展示

在处理数据集以前，我们需要对数据集有直观的认识。从窗口左侧的“Repository>>Samples>>data”路径，找到 Iris 数据文件，将文件拖拽导入 Process 窗口，连接 Retrieve Iris 算子右侧的 out 函数接口与工作区域右侧边缘的 res（result）接口，然后运行算子，软件会自动转到 Results 窗口，在该窗口可以查看数据信息、统计信息和进行可视化操作。上述操作如图 2－14 所示。

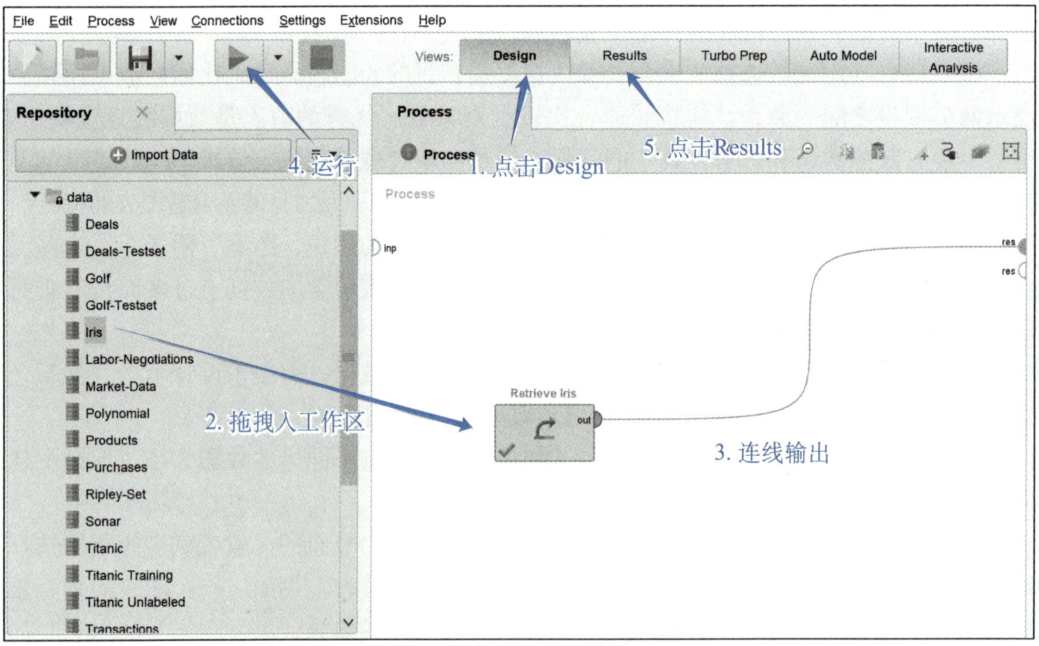

图 2－14 导入鸢尾花数据集

鸢尾花数据集如图 2－15 所示，图中展示了该数据集有 150 个样本，2 个特殊属性，4 个常规属性。属性名是 id、label、a1、a2、a3、a4，其分布表示样本的所属亚种、花萼长度、花萼宽度、花瓣长度、花瓣宽度，为了更好地分析和理解数据，需要对属性进行重命名。

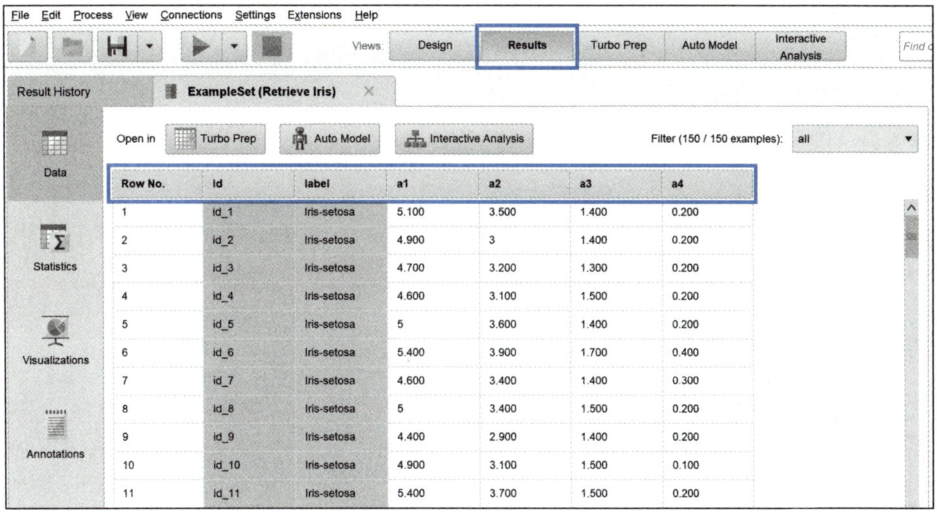

图 2－15　鸢尾花数据集预览

属性重命名：拖拽 Rename 算子到 Process 窗口，点击 Rename 算子，将“label”重命名为“属种”，如图 2－16 所示。重复操作，将“a1”重命名为“花萼长度”，“a2”重命名为“花萼宽度”，“a3”重命名为“花瓣长度”，“a4”重命名为“花瓣宽度”，然后点击 Apply，最后运行算子得到新的数据集。

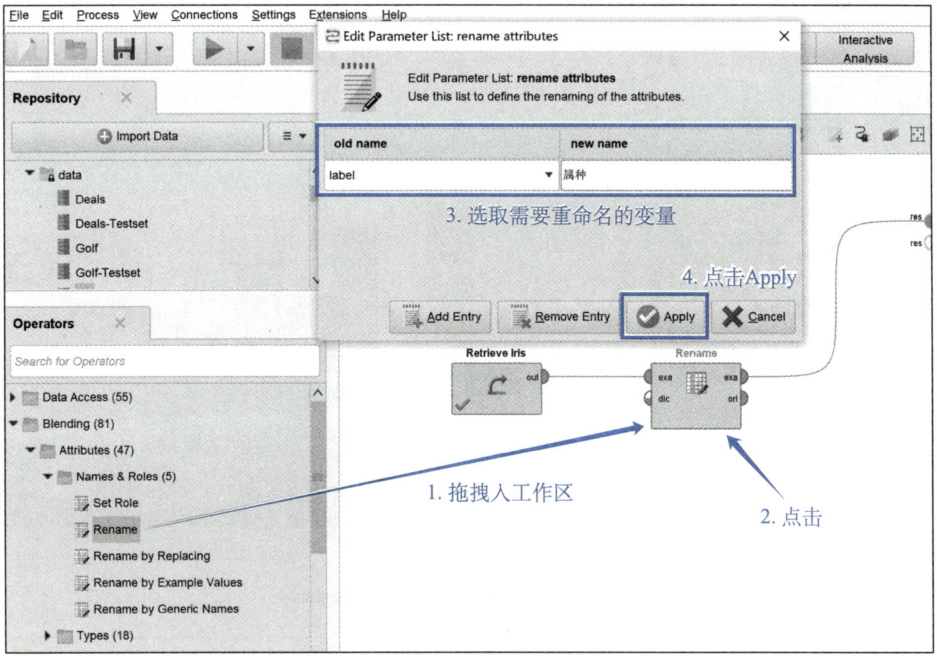

图 2－16　鸢尾花数据集重命名

3. 数据可视化

Altair AI Studio 为使用者提供了方便的数据可视化功能，点击 Results 窗口，切换到 Visualizations 界面，即可进行图表类型选择和参数设置，如图 2－17 所示。

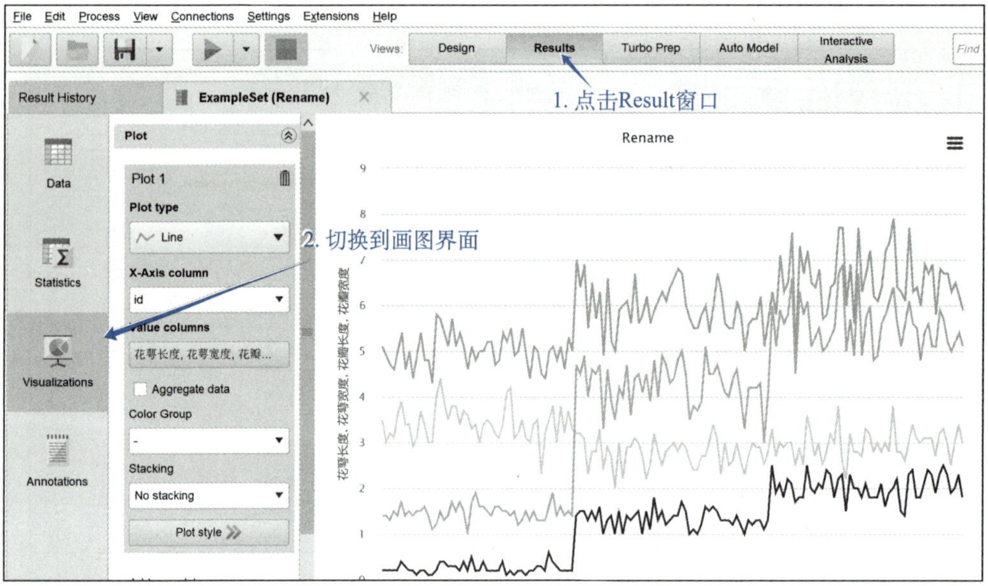

图 2－17　进入画图界面

（1）直方图。点击 Plot type，选择图形类型为 Histogram；点击 Value columns 选择要展示的变量，可选择一个变量“花萼长度”，也可以选择多个变量“花萼长度，花萼宽度”。可视化结果分别如图 2－18、图 2－19 所示。

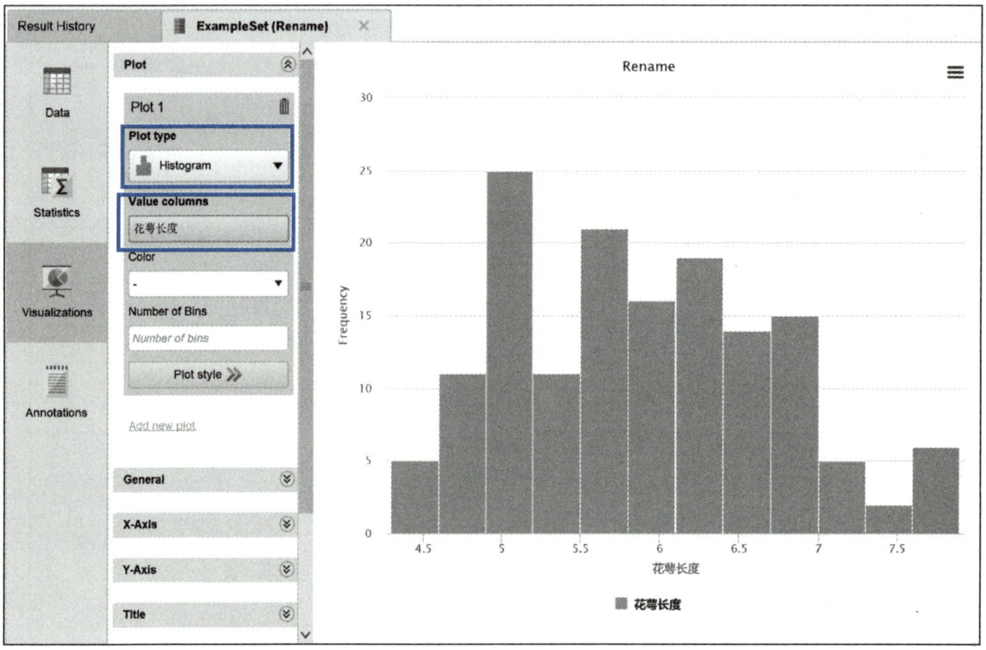

图 2－18　花萼长度直方图

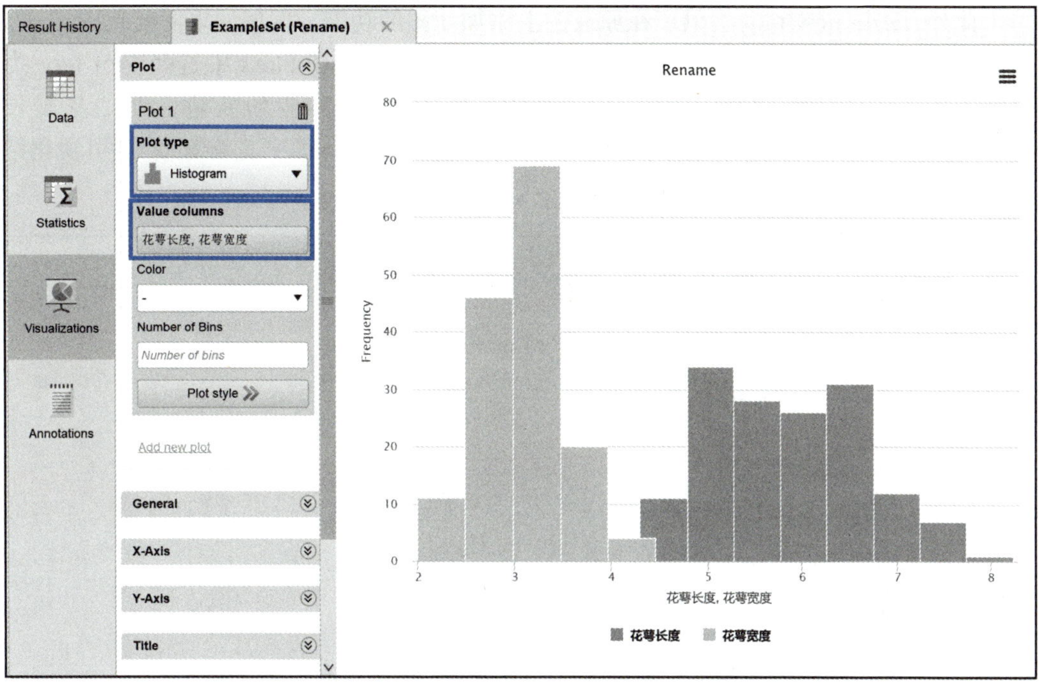

图 2－19　花萼长度、花萼宽度直方图

（2）折线图。点击 Plot type，选择图形类型为 Line；点击 X-Axis column 选择 X 轴变量，例如“花瓣长度”；点击 Value columns 选择 Y 轴变量，例如“花瓣宽度”。可视化结果如图 2－20 所示。

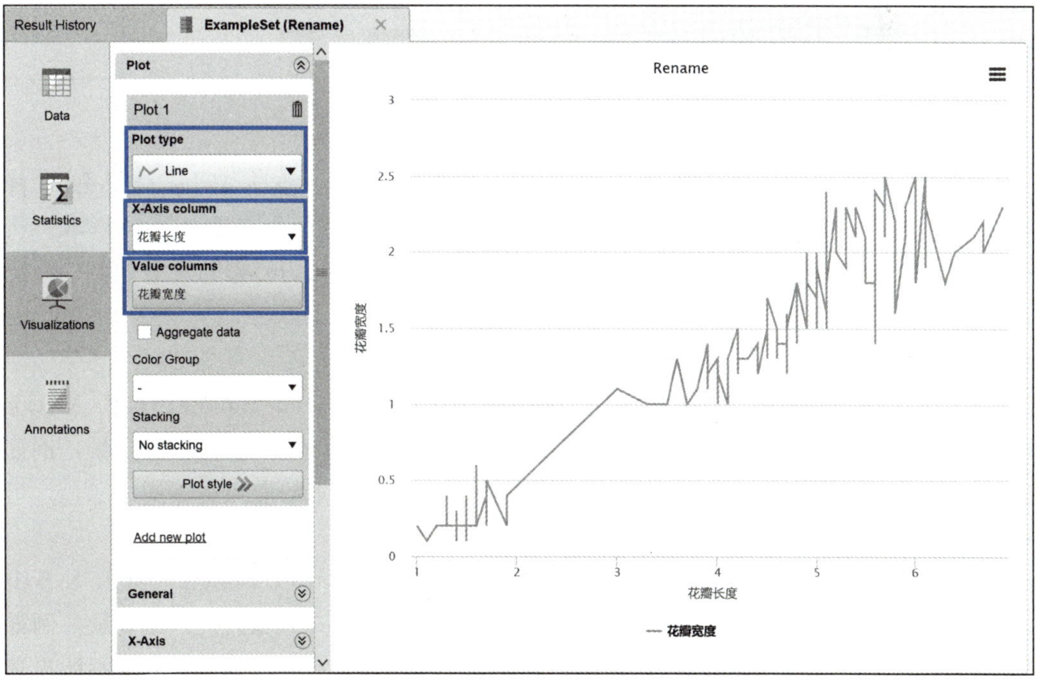

图 2－20　花瓣宽度与花瓣长度折线图

此外，Add new plot 提供了在原有图上添加新图的功能，例如如果需要在图 2 - 21 上添加每个样本点对应的值，可在点击 Add new plot 后，在 Plot2 中选择 Plot type 为 Scatter/Bubble；选择 X-Axis column 为图 2 - 20 中 X 轴对应的变量，即“花瓣长度”；选择 Value columns 为图 2 - 20 中 Y 轴对应的变量，即“花瓣宽度”。可视化结果如图 2 - 21 所示。

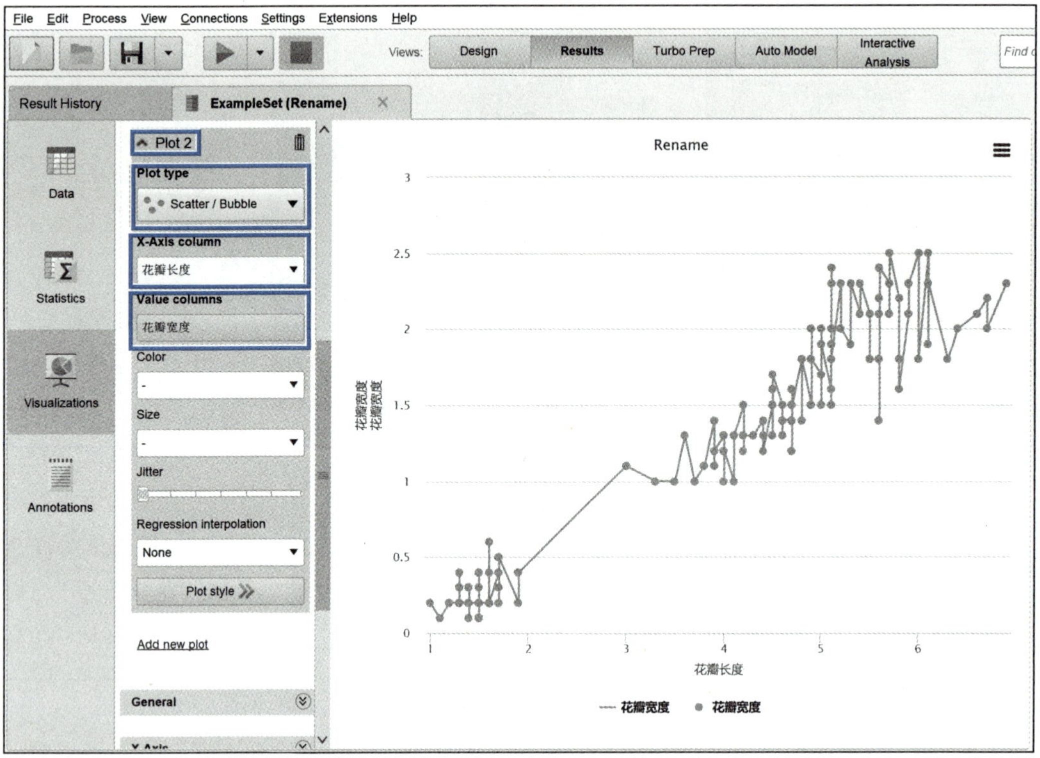

图 2 - 21　花瓣宽度与花瓣长度折线散点图

（3）箱形图。点击 Plot type，选择图形类型为 Boxplot；点击 Value columns 选择要展示的变量，例如“花瓣宽度”；此外，使用 Group by 能根据分类属性对样本进行分类，例如选取“属种”变量将样本按所属种类进行分类。可视化结果如图 2 - 22 所示。

（4）散点图。

1）二维散点图：点击 Plot type，选择图形类型为 Scatter/Bubble；点击 X-Axis column 选择 X 轴变量，例如“花瓣长度”；点击 Value columns 选择 Y 轴变量，例如“花瓣宽度”；选择 Color 为“属种”能够使得不同属种的样本的散点有不同的颜色。可视化结果如图 2 - 23 所示。

2）重叠散点图：点击 Plot type，选择图形类型为 Scatter/Bubble；点击 X-Axis column 选择 X 轴变量，例如“花瓣长度”；点击 Value columns 选择 Y 轴变量，例如“花瓣宽度”与“花萼宽度”。可视化结果如图 2 - 24 所示。注意，这里 Color 不能再选取其他属性变量对样本进行分类。

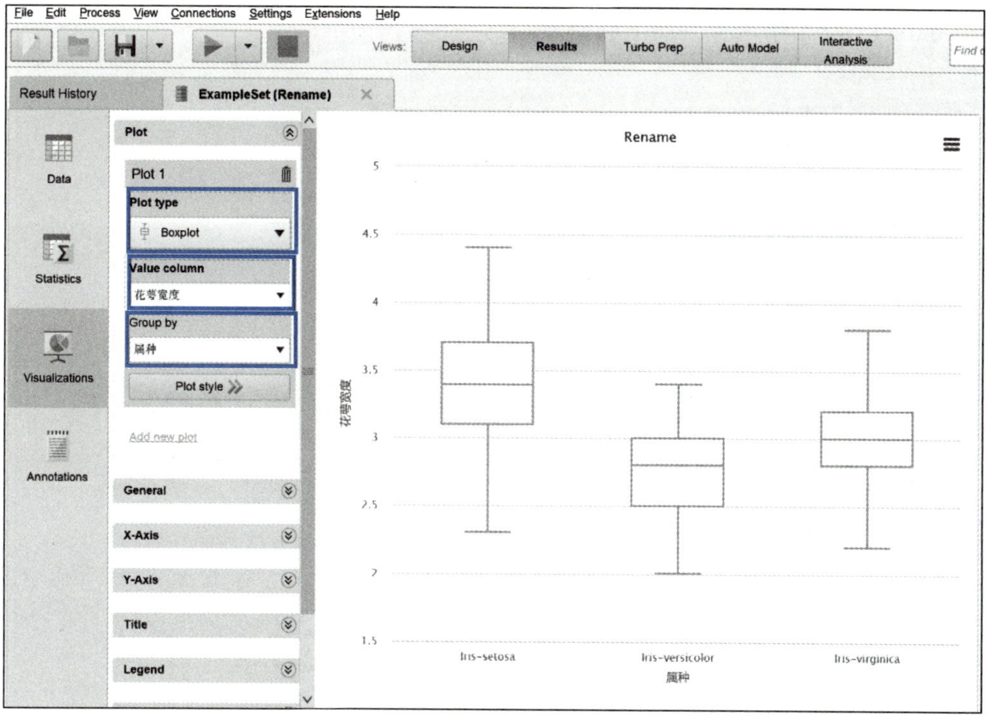

图 2-22　各属种花萼宽度箱形图

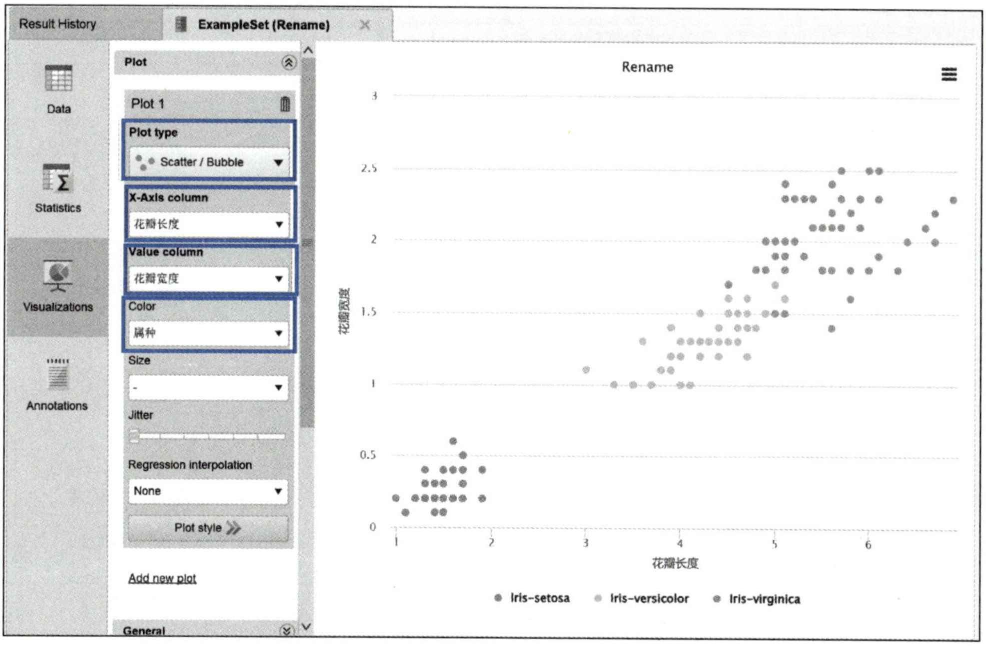

图 2-23　各属种花瓣长度与花瓣宽度散点图

3）矩阵散点图：点击 Plot type，选择图形类型为 Scatter Matrix；点击 Value columns 选择要展示的变量，例如“花瓣宽度”、“花萼宽度”与“花萼长度”；选择 Color 为“属种”能够使得不同属种的样本的散点有不同的颜色。可视化结果如图 2-25 所示。

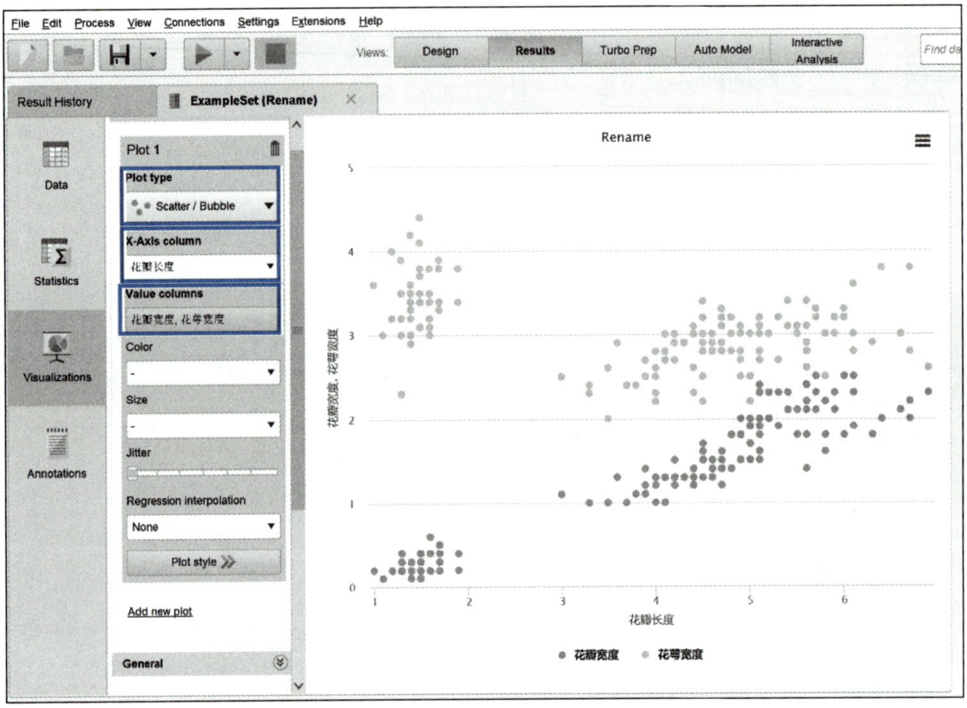

图 2-24 花瓣长度与花瓣宽度、花萼宽度重叠散点图

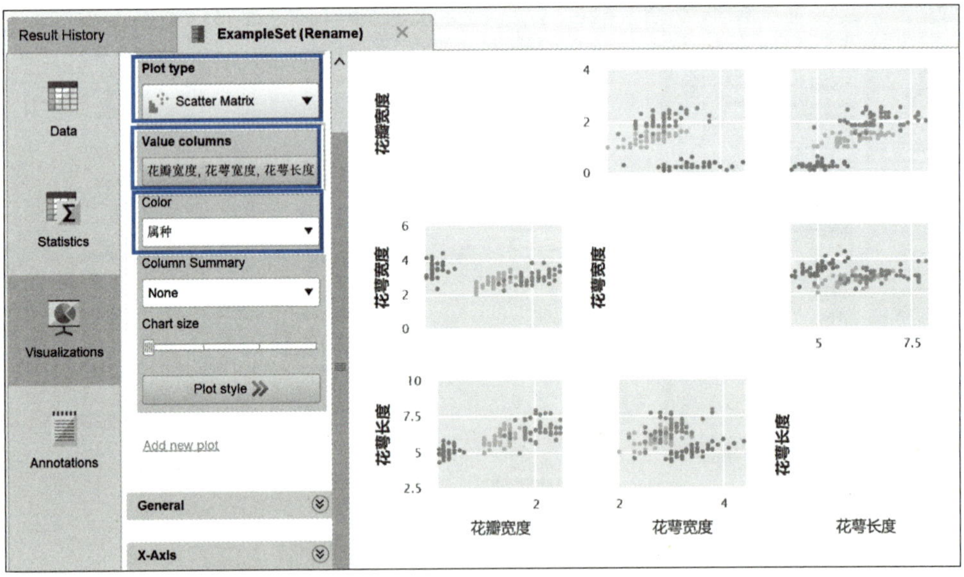

图 2-25 花瓣宽度、花萼宽度、花萼长度矩阵散点图

4）三维散点图：点击 Plot type，选择图形类型为 Scatter 3D；点击 X-Axis column 选择 X 轴变量，例如“花瓣长度”；点击 Value columns 选择 Y 轴变量，例如“花瓣宽度”；点击 Y-Axis 选择 Z 轴变量，例如“花萼宽度”；选择 Color 为“属种”能够使得不同属种的样本的散点有不同的颜色。可视化结果如图 2-26 所示。

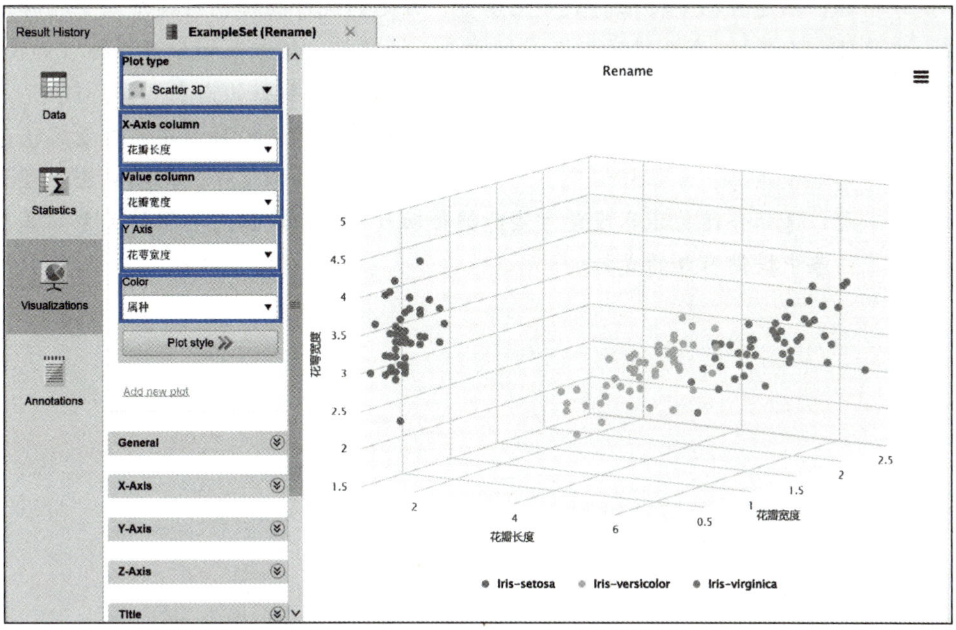

图 2-26　花瓣长度、花瓣宽度、花萼宽度三维散点图

2.3.2　实验任务

任务：利用 Altair AI Studio 软件对 Spotify 2023 年最著名歌曲的数据文件“spotify-2023.csv”进行可视化分析。具体需求为：

（1）对数据集中的定量数据属性选取两到三个画出其直方图、箱形图、散点图，并分析这些图背后的一些趋势，例如比较不同属性的样本分布的紧密程度、两个属性之间的相关性的关系等。

（2）统计每月发行歌曲的数量，并以月份作为时间点，画出每月发行歌曲数量的折线图。

// 关键概念回顾 //

数据可视化：通过图表、图形或互动方式将数据呈现出来，以便于更好地理解和分析数据的模式、趋势和关系。常见的可视化形式包括条形图、散点图、折线图等。数据可视化不仅有助于数据分析者更快速地识别数据特征，还能帮助非专业人士理解复杂的数据。

数据类型：数据的分类方式，根据数据的特性可以将其划分为不同的类型。常见的数据类型包括定性数据和定量数据。

定性数据：也称分类数据，用于表示类别或属性的变量，例如性别、颜色、品牌等。

定量数据：也称数值数据，用于表示可度量的量，如收入、年龄、温度等，通常可以进行数学运算。

统计指标：描述数据集特征的数字化度量。常见的统计指标包括集中趋势指标（如均值、中位数、众数）、离散程度指标（如方差、标准差、极差）和分布指标（如偏度、峰度）。这些指标为数据分析提供了定量的支持，便于揭示数据的内在规律。

数据距离：衡量数据点之间相似度或差异度的标准。常见的数据距离度量方法包括欧氏距离、曼哈顿距离、余弦相似度、马氏距离和杰卡德相似度等。根据数据类型和分析目的的不同，选择合适的距离度量方法能够帮助我们理解数据点之间的关系，并在分类、聚类等任务中提供有效的支持。

// 第3章 //
数据预处理

数据预处理是开展数据挖掘项目的首要任务，也是重中之重，占据整个数据挖掘项目的大部分时间、精力和资源。只有在获得了一个高质量的数据集之后，数据挖掘算法才能发挥效果。数据预处理工作包括数据清洗、数据集成、数据变换和数据规约，本章将重点介绍这四部分工作的注意事项及所涉及的相关预处理方法，并以一个具体的数据集为例说明如何完成数据预处理工作。

3.1 数据预处理概述

在现实世界中收集的海量数据集，不可避免会存在形式上乱码、无意义或者内容上含有异常值及噪声的错误数据。如果错误数据太多，数据分析就难以得到高价值的结果，甚至可能会对决策产生严重误导。此外，数据中所含有的噪声、冗余等也会影响后续分析的效率，对整体分析过程造成阻碍。为此，在数据挖掘之前，需要进行充分的数据预处理，尽早发现并处理数据集中的错误或噪声数据，对复杂且庞大的数据抽取其主要特征作为代表，以提高数据集的质量。据统计，数据分析过程中，花在数据预处理上的时间约占整个项目总耗时的60%之多。数据预处理对于整个项目成败来说至关重要，只有提供高质量的数据集才能让算法发挥性能，得到理想的数据挖掘结果。

数据预处理旨在系统地找出数据集中的错误数据，排除噪声干扰，整合复杂数据，最终为进一步的数据挖掘提供高质量的数据集。高质量的数据有利于挖掘出高质量的结果。数据预处理主要关注两方面：一方面是要提高数据的质量，另一方面是要让数据更好地适应特定的挖掘技术或工具。

具体而言，数据预处理主要包括数据清洗、数据集成、数据变换和数据规约（见图3-1）。

（1）数据清洗主要是删除原始数据集中的无关数据、重复数据，平滑噪声数据，筛选掉与挖掘主题无关的数据，处理缺失值、异常值等。具体包括：

- 删除无关数据：去除与挖掘主题无关的数据，使数据集更加精简。
- 处理重复数据：识别并删除重复的数据记录，保证每条记录的唯一性。
- 平滑噪声数据：通过平均值、中位数替代等方式处理数据中的噪声，减少数据中

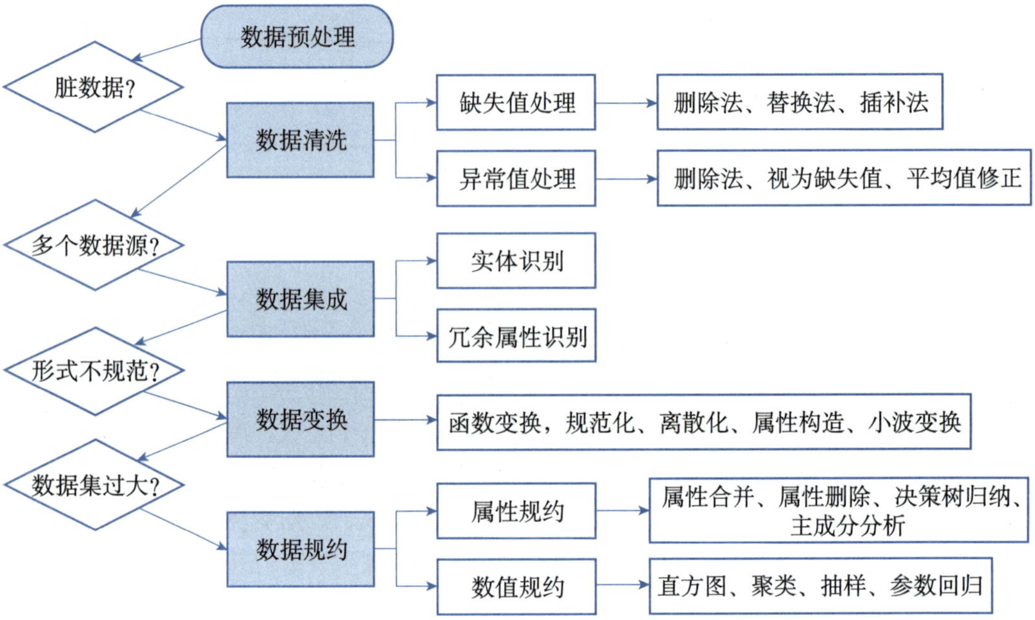

图 3-1　数据预处理的内容概括

的不确定性。

- 处理缺失值：采用插值、删除或填充等方法来处理缺失的数据，确保数据的完整性和可用性。
- 处理异常值：识别并处理异常值，以防止异常值对挖掘结果造成影响。

（2）数据集成是指将多个数据源合并存放在一个数据存储（如数据仓库）中，并保证数据一致性的过程。数据挖掘需要的数据往往分布在不同的数据源中，数据集成考虑了实体识别问题和属性冗余问题等，从而将源数据加以转换、提炼和整合。具体包括：

- 实体识别问题：识别不同数据源中相同实体的记录，确保这些记录能够正确地被整合。例如同一个机器设备在不同数据源都出现，则需要合并简化。
- 属性冗余问题：解决多个数据源中存在相同或相似属性的问题，合并这些属性，减少冗余。例如同一个属性字段在不同数据源都存在，则需要合并简化。
- 数据转换和提炼：对数据进行转换和提炼，以确保最终整合的数据在一致性和精确性方面达到预期的标准。例如对数据进行格式转换等。

（3）数据变换主要是对数据进行规范化处理，包括连续变量的离散化以及变量属性的构造等，将数据转换成适当的形式和取值范围，以适用于挖掘任务及算法的需要。具体包括：

- 规范化：将不同尺度的数据统一到相同的尺度范围内，防止某些属性对挖掘结果产生过大影响。
- 离散化：将连续变量转换为离散变量，使得数据更易于处理和理解。
- 属性构造：创建新的属性，通过组合、聚合或其他方式生成更有信息量的新属性，有助于提高挖掘的效果。

（4）数据规约主要是产生更小但保持原数据完整性和信息量的新数据集。在大数据集上进行复杂的数据分析和挖掘将需要很长的时间，在规约后的数据集上进行分析和挖掘将更有效率。具体包括：

● 生成更小的数据集：通过聚合、抽样、维度选择等方法生成比原数据集更小但保持关键信息的数据集。

● 提高效率：减少数据集的大小有助于提高挖掘算法的效率，特别是在处理大规模数据集时。

● 保持数据完整性：确保规约后的数据仍然能够准确反映原始数据集的特征，以保持分析结果的有效性。

在数据预处理中，有些问题可以根据操作者的主观认知使用简单方法直接处理，例如单位的不统一、属性的异名同义、数据样本的重复等；但有些问题则难以直接处理，例如对缺失值进行插补、识别数据中的异常值、进行适当的数据归约等，这些问题都是数据预处理中常见的问题，并且这些问题的处理结果影响着后续的数据分析，需要与实际具体情况相结合，因地制宜选择恰当的数据预处理方法。

3.2　数据预处理算法原理

本节将分别从缺失值处理、异常值识别、数据变换、数据规约等方面，简要地介绍一些常用的算法。当然，不同数据都有其不同的特性，在数据的预处理中不存在万能的方法。要想得到高质量的数据，需要数据分析者根据数据自身的特性不断地进行探索，寻找到最适合该数据集的方法。

3.2.1　数据清洗

1. 缺失值处理

实际项目中所获取的数据集往往存在缺失值，在进行数据挖掘之前需要将缺失值做一个预处理，一般来讲有如下几种处理方式。

（1）直接删除法：当数据集中包含非常少量的缺失值时，则可以简单地从数据集中删除含有缺失数据的样本；当数据集中存在包含非常大量缺失值的变量属性时，该变量属性含有信息量过低，可以直接删除。

（2）均值、中位数、众数插补法：若不删除数据集中的缺失值，也可以使用缺失值对应变量属性的样本均值、中位数、众数进行插补，这是一种简单快捷的方法，且不会造成样本量的丢失。

（3）K 近邻插补法：依据 K 近邻的算法思想（见第 9 章），对于存在缺失值的样本，称其缺失值所在的属性为缺失属性，根据其剩余的未缺失的变量属性，依据一定的规则，选取 K 个最相似的完整数据样本，使用这 K 个完整样本相应属性的值，例如取其均值或中位数等，对缺失的样本属性值进行插补。

（4）回归插补法：与上述 K 近邻方法相似，基于现有数据样本建立一个回归模型来刻画多个属性字段之间的相互关系，例如使用线性回归或者逻辑回归模型等方法（见

第 5 章），那么可以使用这个回归模型再通过利用其他属性值来计算当前缺失的属性值。

2. 异常值识别

有时数据集虽然完整，但是并不意味着所有的数据值都是准确可靠的，有可能存在噪声数据，甚至是错误数据，需要我们通过数据预处理将这些噪声或者错误数据通过异常值识别的方式找出来。一般来讲，异常值识别有如下几种处理方法。

（1）标准差法：依据正态分布的 3σ 原则，可以使用样本数据的均值和标准差来识别异常值。具体而言，可以将区间 $[\bar{x}-3\sigma, \bar{x}+3\sigma]$ 以外的样本点视为异常值，其中 $\bar{x}$ 是样本均值，σ 是样本标准差。

（2）MAD_E 法：这是一种稳健且简单的异常值识别方法，其对于非正态分布的样本数据十分有效。具体而言，将标准差法中的样本均值和样本标准差分别替换为样本中位数和 MAD_E，在区间 $[\text{median}-3MAD_E, \text{median}+3MAD_E]$ 以外的样本点视为异常值，其中 $MAD_E=1.483MAD$，$MAD=\text{median}\{|x_i-\text{median}|\}$，是中位数绝对偏差的中位数。

（3）四分位距法：计算样本的下四分位数 Q1，上四分位数 Q3，以及样本的四分位距 IQR=Q3－Q1，将区间［Q1－3IQR，Q3＋3IQR］以外的样本点视为异常值，将区间［Q1－3IQR，Q1－1.5IQR］与区间［Q3＋1.5IQR，Q3＋3IQR］之中的样本点视为可能异常值。

3.2.2 数据集成

数据集成的目的是将不同来源的多份数据整合起来形成一个完整的大数据集。然而在将多个数据源合并的过程中，可能出现多个属性字段重复冗余的问题，除了可以通过分析各属性字段的物理含义来发现冗余之外，也可以利用相关系数分析等算法自动地将冗余属性字段找出来。

针对数值属性字段，我们可以计算两两属性之间的相关系数，如若相关系数接近于 1 或者－1，说明这两个属性字段之间具有很密切的相关性，进一步通过厘清属性字段的物理含义区别，从中挑选一个有代表性的属性字段予以保留，其余冗余的属性字段予以删除。

3.2.3 数据变换

数据变换的目的是将不同属性字段的数据进行转换，例如进行量纲单位的数据变换，或者将多个数据属性字段进行加减乘除得到新的属性字段以便于后续数据挖掘算法的具体实施。常用的数据变换方法包括如下几种。

（1）简单函数变换法：在数据的预处理中，对数据进行简单的变换，能够使其更适用于数据挖掘任务以及算法的需求。常用的变换函数包括平方、开方、取对数等。此外，如 Box-Cox 变换常用来将不具有正态分布的数据变换为具有正态分布的数据，即：

$$x'=\begin{cases}\dfrac{x^\lambda-1}{\lambda}, & \lambda\neq 0\\ \ln x, & \lambda=0\end{cases}$$

式中，参数 λ 依据原始数据确定，通常采用最大似然法或交叉验证法选取；原始数据取值要求为正数，若为负数则可通过整体平移增加一个正数来使其为正数。

（2）归一化法：数据的归一化能够处理不同属性的数值之间具有较大差异的问题，对相应属性的数据进行归一化能够突出样本数据之间的相对大小关系，便于后续数据挖掘算法的处理，这在神经网络、支持向量机等算法模型中广泛使用。常用的归一化方法包括最小-最大归一化、标准差标准化等，其中最小-最大归一化是根据对应变量属性的最大值和最小值对原始数据进行线性变化，将数值映射到［0，1］之间；标准差标准化根据对应变量属性的样本均值和样本标准差对原始数据进行变换，处理后的样本数据均值为 0，标准差为 1。

（3）One-Hot 编码法：One-Hot 编码又称独热编码，常用来处理计算机无法直接对标称属性值进行加减乘除等代数运算的问题。例如颜色是一个标称属性字段，其对应的可能取值分别为［红色、黄色、蓝色］，通过独热编码可以将样本对应的取值转换为［(0，0，1)、(0，1，0)、(1，0，0)］，分别代表蓝色、黄色、红色。独热编码能够将具有无序离散取值的属性映射到取值在高维欧氏空间中的数值属性，便于进行数字之间的代数运算，有助于度量样本间的距离与相似度，使得数据适用于进一步的数据分析算法，这在神经网络、深度学习中广泛使用。

3.2.4　数据规约

数据归约的目的是精简数据，以得到一份完成当前数据挖掘任务所需要的最精简的数据集。在数据挖掘的过程中并不是数据属性字段越多越好，不必要的一些属性字段反而会对挖掘算法的效果造成不利影响，因此我们要对数据进行规约，以得到一份高质量的精简数据集。常用的数据规约处理方法包括如下几种。

（1）相关性分析法：删除不相关的属性能够减少数据维数，提高数据挖掘的效率，降低计算成本。相关性分析法是一种基于属性之间的相关性的属性规约方法，通过统计学的方法，如卡方检验、列联表分析、皮尔森相关系数等，剔除与接下来分析中的目标属性不相关的变量属性，只选取与目标属性相关的变量属性进行后续的数据分析。

（2）逐步向前选择法：选取一个基模型，如决策树模型（见第 6 章），从空的变量属性集开始，从全部变量属性集中选取一个当前最优的变量属性，即使得新构造的变量属性集在基模型上提升效果最好的属性，若全部待选变量属性对新构造的变量属性集的提升效果都小于事先给定的阈值，则停止选取，将新构造的变量属性集用于接下来进一步的数据分析。

（3）主成分分析法：一种用于连续变量属性的数据降维方法，其目的是希望使用少数新的变量属性来代表或解释原始数据中的大部分变量属性。具体而言，主成分分析法就是从原始的数据空间中顺序地找一组相互正交的坐标轴。其中，第一个新坐标轴选择的是原始数据空间中数据集的方差最大的方向，第二个新坐标轴选择的是数据空间中与第一个坐标轴正交的平面中使得方差最大的方向。依次类推，可以将数据中的变量属性转化为互相正交的坐标轴，并且原始数据的大部分方差都包含在前面 k 个坐标轴中，后面的坐标轴所含的方差几乎为 0，因此可以只选取前面能解释大部分方差的 k 个坐标轴，作为数据的新的变量属性以用于进一步的数据分析，从而将原始数据的变量维度降低为 k 维。

3.3 实验案例与实验任务

3.3.1 案例内容与步骤

1. 实验背景

1912 年 4 月 15 日，号称“永不沉没”的泰坦尼克号巨轮在首航期间撞上冰山后沉没。在泰坦尼克号不幸沉没的事故中，船上只有少部分乘客得以幸存。数据库中存储了这些乘客的关键信息，我们希望能够对这些信息进行数据预处理，整理出干净的数据集，以便进一步利用这些数据来预测乘客在此次事故中的获救概率。

数据集来源：Altair AI Studio 系统自带的样本集 Samples/data/Titanic 数据。

2. 数据质量分析

数据的质量分析包括数据的缺失、冗余、异常、字段意义等方面。通过了解数据的特点，可以制定有效的处理策略，以确保数据的质量和针对挖掘主题的适用性。分析字段的意义有助于理解数据中的关键特征。删除冗余或不必要的数据，可以减小数据规模，提高挖掘过程的效率，节省计算资源和时间成本。

我们首先对数据进行描述性统计分析，评估数据存在的质量问题，以确定所需的数据处理方案。描述性统计分析可以帮助了解数据的分布情况，包括中心趋势（均值、中位数）、离散程度（标准差、范围）以及分布形状。这对于识别异常数据、选择适当的数据变换和规范化方法至关重要。

Altair AI Studio 工具为我们提供了可视化的描述性统计分析功能，允许用户通过图形化界面直观地查看描述性统计分析的结果。我们可以利用算子在 Altair AI Studio 中查看数据的整体特征，识别潜在的问题，为数据的预处理工作提供指导，包括了解数据的完整性、准确性和一致性。具体步骤如下：

从窗口左侧的“Repository＞＞Samples＞＞data”路径，找到 Titanic 数据文件，将文件拖拽导入工作区。此时，工作区显示 Retrieve 算子，用于读取 Titanic 数据文件。

如图 3－2 所示，连接 Retrieve Titanic 算子右侧的 out 函数接口与工作区域右侧边缘的 res（result）接口，以将 Titanic 数据文件的读取结果输出到结果区域。点击窗口左上角的运行键，即可得到数据集的分析结果。

如图 3－3 所示，通过 Results 区域可以查看数据字段及样本值，我们进一步将数据字段的含义列为表格，如表 3－1 所示。

更进一步地，如图 3－4 所示，通过窗口左侧的 Statistics 选项，可查看描述性统计结果，涵盖字段类型、缺失数量、均值、最大最小值、众数等统计信息，可以通过最值和均值判断异常值或噪声的存在。

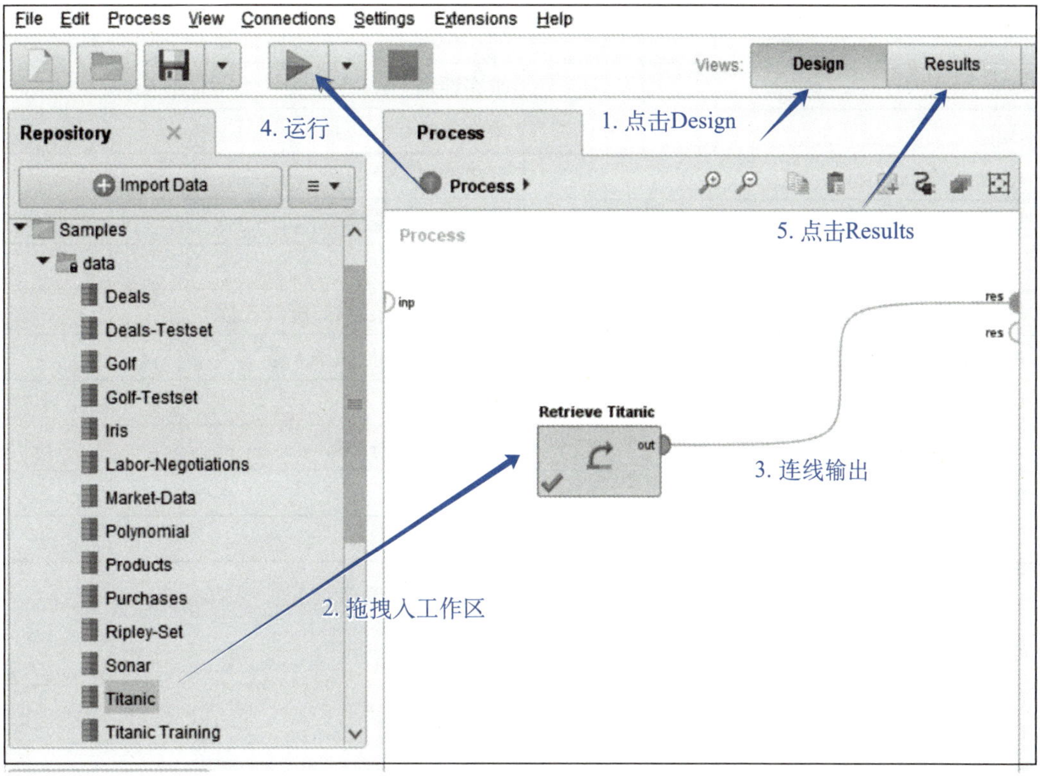

图 3-2　读取 Titanic 数据文件

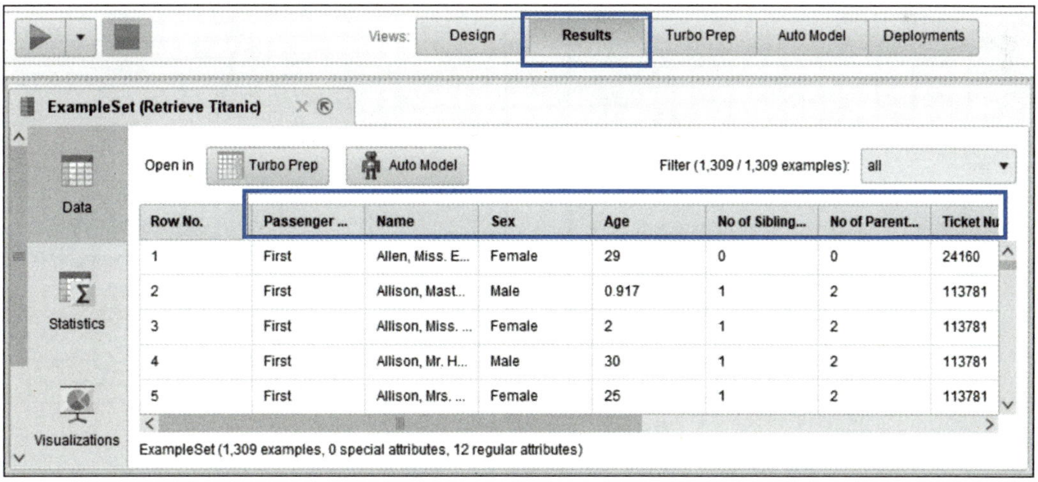

图 3-3　数据字段及样本集

表 3-1　数据字段介绍

变量名	变量含义
Ticket Number	船票编码
Name	乘客姓名

续表

变量名	变量含义
Sex	乘客性别
Age	乘客年龄
Port of Embarkation	登船港口
Passenger Class	乘客的船舱等级
Passenger Fare	船费
No of Sibling or Spouses on Board	在船上的兄弟姐妹/配偶人数
No of Parents or Children on Board	在船上的父母/孩子人数
Cabin	舱位号
Life Boat	乘坐的救生艇编号
Survived	是否幸存

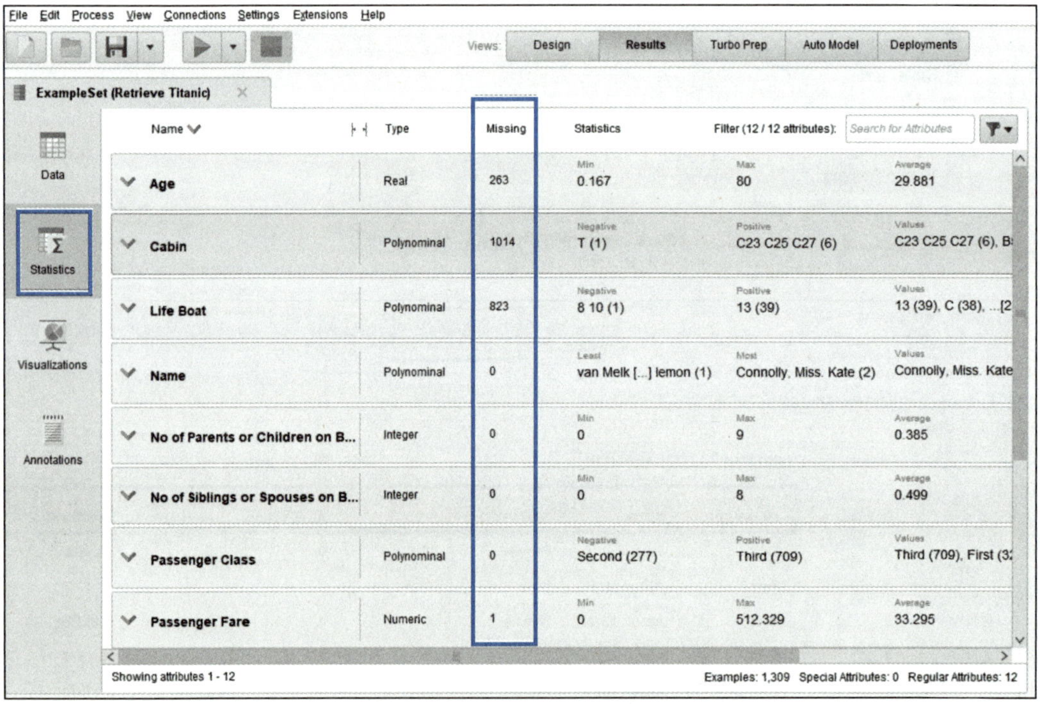

图 3-4 数据描述性统计结果

（1）冗余属性分析。冗余属性指的是该属性重复包含其他属性中已包含的信息。在数据挖掘中，处理冗余属性是数据预处理的一个重要步骤，冗余属性的存在会增加数据挖掘的计算成本，影响后续数据挖掘算法的表现。通过删除冗余属性，有助于简化模型，提高模型可解释性，降低计算的复杂度，提高算法的效率。Name 属性与 Ticket Number 属性都是作为乘客的标识，二者的含义有所冗余。因此，Name 与 Ticket Number 中可考虑去掉一个冗余属性。

（2）缺失值分析。数据的缺失可能会使样本数据不能很好地代表总体，并进一步使得估计的结果有偏。现实中绝大部分数据都包含缺失值。如何处理缺失值很重要。缺失值常用的处理方法有删除法、替换法、插补法等。在进行缺失值的处理前，要先识别缺失的数据属性，对数据的缺失程度及重要程度进行分析，进而确定处理方案。

我们在数据描述性统计结果界面，点击 Missing，将数据属性按缺失量从大到小排序。如图 3－5 所示，数据缺失量排序为 Cabin（1 014 个缺失值）、Life Boat（823 个缺失值）、Age（263 个缺失值）、Port of Embarkation（2 个缺失值）以及 Passenger Fare（1 个缺失值）。

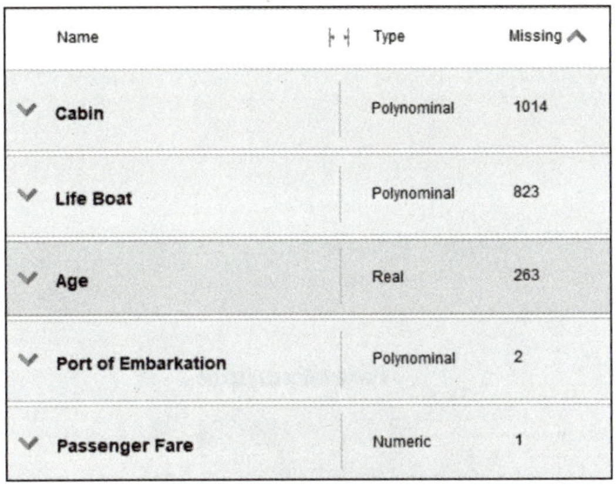

图 3－5　各属性的缺失值数量

3. 确定解决方案

数据集中缺失值较多，且部分属性为冗余字段，本实验将进行两种类型的数据清洗。

（1）处理冗余属性：本实验将对数据的属性含义进行初步分析从而筛选掉冗余属性。本实验的数据中，Name 与 Ticket Number 两种属性有所冗余。二者所起的作用为标识样本，不影响乘客的幸存状态，将其加入模型中会增加计算负担，而不会提升模型的解释力。

因此，Name 与 Ticket Number 中可考虑去掉一个冗余属性。其中，Name 属性数据质量较高，唯一且无缺失值，可作为 ID 从而唯一标识乘客。观察数据，发现在数据集中存在不同样本具有相同船票编码的情况，即 Ticket Number 不是唯一性标识。出现多个乘客拥有相同船票编码的原因可能是乘客一起购买了团体票，那么 Ticket Number 无法作为乘客样本的唯一标识，因此可选择删除 Ticket Number 属性以得到简洁数据。

（2）处理缺失值：本实验的数据包含较多缺失值，在后续进行数据挖掘的过程中可能导致偏差影响。结合数据属性的具体含义，本实验将采用替换法或删除法处理缺失值。

对于数据缺失，主要需要解决 Cabin、Life Boat、Age、Port of Embarkation、Passenger Fare 这 5 个属性数据缺失的问题。样本缺失量最大的属性是 Cabin，总数据集的样本数量为 1 309，而 Cabin 属性的缺失值数量为 1 014，缺失的数量过大。Cabin 属性值由字母和数字组成，表达的是乘客在船舱中的位置分配。尽管乘客所在舱位会对之后的逃生有所影响，但是样本缺失比率高达 77%，均值、众数、回归预测等方法都不能很好地解决这个数据的缺失补充问题。Cabin 属性数据的大量缺失会给模型预测带来严重的偏差与干扰，因此选择将 Cabin 属性删除。

其次是 Life Boat 属性。观察数据，发现 Life Boat 属性存在 823 个缺失值，缺失量较大，它记录了乘客乘坐的救生艇编号。如图 3-6、图 3-7 和图 3-8 所示，使用 Filter Examples 算子筛选出 Life Boat 属性为缺失状态的样本集。

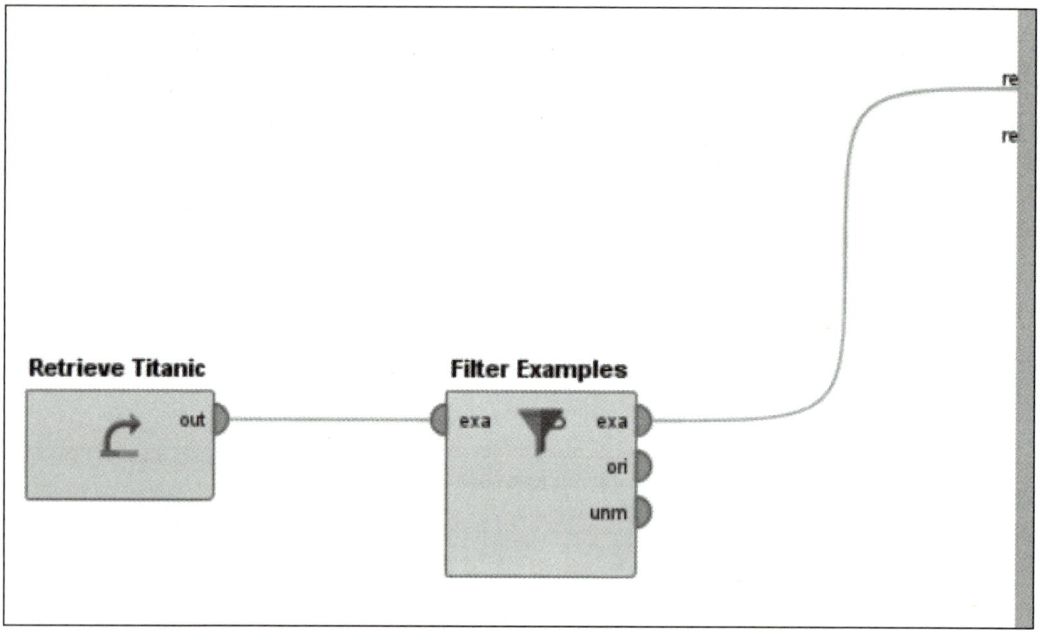

图 3-6　选择 Life Boat 属性缺失的样本集

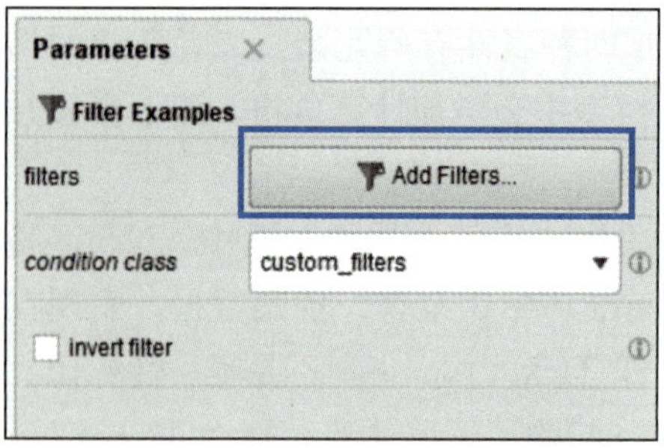

图 3-7　Filter Examples 操作步骤 1

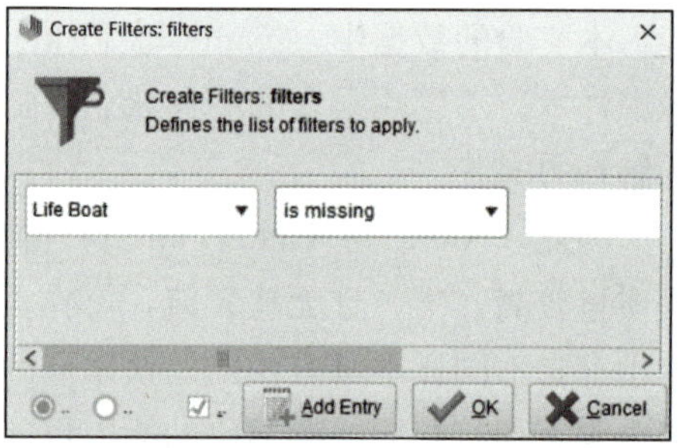

图 3-8　Filter Examples 操作步骤 2

如图 3-9 所示，Life Boat 属性为缺失值的样本集中有 823 条样本。初步观察发现其中大部分的 Survived 属性都是 No。

如图 3-10 和图 3-11 所示，进一步筛选 Life Boat 属性缺失且未幸存样本，发现有 800 条样本，约占 Life Boat 属性缺失样本的 97%，即大部分 Life Boat 属性缺失的样本都未能幸存。

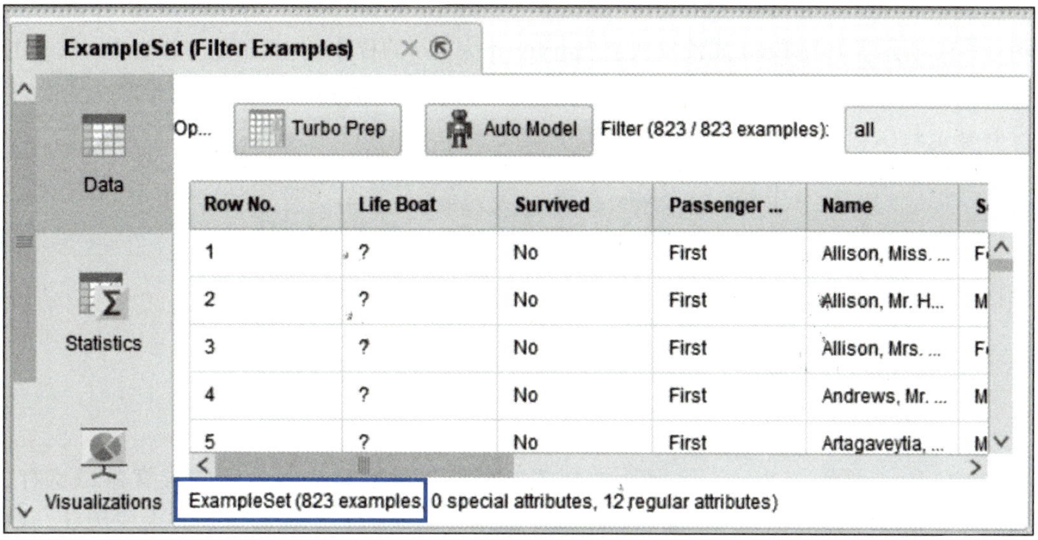

图 3-9　Life Boat 属性缺失的样本集

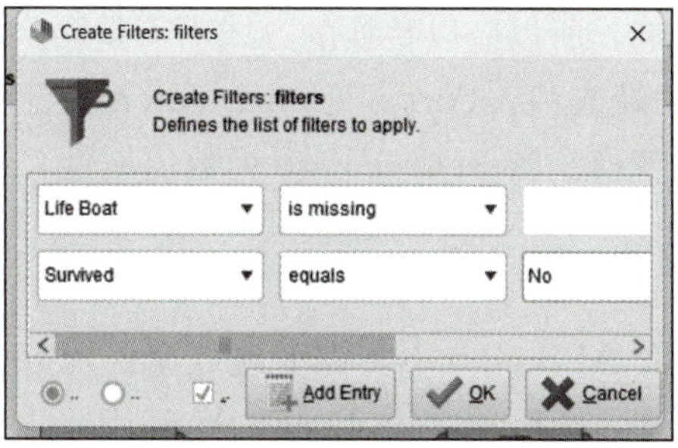

图 3-10　筛选 Life Boat 属性缺失且未幸存样本

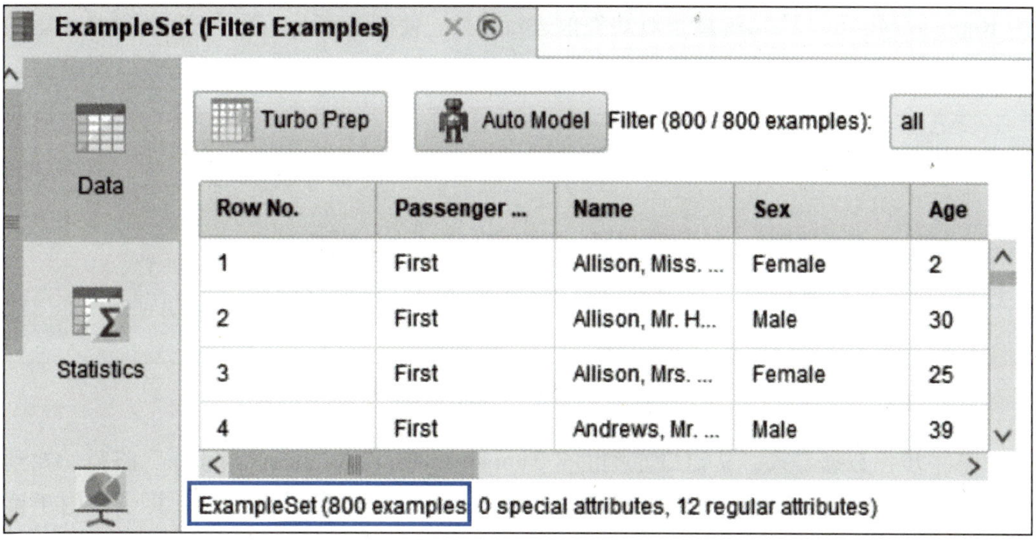

图 3-11　Life Boat 属性缺失且未幸存的样本集

使用 Filter Examples 算子选择总样本中未幸存的样本集，得到 809 条样本，如图 3－12 所示。Life Boat 属性缺失且 Survived 为 No 的样本约占 Survived 为 No 样本的 99%，即大部分遇害者的 Life Boat 属性都是缺失状态。推测 Life Boat 属性缺失是由于没有登上救生船，这部分样本不存在救生艇编号。

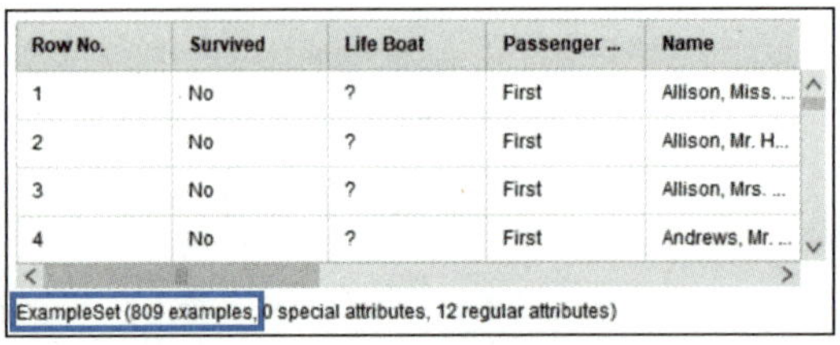

Row No.	Survived	Life Boat	Passenger ...	Name
1	No	?	First	Allison, Miss. ...
2	No	?	First	Allison, Mr. H...
3	No	?	First	Allison, Mrs. ...
4	No	?	First	Andrews, Mr. ...

ExampleSet (809 examples, 0 special attributes, 12 regular attributes)

图 3－12　未幸存的样本集

Life Boat 属性与 Survived 属性的相关度较高，没有乘坐救生艇的乘客难以幸存，因而不能简单地删除该属性。是否坐上救生艇对于乘客能否幸存的影响较大。因此，我们选择将 Life Boat 属性的缺失值统一替换为 0，代表未乘坐救生艇。

Age 属性存在 263 个缺失值，虽然缺失量大，但是年龄可能会对被救援时的选择以及救援后的幸存与否有影响，所以应以替换的方式而不是删除的方式来处理。我们选择用均值来替换 Age 属性的缺失值。Port of Embarkation 为标称属性，缺失了 2 条样本数据，处理方式为用众数替换。Passenger Fare 为数值属性，缺失了 1 条样本数据，选择用均值来替换。

4. 实验步骤

接下来，我们在 Altair AI Studio 中实施上述数据处理方案，主要包括对冗余属性 Ticket Number 的约简处理，Cabin、Life Boat、Age、Port of Embarkation 及 Passenger Fare 等属性的缺失值处理（包括删除、替换）以及指定标识属性的角色。具体而言，使用 Retrieve 算子读取数据文件，使用 Select Attributes 算子对属性进行约简，使用 Replace Missing Values 算子对缺失值进行替换，使用 Set Role 算子对标识属性指定角色，最后使用 Write CSV 算子输出处理后的数据集并保存。基本流程如图 3－13 所示。

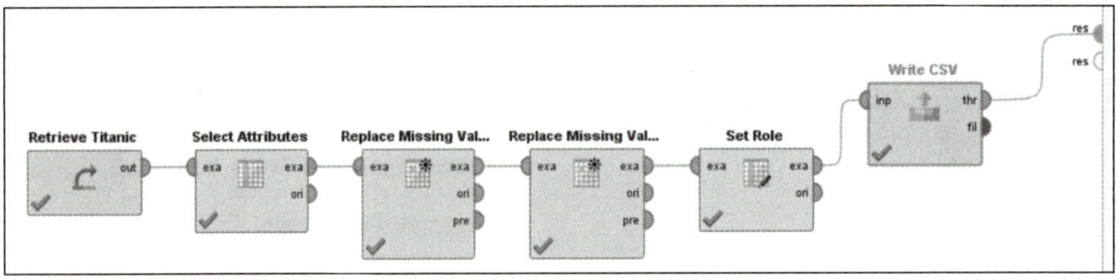

图 3－13　数据预处理基本流程

第一步：数据导入。从窗口左侧的“Repository>>Samples>>data”路径，找到 Titanic 数据文件，将文件拖拽导入工作区。此时，工作区显示 Retrieve 算子，用于读取 Titanic 数据文件。

第二步：属性约简。使用 Select Attributes 算子对属性进行约简。Select Attributes

算子的功能是选择属性。在该算子的参数设置中，attribute filter type 指的是属性选择的方式，如 single、subset 及 all 等。如图 3－14 所示，选择 subset 即允许通过 Select Attributes 列表来选择多个属性集合。如图 3－15 所示，排除掉 Ticket Number 属性和 Cabin 属性，将其他属性选入右边的框中，即完成属性选择。

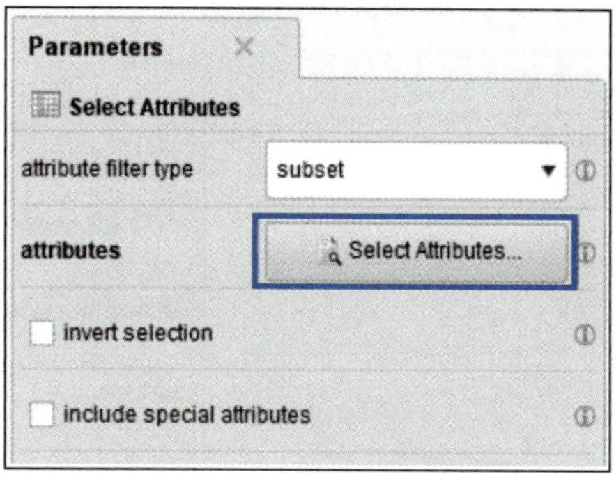

图 3－14 Select Attributes 参数面板

● 冗余属性处理：删除 Ticket Number 属性。Ticket Number 属性无法作为乘客样本的唯一标识，因此，此处选择去掉 Ticket Number 属性并留下 Name 属性作为样本标识，以得到简洁数据。

● 缺失值处理：删除 Cabin 属性。Cabin 属性的缺失值过多，会给模型预测带来严重的偏差与干扰，因此选择将 Cabin 属性删除。

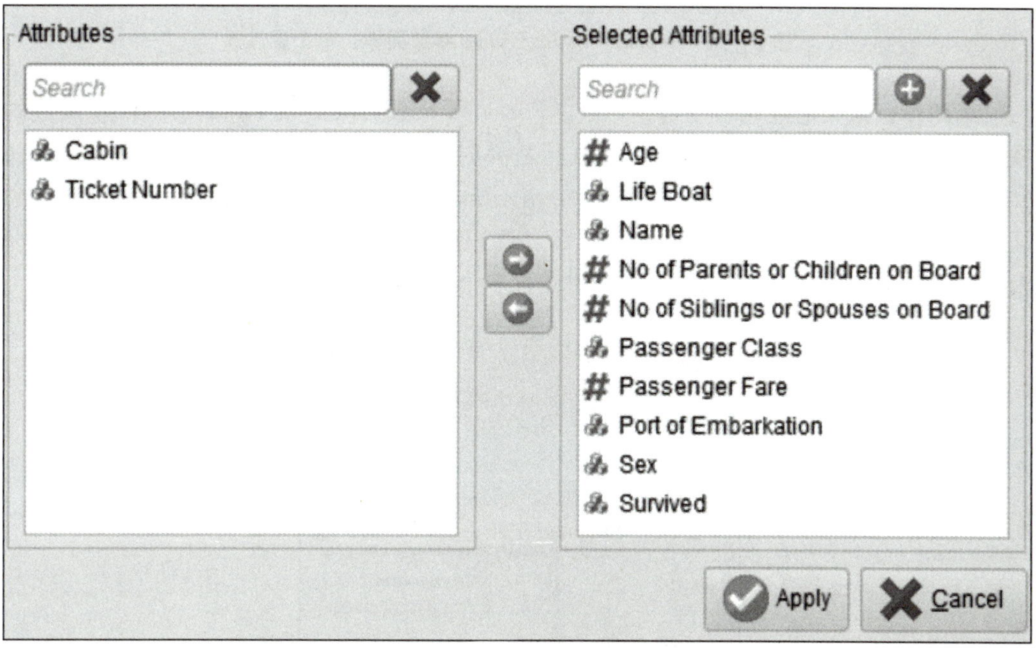

图 3－15 属性选择面板

第三步：缺失值处理——替换 Life Boat 属性的缺失值。我们选择将 Life Boat 属性的缺失值统一替换为 0。Life Boat 属性缺失较多，且与 Survived 属性的相关度较高，不可轻易剔除。Life Boat 属性缺失与乘客未能登上救生艇较为相关，所以此处将其缺失值替换为 0。使用 Replace Missing Values 算子将 Life Boat 属性的缺失值统一替换为 0。

如图 3－16 所示，attribute filter type 中选择 single，指对单一的属性替换缺失值，即 Life Boat。我们在 default 处选择 value，即默认将缺失值替换为某一值，这一值可以在 replenishment value 中设置。图 3－16 replenishment value 中设置的是 0，即将 Life

Boat 属性的缺失值替换为 0。

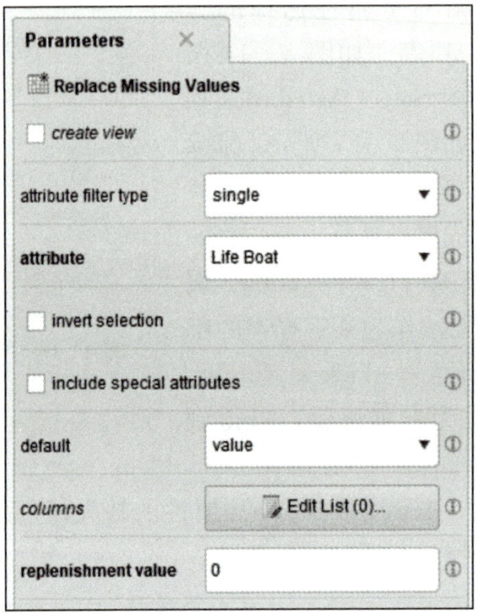

图 3-16　Replace Missing Values 参数面板：单个属性

第四步：缺失值处理——替换 Age、Port of Embarkation 及 Passenger Fare 属性的缺失值。需要对一系列属性的缺失值进行替换时，我们同样可以使用 Replace Missing Values 算子进行设置。如图 3-17 所示，attribute filter type 中选择 subset，即对多个属性的缺失值进行替换。如图 3-18 所示，选择需要替换的 Age、Port of Embarkation 及 Passenger Fare 属性。在 Edit List 中设置多个属性的缺失值替换方式。

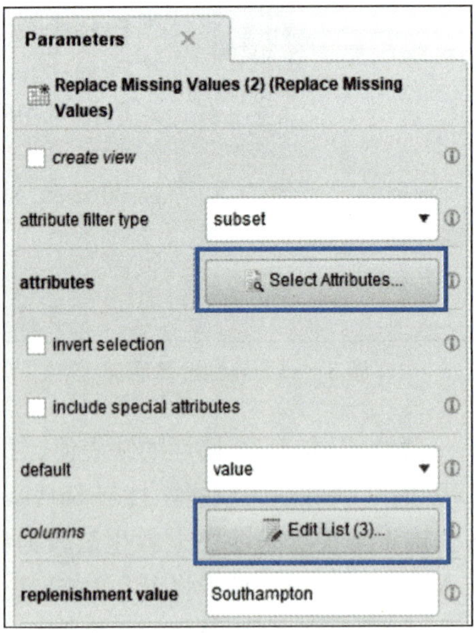

图 3-17　Replace Missing Values 参数面板：多个属性

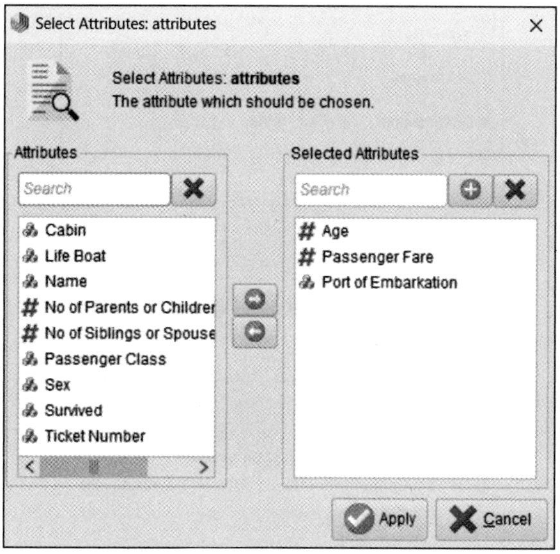

图 3－18　替换属性的缺失值

如图 3－19 所示，对 Age 属性使用均值来进行替换，对 Passenger Fare 属性使用均值来进行替换，对 Port of Embarkation 属性使用众数值来进行替换。

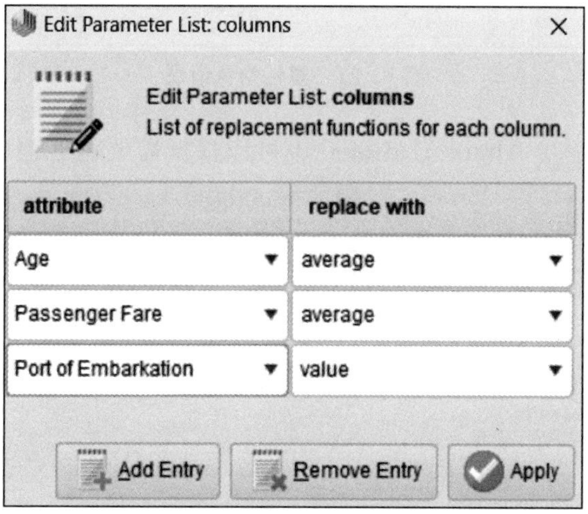

图 3－19　多个属性的缺失值替换列表

第五步：角色设置。在数据集中，Name 属性是用来标识样本唯一身份的字段，它不具备模型预测作用，因此，在数据预处理阶段，需要将 Name 属性设置为 id。而 Survived 属性是作为数据的标签属性，是数据分析预测的最终目标，需要设置为 label。这些可以使用 Set Role 算子来进行处理。如图 3－20 所示，在算子的参数面板中，点击 Edit List 可以一次设置多个属性的角色。如图 3－21 所示，将 Survived 属性设置为 label，将 Name 属性设置为 id。

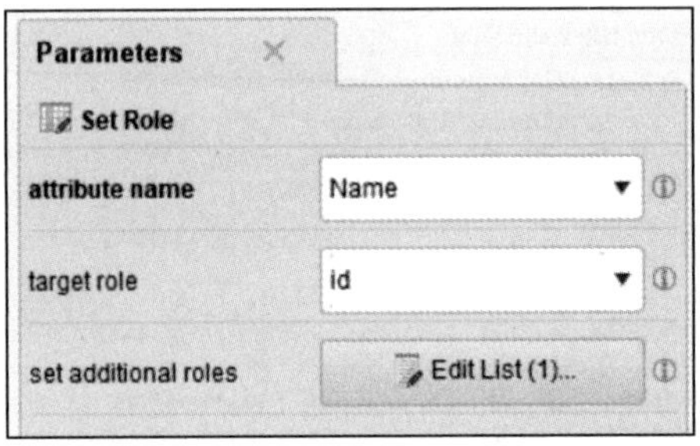

图 3-20　Set Role 参数面板

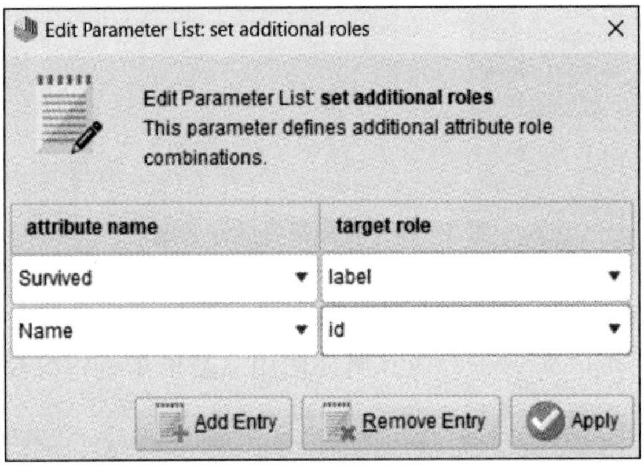

图 3-21　属性角色设置

第六步：数据输出。Altair AI Studio 中可以根据需要将处理后的数据文件保存为各种格式的文件，如 CSV、Excel、数据库等。如图 3-22 所示，这里我们使用 Write CSV 算子输出处理后的数据，并保存为 CSV 文件。

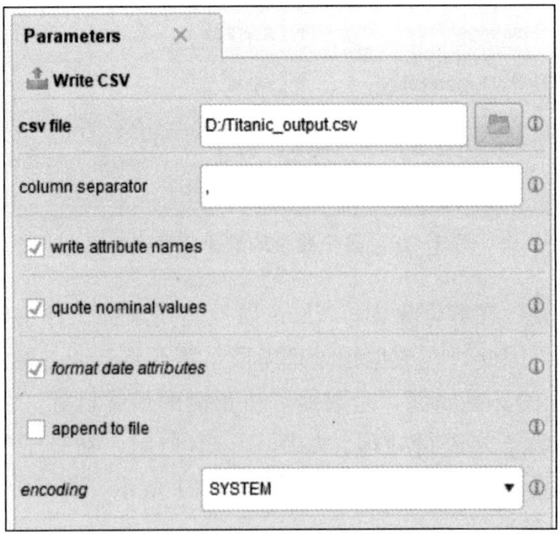

图 3-22　将结果输出保存为 CSV 文件

3.3.2　实验任务

任务：利用 Altair AI Studio 软件对 Spotify 2023 年最著名歌曲的数据文件“spotify-2023.csv”进行预处理，得到清洁的数据集，以便后续用于音乐数据分析、平台对比、艺术家影响力分析等。

数据集可能的用途包括：

(1) 音乐数据分析：探索音频功能中的模式，了解流行歌曲的趋势和偏好。

(2) 平台对比：比较这首歌在不同音乐平台上的受欢迎程度。

(3) 艺术家影响力分析：分析艺术家的参与度和属性与歌曲的成功有何关系。

(4) 时间趋势：识别音乐属性和偏好随时间推移的任何变化。

(5) 跨平台存在：调查歌曲在不同流媒体服务中的表现。

数据来源：https://www.kaggle.com/code/jamesakemu/spotify-data-analysis。

描述：该数据集包含 Spotify 上列出的 2023 年最著名歌曲的数据文件，它提供了每首歌曲的属性、受欢迎程度以及在各种音乐平台上的存在感。该数据集包括歌曲名称、艺术家姓名、发行日期、Spotify 播放列表和图表、流媒体统计信息、Apple Music 状态、Deezer 状态、Shazam 图表以及各种音频功能等信息。该样本集一共包含 947 条数据样本，24 个特征属性。

主要特征属性如下：

- track_name：歌曲名称。
- artist_name：歌曲的艺术家姓名。
- artist_count：为歌曲作出贡献的艺术家人数。
- released_year：歌曲发行的年份。
- released_month：歌曲发行的月份。
- released_day：歌曲发行的月份中的某一天。
- in_spotify_playlists：歌曲包含的 Spotify 播放列表数量。
- in_spotify_charts：歌曲在 Spotify 排行榜上的存在和排名。
- streams：Spotify 上的流总数。
- in_apple_playlists：歌曲包含的 Apple Music 播放列表数量。
- in_apple_charts：歌曲在 Apple Music 排行榜上的存在和排名。
- in_deezer_playlists：歌曲包含的 Deezer 播放列表数量。
- in_deezer_charts：歌曲在 Deezer 排行榜上的存在和排名。
- in_shazam_charts：歌曲在 Shazam 排行榜上的存在和排名。
- bpm：每分钟节拍数，歌曲节奏的衡量标准。
- key：歌曲的调式。
- mode：歌曲的模式（大调或小调）。
- danceability_%：歌曲适合跳舞程度的百分比。
- valence_%：歌曲音乐内容的积极性。
- energy_%：歌曲的感知能量水平。

- acousticness_%：歌曲中的原声量。
- instrumentalness_%：歌曲中的器乐内容量。
- liveness_%：现场表演元素的存在。
- speechiness_%：歌曲中的口语数量。

// 关键概念回顾 //

数据预处理：往往耗费整个项目 60%以上的工作量与资源，主要包括数据清洗、数据集成、数据变换和数据规约。

数据清洗：主要目的是删除原始数据集中的无关数据、重复数据，平滑噪声数据，筛选掉与挖掘主题无关的数据。主要包括缺失值处理和异常值识别两大步骤。

数据集成：主要目的是将不同来源的多份数据整合起来形成一个完整的大数据集，在此过程中需要利用相关系数分析等方法自动地将冗余属性字段找出来并作删减。

数据变换：主要目的是对数据进行规范化处理，包括连续变量的离散化以及变量属性的构造等，将数据转换成适当的形式和取值范围，以适用于挖掘任务及算法的需要。

数据规约：主要目的是产生更小但保持原数据完整性和信息量的新数据集，以便后续挖掘算法在规约后的数据集上能够运行得更有效率。

// 第 4 章 //

关联规则挖掘

关联规则挖掘的目的在于揭示数据集中项集之间有趣且有用的关联性，这些关联性可以帮助我们理解数据背后的模式和趋势，从而为决策制定提供有力支持。本章将介绍关联规则挖掘的基本概念，支持度、置信度和提升度等度量指标的含义和作用，Apriori 算法和 FP-Growth 算法等经典算法的实现原理及应用场景，如何评估关联规则挖掘的强度和实用性，以及如何将挖掘出的关联规则应用于解决实际问题，实现知识到价值的转化。

4.1 关联规则挖掘概述

关联规则挖掘又称关联分析或购物篮分析，是一种广泛应用的数据挖掘方法。它通常被用作一个例子，向不太熟悉数据挖掘技术的观众解释数据挖掘的概念和应用。一个著名的例子是零售业中发现的啤酒和尿布的销售量之间存在显著的关联关系。据称，超市连锁店因此将尿布与啤酒放在一起陈列，导致两者的销售量增加。本节将系统阐述关联规则挖掘的理论框架，从知识发现范式的演进脉络阐述其背景与意义，结合商业智能与生物信息学等典型应用场景解析其现实意义，进而定义支持度、置信度等评估指标和方法，以为后续具体算法的解析奠定必要的理论基础。

4.1.1 引入

关联规则挖掘的本质是在大型数据库中寻找变量（项目）之间的有趣关系（亲和性）。因此，它通常被称为市场篮子分析（market basket analysis）。市场篮子分析的主要思想是识别不同产品（或服务）之间的强关联关系，这些产品通常一起购买。这些“篮子”可以是实体商店中的购物车，也可以是电子商务网站中的虚拟购物车。例如，发现购买全面汽车保险的人中有 65%也购买了健康保险，购买在线图书的人中有 80%也购买了在线音乐，而在有高血压和超重的人群中有 60%也有高胆固醇。另一个例子是，购买笔记本电脑和病毒防护软件的顾客中，有 70%也购买了延保计划。

市场篮子分析输入的是简单的销售交易数据，其中多个产品和/或服务一起购买

（就像购物小票上的内容）被列在单个交易实例下。分析的结果是宝贵的信息，可用于更好地理解客户的购买行为，从而最大化业务交易的利润。企业可以利用这样的知识：

（1）将商品放在一起，使顾客更容易一起拿起它们，并在购买其他商品时不会忘记购买其中一个（增加销售量）。

（2）将商品作为一个套装进行促销（如果有商品打折，就不要让另一个商品也打折）。

（3）将它们彼此分开放置，以便顾客必须走过通道寻找它们，并可能通过这样的做法促使顾客看到并购买其他商品。

市场篮子分析的应用包括交叉营销、交叉销售、商店设计、目录设计、电子商务网站设计、在线广告优化、产品定价和销售/促销配置。实质上，市场篮子分析帮助企业从客户的购买模式中推断客户需求和偏好。在商业领域之外，关联规则挖掘成功地用于发现症状和疾病、诊断和患者特征以及治疗方法之间的关系（可用于医疗决策支持系统），以及基因及其功能之间的关系（可用于基因组项目）等。

4.1.2 背景与意义

关联规则挖掘作为数据挖掘领域的一项重要技术，其目标在于发现数据集中项之间的关联关系和频繁模式，从而揭示数据背后的潜在规律和趋势。在信息时代，大量的数据被积累和记录，其中蕴含着丰富的信息和潜在的关联关系。关联规则挖掘的出现为人们发现这些关联关系提供了一种有效的方法。

在一个项集中，如果某些项经常同时出现，我们就可以认为它们之间存在一定的关联关系。通过挖掘这些关联关系，我们可以了解数据集中的潜在规律，为后续的决策和预测提供支持。关联规则的形式可以表示为：如果某个条件出现，那么另一个条件也会出现。

举例来说，假设我们有一个超市的购物记录数据集，其中包含顾客购买的各种商品。通过关联规则挖掘，我们可以发现某些商品经常一起被购买，比如牛奶和面包。这就构成了一条关联规则：如果顾客购买了牛奶，那么他们可能也会购买面包。这样的关联规则可以帮助超市了解顾客的购买习惯和商品之间的关联关系，进而优化产品摆放位置和促销策略，提升销售效率和顾客满意度。

4.1.3 应用领域

关联规则挖掘作为一种重要的数据挖掘技术，在各个领域都有广泛的应用。以下是关联规则挖掘在几个主要应用领域的详细介绍。

在市场营销领域，关联规则挖掘被广泛应用于市场篮子分析和消费者行为研究中。通过分析顾客购买商品的交易数据，可以发现商品之间的关联关系和购买模式，从而帮助商家进行精准的市场定位、商品推荐和促销活动制定。例如，超市可以根据关联规则挖掘的结果调整商品摆放位置，将相关商品放置在一起，以促进交叉销售和提升购物体验。

在零售管理领域，关联规则挖掘可以帮助零售商优化库存、进行促销活动、提升供应链管理水平。通过分析销售数据，发现商品之间的关联关系以及消费者购买行为模式，零售商可以更好地预测需求、优化商品陈列和采购计划，提高库存周转率和利润率。此外，关联规则挖掘还可以帮助零售商发现潜在的交叉销售机会，推动销售增长。

在网络安全领域，关联规则挖掘被广泛应用于检测网络攻击和异常行为。通过分析网络流量数据和日志数据，可以发现不同网络事件之间的关联关系和攻击模式，及时发现和应对潜在的安全威胁。关联规则挖掘还可以帮助网络安全团队建立有效的入侵检测系统和安全事件响应机制，提高网络安全防御能力和应对能力。

在医学诊断领域，关联规则挖掘被应用于发现疾病之间的关联关系和诊断模式。通过分析临床数据和医学影像数据，可以发现不同疾病之间的相关性以及疾病与基因、生物标志物之间的关联关系，为医生提供辅助诊断和治疗决策的依据。关联规则挖掘还可以帮助医疗机构优化资源分配、提高医疗服务质量和效率。

4.1.4 基本概念

关联规则挖掘旨在发现数据项之间的关联关系和规律。在关联规则挖掘中，有几个基本概念需要理解。

1. 项和项集

在关联规则挖掘中，项是指数据集中的一个元素，可以是商品、事件、属性等。项集是指包含一个或多个项的集合。单个项就是一个项集，多个项组合在一起也是一个项集。

2. 频繁项集

频繁项集是指在数据集中经常出现的项集。通常通过支持度（support）来衡量一个项集的频繁程度。给定一个项集 X，它的支持度定义为项集 X 在数据集中出现的频率，记作 $\text{Support}(X)$。如果 $\text{Support}(X)$ 大于等于预先设定的阈值 min_support，则称项集 X 是频繁的。

3. 支持度

支持度是指某个项集在数据集中出现的频率。它是衡量项集在数据集中普遍程度的指标，通常以百分比的形式表示。支持度越高，表示项集在数据集中的重要性越大，它是识别频繁项集的关键指标之一。

支持度可以通过以下公式计算：

$$\text{Support}(X)=\frac{\text{Transactions containing } X}{\text{Total transactions}}$$

式中，X 是项集，表示项集中的一个或多个项；Transactions containing X 表示在数据集中包含项集 X 的事务数；Total transactions 表示数据集中的事务数。

4. 关联规则

关联规则是指项集之间的关联关系。一般形式为 $X\rightarrow Y$，表示如果发生 X，则会发生 Y，其中 X 和 Y 是项集，分别称为规则的前件（前项）和后件（后项）。

5. 置信度

置信度（confidence）是指某个关联规则的可信程度，即在前提条件下出现后项的概率。在关联规则 $X\rightarrow Y$ 中 X 称为前项，Y 称为后项。置信度可以帮助我们评估关联规则的强度和可信度，高置信度的规则通常具有更强的关联性。

置信度可以通过以下公式计算：

$$\text{Confidence}(X \rightarrow Y)=\frac{\text{Support}(X \cup Y)}{\text{Support}(X)}$$

式中，$X \cup Y$ 表示项集 X 和项集 Y 的并集，即包含前项和后项的项集。

4.1.5 评估方法

关联规则挖掘的评估指标主要包括支持度和置信度。支持度和置信度是衡量关联规则质量的两个重要指标，它们可以帮助我们识别出具有统计意义的关联规则。

在挖掘关联规则时，通常会设置支持度和置信度的阈值，只有满足这两个条件的关联规则才被认为是有效的。通过调整支持度和置信度的阈值，我们可以筛选出符合要求的关联规则，从而帮助理解数据集中的关联关系和规律，常用的评估方法如下。

1. 支持度

支持度衡量一个规则在事务数据集中出现的频率，计算方式为规则的出现次数除以总事务数。支持度高表示规则较为普遍。

2. 置信度

置信度衡量了规则“如果 A 发生，则 B 也发生”的可靠程度，通常选择置信度大于某一阈值的规则作为强关联规则。计算方式为规则 A 和 B 同时发生的次数除以规则 A 发生的次数。置信度高表示规则更可靠。

3. 提升度

提升度（lift）衡量了规则中的前件与后件之间的关联程度，可以用来衡量规则的有用性和相关性，即规则 Y 发生的概率相比于在 X 发生的条件下 Y 发生的概率提升了多少倍。提升度大于 1 表示规则有意义，等于 1 表示 X 和 Y 相互独立。提升度的计算公式如下：

$$\text{Lift}(X \rightarrow Y)=\frac{\text{Confidence}(X \rightarrow Y)}{\text{Support}(Y)}$$

4. 卡方检验

卡方检验用于检验两个事件之间的相关性，可以用于评估关联规则的显著性。通过比较实际观测频数和期望频数之间的差异来判断规则是否有意义。

5. 全置信度

全置信度考虑了规则中所有可能的组合，而不仅仅是一对项目的置信度。它能够更全面地评估规则的有效性。

在评估关联规则时也需要考虑一些主观度量指标，例如一个规则是不是有趣的或者是出人意料的。同时，在实际评估中，部分指标会因为数据分布有偏而得到与相关性分析相反的结论，因此同时考虑多个指标能够帮助我们更全面地评估关联规则。

4.2 关联规则挖掘算法原理

本节将详细介绍关联规则挖掘中两个常用的算法：Apriori 算法和 FP-growth 算法。

这两种算法在挖掘频繁项集和关联规则时起着至关重要的作用，它们分别采用了不同的思想和技巧，以应对数据挖掘中的挑战和问题。

4.2.1　Apriori 算法

Apriori 算法是关联规则挖掘领域的经典算法之一，它于 1994 年由阿格拉瓦尔（Rakesh Agrawal）和斯里坎特（Ramakrishnan Srikant）提出。Apriori 算法的名字来源于先验性原理（apriori principle），通过候选项集的逐层搜索来发现频繁项集，然后基于频繁项集构建关联规则。

Apriori 算法的核心思想是基于先验性原理和剪枝原理，通过迭代的方式逐步发现频繁项集和关联规则。

- 先验性原理：如果一个项集是频繁的，那么它的所有非空子集也必然是频繁的。
- 剪枝原理：如果一个项集是不频繁的，则其超集也一定是非频繁项集。

基于以上两个原理，Apriori 算法通过迭代的方式生成候选项集并利用支持度剪枝策略来发现频繁项集。

1. 流程

（1）设定 $k=1$，扫描事务数据库一次，生成频繁的 1 -项集。

（2）如果存在两个或以上频繁 k -项集则循环以下步骤，否则终止。

- 候选产生：由长度为 k 的频繁项集连接生成长度为 $k+1$ 的候选项集。
- 候选前剪枝：对每个候选项集，若其具有非频繁的长度为 k 的子集，则删除该候选项集（基于剪枝原理）。
- 支持度计算：扫描事务数据库一次，统计每个余下的候选项集的支持度。
- 候选后剪枝：删除非频繁的候选项集，仅保留频繁的 $(k+1)$-项集。
- 设定 $k=k+1$。

（3）生成关联规则：基于第（1）、（2）步生成的频繁项集，利用置信度公式生成关联规则，并根据设定的最小置信度阈值筛选出符合要求的关联规则。

2. 案例

假设有如表 4 - 1 所示的交易数据集（设 min_sup=60%，min_conf=80%）。

表 4 - 1　交易数据集

Transaction ID	Item Purchased
T01	F，H，A，D，B，C
T02	D，A，E，I
T03	C，D，B，E
T04	B，A，C，I，D
T05	A，G，H，C，E

接下来使用 Apriori 算法来找出频繁项集。

（1）生成候选项集 C1。首先，列出所有的单个物品（项）作为候选项集 C1：

C1={A，B，C，D，E，F，G，H，I}

（2）扫描数据集，计算支持度。接下来，我们需要扫描数据集，计算每个候选项的支持度。我们设定最小支持度为 60%（5 次中的至少 3 次）。

Support(A)=4/5=0.8

Support(B)=3/5=0.6

Support(C)=4/5=0.8

Support(D)=4/5=0.8

Support(E)=3/5=0.6

Support(F)=1/5=0.2

Support(G)=1/5=0.2

Support(H)=2/5=0.4

Support(I)=2/5=0.4

（3）筛选频繁项集 L1。根据最小支持度，筛选出频繁项集 L1，即支持度不低于 60% 的项集：

L1={A，D，B，C，E}

（4）生成候选项集 C2。接下来，我们根据频繁项集 L1 生成候选项集 C2。C2 是通过连接 L1 中的频繁项集来连接生成的。在这种情况下，我们得到以下候选项集：

C2={AD，AB，AC，AE，DB，DC，DE，BC，BE，CE}

（5）计算支持度。然后，我们需要再次扫描数据集，计算每个候选项集的支持度。

Support(AD)=3/5=0.6

Support(AB)=1/5=0.2

Support(AC)=3/5=0.6

Support(AE)=2/5=0.4

Support(DB)=3/5=0.6

Support(DC)=3/5=0.6

Support(DE)=2/5=0.4

Support(BC)=3/5=0.6

Support(BE)=1/5=0.2

Support(CE)=2/5=0.4

（6）筛选频繁项集 L2。根据最小支持度，筛选出频繁项集 L2，即支持度不低于 60% 的项集：

L2={AD，AC，DB，DC，BC}

（7）生成候选项集 C3 和计算支持度。在接下来的步骤中，我们可以继续生成候选项集 C3，并计算其支持度。按照相似的步骤，我们将得到频繁项集 L3。

C3={ACD，BCD}

Support(ACD)=2/5=0.4

Support(BCD)=3/5=0.6

因此，得到频繁项集 L3＝{BCD}。

这就是 Apriori 算法的基本步骤。通过迭代生成候选项集和筛选频繁项集，Apriori 算法能够找到数据集中的频繁项集，从而帮助我们发现数据中的关联规则。在该例中所有基于频繁 3 项集所得到的强关联规则可以通过置信度计算得到：

B∧C→D[60%，100%]

C∧D→B[60%，100%]

B∧D→C[60%，100%]

B→C∧D[60%，100%]

3. 适用场景

（1）小规模数据集：Apriori 算法在处理小规模数据集时比较适用，因为它的实现比较简单，易于理解和部署。

（2）初始探索和理解：在初步探索数据集并理解数据之间关联关系时，Apriori 算法可以作为一个简单而有效的工具。

（3）初学者学习和教学：由于其简单直观的特点，Apriori 算法常用于教学和学术研究，帮助初学者理解关联规则挖掘的基本原理和方法。

4. 总结

Apriori 算法的优点之一是其简单易懂，易于理解和实现。同时，它能够有效地发现频繁项集和关联规则，为数据挖掘任务提供了重要的支持。然而，Apriori 算法也存在一些缺点：首先，算法效率较低，特别是在处理大规模数据集时，生成候选项集的开销较大。其次，需要多次扫描数据集，消耗大量的计算资源。

4.2.2　FP-growth 算法

FP-growth 算法是一种基于前缀树的频繁项集挖掘算法，由华裔学者韩家炜和裴健在 2000 年提出。FP-growth 算法是一种高效的关联规则挖掘算法，它通过构建频繁模式树（FP 树）来实现对频繁项集的挖掘。相比于 Apriori 算法，FP-growth 算法不需要生成候选项集，因此在大规模数据集上具有更高的效率。

1. 原理

FP-growth 算法的核心思想是利用 FP 树来存储数据集中的频繁项集信息，并通过递归方式挖掘频繁项集。FP-growth 算法具有以下特点：

（1）构建 FP 树：遍历数据集两次，第一次统计每个项的频率并排序，第二次构建 FP 树，通过链接相似项来表示频繁项集的树形结构。

（2）挖掘频繁项集：通过遍历 FP 树，利用递归方法挖掘频繁项集。

（3）提高效率：由于不需要生成候选项集，避免了候选项集的指数级增长，因此在大规模数据集上具有较高的效率。

2. 案例

同 Apriori 算例一样，假设我们有如表 4－2 所示的交易数据集（设 min_sup＝60%，min_conf＝80%）。

表 4-2　交易数据集

Transaction ID	Item Purchased
T01	F，H，A，D，B，C
T02	D，A，E，I
T03	C，D，B，E
T04	B，A，C，I，D
T05	A，G，H，C，E

接下来我们使用 FP-growth 算法来找出频繁项集。

(1) 构建 FP 树。第一步，我们需要构建一个 FP 树。FP 树由项头表和频繁项链表组成。

首先，扫描数据集，统计每个项的频率，并按照频率降序排序：

F-list＝{{A：4}，{C：4}，{D：4}，{B：3}，{E：3}}

其次，根据排序后的项集构建 FP 树。从根节点开始，根据每个事务中的项依次添加节点。重复出现的项会增加节点的计数，而新的项则会创建新的分支。构建的 FP 树如图 4-1 所示。

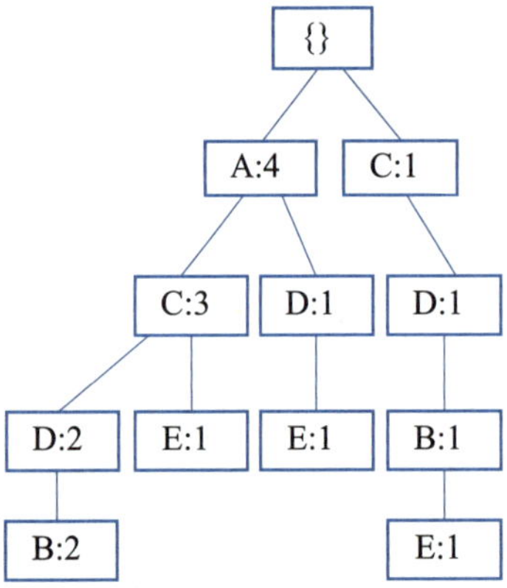

图 4-1　FP 树

(2) 挖掘频繁项集。第二步，我们从 FP 树中挖掘频繁项集。

对于每个频繁项（项头表中的每个项），从其相应的条件基构建条件 FP 树。

对于条件 FP 树，递归地构建它的条件模式基并创建对应的条件 FP 树。

继续这个过程，直到不能再构建出更多的条件 FP 树。

接下来，我们按照从底部到顶部的顺序，将每个项添加到频繁项集中，同时考虑条件模式基中的频繁项集。通过这个过程，我们可以获得所有的频繁项集。

在上面的示例中，假设最小支持度阈值为 60%，即至少出现在 3 个交易中。

通过 FP-growth 算法，可以找出以下条件模式基以及频繁项集：

CPB(E)＝{{AC：1}，{AD：1}，{CDB：1}}

CFBT(E)＝{∅}

以｛E｝为前缀得到的频繁项集为｛∅｝。

CPB(B)＝{{ACD:2},{CD:1}}

CFBT(B)＝{CD:3}

以｛B｝为前缀得到的频繁项集为｛{CB：3}，{DB：3}，{CDB：3}｝。

CPB(D)＝{{AC:2}，{A:1}，{C:1}}

CFBT(D)＝{{A:3}，{C:3}}

以｛D｝为前缀得到的频繁项集为｛{AD：3}，{CD：3}｝。

CPB(C)＝{{A:3}}

CFBT(C)＝{A:3}

以｛C｝为前缀得到的频繁项集为｛{AC：3}｝。

最终我们得到频繁项集｛A，C，D，B，E，CB，DB，CDB，AD，CD，AC｝。这些频繁项集表示在数据集中频繁出现的项组合。通过 FP-growth 算法，我们可以高效地找到频繁项集，而不需要生成所有可能的项集，从而提高了算法的效率。

3. 适用场景

（1）大规模数据集：FP-growth 算法在处理大规模数据集时表现更加优异，因为它通过构建 FP 树，减少了数据集的扫描次数和计算开销。

（2）高效挖掘频繁项集：当数据集规模较大且频繁项集数量庞大时，FP-growth 算法的高效性能能够更好地应对挖掘任务。

（3）实时数据分析：在需要快速分析和挖掘实时数据的场景下，FP-growth 算法可以提供更快速的计算和响应速度。

（4）高性能要求：对于性能要求较高的应用场景，FP-growth 算法的高效性能使其成为首选算法之一。

4. 总结

FP-growth 算法的优点之一是其具备高效的挖掘能力，特别适用于处理大规模数据集。通过压缩数据和利用树结构，减少了多次扫描数据集的开销。然而，FP-growth 算法也存在一些缺点：首先，实现相对复杂，需要构建 FP 树和条件模式基。其次，需要一定的内存空间来存储 FP 树。尽管 FP-growth 算法在实现上相对复杂，但其高效的挖掘能力使其成为处理大规模数据集时的首选算法之一。在实际应用中，根据具体的数据特点和需求，选择合适的关联规则挖掘算法是至关重要的。

4.2.3　算法比较与选择

Apriori 算法和 FP-growth 算法各有优缺点。

（1）Apriori 算法。

优点：简单易懂，容易实现。

缺点：对大规模数据集的处理效率较低，需要多次扫描数据集。

（2）FP-growth 算法。

优点：不需要生成候选项集，避免了候选项集的指数级增长，因此在处理大规模数据集时具有较高的效率。

缺点：构建 FP 树的过程可能会消耗较大的内存空间。

根据数据集的规模和具体需求，选择合适的算法进行关联规则挖掘，可以最大限度地提高挖掘效率和准确性。

4.3 实验案例与实验任务

4.3.1 案例内容与步骤

1. 实验背景

关联规则挖掘最经典的使用场景是市场篮子分析，本实验利用 Altair AI Studio 内置数据（Samples/Templates/Market Basket Analysis/Transactions）对实验步骤进行讲解。由于 Altair AI Studio 平台本身只提供了实现 FP-Growth 算法的算子，因此在本案例的主要部分将采用 FP-Growth 算法，但我们依然可以通过一些扩展包在 Altair AI Studio 中实现 Apriori 算法。

2. 数据理解

本数据除了行编码外，另有四个属性，分别为交易 ID（Invoice）、产品 ID（product 1）、订单数量（Orders）、销售额（Sales value）。

本实验的目的是通过确定经常一起购买的商品集并构建关联规则来得到商品销售建议，从而对产品之间的销售方案进行建模。

3. 数据加载

我们直接从内置数据集中加载包含交易 ID、产品 ID、订单数量和销售额的数据。通过该数据能得到顾客购买了某种产品的次数（见图 4-2 和图 4-3）。

Row No.	Invoice	product 1	Orders	Sales value
1	131506	Product 20	1	40
2	131506	Product 21	1	80
3	131507	Product 11	1	80
4	131508	Product 19	1	32
5	131509	Product 31	1	9
6	131510	Product 11	1	80
7	131510	Product 20	2	40
8	131510	Product 20	1	40
9	131519	Product 11	1	80
10	131541	Product 11	1	80

图 4-2 数据集

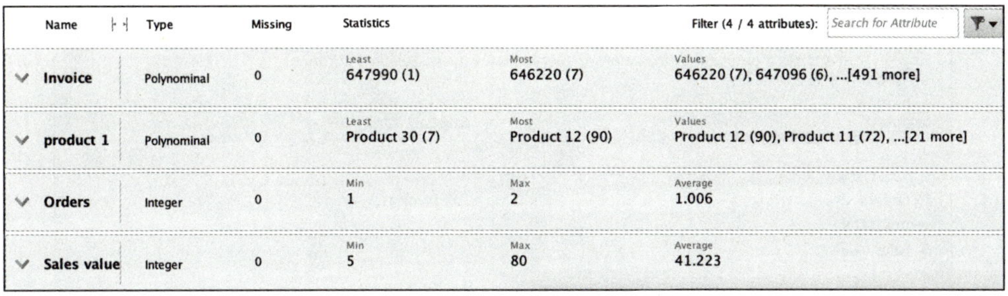

图 4-3　数据统计信息

我们的数据集非常干净，每个属性中都没有缺失值，并且在范围和其他描述性统计信息中也没有明显的不一致数据。

4. 数据准备

需要对数据进行转换。利用 Aggregate 算子将交易数据转换成可被关联规则算法分析的聚合数据类型（见图 4-4、图 4-5 和图 4-6）。

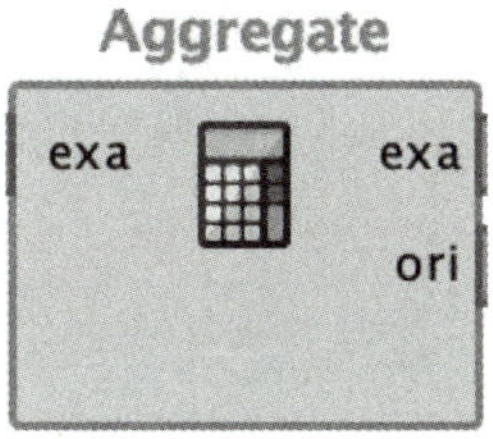

图 4-4　Aggregate 算子

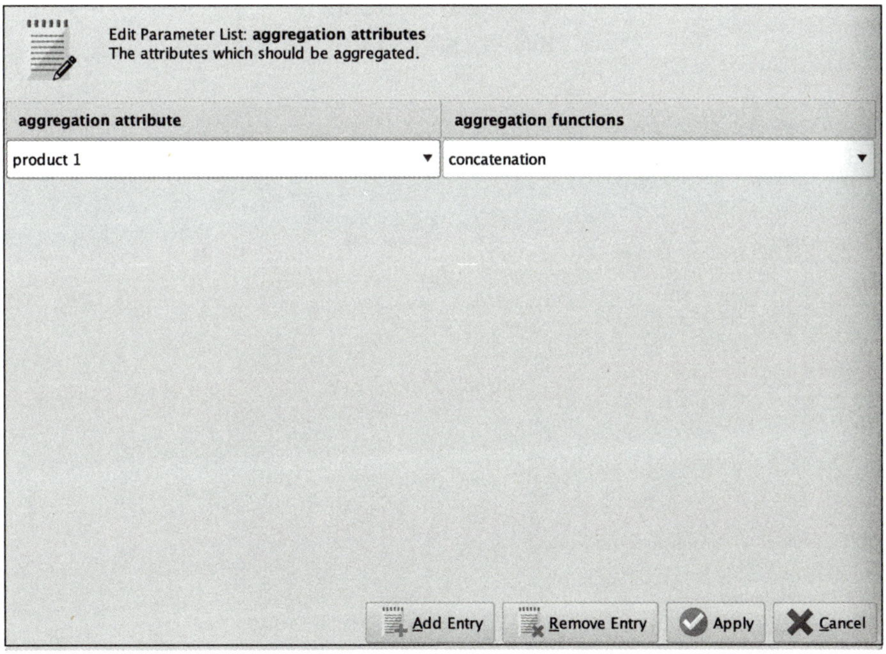

图 4-5　Aggregate 算子参数设置 1

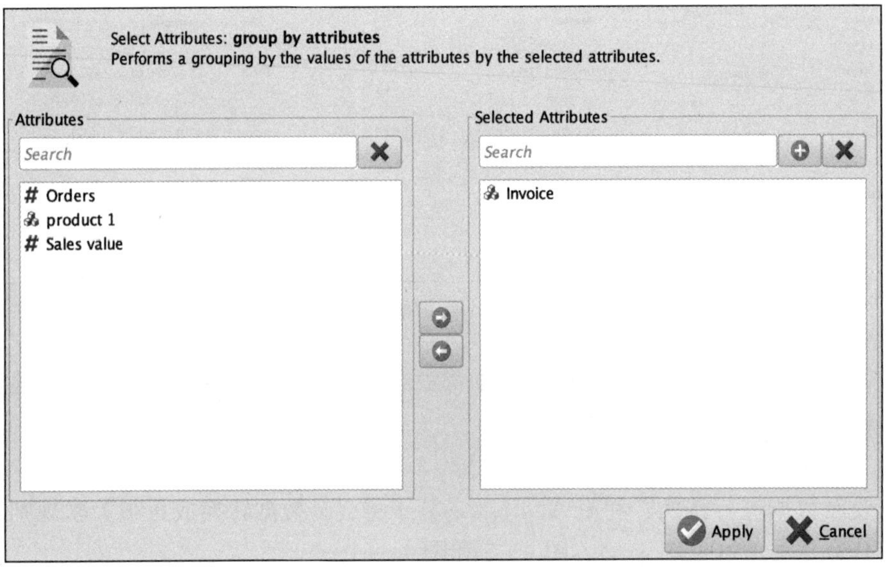

图 4-6　Aggregate 算子参数设置 2

将聚合后的数据中的交易 ID 通过 Set Role 算子设置为 id（见图 4-7 和图 4-8）。

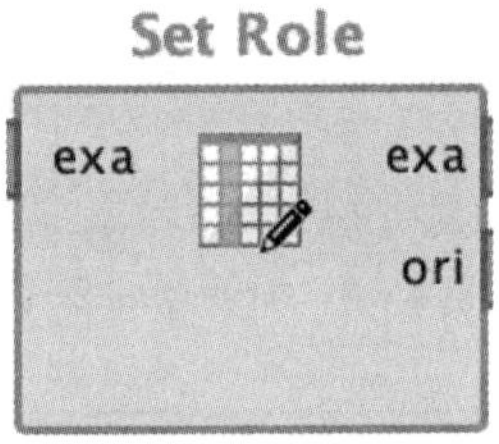

图 4-7　Set Role 算子

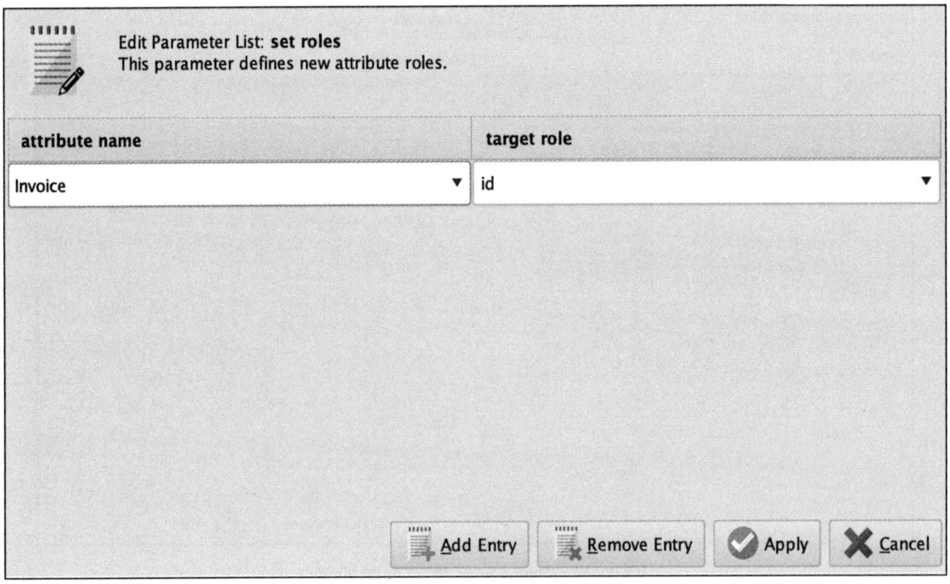

图 4-8　Set Role 算子参数设置

5. 模型构建

使用 FP-Growth，确定频繁的商品集。频繁的商品集表示该商品集中的物品（产品）经常一起购买，即在一定比例的交易中。该比率由商品集的支持率给出（见图 4-9 和图 4-10）。

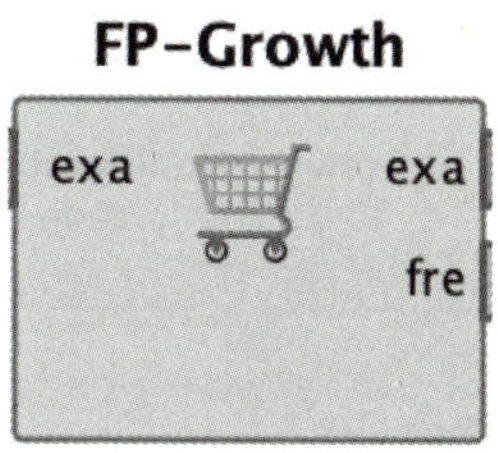

图 4-9　FP-Growth 算子

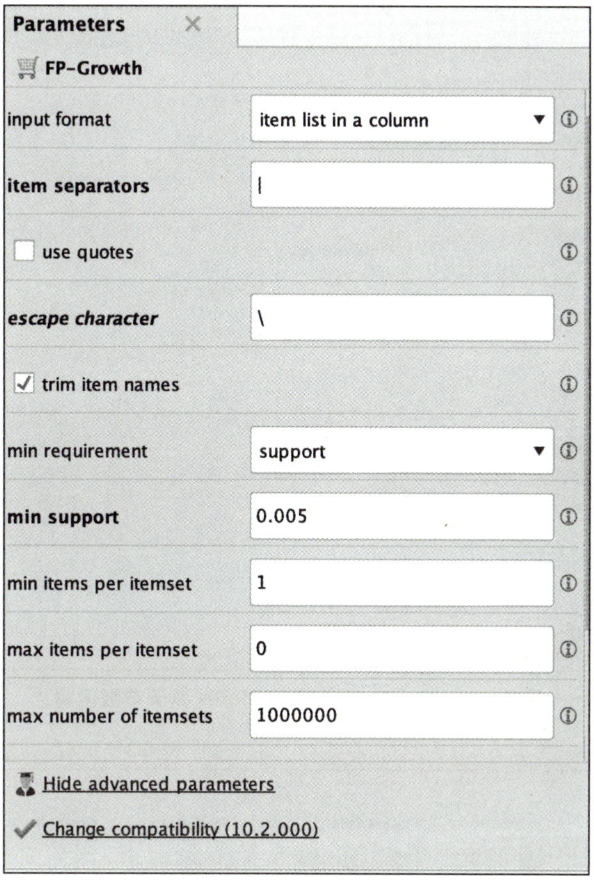

图 4-10　FP-Growth 算子参数设置

6. 规则建立

使用 Create Association Rules 算子创建关联规则，这些规则可用于产品推荐，具体取决于这些规则的置信度（见图 4-11、图 4-12 和图 4-13）。

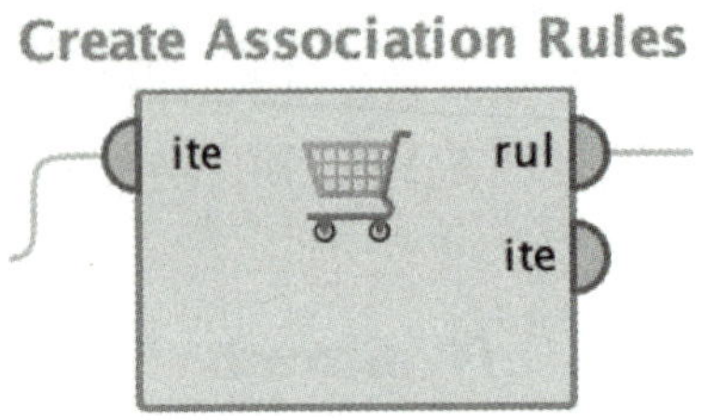

图 4-11　Create Association Rules 算子

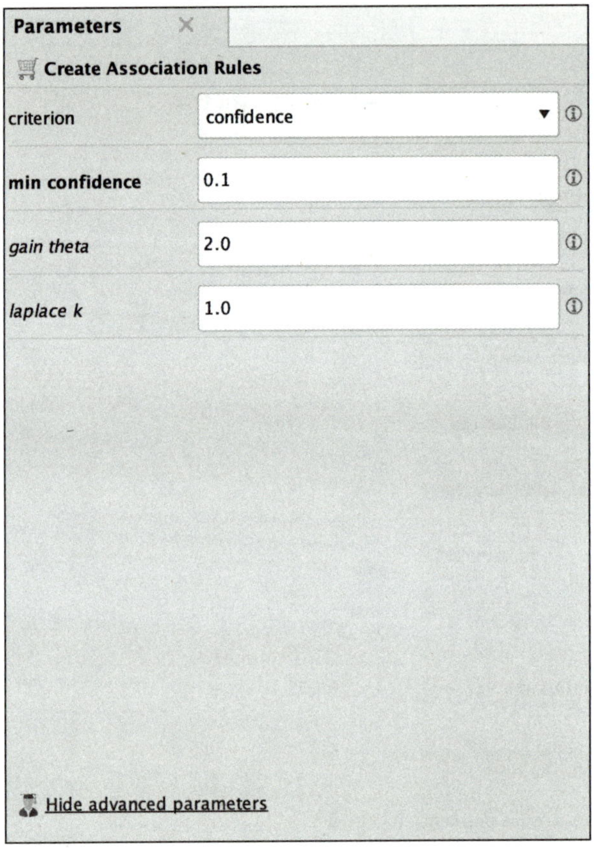

图 4-12　Create Association Rules 算子参数设置

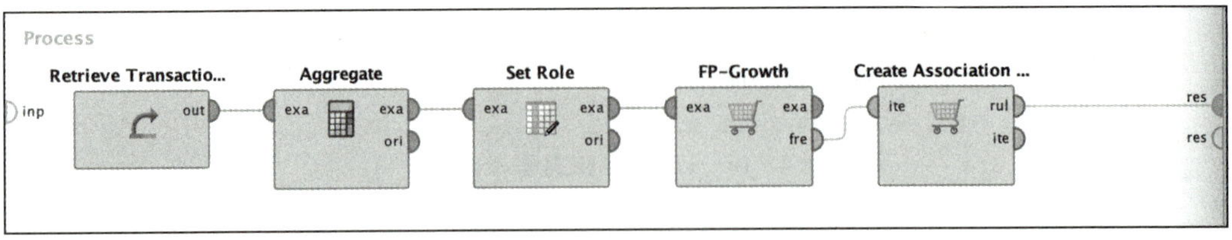

图 4-13　模型框架

7. 结果分析

结果如图 4-14 和图 4-15 所示。

Size	Support	Item 1	Item 2	Item 3
2	0.014	Product 12	product 1	
2	0.006	Product 12	Product 16	
2	0.006	Product 12	Product 29	
2	0.006	Product 12	Product 27	
2	0.010	Product 12	Product 31	
2	0.008	Product 12	Product 22	
2	0.014	Product 20	Product 18	
2	0.006	Product 20	Product 15	
2	0.008	Product 20	Product 26	
2	0.012	Product 20	Product 19	
2	0.008	Product 20	Product 29	
2	0.014	Product 20	Product 27	
2	0.006	product 1	Product 16	
3	0.006	Product 11	Product 12	Product 20
3	0.006	Product 11	Product 20	Product 19
3	0.006	Product 12	Product 20	Product 27

图 4-14　部分频繁项集

AssociationRules

```
Association Rules
[Product 18] --> [Product 12] (confidence: 0.103)
[Product 12] --> [product 1] (confidence: 0.104)
[Product 26] --> [Product 20] (confidence: 0.114)
[Product 20] --> [Product 19] (confidence: 0.118)
[Product 19] --> [Product 11] (confidence: 0.125)
[Product 19] --> [Product 12] (confidence: 0.125)
[product 1] --> [Product 16] (confidence: 0.125)
[Product 19] --> [Product 11, Product 20] (confidence: 0.125)
[Product 16] --> [Product 12] (confidence: 0.130)
[Product 16] --> [product 1] (confidence: 0.130)
[Product 20] --> [Product 18] (confidence: 0.137)
[Product 20] --> [Product 27] (confidence: 0.137)
[Product 21] --> [Product 12] (confidence: 0.138)
[Product 29] --> [Product 12] (confidence: 0.167)
[Product 11, Product 20] --> [Product 12] (confidence: 0.176)
[Product 11, Product 20] --> [Product 19] (confidence: 0.176)
[Product 18] --> [Product 20] (confidence: 0.179)
[Product 12] --> [Product 20] (confidence: 0.194)
[Product 27] --> [Product 12] (confidence: 0.214)
[Product 27] --> [Product 12, Product 20] (confidence: 0.214)
[Product 29] --> [Product 20] (confidence: 0.222)
[Product 12, Product 20] --> [Product 11] (confidence: 0.231)
[Product 12, Product 20] --> [Product 27] (confidence: 0.231)
[Product 11] --> [Product 20] (confidence: 0.250)
[Product 19] --> [Product 20] (confidence: 0.250)
[Product 20] --> [Product 12] (confidence: 0.255)
[product 1] --> [Product 12] (confidence: 0.292)
[Product 20] --> [Product 11] (confidence: 0.333)
[Product 12] --> [Product 15] (confidence: 0.343)
[Product 22] --> [Product 12] (confidence: 0.364)
[Product 31] --> [Product 12] (confidence: 0.417)
[Product 20, Product 27] --> [Product 12] (confidence: 0.429)
```

图 4-15　部分关联规则

4.3.2 Apriori 算法在 Altair AI Studio 平台的实现

Altair AI Studio 的自有算子中没有 Apriori 算法，我们需要引入 Weka 扩展包中的 Apriori 算子。进入 Extensions/Marketplace 并搜索 Weka 可以找寻到 Weka 扩展包，选择 Weka Extension 7.3.0 并安装即可（见图 4-16）。

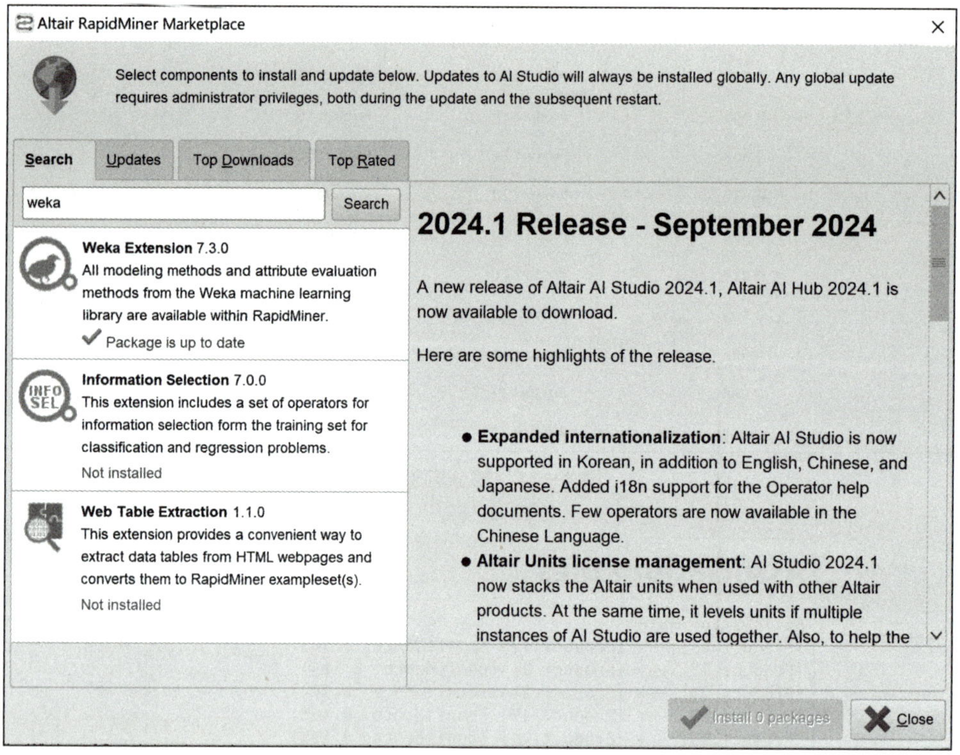

图 4-16 Weka 扩展包的安装界面

安装完成后可以在主界面 Operators 区域的 Extensions 栏目中找到 Weka 扩展包所包含的所有算子（见图 4-17）。

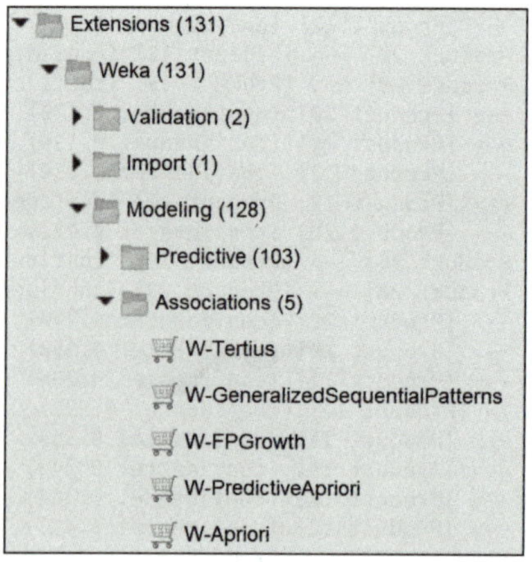

图 4-17 Weka 扩展包中的关联规则算子

接下来，我们将通过 Weka 扩展包中的 W-Apriori 算子进行关联规则的挖掘。我们依然使用同一案例的数据集，但 W-Apriori 算子所需要的数据结构不同，因此需要先进行数据预处理。原有数据集通过 Aggregate 算子可以得到用 FP-Growth 算子直接进行分析的事务型数据结构，但 W-Apriori 算子所需要的事务型数据结构不同，因此预处理操作的步骤也需要改变。我们直接从上一小节的第 3 步数据准备开始。

1. 数据准备

为了便于后续操作和分析，我们首先通过 Select Attributes 选择所需要的变量（Invoice 和 product 1），并通过 Set Role 将 Invoice 设置为 id。

接下来我们需要对 product 1 属性变量进行一系列变换和整合。

（1）Nominal to Binominal。通过这一步使得每个产品有单独的一列属性（见图 4 - 18）。

（2）Binominal to Numerical。这一步的目的是方便下一步 Aggregate 算子的整合使用（见图 4 - 19）。

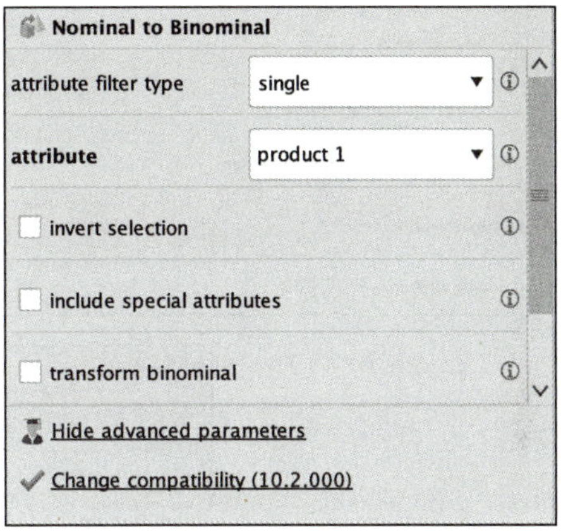

图 4 - 18　Nominal to Binominal 算子参数设置

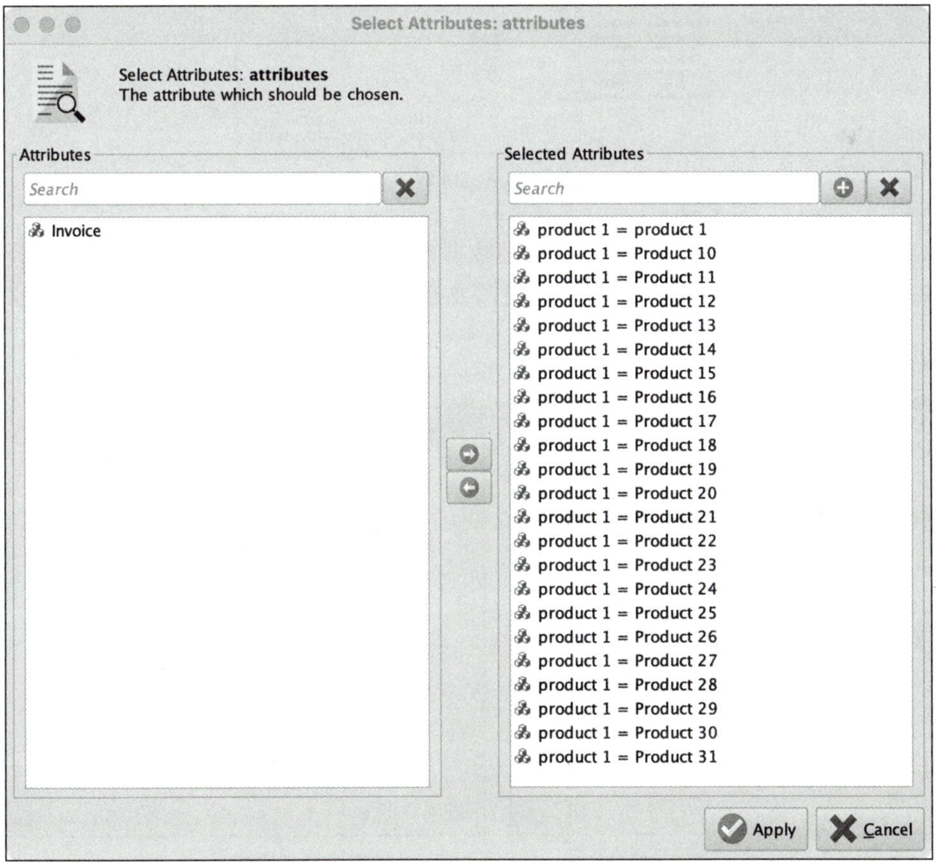

图 4 - 19　Binominal to Numerical 算子参数设置

（3）Aggregate。利用 Aggregate 算子将数据整合成聚合数据（见图 4－20）。

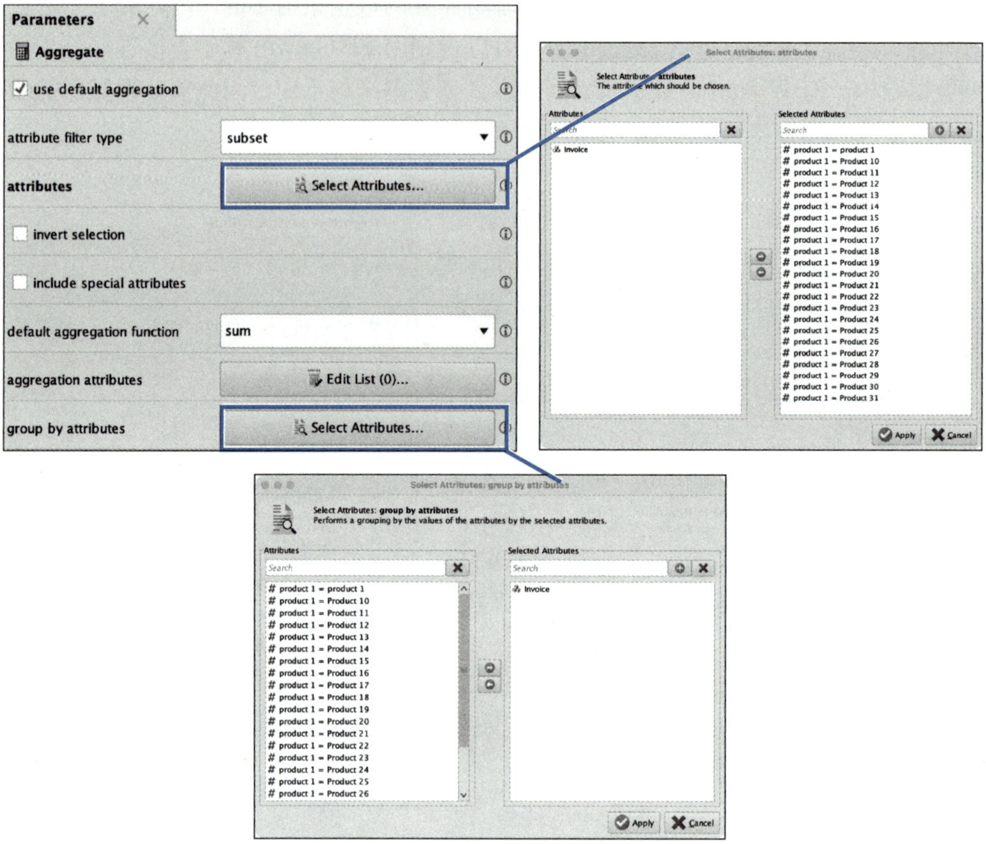

图 4－20　Aggregate 算子参数设置

（4）Numerical to Binominal。将数值数据再转换成 Binominal 数据类型，用于关联规则挖掘。为了便于结果解读，我们同时需要修改变量名称（见图 4－21 和图 4－22）。

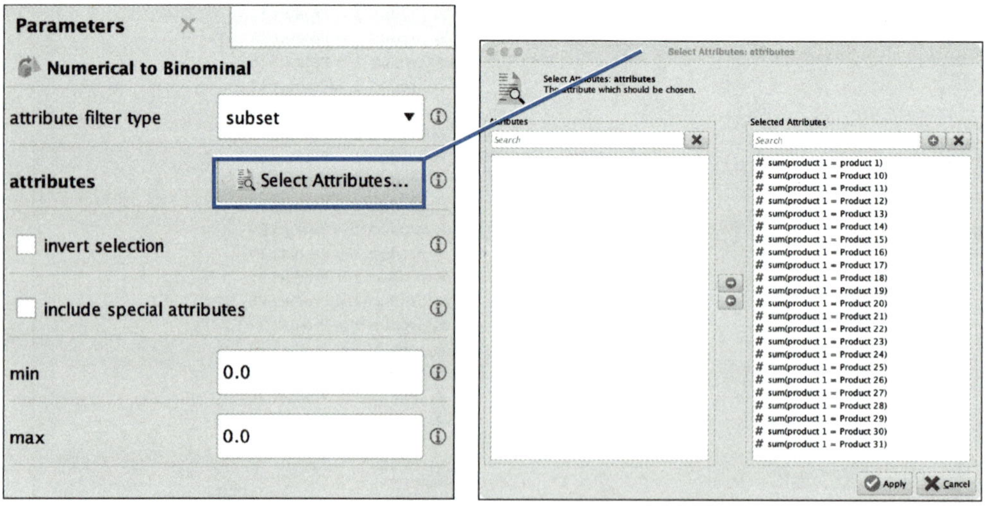

图 4－21　Numerical to Binominal 算子参数设置

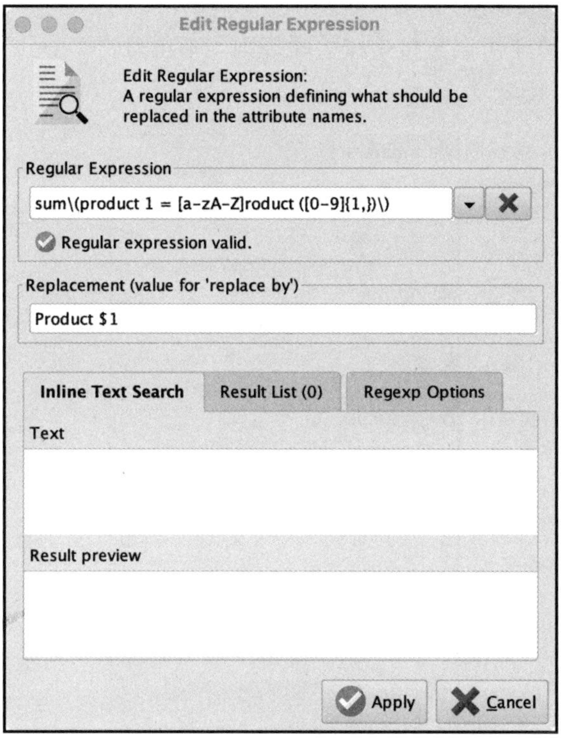

图 4 - 22　Rename by Replacing 算子参数设置

至此，数据的预处理已经完成，我们可以先检查处理完的数据是不是所期待的结构(见图 4 - 23)。

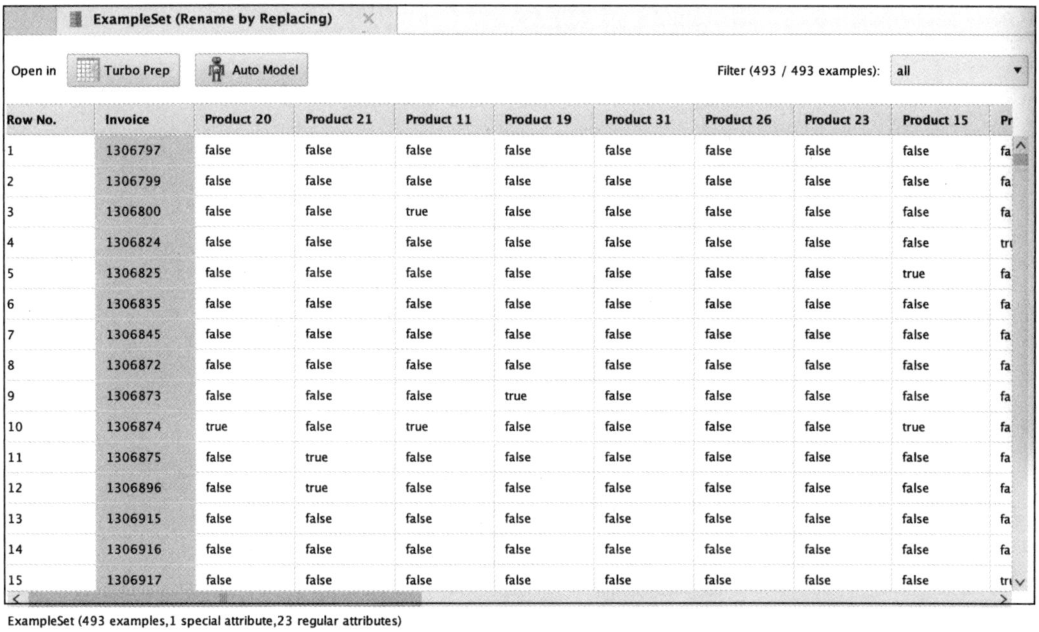

Row No.	Invoice	Product 20	Product 21	Product 11	Product 19	Product 31	Product 26	Product 23	Product 15	Pr
1	1306797	false	false	false	false	false	false	false	false	fa
2	1306799	false	false	false	false	false	false	false	false	fa
3	1306800	false	false	true	false	false	false	false	false	fa
4	1306824	false	false	false	false	false	false	false	false	tru
5	1306825	false	false	false	false	false	false	false	true	fa
6	1306835	false	false	false	false	false	false	false	false	fa
7	1306845	false	false	false	false	false	false	false	false	fa
8	1306872	false	false	false	false	false	false	false	false	fa
9	1306873	false	false	false	true	false	false	false	false	fa
10	1306874	true	false	true	false	false	false	false	true	fa
11	1306875	false	true	false	false	false	false	false	false	fa
12	1306896	false	true	false	false	false	false	false	false	fa
13	1306915	false	false	false	false	false	false	false	false	fa
14	1306916	false	false	false	false	false	false	false	false	fa
15	1306917	false	false	false	false	false	false	false	false	tru

ExampleSet (493 examples,1 special attribute,23 regular attributes)

图 4 - 23　预处理后的数据截图

2. 模型构建与规则建立

通过 W-Apriori 算子可以直接生成关联规则，不再需要 Create Association Rules 算子（见图 4-24 和图 4-25）。

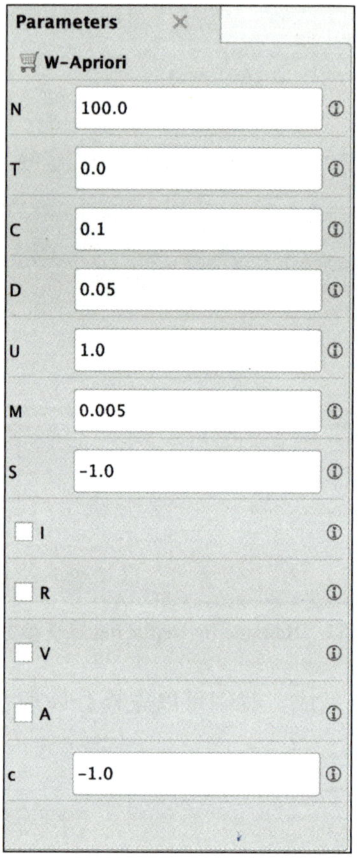

图 4-24　W-Apriori 算子参数设置

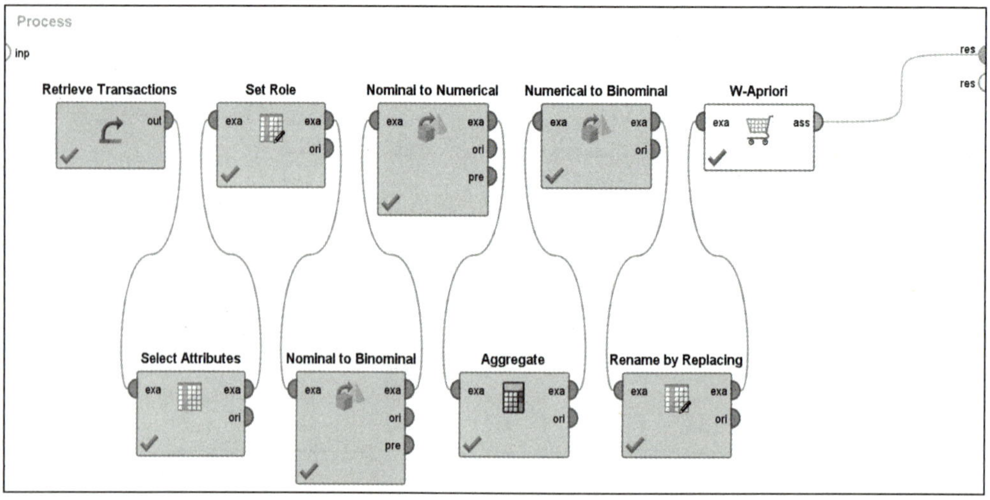

图 4-25　整体模型架构

3. 结果分析

结果如图 4-26 所示。

```
W-Apriori

Apriori
=======

Minimum support: 0 (2 instances)
Minimum metric <confidence>: 0.1
Number of cycles performed: 20

Generated sets of large itemsets:

Size of set of large itemsets L(1): 23

Size of set of large itemsets L(2): 30

Size of set of large itemsets L(3): 9

Best rules found:

  1. Product 11=true Product 19=true 3 ==> Product 20=true 3    conf:(1)
  2. Product 12=true Product 27=true 3 ==> Product 20=true 3    conf:(1)
  3. Product 26=true Product 12=true 2 ==> Product 20=true 2    conf:(1)
  4. Product 20=true Product 16=true 2 ==> Product 12=true 2    conf:(1)
  5. Product 15=true Product 18=true 2 ==> Product 12=true 2    conf:(1)
  6. Product 19=true Product 12=true 3 ==> Product 20=true 2    conf:(0.67)
  7. Product 20=true Product 15=true 3 ==> Product 12=true 2    conf:(0.67)
  8. Product 12=true Product 29=true 3 ==> Product 20=true 2    conf:(0.67)
  9. Product 12=true Product 16=true 3 ==> Product 20=true 2    conf:(0.67)
 10. Product 15=true 36 ==> Product 12=true 23    conf:(0.64)
 11. Product 11=true Product 12=true 5 ==> Product 20=true 3    conf:(0.6)
 12. Product 27=true 14 ==> Product 20=true 7    conf:(0.5)
 13. Product 20=true Product 19=true 6 ==> Product 11=true 3    conf:(0.5)
 14. Product 20=true Product 26=true 4 ==> Product 12=true 2    conf:(0.5)
 15. Product 20=true Product 29=true 4 ==> Product 12=true 2    conf:(0.5)
 16. Product 12=true Product 18=true 4 ==> Product 15=true 2    conf:(0.5)
 17. Product 20=true Product 27=true 7 ==> Product 12=true 3    conf:(0.43)
 18. Product 31=true 12 ==> Product 12=true 5    conf:(0.42)
 19. Product 22=true 11 ==> Product 12=true 4    conf:(0.36)
 20. Product 12=true 67 ==> Product 15=true 23    conf:(0.34)
```

图 4-26　由 W-Apriori 算子生成的关联规则部分结果

4.3.3　实验任务

按照上述实验操作步骤，分别利用 FP-Growth 算法和 Apriori 算法将 Altair AI Studio 内置数据（Samples/data/Transactions）进行市场篮子分析。

// 关键概念回顾 //

关联规则：项集之间的关联关系。一般形式为 $X \rightarrow Y$，表示：如果发生 X，则会发生 Y。其中，X 和 Y 是项集，分别称为规则的前件和后件。关联规则反映出 X 中的项目在事务中出现时，Y 中的项目也跟着出现的规律。

支持度：某个项集在数据集中出现的频率，是衡量项集在数据集中普遍程度的指标，通常以百分比的形式表示。支持度越高，表示项集在数据集中的重要性越大，它是识别频繁项集的关键指标之一。关联规则的支持度可以记为 $\text{Support}(X \rightarrow Y)$，即 $\text{Support}(X \rightarrow Y) = \text{Support}(X \cup Y)$。

置信度：某个关联规则的可信程度，即在前提条件下出现后项的概率。在关联规则 $X \rightarrow Y$ 中，X 称为前项，Y 称为后项。置信度可以帮助我们评估关联规则的强度和可信度，高置信度的规则通常具有更强的关联性。关联规则的置信度可以记为 Confidence($X \rightarrow Y$)，反映了包含 X 的事务中出现 Y 的条件概率，即 Confidence($X \rightarrow Y$) = Support($X \cup Y$)/Support(X)。

// 第5章 //
回归分析

回归分析旨在深入探究自变量与因变量之间的依存关系，并构建数学模型以实现预测与推断。本章将阐述回归分析的基本概念、核心思想，结合实例剖析几种常用回归模型的原理、估计方法、优缺点和应用场景，并以葡萄酒质量评分预测为例，完整展示数据预处理步骤、模型训练与评估过程，以及如何解释和应用线性回归模型。通过本章的系统学习，读者将全面掌握回归分析的基本原理、常用模型和实践技巧，从而为后续数据分析和科学决策奠定坚实基础。

5.1 回归分析概述

“回归”一词最早是在19世纪80年代由英国统计学家弗朗西斯·高尔顿（Francis Galton）在研究父代身高和子代身高之间的关系时提出。高尔顿发现，尽管高个子父母的孩子往往比平均身高要高，但他们的身高趋于总体平均水平。这一发现揭示了一种重要的统计现象，即均值回归。如今，回归分析已成为社会科学、自然科学、工程技术、医学等领域最基本、应用最广泛的分析技术。回归分析是一种统计学方法，用于研究自变量（解释变量）与因变量（响应变量）之间的关系。它的主要目的是建立一个数学模型，通过自变量的值来预测因变量的值。这个数学模型通常称为回归方程或回归模型。

回归分析的核心思想可以概括为以下几点。

(1) 探索变量之间的依赖关系：揭示一个或多个自变量如何影响因变量。

(2) 建立数学模型：通过数学函数来描述自变量和因变量之间的关系。

(3) 预测：利用建立的模型，根据自变量的值去预测因变量的值。

(4) 推断：评估自变量对因变量的影响程度，进行假设检验，构建置信区间等。

回归分析在各个领域都有广泛的应用。例如，在经济学领域，用来预测未来的经济走势，评估经济政策的效果，研究各种经济因素（如教育、经验、性别等）对收入的影响等；在社会学领域，用来研究教育、收入、家庭背景等社会因素对个人行为和态度的影响，以分析社会现象的成因；在医学领域，用来分析各种因素（如生活方式、遗传、环境等）对健康状况的影响，预测疾病风险；在市场营销领域，用来研究广告支出、产品价格等因素对销售额的影响。除了上述领域外，回归分析在心理学、地理学、环境科学等众多学科中也有重要应用。随着数据量的不断增长和计算能力的提升，回归分析已成为数据挖掘和商业分析中不可或缺的工具之一。

回归分析是一个强大且灵活的工具，可以帮助我们理解变量之间的关系，预测未知情况下的结果。通过深入学习各种类型的回归模型，在实践中不断积累经验，我们可以更好地应用回归分析来解决实际问题，为决策提供数据支持。

5.2 线性回归

5.2.1 简介

线性回归是最基本、最广泛使用的回归分析方法。它研究自变量与因变量之间的线性关系，即假设因变量可以表示为自变量的线性组合，加上一个随机误差项。

线性回归模型有以下几个基本假设。

(1) 线性关系：自变量与因变量之间存在线性关系。这是最基本的假设，但在实际应用中，我们可以通过变量变换（如对数变换、多项式变换）来处理非线性关系。

(2) 独立性：观测值之间相互独立，不存在序列相关或空间相关。这个假设在时间序列数据或空间数据中尤为重要。

(3) 同方差性：随机误差项的方差在自变量的所有取值范围内保持不变。这个假设也称为 homoscedasticity。如果不满足，可能需要使用加权最小二乘法或异方差稳健标准误。

(4) 正态性：随机误差项服从正态分布。这个假设对于小样本的参数推断和区间估计很重要，但对于大样本，由于中心极限定理，即使误差不严格服从正态分布，许多推断结果仍然近似成立。

(5) 无多重共线性：自变量之间不存在完全线性相关或高度相关。多重共线性会导致参数估计不稳定，标准误变大。

当这些假设满足时，线性回归模型可以提供最佳线性无偏估计，具有良好的统计性质。

5.2.2 模型表示

简单线性回归只有一个自变量，也称为一元线性回归。其模型可以表示为：

$$y=\beta_0+\beta_1 x+\varepsilon$$

式中，β_0是截距项，表示当自变量 x 为 0 时，因变量 y 的期望值；β_1是斜率项，表示自变量每增加一个单位，因变量平均变化的大小；ε 是随机误差项，通常假设其服从均值为 0、方差为常数σ^2的正态分布。

简单线性回归模型可以用来描述两个变量之间的线性关系，并进行预测和推断。但是，它假设自变量是确定性的，没有考虑自变量的测量误差。当自变量存在测量误差时，简单线性回归模型可能会得到有偏的估计结果。

多元线性回归有多个自变量，研究多个自变量与因变量之间的关系。其模型可以表示为：

$$y=\beta_0+\beta_1 x_1+\beta_2 x_2+\cdots+\beta_p x_p+\varepsilon$$

式中，x_1，x_2，…，x_p是 p 个自变量；β_1，β_2，…，β_p是对应的回归系数，表示在控制其他自变量不变的情况下，每个自变量对因变量的影响大小。

多元线性回归模型可以处理更复杂的问题，研究多个因素对结果的影响。但是，当自变量之间存在高度相关性时，可能会出现多重共线性问题，导致参数估计不稳定或无法解释。此外，多元线性回归模型还面临“维度灾难”的问题。当自变量的数量接近或超过样本量时，模型可能会过拟合，导致预测性能下降。

5.2.3　最小二乘估计

最小二乘法是线性回归中最常用的参数估计方法。其基本思想是找到一组回归系数，使得预测值与实际值之差的平方和最小。

对于简单线性回归模型，假设我们有 n 个观测值（x_i，y_i），$i=1$，2，…，n。最小二乘法就是要找到β_0和β_1，使得残差平方和最小，即：

$$\min_{\beta_0,\beta_1}\sum_{i=1}^{n}(\beta_0+\beta_1 x_i-y_i)^2$$

通过求解这个优化问题，可以得到最小二乘估计量：

$$\hat{\beta}_1=\frac{\sum_{i=1}^{n}(x_i-\bar{x})(y_i-\bar{y})}{\sum_{i=1}^{n}(x_i-\bar{x})^2}$$

$$\hat{\beta}_0=\bar{y}-\hat{\beta}_1\bar{x}$$

式中，$\bar{x}=\sum_{i=1}^{n}x_i/n$ 和$\bar{y}=\sum_{i=1}^{n}y_i/n$ 分别是自变量和因变量的样本均值。

对于多元线性回归模型，由于涉及多个自变量，需要使用矩阵代数进行计算。假设我们有 n 个观测值，定义以下矩阵和向量：

$$\boldsymbol{y}=[y_1,y_2,\cdots,y_n]^{\mathrm{T}}$$

$$\boldsymbol{X}=\begin{bmatrix}1 & x_{11} & x_{12} & \cdots & x_{1p}\\ 1 & x_{21} & x_{22} & \cdots & x_{2p}\\ \vdots & \vdots & \vdots & \vdots & \vdots\\ 1 & x_{n1} & x_{n2} & \cdots & x_{np}\end{bmatrix}$$

$$\boldsymbol{\beta}=[\beta_0,\beta_1,\cdots,\beta_p]^{\mathrm{T}}$$

式中，$\boldsymbol{y}$ 是 $n\times1$ 的因变量向量，$\boldsymbol{X}$ 是 $n\times(p+1)$ 的设计矩阵，$\boldsymbol{\beta}$ 是（$p+1$）$\times1$ 的回归系数向量。

最小二乘估计的结果可以表示为：

$$\hat{\boldsymbol{\beta}}=(\boldsymbol{X}^{\mathrm{T}}\boldsymbol{X})^{-1}\boldsymbol{X}^{\mathrm{T}}y$$

式中，$\hat{\boldsymbol{\beta}}$是回归系数的估计值。

最小二乘估计有以下优良性质：（1）无偏性：估计量的期望值等于真实参数值。

（2）一致性：当样本量趋于无穷大时，估计量依概率收敛于真实参数值。（3）渐近有效性：在一定条件下，估计量的方差达到 Cramer-Rao 下界，是所有无偏估计量中方差最小的。

但是，最小二乘估计也有如下局限性：（1）对异常值敏感：由于平方项的存在，异常值会对估计结果产生较大影响。（2）高维问题：当自变量数量接近或超过样本量时，最小二乘估计可能导致过拟合。（3）多重共线性：当自变量之间高度相关时，最小二乘估计可能不稳定，方差变大。

5.2.4 评估指标

在建立线性回归模型后，我们需要评估模型的拟合优度和预测能力。以下是一些常用的评估指标。

（1）决定系数（R^2）：衡量自变量对因变量变异的解释程度，取值在 0 到 1 之间。决定系数的值越接近 1，表示模型的拟合效果越好。它的计算公式为：

$$R^2 = 1 - \frac{\sum_{i=1}^{n} (y_i - \hat{y}_i)^2}{\sum_{i=1}^{n} (y_i - \bar{y}_i)^2}$$

式中，n 是样本量，$\hat{y}_i$是第 i 个观测值的预测值，$\bar{y}$是因变量的样本均值。

（2）调整后的决定系数（调整R^2）：在决定系数的基础上，考虑了自变量的个数对模型复杂度的影响。当自变量个数增加时，调整后的决定系数会“惩罚”模型的复杂度，避免过拟合。它的计算公式为：

$$\text{调整}R^2 = 1 - (1 - R^2) \times \left(\frac{n-1}{n-p-1}\right)$$

式中，n 是样本量，p 是自变量的数量。

（3）均方误差（MSE）：衡量预测值与实际值之差的平方的均值，反映了预测的精度。MSE 越小，表示预测误差越小。它的计算公式为：

$$\text{MSE} = \frac{\sum_{i=1}^{n} (y_i - \hat{y}_i)^2}{n}$$

（4）均方根误差（RMSE）：均方误差的平方根，与因变量的单位相同，更容易解释。它的计算公式为：

$$\text{RMSE} = \sqrt{\text{MSE}}$$

（5）平均绝对误差（MAE）：衡量预测值与实际值之差的绝对值的均值，也反映了预测的精度。它的计算公式为：

$$\text{MAE} = \frac{\sum_{i=1}^{n} |y_i - \hat{y}_i|^2}{n}$$

除了以上指标外，我们还可以通过残差图、QQ 图、杠杆值等诊断工具来检查模型假设是否满足，以及识别异常值和影响点等问题。在实际应用中，我们通常会综合使用多个评估指标和诊断工具，全面评估模型的性能和适用性。同时，我们也需要结合具体问题的背景和目标，选择最合适的评估标准。例如，在某些情况下，我们可能更关注预测的准确性（如 RMSE）；而在其他情况下，我们可能更关注模型的解释力（如 R^2）。

5.3　正则化回归

5.3.1　简介

在线性回归模型中，当自变量数量很多，或者自变量之间存在高度相关性时，模型可能出现过拟合现象。过拟合指模型在训练数据上表现很好，但在新的测试数据上预测效果很差。这种情况通常表现为：回归系数的绝对值非常大；回归系数的标准误很大；回归系数的符号或大小与先验知识不符。

为了避免过拟合，我们可以采用正则化方法，在损失函数中加入一个正则化项，控制模型系数的大小，从而提高模型的泛化能力。正则化的基本思想是在模型复杂度和拟合优度之间寻找平衡，通过对复杂模型的"惩罚"来降低过拟合的风险。正则化回归的一般形式可以表示为：

$$\min L(\boldsymbol{\beta})+\lambda\cdot J(\boldsymbol{\beta})$$

式中，$L(\boldsymbol{\beta})$ 是损失函数（通常是残差平方和）；$J(\boldsymbol{\beta})$ 是正则化项；λ 是正则化参数，控制正则化的强度。

正则化项可以有不同的形式，最常见的是 L1 正则化和 L2 正则化。带有 L2 正则化项的回归模型称为岭回归，带有 L1 正则化项的回归称为 Lasso 回归。还有一种结合了 L1 和 L2 正则化的方法，称为弹性网络回归。接下来依次介绍这三种正则化回归。

5.3.2　岭回归

岭回归是一种专用于共线性数据分析的有偏估计回归方法，通过放弃最小二乘法的无偏性，以损失部分信息、降低精度为代价获得回归系数更为符合实际、更可靠的回归方法。

当存在多重共线性问题时，传统的最小二乘法缺乏稳定性和可靠性，岭回归在普通最小二乘法的损失函数上添加了一个系数平方和的惩罚项，目标函数为：

$$\min(\boldsymbol{y}-\boldsymbol{X}\boldsymbol{\beta})^{\mathrm{T}}(y-\boldsymbol{X}\boldsymbol{\beta})+\lambda\sum_{j=1}^{p}\beta_j^2$$

式中，$\boldsymbol{y}$ 是 $n\times1$ 的因变量向量；$\boldsymbol{X}$ 是 $n\times(p+1)$ 的设计矩阵；$\boldsymbol{\beta}$ 是 $(p+1)\times1$ 的回归系数向量；λ 是正则化参数，控制惩罚项的强度。

岭回归的解有显式表达式：

$$\widehat{\boldsymbol{\beta}}_{\mathrm{ridge}}=(\boldsymbol{X}^{\mathrm{T}}\boldsymbol{X}+\lambda\boldsymbol{I})^{-1}\boldsymbol{X}^{\mathrm{T}}\boldsymbol{y}$$

式中，$\boldsymbol{I}$ 是 $n\times n$ 单位矩阵。

岭回归的性质包括：(1) 系数估计值随着 λ 的增大而缩小，但不会变为 0。这意味着岭回归不会直接进行特征选择。(2) 适合处理自变量数量大于样本量，或自变量间存在多重共线性的情况。在这些情况下，岭回归通常比最小二乘法有更好的预测性能。

岭回归是对最小二乘法的一种补充，通过引入 L2 正则化，控制系数大小，降低过拟合风险，同时具有封闭形式解，计算效率较高。对于正则化参数 λ，通过交叉验证可以选择最优的 λ 值。常用的方法包括 K 折交叉验证和留一交叉验证。

然而岭回归也存在一些缺点，包括：(1) 不能进行变量选择，所有系数都不会变为 0。在需要稀疏解（系数向量的非零元素较稀少）的场景下，岭回归可能不是最佳选择。(2) 由于使用了平方损失，对离群点和异常值敏感。(3) 需要对数据进行标准化处理。不同尺度的变量会导致不同的惩罚效果。

5.3.3 Lasso 回归

Lasso 回归是一种引入 L1 正则化的线性回归方法，以缩小变量集（降阶）为思想。

Lasso 回归通过构造一个惩罚函数，可以将变量的系数进行压缩并使某些回归系数变为 0，进而达到变量选择的目的，目标函数为：

$$\min\,(\boldsymbol{y}-\boldsymbol{X\beta})^{\mathrm{T}}(\boldsymbol{y}-\boldsymbol{X\beta})+\lambda\sum_{j=1}^{p}|\beta_j|$$

与岭回归不同，Lasso 回归没有封闭形式的解析解，通常需要使用数值优化方法来求解。

Lasso 回归的性质包括：(1) 系数估计值随着 λ 的增大而缩小，并且可以变为 0。这使得 Lasso 回归具有自动进行特征选择的能力。(2) Lasso 回归倾向于产生稀疏解。在高维数据中，Lasso 回归通常会选择一个相对小的变量子集。

通过引入 L1 正则化，Lasso 回归可以获得稀疏模型，具有特征选择功能，自动剔除无关变量，特别适用于高维数据的建模，预测精度通常优于岭回归。然而 Lasso 回归也具有一些局限性，包括：

(1) 组效应：当自变量高度相关时，Lasso 倾向于只选择其中一个，而忽略其他相关变量。这可能导致模型的不稳定性。

(2) 饱和性：当 $p>n$ 时（自变量数量大于样本量），Lasso 回归最多只能选出 n 个非零系数。

(3) 对数据的尺度敏感，需要进行标准化。

5.3.4 弹性网络回归

弹性网络回归是岭回归和 Lasso 回归的组合，同时包含 L1 和 L2 正则化项。岭回归通过引入 L2 范数惩罚项来控制模型参数大小，减少过拟合；Lasso 回归通过引入 L1 正则化，从而促进特征选择。弹性网络回归综合了上述两种方法，同时具备特征选择和参数控制的优点，可以有效地解决线性回归中的过拟合问题。

弹性网络回归的目标函数为：

$$\min\,(\boldsymbol{y}-\boldsymbol{X\beta})^{\mathrm{T}}(\boldsymbol{y}-\boldsymbol{X\beta})+\lambda\left(\frac{1-\alpha}{2}\sum_{j=1}^{p}\beta_j^2+\frac{\alpha}{2}\sum_{j=1}^{p}|\beta_j|\right)$$

式中，$\alpha\in[0,1]$，控制 L1 和 L2 正则化项的相对比重。当 $\alpha=0$ 时，弹性网络回归退化为岭回归；当 $\alpha=1$ 时，弹性网络回归退化为 Lasso 回归。

弹性网络回归具有如下优点：(1) 灵活性：通过调整 α 参数，可以在 Lasso 回归和岭回归之间平滑过渡，适应不同的数据特征。(2) 组变量选择：对于高度相关的变量，弹性网络回归倾向于将它们作为一个组来选择或排除，这在某些应用中是有利的。(3) 稳定性：相比 Lasso 回归，弹性网络回归的结果通常更稳定，特别是在自变量高度相关的情况下。(4) 适应性：弹性网络回归在各种不同的场景下都表现良好，包括高维小样本、多重共线性等。

然而弹性网络也存在一些局限性：(1) 计算成本较高：需要同时选择两个参数（λ 和 α），这增加了计算复杂度。(2) 解释性略差：相比 Lasso 回归，弹性网络回归的解通常不那么稀疏，可能稍微降低了模型的解释性。(3) 对数据的缩放敏感：和 Lasso 回归、岭回归一样，弹性网络回归也需要对输入特征进行标准化。

在实际应用中，弹性网络回归常用于基因组学、图像处理、金融预测等领域，特别是在需要处理高维数据且变量间可能存在复杂相关性的情况下。

5.4　逻辑回归

5.4.1　简介

逻辑回归是一种常用的分类方法，主要用于二分类问题，即目标变量只有 0 和 1 取值。二分变量所表示的两种可能结果能被描述为成功和失败，一般来说，研究所关注的结果被视为“成功”，编码为 1；而另一类则被视为“失败”，通常编码为 0。与线性回归不同，逻辑回归的目的不是直接预测 y 的值，而是预测 $y=1$ 的概率，即成功或失败的概率是如何受到因变量影响的。

逻辑回归在许多领域都有广泛应用，如在医学领域可用来预测患某种疾病的风险；在金融领域可用来进行信用评分，预测客户是否会违约；在市场营销领域可用来预测客户是否会对某个产品感兴趣。

5.4.2　模型表示

逻辑回归的核心是 logistic 函数（或称 sigmoid 函数），其定义为：

$$f(z)=\frac{1}{1+e^{-z}}$$

这个函数有几个重要的性质：值域为（0，1），适合用来表示概率；单调递增；对称性，即 $f(z)=1-f(-z)$。

二项逻辑回归是最基本和常见的逻辑回归形式，适用于目标变量服从二项分布的情况，即只有两个可能的取值。给定一组训练数据 $(\boldsymbol{x}_i, y_i)$，$i=1, 2, \cdots, n$，其中，$\boldsymbol{x}_i=[1, x_{i1}, \cdots, x_{ip}]^{\mathrm{T}}$，是第 i 个样本的特征向量（类似于线性回归，包含截距项），$y_i\in\{0, 1\}$，是相应的类别标签。二项逻辑回归模型的表示如下：

$$p(y_i=1\mid x_i)=f(\boldsymbol{x}_i^{\mathrm{T}}\boldsymbol{\beta})=\frac{1}{1+e^{-(\beta_0+\beta_1x_{i1}+\cdots+\beta_px_{ip})}},\quad i=1,2,\cdots,n$$

式中，$p(y_i=1\mid \boldsymbol{x}_i)$ 表示给的应因变量 $y_i=1$ 的概率；$\boldsymbol{\beta}=[\beta_0, \beta_1, \cdots, \beta_p]^{\mathrm{T}}$，是回归系数

向量。可以看出，logistic 函数将自变量的线性组合$\boldsymbol{x}_i^{\mathrm{T}}\boldsymbol{\beta}$转化为一个介于 0 和 1 之间的概率值。

二项逻辑回归模型可以等价地表示为：

$$\ln\left(\frac{p(y_i=1\mid x_i)}{1-p(y_i=1\mid x_i)}\right)=\boldsymbol{x}_i^{\mathrm{T}}\boldsymbol{\beta}$$

这里 $\ln\left(\frac{p(y_i=1\mid x_i)}{1-p(y_i=1\mid x_i)}\right)$称为事件发生的对数概率，它是自变量的线性函数。逻辑回归实际上是在拟合对数概率，而不是直接拟合 0－1 事件。

当目标变量y_i有两个以上的类别时，就需要使用多项逻辑回归。假设有 K 个类别，我们可以选择其中一个作为参照类别，然后对其他 $K-1$ 个类别分别建立二项逻辑回归模型。具体地，令$y_i=k$ 表示样本属于第 k 个类别，$k=1$，2，…，K。取第 K 类作为参照，多项逻辑回归模型为：

$$\ln\left(\frac{p(y_i=k\mid x_i)}{p(y_i=K\mid x_i)}\right)=\boldsymbol{x}_i^{\mathrm{T}}\boldsymbol{\beta}_k,\quad k=1,2,\cdots,K-1$$

式中，$\boldsymbol{\beta}_k$是第 k 个类别相对于参照类别的回归系数向量。它们的解释与二项逻辑回归类似，只是现在反映的是属于第 k 类而不是参照类的对数概率的变化。

对于新的观测（$\boldsymbol{x}$，y），我们可以计算出它属于每一类的概率：

$$p(y=k\mid\boldsymbol{x})=\frac{\mathrm{e}^{x_i^{\mathrm{T}}\boldsymbol{\beta}_k}}{1+\sum_{j=1}^{K-1}\mathrm{e}^{x_i^{\mathrm{T}}\boldsymbol{\beta}_j}},\quad k=1,2,\cdots,K-1$$

$$p(y=K\mid\boldsymbol{x})=\frac{1}{1+\sum_{j=1}^{K-1}\mathrm{e}^{x_i^{\mathrm{T}}\boldsymbol{\beta}_j}}$$

然后选出概率最大的类别作为预测结果。

5.4.3 极大似然估计

在逻辑回归中，模型参数的估计采用极大似然法。给定一组训练数据（$\boldsymbol{x}_i$，y_i），$i=1$，2，…，n，其中$y_i\in\{0，1\}$。二项逻辑回归的似然函数为：

$$L(\boldsymbol{\beta})=\prod_{i=1}^{n}[p(y_i=1\mid\boldsymbol{x}_i)]^{y_i}[1-p(y_i=1\mid\boldsymbol{x}_i)]^{1-y_i}$$

它表示在当前参数$\boldsymbol{\beta}$下，观测到这组数据的概率。求极大似然估计就是找到最优参数$\boldsymbol{\beta}$，使得似然函数 $L(\boldsymbol{\beta})$ 最大，即最大化观测数据的可能性。

为了方便计算，通常对似然函数取对数，得到对数似然函数：

$$\ln L(\boldsymbol{\beta})=\sum_{i=1}^{n}[y_i\cdot\ln p(y_i=1\mid\boldsymbol{x}_i)+(1-y_i)\cdot\ln(1-p(y_i=1\mid\boldsymbol{x}_i))]$$

由于 $\ln L(\boldsymbol{\beta})$ 是关于参数$\boldsymbol{\beta}$的非线性函数，没有解析解，需要用数值优化的方法求解。常用的方法有梯度下降法、牛顿法、拟牛顿法等。

多项逻辑回归的极大似然估计与此类似，只是似然函数更复杂一些。

5.4.4 优缺点

逻辑回归作为一种经典的分类方法，具有以下优点：

（1）直观易懂：逻辑回归模型的输出是概率，非常容易理解和解释。模型的系数反映了每个变量对概率的影响大小和方向。

（2）计算高效：逻辑回归的参数估计和预测十分高效，可以处理大规模数据。现有的软件包已经对算法进行了优化，建模和调整参数非常方便。

（3）特征重要性：逻辑回归可以评估每个变量的显著性，筛选出对分类结果影响较大的特征。这对于理解问题、指导决策非常有帮助。

（4）适用性广：逻辑回归对数据的假设比较宽松，适用于各种类型的特征（连续、离散、二值）。对于缺失值和异常值也有一定的稳健性。

（5）可扩展性：逻辑回归可以方便地引入交互项、非线性变换等，增强模型的表达能力。多项逻辑回归可以处理多分类问题。

同时，逻辑回归也有如下一些局限性：

（1）线性假设：逻辑回归假设特征与对数概率之间是线性的。当数据不满足这一假设时，模型的效果可能会下降。有时需要对特征进行变换（如对数、多项式）来缓解这一问题。

（2）特征独立性：逻辑回归假设特征之间相互独立。当特征高度相关时，可能导致估计不稳定，可解释性下降。需要进行特征选择或正则化来缓解。

（3）不平衡数据：当正负类别的样本数量差异很大时，逻辑回归可能会偏向多数类，导致少数类的预测效果较差。需要采取一些策略（如过采样、欠采样、代价敏感学习）来平衡类别。

（4）离群点敏感：逻辑回归对离群点比较敏感，尤其是当它们位于决策边界附近时。异常值可能会极大影响参数估计和预测结果，需要仔细检查和处理。

逻辑回归是一种简单实用的分类方法，特别适合作为基准模型来快速建模和评估。同时，我们也要认识到它的局限性，在实践中灵活运用，必要时结合其他方法来提高性能。对于任何一个问题，没有放之四海而皆准的模型，关键是要根据数据的特点和业务的需求，选择合适的方法，并进行反复调试和验证。

5.5　实验案例与实验任务

5.5.1　案例内容与步骤

1. 实验背景

在本案例研究中，我们将使用 UCI Machine Learning Repositor 中的葡萄酒质量数据集（数据来源：https://archive.ics.uci.edu/dataset/186/wine+quality），并通过线性回归模型预测葡萄酒的质量评分。我们将详细介绍数据集的特点、数据预处理步骤、模型训练与评估过程，以及如何解释和应用线性回归模型。本案例研究旨在帮助读者深入理解线性回归的原理和实践，掌握使用 Altair AI Studio 软件建立回归模型的技能。

2. 数据集描述

葡萄酒质量数据集包含来自葡萄牙北部的红白葡萄酒样本的理化性质测试结果和感

官评分。数据集共有 6 497 个样本，其中红葡萄酒 1 599 个，白葡萄酒 4 898 个。每个样本包括 11 个输入变量（理化性质）和 1 个输出变量（感官品质评分）。

输入变量如下：

- fixed acidity：固定酸度（g/dm^3）。
- volatile acidity：挥发性酸度（g/dm^3）。
- citric acid：柠檬酸（g/dm^3）。
- residual sugar：残糖（g/dm^3）。
- chlorides：氯化物（g/dm^3）。
- free sulfur dioxide：游离二氧化硫（mg/dm^3）。
- total sulfur dioxide：总二氧化硫（mg/dm^3）。
- density：密度（g/cm^3）。
- pH：pH 值。
- sulphates：硫酸盐（g/dm^3）。
- alcohol：酒精度（%vol）。

输出变量如下：

- quality：品质评分（0 到 10 分）。

数据集中的红白葡萄酒样本分别来自不同的葡萄品种和生产工艺，因此它们的理化性质和感官品质可能存在差异。我们将在建模时考虑葡萄酒类型（红/白）对品质评分的影响。

3. 数据预处理

在使用 Altair AI Studio 构建线性回归模型之前，我们需要对葡萄酒质量数据集进行预处理。主要步骤如下：

（1）数据加载：将红白葡萄酒数据集加载到 Altair AI Studio 中，可使用 Read CSV 算子读取 CSV 格式的数据文件，随后检查数据的基本信息，如样本数量、特征名称等。

（2）数据合并：使用 Append 算子将红白葡萄酒数据集合并为一个数据集，并通过 Generate Attributes 算子添加一个新的属性 Wine Type 表示葡萄酒类型（red/white）。

（3）数据清洗：使用 Filter Examples 算子检查数据集中是否存在缺失值或异常值。如果存在缺失值，可以使用 Replace Missing Values 算子进行处理，如用均值、中位数或众数填充。对于异常值，可以使用 Outlier Detection 算子进行识别，然后决定是否需要处理（如删除或替换）。

（4）特征选择：使用 Correlation Matrix 算子计算变量之间的相关系数矩阵，识别自变量与因变量之间的线性关系。根据相关系数的大小，可以初步判断哪些变量可能对葡萄酒质量有较大影响。可以考虑删除与因变量相关性很低的特征，或者高度相关的特征对（以避免多重共线性问题）。

Correlation Matrix 结果示意如图 5－1 所示。

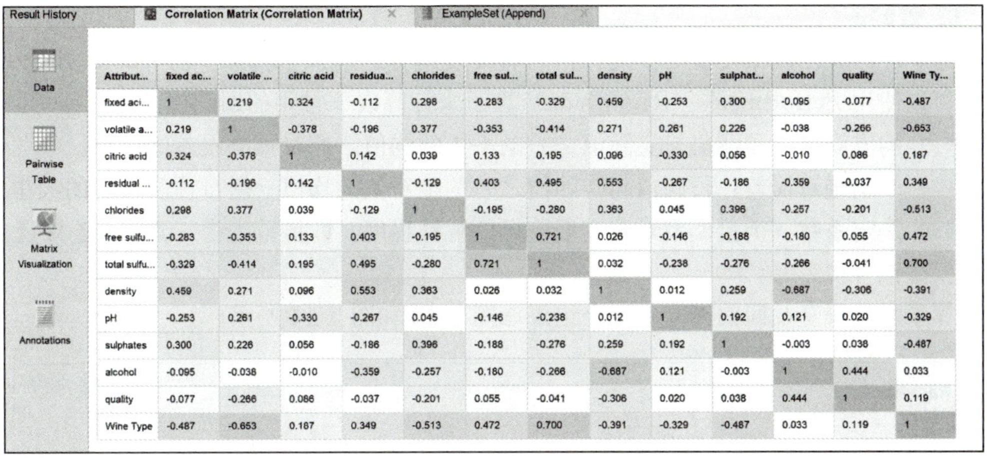

Result History　Correlation Matrix (Correlation Matrix)　ExampleSet (Append)

Data　Pairwise Table　Matrix Visualization　Annotations

Attribut...	fixed ac...	volatile ...	citric acid	residua...	chlorides	free sul...	total sul...	density	pH	sulphat...	alcohol	quality	Wine Ty...
fixed aci...	1	0.219	0.324	-0.112	0.298	-0.283	-0.329	0.459	-0.253	0.300	-0.095	-0.077	-0.487
volatile a...	0.219	1	-0.378	-0.196	0.377	-0.353	-0.414	0.271	0.261	0.226	-0.038	-0.266	-0.653
citric acid	0.324	-0.378	1	0.142	0.039	0.133	0.195	0.096	-0.330	0.056	-0.010	0.086	0.187
residual ...	-0.112	-0.196	0.142	1	-0.129	0.403	0.495	0.553	-0.267	-0.186	-0.359	-0.037	0.349
chlorides	0.298	0.377	0.039	-0.129	1	-0.195	-0.280	0.363	0.045	0.396	-0.257	-0.201	-0.513
free sulfu...	-0.283	-0.353	0.133	0.403	-0.195	1	0.721	0.026	-0.146	-0.188	-0.180	0.055	0.472
total sulfu...	-0.329	-0.414	0.195	0.495	-0.280	0.721	1	0.032	-0.238	-0.276	-0.266	-0.041	0.700
density	0.459	0.271	0.096	0.553	0.363	0.026	0.032	1	0.012	0.259	-0.687	-0.306	-0.391
pH	-0.253	0.261	-0.330	-0.267	0.045	-0.146	-0.238	0.012	1	0.192	0.121	0.020	-0.329
sulphates	0.300	0.226	0.056	-0.186	0.396	-0.188	-0.276	0.259	0.192	1	-0.003	0.038	-0.487
alcohol	-0.095	-0.038	-0.010	-0.359	-0.257	-0.180	-0.266	-0.687	0.121	-0.003	1	0.444	0.033
quality	-0.077	-0.266	0.086	-0.037	-0.201	0.055	-0.041	-0.306	0.020	0.038	0.444	1	0.119
Wine Type	-0.487	-0.653	0.187	0.349	-0.513	0.472	0.700	-0.391	-0.329	-0.487	0.033	0.119	1

图 5-1　Correlation Matrix 结果示意

4. 线性回归

在 Altair AI Studio 中，我们使用 Linear Regression 算子来训练线性回归模型。在训练线性回归模型时，需要确定以下参数：

（1）特征属性：选择数据预处理阶段选出的相关特征属性。

（2）目标属性：选择因变量，即品质评分。因此，将 quality 属性设置为 label。

（3）属性权重：可以设置不同特征属性的权重，默认为 1。

Altair AI Studio 使用最小二乘法估计回归系数，即找到一组系数使得残差平方和最小。训练好的线性回归模型可以用于预测新样本的品质评分。

注意，由于 Linear Regression 算子只能处理数值属性，因此需要将新增加的 Wine Type 属性设置转换为数值型（可以通过 Nominal to Numerical 算子）。

完整的流程示意如图 5-2 所示。

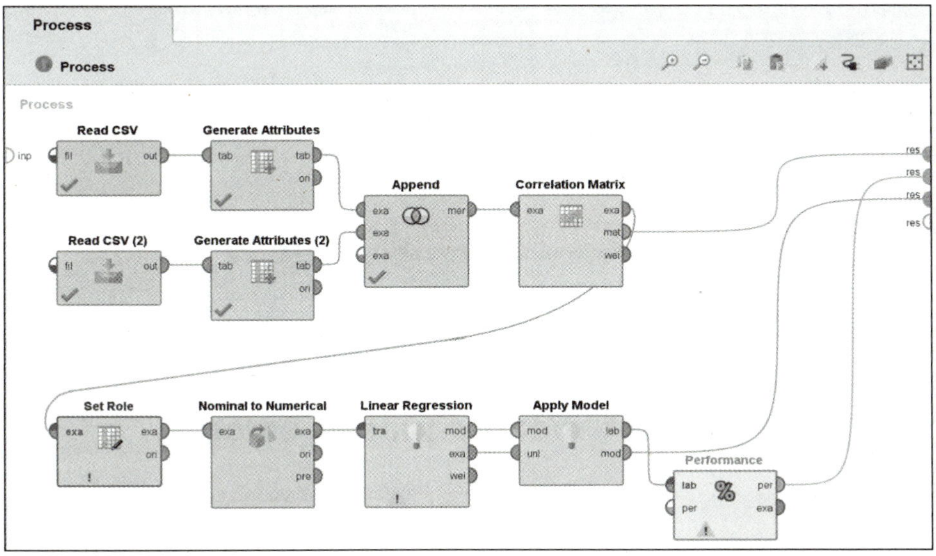

图 5-2　完整的流程示意

5. 模型评估

为了评估线性回归模型的性能，我们需要使用合适的评估指标。在 Altair AI Studio 中，可以使用 Performance（Regression）算子来计算以下常用的回归模型评估指标：

（1）均方误差：预测值与实际值之差的平方的均值，衡量预测误差的大小。

（2）平均绝对误差：预测值与实际值之差的绝对值的均值。衡量预测误差的大小。

（3）决定系数：衡量模型对因变量变异的解释程度。取值范围为 0 到 1。越接近 1，表示模型拟合得越好。

算子参数设置及回归模型的拟合结果如图 5－3 和图 5－4 所示。

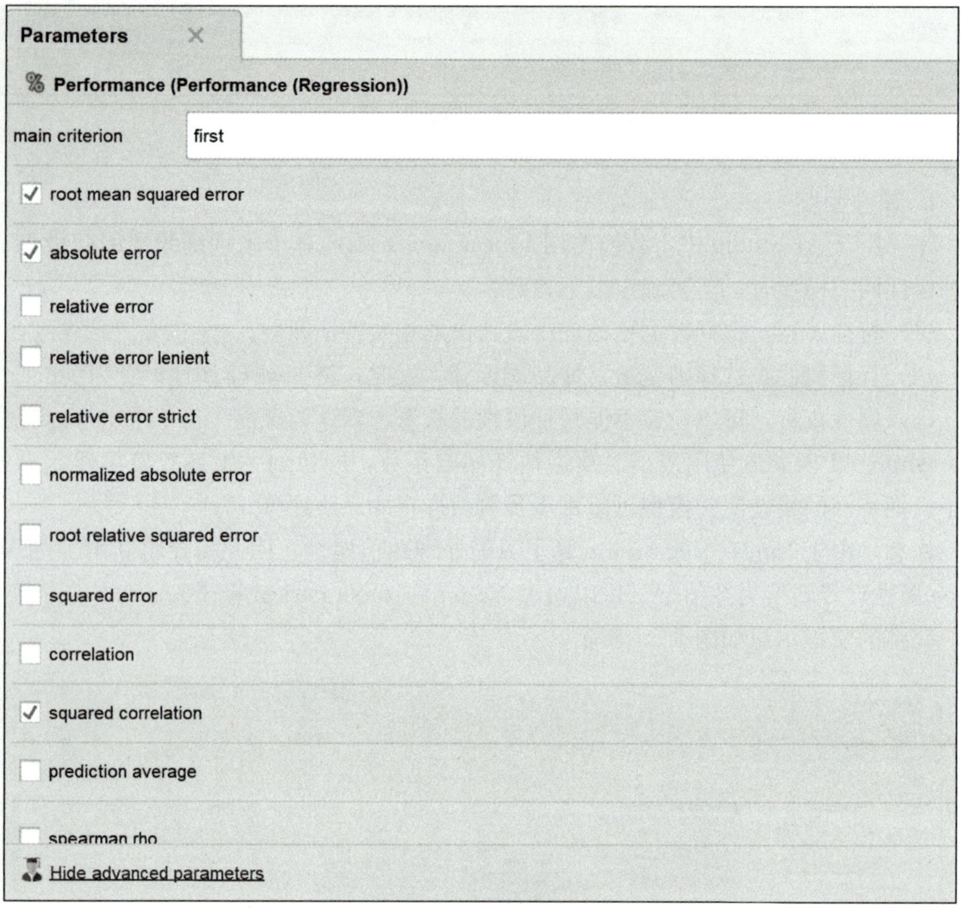

图 5－3　Performance（Regression）算子参数设置

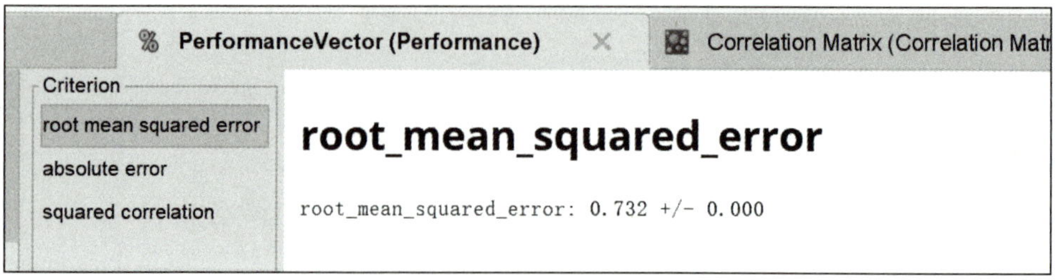

图 5－4　回归模型的拟合结果

除了计算评估指标，我们还可以使用 Split Data 算子将数据集划分为训练集和测试集，分别用于模型训练和评估。这样可以检验模型在新数据上的泛化性能。

如果模型的性能不够理想，我们可以尝试以下改进方法：

（1）特征选择：重新选择与因变量相关性更强的特征属性。

（2）数据转换：对特征属性进行标准化、归一化等转换，使其满足线性回归的假设。

（3）正则化：使用 L1（Lasso）或 L2（Ridge）正则化方法，控制模型复杂度，减少过拟合（可通过 Generalized Linear Model 算子实现）。

通过反复调整模型和评估性能，我们可以得到一个性能优越的线性回归模型。

6. 模型解释与应用

对于训练好的线性回归模型，我们可以通过分析回归系数来解释不同理化指标对葡萄酒质量的影响。回归系数的绝对值大小反映了相应自变量的重要性，符号表示自变量与因变量的正负相关关系。

回归模型参数拟合结果如图 5-5 所示。

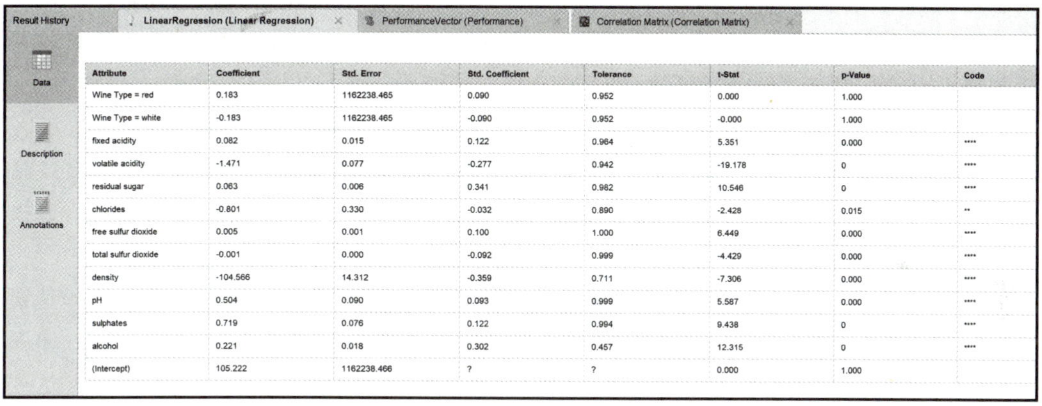

Attribute	Coefficient	Std. Error	Std. Coefficient	Tolerance	t-Stat	p-Value	Code
Wine Type = red	0.183	1162238.465	0.090	0.952	0.000	1.000	
Wine Type = white	-0.183	1162238.465	-0.090	0.952	-0.000	1.000	
fixed acidity	0.082	0.015	0.122	0.964	5.351	0.000	****
volatile acidity	-1.471	0.077	-0.277	0.942	-19.178	0	****
residual sugar	0.063	0.006	0.341	0.982	10.546	0	****
chlorides	-0.801	0.330	-0.032	0.890	-2.428	0.015	**
free sulfur dioxide	0.005	0.001	0.100	1.000	6.449	0.000	****
total sulfur dioxide	-0.001	0.000	-0.092	0.999	-4.429	0.000	****
density	-104.566	14.312	-0.359	0.711	-7.306	0.000	****
pH	0.504	0.090	0.093	0.999	5.587	0.000	****
sulphates	0.719	0.076	0.122	0.994	9.438	0	****
alcohol	0.221	0.018	0.302	0.457	12.315	0	****
(Intercept)	105.222	1162238.466	?	?	0.000	1.000	

图 5-5 回归模型参数拟合结果

例如，如果 alcohol 的回归系数为正值，且绝对值较大，说明酒精度较高，葡萄酒的品质评分往往也较高。相反，如果 volatile acidity 的回归系数为负值，且绝对值较大，说明挥发性酸度较高，葡萄酒的品质评分往往较低。

通过解释线性回归模型，我们可以深入理解葡萄酒的理化性质与感官品质之间的关系，为葡萄酒的生产和品质控制提供指导。例如，生产商可以根据模型结果，调整葡萄酒的酒精度、酸度等指标，以提高葡萄酒的品质评分。

此外，线性回归模型还可以用于预测新葡萄酒样本的品质评分。在 Altair AI Studio 中，我们可以使用 Apply Model 算子将训练好的模型应用于新的数据集，得到预测结果。这对于葡萄酒的质量控制和等级评定具有重要的实践意义。

需要注意的是，线性回归模型假设自变量与因变量之间存在线性关系，当实际关系为非线性时，模型的预测性能可能会受到影响。此外，线性回归对异常值和极端值比较敏感，因此在应用模型时需要谨慎处理这些特殊情况。

7. 小结

本案例研究演示了如何使用 Altair AI Studio 软件来通过线性回归模型预测葡萄酒的品质评分。我们详细介绍了数据集的特点、数据预处理步骤、模型训练与评估过程，以及如何解释和应用线性回归模型。

通过分析葡萄酒质量数据集，我们发现葡萄酒的理化性质与感官品质之间存在一定的线性关系。使用线性回归模型，我们可以根据葡萄酒的酒精度、酸度等指标，预测其品质评分，为葡萄酒的生产和质量控制提供参考。

5.5.2 实验任务

按照上述实验操作步骤，将 Altair AI Studio 内置数据（Samples/data/Sonar）进行逻辑回归建模，分辨出岩石（Rock）与金属矿（Mine），并陈述影响因素。

// 关键概念回顾 //

回归分析：研究自变量（解释变量）与因变量（响应变量）之间依赖关系的统计方法。其核心思想是建立数学模型来描述变量间的关系，进而实现预测和统计推断。这一方法源于高尔顿研究父代与子代身高关系时发现的“均值回归”现象，目前已广泛应用于经济、社会、医疗等诸多领域。

线性回归：线性回归模型假设因变量可以表示为自变量的线性组合加上随机误差项。该模型基于线性关系、独立性、同方差性、正态性等假设，通常使用最小二乘法估计参数。模型评估主要通过拟合优度（决定系数 R^2、调整 R^2）和预测准确性（均方误差、均方根误差）等指标来进行。

正则化方法：为解决过拟合和多重共线性问题，正则化方法在损失函数中添加惩罚项来控制模型复杂度。主要包括：岭回归（使用 L2 正则化控制系数大小）、Lasso 回归（使用 L1 正则化实现特征选择）和弹性网络回归（结合 L1 和 L2 正则化的优点）。这些方法特别适用于处理高维数据。

逻辑回归：作为处理分类问题的基础方法，逻辑回归使用 logistic 函数将线性组合转换为概率输出。它通过极大似然估计求解参数，模型直观易懂且计算高效，但对数据分布和类别平衡性较为敏感。

// 第 6 章 //

决策树

决策树基于信息论或统计学原理，通过信息熵等指标评估属性，具有易理解、能处理多种数据等优点，但存在易过拟合、训练成本高等问题。其原理是根据数据特征递归划分，利用信息增益等准则选择特征和划分点。本章将系统介绍决策树的基本概念，ID3、C4.5、CART 等决策树经典算法的功能和参数，并以预测新款电子阅读器购买行为的案例为例，展示决策树模型从数据处理、建模、参数设置到评估应用的完整流程。

6.1 决策树概述

决策树是一种基于树结构的机器学习算法，它可以用于分类或回归问题。其思想最早产生于 20 世纪 60 年代，并在 70 年代末发展出一些经典算法，如 ID3、C4.5 和 CART。这些算法都是基于信息论或统计学的原理，利用信息熵、信息增益、基尼指数（不纯度）等指标来评估属性的重要性和划分的优劣。决策树算法的优点是易于理解和解释，可以处理多种类型的数据，不需要太多的数据准备，可以生成可视化的规则和模型；缺点是容易过拟合，对数据的微小变化敏感，训练成本较高，可能不是最优解。为了克服这些缺点，可以采用剪枝、集成学习等方法来改进决策树算法。

决策树算法在生活中应用广泛。举例来说，假设你想根据一些人的年龄、性别、收入、婚姻状况等信息，来预测他们是否会买房。可以用决策树算法选择最佳的属性和划分点，并构建一个分类模型。例如，通过信息增益，你可以先选择收入作为根节点（最重要的属性）来划分数据集，然后根据年龄和婚姻状况进一步划分，最后得到一个决策树进行预测。

决策树的算法原理是：从根节点开始，根据数据的某些特征，将数据划分为不同的子集，然后递归地对每个子集进行进一步的划分，直到满足某些停止条件，如子集中的数据属于同一类别，或者没有更多的特征可用。决策树的每个内部节点表示一个特征的测试，每个分支表示一个测试的结果，每个叶节点表示一个预测的类别或值。其核心是在决策树的各级节点上都用信息增益作为判断标准来进行属性的选择，使得在每个非叶节点上进行测试时，都能获得最大的类别分类增益，使分类后的数据集的熵最小。这样的处理方法使得树的平均深度较小，从而有效提高了分类效率。

决策树算法的关键问题是如何选择最优的特征和划分点来构建树。不同的算法采用不同的准则来评估特征和划分点的优劣，常见的准则有信息熵、信息增益、基尼指数等。这些准则都是基于数据的纯度或不确定性来度量的，目的是使得划分后的子集尽可能地纯净或确定，即同一子集中的数据尽可能地属于同一类别或具有相似的值。

（1）信息熵：衡量数据不确定性。

设 S 是 s 个数据样本的集合。假定类别属性具有 m 个不同的值：C_i（$i=1, 2, \cdots, m$）。设 s_i 是类C_i中的样本数。对一个给定的样本，它总的信息熵为：

$$I(s_1, s_2, \cdots, s_m) = -\sum_{i=1}^{m} P_i \log_2(P_i)$$

式中，P_i是任意样本属于C_i的概率，一般可以用$\frac{s_i}{s}$估计。

设一个属性 A 具有 k 个不同的值 $\{a_1, a_2, \cdots, a_k\}$，利用属性 A 将集合 S 划分为 k 个子集 $\{S_1, S_2, \cdots, S_k\}$，其中$S_j$包含集合 S 中属性 A 取a_j值的样本。若选择属性 A 为测试属性，则这些子集就是从集合 S 的节点生长出来的新的叶节点。设 s_{ij} 是子集 S_j 中类别为 C_i 的样本数，则根据属性 A 划分样本的信息熵为：

$$E(A) = \sum_{j=1}^{k} \frac{s_{1j} + s_{2j} + \cdots + s_{mj}}{s} I(s_{1j}, s_{2j}, \cdots, s_{mj})$$

式中，$I(s_{1j}, s_{2j}, \cdots, s_{mj}) = -\sum_{i=1}^{m} P_{ij} \log_2(P_{ij})$，$P_{ij} = \frac{s_{ij}}{s_{1j} + s_{2j} + \cdots + s_{mj}}$，是子集$S_j$中类别为$C_i$的样本的概率。

（2）信息增益：减少不确定性的程度。

用属性 A 划分样本集 S 后所得的信息增益（Gain）为：

$$\text{Gain}(A) = I(s_1, s_2, \cdots, s_m) - E(A)$$

（3）信息增益比：信息增益与属性的熵之比，避免选择取值过多的特征属性。

$$\text{GainRatio} = \frac{\text{Gain}(A)}{\text{SplitInfo}}$$

$$\text{SplitInfo} = -\sum_{i=1}^{v} \frac{|D_j|}{|D|} \times \log_2\left(\frac{|D_j|}{|D|}\right)$$

式中，j 指的是属性 A 的第 j 个取值，D_j指的是所有数据中其属性 A 取第 j 个值的数据个数，D 指的是所有数据的总数。

（4）基尼指数（Gini）：度量数据集纯度的指标，表示从数据集中随机抽取两个样本，其标记不一致的概率。基尼指数越小，数据集纯度越高。

$$\text{Gini}(X) = \sum_{x \in X} p(x)(1 - p(x)) = 1 - \sum_{x \in X} p(x)^2$$

显然 $E(A)$越小，Gain(A)的值越大，说明选择测试属性 A 对于分类提供的信息越大，选择 A 之后对分类的不确定程度越小。属性 A 的 k 个不同的值对应的样本集 S 的 k 个子集或分支，通过递归调用上述过程（不包括已选择的属性），生成其他属性作为节点的子节点和分支来生成整个决策树。

6.2　决策树算法原理

决策树是一树状结构，它的每一个叶节点对应着一个分类，非叶节点对应着在某个属性上的划分，根据样本在该属性上的不同取值将其划分成若干个子集。对于非纯的叶节点，多数类的标号给出到达这个节点的样本所属的类。构造决策树的核心问题是在每一步如何选择适当的属性对样本进行拆分。对一个分类问题，从已知类标记的训练样本中学习并构造出决策树是一个自上而下、分而治之的过程。

常用的决策树算法如表 6-1 所示。

表 6-1　常用的决策树算法

决策树算法	算法描述
ID3 算法	其核心是在决策树的各级节点上，使用信息增益方法作为属性的选择标准，来帮助确定生成每个节点时所应采用的合适属性
C4.5 算法	C4.5 算法相对于 ID3 算法的重要改进是使用信息增益比来选择节点属性。C4.5 算法可以克服 ID3 算法存在的不足：ID3 算法只适用于离散的描述属性，而 C4.5 算法既能够处理离散的描述属性，也可以处理连续的描述属性
CART 算法	CART 算法是一种十分有效的非参数分类和回归方法，通过构建树、修剪树、评估树来构建一个二叉树。当终结点是连续变量时，该树为回归树；当终结点是分类变量，该树为分类树

6.2.1　ID3 算法

ID3 算法由罗斯·昆兰于 1986 年提出，它基于信息熵来选择最佳测试属性。ID3 算法选择当前样本集中具有最大信息增益的属性作为测试属性；样本集的划分则依据测试属性的取值进行，测试属性有多少不同取值就将样本集划分为多少子样本集，同时决策树上对应该样本集的节点长出新的叶子节点。ID3 算法根据信息论理论，采用划分后样本集的不确定性作为衡量划分好坏的标准，用信息增益度量不确定性：信息增益越大，不确定性越小。因此，ID3 算法在每个非叶节点选择信息增益最大的属性作为测试属性，这样可以得到当前情况下最纯的拆分，从而得到较小的决策树。

ID3 算法作为一个典型的决策树学习算法，其核心是在决策树的各级节点上都用信息增益作为判断标准来进行属性的选择，使得在每个非叶节点上进行测试时，都能获得最大的类别分类增益，使分类后数据集的熵最小。这样的处理方法使得树的平均深度较小，从而有效地提高了分类效率。

ID3 算法的具体详细实现步骤如下：

（1）对当前样本集合，计算所有属性的信息增益。

（2）选择信息增益最大的属性作为测试属性，把测试属性取值相同的样本划为同一个子样本集。

（3）若子样本集的类别属性只含有单个属性，则分支为叶子节点，判断其属性值并标上相应的符号，然后返回调用处；否则对子样本集递归调用本算法。

6.2.2 C4.5 算法

C4.5 算法是由罗斯·昆兰在 1993 年提出的，是 ID3 算法的改进版本。C4.5 算法主要针对 ID3 算法的一些局限性进行了改进，包括处理连续属性、剪枝以及处理数据中的缺失值。C4.5 算法使用信息增益作为属性选择的准则，但为了避免 ID3 算法中对具有更多值的属性的偏好，C4.5 算法引入了信息增益比。

C4.5 算法首先从根节点开始，选择具有最高信息增益比的属性作为节点的分裂标准。然后，根据该属性的不同值，将数据集分割成不同的子集，并为每个子集递归地构建子树，直到满足停止条件。C4.5 算法的停止条件包括：

（1）所有数据点都属于同一类。

（2）没有更多的属性可以进一步用来分割数据。

（3）达到预设的最大树深度。

算法的详细步骤如下：

（1）计算每个属性的信息增益比。选择具有最高信息增益比的属性作为节点的分裂标准。

（2）根据选择的属性和其值，将数据集分割成子集。

（3）对每个子集重复步骤（1）和步骤（2），直到满足停止条件。

（4）对于连续属性，选择一个阈值进行分割，这可以通过查找最大化信息增益的点来实现。

（5）对于具有缺失值的属性，算法会尝试所有可能的值，并选择最优的分割点。

（6）使用代价复杂性剪枝来移除不必要的分支，以提高模型的泛化能力。

（7）从决策树中导出分类规则。

C4.5 算法广泛应用于分类问题，特别是在需要处理连续属性和缺失值的情况下应用较多。其优势包括：能够处理混合数据类型（数值和类别）；对缺失值具有较好的鲁棒性；通过剪枝减少了过拟合的风险。

然而，C4.5 算法也有一些局限性，例如在处理非常大的数据集时效率较低，以及在某些情况下可能生成过于复杂的树。

6.2.3 CART 算法

CART（classification and regression trees）算法是一种二元分裂的决策树算法，它通过递归地选择最优特征和阈值来构建树。CART 算法从根节点开始，选择最佳分裂点，然后将数据集分为两个子集，这个过程递归地应用于每个子集，直到满足停止条件。CART 算法的停止条件可能包括：

（1）达到预设的最大树深度。

（2）节点中的样本数小于某个阈值。

（3）节点中的样本属于同一类别（对于分类问题）或方差低于某个阈值（对于回归问题）。

对于分类问题，CART 算法使用基尼指数来评估分裂的质量。基尼指数越低，表示分裂后的节点纯度越高。

CART 算法递归地选择具有最低基尼指数的分裂点，直到满足停止条件。为了防止过拟合，CART 算法使用代价复杂性剪枝。通过比较子树的代价和复杂度，选择最佳的树。CART 算法的详细步骤如下：

（1）从整个数据集开始，选择根节点。

（2）计算每个特征的基尼指数，选择具有最低基尼指数的特征和阈值作为分裂点。

（3）根据选择的特征和阈值，将数据集分为两个子集。

（4）对每个子集重复步骤（2）和步骤（3），直到满足停止条件。

（5）使用代价复杂性剪枝来移除不必要的分支。

（6）从决策树中导出分类规则。

CART 算法广泛应用于分类问题，具有以下优势：能够处理二元分裂，简化了模型的复杂性；可以处理数值和类别数据；通过剪枝减少了过拟合的风险；提供了一种直观的模型表示，易于解释。

然而，CART 算法也有一些局限性，例如在某些情况下可能对噪声数据敏感，以及在处理不平衡数据集时可能存在偏差。

6.2.4　决策树算法的局限性

决策树算法在大多数时候都非常有效，但依然有其局限性，下面是决策树算法在实际应用过程中可能出现的问题。

（1）拟合不足问题。当决策树很小时，训练误差和泛化误差都很大。出现拟合不足的原因是模型尚未学习到数据的真实结构。

（2）过拟合问题。树的规模太大，泛化误差开始增大，导致模型过分拟合。为了解决这个问题，常用的方法是剪枝，即在构建完整的决策树后，对一些不必要或不重要的节点进行删除，以减少决策树的复杂度和提高泛化能力。剪枝的方法有预剪枝和后剪枝，预剪枝是在构建决策树的过程中，提前终止某些分支的生长，后剪枝是在构建完整的决策树后，从下往上修剪某些分支。剪枝的依据通常是决策树在验证集上的表现。

（3）决策树算法不稳定，数据集的微小变化可能导致生成不同的决策树。这是因为决策树的结构对数据的分布和顺序很敏感，如果数据有一些变动，可能会影响特征的选择和划分点的确定，从而导致树结构的剧烈改变。为了解决这个问题，可以通过集成学习之类的方法来提高决策树的稳定性，即通过多个决策树的组合来降低单个决策树的方差。

（4）决策树算法可能产生局部最优解，而非全局最优解。这是因为决策树算法是一种贪心算法，它在每个节点上都选择最优的特征和划分点，但是这并不一定能保证整体的最优。有可能存在一种情况，即某个特征在当前节点上看起来不是最优的，但是在后续的节点上能够产生更好的结果。为了解决这个问题，可以通过随机化的方法来增加决策树的多样性，即在每个节点上随机选择一部分特征，然后再从中选择最优的特征和划分点。

6.3 实验案例与实验任务

6.3.1 案例内容与步骤

1. 实验背景

李德在一家大型网上零售公司工作。他所在的公司即将推出下一代电子阅读器，并希望最大限度地提高营销活动的有效性。公司有许多客户，其中有些客户购买过公司前几代数字阅读器中的一款产品。李德注意到，在公司推出前一代产品时，有些人非常急于获得该产品，而其他人则似乎愿意过一段时间再购买。他想知道是什么促使一部分人在产品推出时立即抢购，而另一部分人的购买动力则要差一些。

李德所在的公司通过庞大的网站为新款电子阅读器提供特定产品和服务，借此推动这款电子阅读器的销售。例如，电子阅读器拥有者可以使用公司网站购买数字杂志、报纸、书籍、音乐等。公司还销售数以千计其他类型的媒体，例如传统的印刷书籍以及各种电子产品。李德相信通过挖掘与公司网站上的一般消费者行为有关的客户数据，他能确定哪些客户将最早购买新款电子阅读器，哪些客户次之，以及哪些客户过一段时间再购买。他希望通过预测客户何时准备好购买下一代电子阅读器，来确定最有可能响应广告和促销活动的人群，并选择最佳的营销时机。

李德不仅希望能够预测购买行为发生的时间，还希望能够了解客户在公司网站上的行为如何预示他们购买新电子阅读器的时间。

李德相信他可以将公司的客户按以下四个最终将购买新款电子阅读器的群体进行分类：创新者、早期采用者、早期主体采用者及晚期主体采用者。这些群体符合李德对于公司前一代产品采用速度的非正式观察。他希望通过观察客户在公司网站上的活动，可以大概预测出每个人最有可能购买电子阅读器的时间。他认为数据挖掘可以帮助他确定哪些活动是用于预测客户将归于哪个类别的最佳预测因子。知道这一点后，他可以确定根据购买可能性针对每个客户进行营销的时间。

李德请我们帮助他开展该项目。我们决定使用决策树模型来找出用于预测购买行为的有效预测因子。因为李德所在的公司通过网站开展所有业务，所以拥有一个丰富的数据集，其中包含每个客户的信息，例如他们最近浏览的是什么产品，以及他们已实际购买什么产品。在分析数据集时，李德发现，客户在数字媒体、书籍以及公司网站上销售电子产品方面的一般活动，与人们在购买电子阅读器时的活动有许多共同之处。在牢记这一点的情况下，我们和李德合作编制了包含以下属性的数据集：

User_ID：为在公司网站上拥有账户的每个人指定的具有唯一性的数字识别码。

Gender：客户的性别，参考客户账户而定。在此数据集中，使用“M”表示男性，使用“F”表示女性。Decision Tree 操作符可以处理非数字数据类型。

Age：从公司网站的数据库中提取的相应人员的年龄数据。按系统日期与账户中记录的相应人员的生日之间的时间差计算，并按四舍五入的方式精确到整数。

Marital_Status：账户中记录的相应人员的婚姻状况。在账户中表示自己已婚的人员在数据集中被输入为“M”。由于公司网站没有区分人员的单身类型，因此离异与丧偶的人士同一直单身的人士被归为了一类（在数据集中使用“S”表示）。

Website_Activity：每个客户在公司网站上的活跃程度。通过与李德合作，我们使用公司网站数据库中记录每个客户访问公司网站时持续时间的信息，来计算客户使用公司网站的频度和每次的持续时间。然后这会转换为以下类别之一：很少访问、定期访问或频繁访问。

Browsed_Electronics_12Mo：一个内容为 Yes/No 的列，用于表示相应人员在过去的一年中是否曾在公司网站上浏览电子产品。

Bought_Electronics_12Mo：另一个内容为 Yes/No 的列，用于表示相应人员在过去的一年中是否曾通过李德公司的网站购买电子产品。

Bought_Digital_Media_18Mo：一个内容为 Yes/No 的字段，用于表示相应人员在过去的一年半中是否曾购买某种形式的数字媒体（例如 MP3 音乐）。该属性不包括购买数字书籍。

Bought_Digital_Books：李德认为，作为与公司新款电子阅读器相关的购买行为指标，该属性有可能是最佳指标。因此，我们将该属性与购买其他类型的数字媒体区分开来。此外，该属性用于表示客户是否曾购买数字书籍，而不仅仅只限于过去一年左右的时间。

Payment_Method：相应人员的付款方式。如果相应人员曾采用多种方式付款，则使用众值，或最常使用的付款方式。该属性有以下四个选项：

- 银行转账：通过电子支票或其他电汇形式由银行直接向公司付款。
- 网站账户：客户在其账户中设置了一个信用卡或永久性电子资金转账，以便在购物时直接通过账户划拨。
- 信用卡：相应人员每次通过公司网站购物时，都输入信用卡卡号和授权码。
- 月结账单：相应人员会定期购物，并会收到通过邮寄的支票或通过公司网站付款系统支付的纸质或电子账单。

eReader_Adoption：仅在训练数据集中存在。其中包含与购买前一代电子阅读器的客户有关的数据。在产品发布后一周内购买的人员在此属性中被记录为“Innovator”。在第一周之后但在第二周到第三周之内购买的人员被记录为“Early Adopter”。在第三周之后但在前两个月之内购买的人员被记录为“Early Majority”。在前两个月之后购买的人员被记录为“Late Majority”。将训练数据应用于检验数据时，此属性将用作标签。

2. 算子介绍

（1）Set Role：Set Role 算子是一种用于修改属性角色的算子，它可以影响其他算子如何处理这些属性。参数介绍如表 6 - 2 所示。

表 6 - 2　Set Role 算子参数介绍

参数名称	参数介绍
id	标识属性，用作样本唯一标识符，可以用于不同的数据融合算子
label	标签属性，用作学习算子的目标变量或类别

（2）Optimize Parameters（Evolutionary）：使用进化计算的方法，对每个参数的初

始值进行随机变异和交叉，然后执行子流程，比较不同参数组合的适应度，选择最优的参数组合。参数介绍如表 6-3 所示。

表 6-3　Optimize Parameters（Evolutionary）算子参数介绍

参数名称	参数介绍
parameter optimization	指定要优化的参数的名称、类型、范围和步长，可以添加多个参数，也可以删除或编辑已添加的参数
synchronize	指定是否使用同步模式，如果为 true，则会将参数值视为一个组合列表；如果为 false，则会生成所有可能的参数组合
maximal number of iterations	指定最大的迭代次数，如果达到最大的迭代次数，会停止搜索
population size	指定每次迭代的参数组合的数量，也就是种群的大小

（3）Cross Validation：Cross Validation 算子是一种用于评估机器学习模型性能的算子，它可以使用不同的数据划分方法来进行多次的训练和测试，然后计算模型的平均性能。它主要用于估计模型在实际应用中的准确度，以及检测是否发生了过拟合。Cross Validation 算子是一个嵌套算子，它有两个子流程：一个训练子流程和一个测试子流程。训练子流程用于训练模型，测试子流程用于测试模型。模型的性能在测试子流程中进行测量。输入的数据集被划分为 k 个大小相等的子集。在 k 个子集中，每次选择一个子集作为测试数据集（即测试子流程的输入），剩余的 $k-1$ 个子集作为训练数据集（即训练子流程的输入）。这个交叉验证的过程重复 k 次，每个子集都被用作一次测试数据。k 次的结果被平均（或其他方式合并），得到一个单一的估计。k 的值可以通过参数 number of folds 来调整。参数介绍如表 6-4 所示。

表 6-4　Cross Validation 算子参数介绍

参数名称	参数介绍
number of folds	指定数据划分的份数，必须大于等于 2，一般取 10 或 5
sampling type	指定数据划分方式：分层（Stratified）、随机（Shuffled）或无序（Non-Shuffled）
local random seed	指定数据划分的随机种子，如果为−1，则使用全局的随机种子
parallelize evaluation	指定是否使用并行计算，如果为 true，则使用多个线程进行计算，否则会使用单个线程进行计算

（4）Decision Tree：Decision Tree 算子是一种用于生成决策树模型的算子，它可以用于分类和回归。决策树是一种树状的结构，每个节点表示一个属性的分裂规则，每个叶子节点表示一个类别或一个数值的预测。决策树的生成基于信息增益或信息增益比等准则，可以对数值或标称属性进行分裂。决策树的生成过程会自动进行剪枝，以避免过拟合。参数介绍如表 6-5 所示。

表 6-5　Decision Tree 算子参数介绍

参数名称	参数介绍
criterion	指定分裂准则的类型，可以是信息增益、信息增益比或基尼指数
minimal size for split	指定分裂的最小样本数，如果一个节点的样本数小于这个值，则不会进行分裂
minimal leaf size	指定叶子节点的最小样本数，如果一个节点的样本数小于这个值，则会被剪掉
minimal gain	指定分裂的最小增益，如果一个节点的分裂增益小于这个值，则不会进行分裂
confidence	指定剪枝的置信度，用于计算剪枝的误差界
number of prepruning alternatives	指定预剪枝的备选数，表示每次分裂时考虑的最优属性的个数
maximal depth	指定决策树的最大深度，若一个节点的深度大于这个值，则不会进行分裂

（5）Apply Model：Apply Model 算子是一种用于将已经训练好的模型应用到新的数据集上的算子，它可以用于预测或转换数据。它需要两个输入：一个是模型，另一个是未标记的数据集。它的输出是一个包含模型结果的数据集，以及原始的模型。参数介绍如表 6-6 所示。

表 6-6　Apply Model 算子参数介绍

参数名称	参数介绍
application_parameters	指定在应用模型之前可以修改的模型参数，这只对一些特定的模型有效，可以视为一个遗留选项
create_view	指定是否创建一个视图而不是改变原始的数据，如果为 true，则会延迟应用模型直到需要转换的时候。这只对一些支持视图的模型有效，可以视为一个遗留选项

（6）Performance：Performance 算子是一种用于性能评估的算子，它可以根据不同的学习任务类型自动确定适合的性能指标，并计算它们的值。它可以用于分类、回归、聚类、排名等任务。该算子的输入是一个包含标签和预测的数据集，输出是一个包含性能指标的性能向量，以及原始的数据集。例如，可以使用该算子来评估决策树模型在分类任务上的准确率、召回率、AUC 等指标。参数介绍如表 6-7 所示。

表 6-7　Performance 算子参数介绍

参数名称	参数介绍
use_example_weights	指定是否使用样本权重来计算性能，如果为 true，则需要提供一个包含样本权重的模型作为输入；如果为 false，则不使用样本权重

3. 模型建立

（1）数据导入：将决策树_Training. csv 数据集导入 Altair AI Studio 数据存储库，保存为//Local Repository/data/决策树_Training。

（2）角色设置：用户 ID 是用来标示用户的唯一参数，对于模型预测分析没有关系，因此它不应该作为变量包含在模型里面，我们把用户 ID 的角色设置为 id。其次，可以增加更多的角色设置，如将 eReader_Adoption 的角色设置为 label（预测变量）。具体如图 6－1 所示。

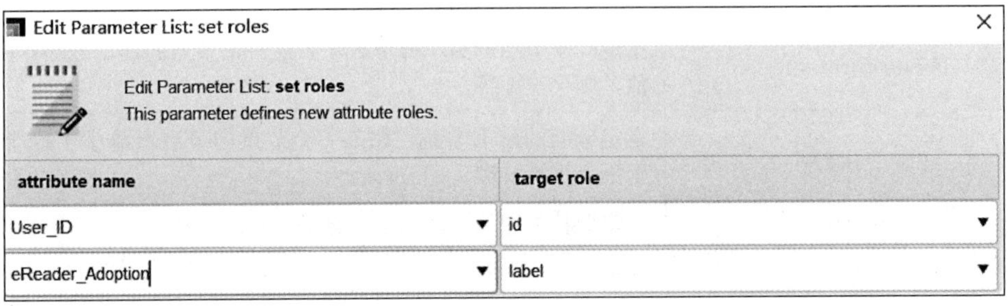

图 6－1　角色设置

（3）为了最优化参数设置（如优化决策树最大深度以避免过拟合问题、划分测试集和训练集的最佳比例），我们使用 Optimize Parameters（Evolutionary）算子，并在里面嵌套 Cross Validation 算子以进行数据划分。在 Cross Validation 算子中，左边设置 Decision Tree 算子（用训练集）以训练模型，右边使用 Apply Model 算子运用模型（用测试集测试模型性能）和 Performance 算子评估模型。总体流程如图 6－2 所示，需要设置的参数如图 6－3、图 6－4 和图 6－5 所示。

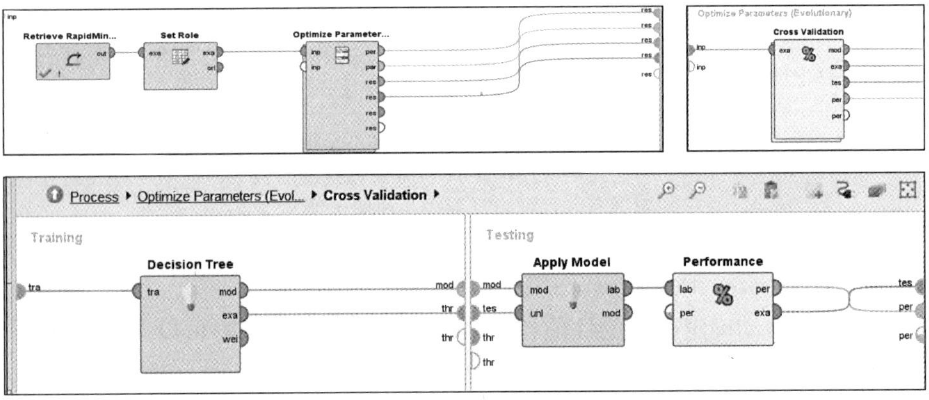

图 6－2　总体流程

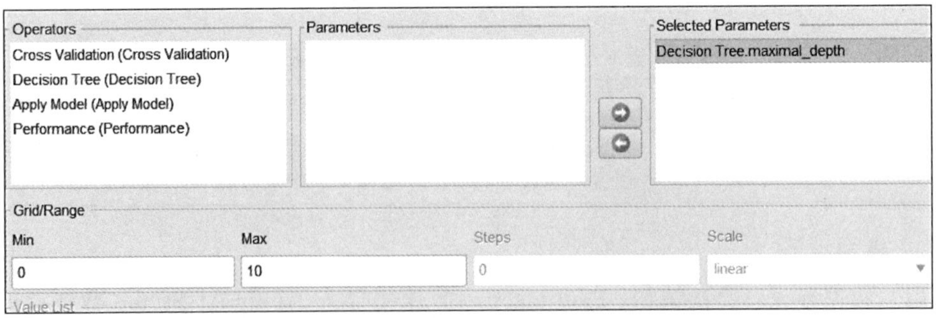

图 6－3　Optimize Parameters 算子参数设置

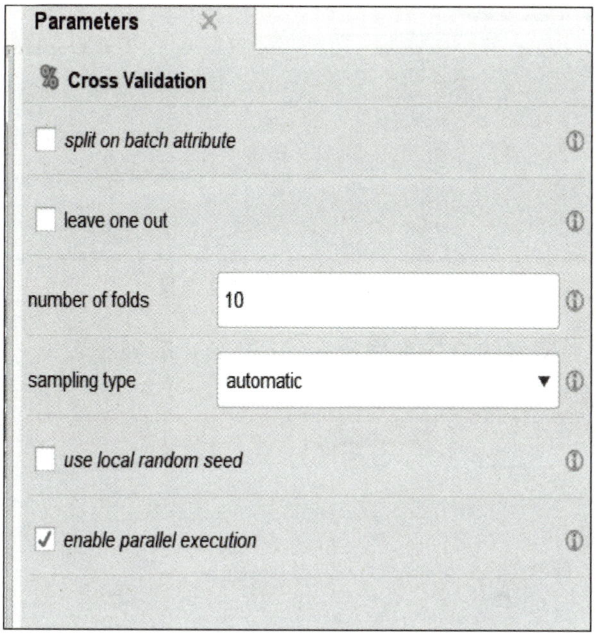

图 6－4　Cross Validation 算子参数设置

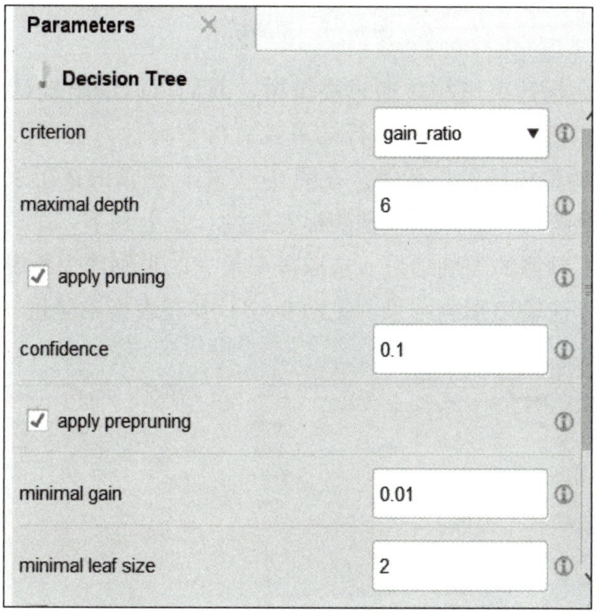

图 6－5　Decision Tree 算子参数设置

4. 算法结果

模型性能评估结果如图 6－6 所示。

accuracy: 60.36% +/- 4.68% (micro average: 60.36%)

	true Late Majority	true Innovator	true Early Adopter	true Early Majority	class precision
pred. Late Majority	137	10	11	26	74.46%
pred. Innovator	4	37	14	9	57.81%
pred. Early Adopter	19	47	171	97	51.20%
pred. Early Majority	12	4	9	54	68.35%
class recall	79.65%	37.76%	83.41%	29.03%	

图 6-6　模型性能评估结果

由图 6-6 可知，模型的总体准确率在 60.36%，准确率较低，需要进一步优化模型。预测结果如图 6-7 所示。

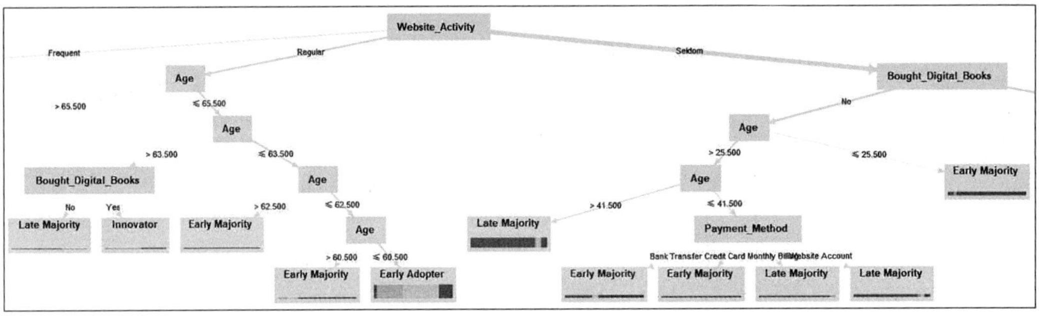

图 6-7　预测结果

在算法运行后会构建决策树，通过决策树，我们可以清晰地认识分类预测背后的原因并进行针对性解释。决策树的运行结果具有可解释性。在图形面板中，可以对树状图形进行缩放，调整树枝的位置等。在图 6-7 中，圆角的矩形表示的是节点，末端的指教矩形表示的是树叶。节点用来预测标签属性，从上到下，敏感度逐级降低。在末端的叶子节点，表示预测的类别结果（选取概率最大的类别作为预测类别）。

最终，决策树算法输出预测结果（见图 6-8）并在表格中呈现。至此，客户分类预测完成。

Row No.	User_ID	eReader_Ad...	Gender	Age	Marital_Stat...	Website_Acti...	Browsed_El...	Bought_Ele...	Bought_Digi...	Bought_Digi...	Payment_M...
1	9552	Late Majority	M	61	M	Seldom	Yes	Yes	Yes	No	Bank Transfer
2	6757	Innovator	M	27	M	Regular	Yes	No	Yes	No	Bank Transfer
3	3599	Early Adopter	F	29	M	Seldom	Yes	Yes	Yes	Yes	Bank Transfer
4	6811	Early Adopter	M	49	M	Seldom	Yes	Yes	Yes	Yes	Website Acco...
5	4104	Late Majority	M	29	S	Seldom	Yes	Yes	Yes	No	Website Acco...
6	7226	Early Majority	M	60	S	Seldom	No	Yes	Yes	Yes	Credit Card
7	7814	Early Adopter	F	53	S	Regular	Yes	No	Yes	Yes	Bank Transfer
8	4693	Late Majority	F	63	S	Seldom	Yes	Yes	Yes	No	Bank Transfer
9	7266	Innovator	M	46	M	Regular	Yes	Yes	Yes	Yes	Monthly Billing
10	5259	Early Majority	F	25	S	Seldom	Yes	Yes	Yes	No	Website Acco...
11	7417	Innovator	F	40	M	Regular	Yes	Yes	No	Yes	Website Acco...
12	6795	Early Adopter	M	29	S	Seldom	Yes	Yes	Yes	Yes	Credit Card
13	8669	Late Majority	F	49	S	Seldom	Yes	Yes	Yes	No	Monthly Billing
14	9888	Innovator	M	41	M	Regular	Yes	Yes	Yes	Yes	Credit Card
15	9181	Innovator	F	47	S	Regular	Yes	No	No	Yes	Bank Transfer
16	2792	Late Majority	F	43	M	Seldom	Yes	Yes	Yes	No	Bank Transfer
17	5174	Early Adopter	M	63	M	Seldom	Yes	Yes	Yes	Yes	Bank Transfer
18	8702	Early Adopter	F	37	M	Regular	No	Yes	Yes	Yes	Monthly Billing

图 6-8　决策树算法预测结果

5. 小结

决策树是常用的预测建模算法之一，它具有如下几个特点：

(1) 非专业用户同样能够轻易解读结果。

(2) 所需要的数据准备工作相对较少。如果数据集包含各种各样的属性，属性彼此之间度量单位差异很大（如营业额单位按百万元计，贷款年限按年数计），那么在建模前需要对这些属性进行标准化处理。但对于决策树算法而言，这种数据操作没有必要，因为这不会影响最终建模结果。

(3) 决策树对离群点并不敏感，因为决定分支的因素在于划分后子集的样本容量，而非几个孤立的离群点。

(4) 属性间即使存在非线性关系，也不会影响决策树表现。

(5) 决策树一旦缺少合适的剪枝或者其他终止树增长的处理，就会拟合训练集，从而成为一个失败的预测模型。此外，决策树模型的预测准确率通常较低，若需要达到较高的准确率，则需要使用神经网络等其他预测模型。

6.3.2 实验任务

按照上述实验操作步骤，对 Altair AI Studio 内置数据（Samples/data/Titanic Training）进行决策树建模，判定泰坦尼克事故中的生还者，并陈述影响因素。

// 关键概念回顾 //

决策树：一种基于树结构的机器学习算法，可以用于分类或回归问题。决策树的算法原理是从根节点开始，根据数据的某些特征，将数据划分为不同的子集，然后递归地对每个子集进行进一步的划分，直到满足某些停止条件。

信息熵：衡量数据不确定性。

信息增益：减少不确定性的程度。

ID3 算法：核心是在决策树的各级节点上，使用信息增益方法作为属性的选择标准，来帮助确定生成每个节点时所应采用的合适属性。

C4.5 算法：相对于 ID3 算法的重要改进是使用信息增益比来选择节点属性。C4.5 算法既可以处理离散的描述属性，也可以处理连续的描述属性。

CART 算法：一种十分有效的非参数分类和回归方法，通过构建树、修剪树、评估树来构建一个二叉树。当终结点是连续变量时，该树为回归树；当终结点是分类变量时，该树为分类树。

// 第 7 章 //

模型评估与集成学习

模型评估是机器学习流程中不可或缺的环节，集成学习则是一种在机器学习领域得到广泛关注和应用的技术。本章将介绍模型评估的常用指标、交叉验证方法，讲解 Bagging、AdaBoost、随机森林三个经典集成学习算法的原理、内在优势和典型应用场景，最后以个人收入水平预测为案例，展示集成学习在解决实际问题中的应用。通过本章的学习，读者将系统掌握模型评估的理论与方法，并了解集成学习的基本原理和常用算法，为构建高性能、高可靠性的机器学习模型奠定坚实基础。

7.1 模型评估

在机器学习的整个流程中，模型评估是关键的一步。模型评估不仅帮助我们理解模型的性能，还指导我们在模型选择、参数调优及进一步的改进过程中做出明智的决策。

7.1.1 评估指标

模型评估指标是衡量机器学习模型在特定任务上表现的量化标准。不同的任务和应用场景对模型性能的侧重点各有不同，因此选择合适的评估指标至关重要。

对于分类任务，尤其是二分类问题，评估指标主要基于混淆矩阵。混淆矩阵能够直观地反映模型在不同类别上的预测情况。混淆矩阵是一个二维表，用于展示模型的预测结果与实际结果之间的关系。对于二分类问题，混淆矩阵由四个部分组成（见表 7－1）。

表 7－1　混淆矩阵的四个组成部分

	预测为正	预测为负
实际为正	TP	FN
实际为负	FP	TN

- 真正例（true positive，TP）：实际为正，预测为正。
- 假正例（false positive，FP）：实际为负，预测为正。
- 真负例（true negative，TN）：实际为负，预测为负。
- 假负例（false negative，FN）：实际为正，预测为负。

假设我们在进行疾病预测，其中“正”表示患病，“负”表示未患病。如果模型对 1 000 名患者进行预测，结果如下：

- 真实患病者中，有 800 名被正确预测为患病（TP＝800）。
- 真实患病者中，有 200 名被误预测为未患病（FN＝200）。
- 真实未患病者中，有 150 名被正确预测为未患病（TN＝150）。
- 真实未患病者中，有 50 名被误预测为患病（FP＝50）。

基于上述数据，我们可以构建表 7－2 所示的混淆矩阵。

表 7－2　疾病预测混淆矩阵

	预测为正（患病）	预测为负（未患病）
实际为正（患病）	800	200
实际为负（未患病）	50	150

基于混淆矩阵，我们可以计算出多种评估指标，以全面了解模型的性能。

1. 准确率

准确率表示模型预测正确的样本占总样本数的比例，是最直观的评估指标。然而，在类别分布不均衡的情况下，准确率可能具有误导性。计算公式为：

$$\text{准确率}=\frac{TP+TN}{TP+FP+FN+TN}$$

在上例中，

$$\text{准确率}=\frac{800+150}{800+50+200+150}\approx 79.2\%$$

2. 精度

精度衡量的是模型预测为正的样本中实际为正的比例，高精度意味着较低的误报率。计算公式为：

$$\text{精度}=\frac{TP}{TP+FP}$$

在上例中，

$$\text{精度}=\frac{800}{800+50}\approx 94.1\%$$

3. 召回率

召回率也称敏感性，衡量的是实际为正的样本中被正确预测为正的比例，高召回率意味着较低的漏报率。计算公式为：

$$\text{召回率}=\frac{TP}{TP+FN}$$

在上例中，

$$\text{召回率}=\frac{800}{800+200}=80\%$$

4. 特异性

特异性衡量的是实际为负的样本中被正确预测为负的比例，高特异性意味着对负类样本的误判率较低。计算公式为：

$$特异性=\frac{TN}{TN+FP}$$

在上例中，

$$特异性=\frac{150}{50+150}=75\%$$

5. F1 分数

F1 分数是精度和召回率的调和平均，用于综合评估模型在精度和召回率之间的平衡。计算公式为：

$$F1\ 分数=\frac{2\times 精度\times 召回率}{精度+召回率}$$

在上例中，

$$F1\ 分数=\frac{2\times\frac{800}{850}\times\frac{800}{1\ 000}}{\frac{800}{850}+\frac{800}{1\ 000}}\approx 86.5\%$$

6. ROC 曲线和 AUC

ROC（receiver operating characteristic）曲线是真正例率（TPR）与假正例率（FPR）之间的关系曲线。在不同的分类阈值下，模型的 TPR 和 FPR 的变化会形成 ROC 曲线。TPR 和 FPR 的计算公式为：

$$TPR=\frac{TP}{TP+FN}$$

$$FPR=\frac{FP}{FP+TN}$$

AUC（area under curve）是 ROC 曲线下的面积，用于衡量分类模型的综合性能。AUC 的取值范围在 0.5 到 1 之间，值越大表示模型的性能越好。

假设模型在不同阈值下的 TPR 和 FPR 分别为（0.85，0.05）（0.8，0.04）（0.75，0.03）等，我们可以绘制 ROC 曲线并计算 AUC。若 AUC 为 0.95，则说明模型具有极高的区分能力。ROC 曲线和 AUC 的示意如图 7-1 所示。

图 7-1　ROC 曲线和 AUC

在实际应用中，我们通常会综合使用多个评估指标，因为每个指标都反映了模型性能的不同方面。选择哪些指标作为主要参考，往往取决于具体的业务需求和问题背景。例如，在医疗诊断中，可能更关注召回率，以减少漏诊；在欺诈检测中，可能更关注精确率，以减少误报；在一般的分类问题中，可能会更关注 F1 分数或 AUC，以获得综合性能的评估。

7.1.2 交叉验证方法

为了准确评估模型在新数据上的表现，并避免因数据分割的偶然性导致的不稳定估计，交叉验证人们引入了这种常用且有效的方法。交叉验证通过多次划分数据集，综合评估模型性能，从而提高评估结果的可靠性和稳定性。下面详细介绍两种主要的交叉验证方法——保持方法和 K 折交叉验证，并简要概述其他方法。

1. 保持方法

保持方法是最基本且直观的模型评估方法。其基本思想是将整个数据集随机分为训练集和测试集，通常按照一定比例（如 70%用于训练，30%用于测试）进行划分。在训练阶段，模型仅在训练集上进行训练；在评估阶段，模型则在测试集上进行预测，并计算相应的评估指标以衡量模型的性能。

具体步骤如下：首先，将数据集随机分成训练集和测试集，确保两部分数据互不重叠。其次，在训练集上训练模型，优化模型参数和结构。最后，使用训练好的模型在测试集上进行预测，计算准确率、精度、召回率、F1 分数等评估指标，以全面了解模型的表现。

保持方法的优点在于操作简便且计算效率高，适用于大规模数据集。然而，保持方法也存在一定的局限性，主要体现在评估结果可能因数据划分的偶然性而不稳定。此外，训练集和测试集的分割将可能导致信息的利用不足，特别是在数据量有限的情况下，测试集的样本可能不足以全面反映模型的泛化能力。

2. K 折交叉验证

K 折交叉验证是一种更为稳健的评估方法，相较于保持方法，它通过多次划分数据集，减少了评估结果的偶然性，提供了更可靠的性能估计。

具体步骤如下：首先，将数据集随机分成 K 个大小相近、互不重叠的子集。其次，进行 K 轮训练与验证：在每一轮中，选择一个子集作为测试集，剩余的 K－1 个子集作为训练集，训练模型并在测试集上评估其性能。每轮都选择不同的子集作为测试集，每轮的评估指标都会被记录下来。最后，将 K 轮的评估结果取平均，作为模型的最终性能指标。

K 折交叉验证的优点在于能够充分利用数据，每个样本都被用作训练集和测试集的一部分，特别适用于数据量有限的情况。同时，通过多次评估，K 折交叉验证能够提供更稳定和可靠的性能估计，减少因数据分割偶然性带来的波动。然而，其缺点是计算开销较大，尤其是在 K 值较大或模型训练时间较长的情况下，需要进行 K 次模型训练，增加了计算成本。

在分类任务中，假设数据集 D 包含 10 000 个样本，采用 K＝10 的交叉验证方法。

首先，将数据集 D 随机分成 10 个互不重叠的子集，每个子集包含 1 000 个样本。在第一轮中，将第 10 个子集（D_{10}）作为测试集，其余 9 个子集（共 9 000 个样本）作为训练集，训练模型并计算准确率、精度、召回率、F1 分数等评估指标。重复上述过程 10 次，每次选择不同的子集作为测试集。最终，将 10 轮的评估指标取平均，作为模型的整体性能指标。10 折交叉验证示意如图 7-2 所示。

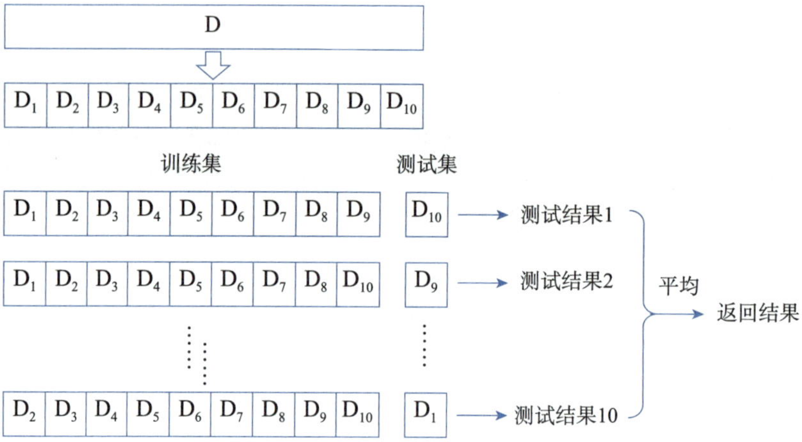

图 7-2　10 折交叉验证示意

3. 其他交叉验证方法

除了保持方法和 K 折交叉验证，交叉验证还有一些其他变种，如留一交叉验证、分层 K 折交叉验证以及自助法。留一交叉验证是 K 折交叉验证的极端情况，将 K 设置为样本数量，每次仅留一个样本作为测试集，这种方法极大地利用了数据，但计算成本极高，适用于样本数量较少的情况。分层 K 折交叉验证则在 K 折交叉验证的基础上，确保每个子集中的类别分布与整个数据集的类别分布相同，特别适用于类别不平衡的数据集。自助法通过有放回地随机抽取样本，形成多个自助样本集，用于训练和验证模型，尤其适用于小数据集。这些方法在具体应用中具有各自的优势和适用性，可根据实际需求选择合适的方法进行模型评估。

通过合理选择和应用交叉验证方法，可以更加准确和稳定地评估模型的性能，从而指导模型的优化与改进，提升机器学习模型在实际应用中的表现和可靠性。

7.1.3　过拟合与欠拟合

在机器学习模型的训练过程中，模型的复杂度和训练策略对其在新数据上的表现有着直接的影响。两种常见的模型性能问题是过拟合和欠拟合。理解这两种现象及其原因，对于构建具有良好泛化能力的模型来说至关重要。

1. 过拟合

过拟合是指模型在训练数据上表现优异，但在新数据（如测试集或实际应用中的数据）上表现较差的现象。这种现象通常发生在模型过于复杂的情况下，能够记住训练数据中的细节和噪声，而未能有效地泛化到未见过的数据。

过拟合的原因主要包括模型复杂度过高、训练数据量不足，以及训练数据中存在大量噪声。高复杂度的模型，例如使用高次多项式回归来拟合线性关系的数据，往往容易过拟合。此外，当训练数据量不足时，模型可能无法捕捉到数据的真实分布，只能依赖于有限的数据点，从而导致过拟合。噪声数据的存在同样会促使模型试图拟合这些随机波动，进一步加剧过拟合问题。

为防止过拟合，可以采取多种方法。首先，简化模型是一个有效的手段，通过选择较为简单的模型或减少模型的参数数量，可以降低模型对训练数据的过度依赖。例如，使用较低深度的决策树代替高深度决策树。其次，增加训练数据量能够帮助模型学习更为准确和广泛的数据规律，减少对噪声的依赖。此外，采取正则化技术，如 L1 和 L2 正则化，通过在模型训练过程中加入惩罚项来限制模型的复杂度，从而有效防止过拟合。

2. 欠拟合

与过拟合相反，欠拟合是指模型在训练数据和新数据上都表现出较差的性能，无法捕捉到数据中的基本模式和规律。这通常是由于模型复杂度不足或训练不足导致的。当模型过于简单，无法有效表达数据的复杂性时，便会出现欠拟合现象。

欠拟合的原因主要包括模型复杂度过低、训练时间不足以及特征不足。使用线性模型来拟合明显的非线性数据，是导致欠拟合的常见原因之一。此外，若模型的训练时间不足，参数未能充分优化，也会导致模型无法达到良好的拟合效果。特征不足，即缺少关键特征或信息，也会限制模型的表达能力，无法充分捕捉数据中的重要规律。

为解决欠拟合问题，可以通过增加模型复杂度来提升模型的表达能力，例如从线性回归转向多项式回归或更复杂的非线性模型。延长模型的训练时间，确保模型参数得到充分优化，也是有效的方法。此外，增加特征数量，引入更多相关特征，能够提供更多的信息，提升模型的学习能力。

3. 过拟合与欠拟合的平衡

在实际建模过程中，目标是找到一个平衡点，使模型既能在训练数据上有较好的拟合，又具备良好的泛化能力，不会因为过于复杂或过于简单而导致性能下降。实现这一平衡通常需要通过调整模型复杂度、优化训练策略以及使用正则化等方法来实现。

验证曲线是观察和调整模型复杂度的一种有效工具。通过绘制模型复杂度与训练误差、验证误差（即在测试集上的误差）的关系曲线，可以直观地观察模型在不同复杂度下的表现。通常，随着模型复杂度的增加，训练误差会逐渐降低，而验证误差在达到某一最佳点后可能会开始上升，表明模型开始过拟合。

学习曲线则通过增加训练数据量，绘制训练误差和验证误差的变化，帮助判断模型是否受限于数据量或模型复杂度。如果随着训练数据量的增加，训练误差持续降低而验证误差趋于稳定，说明模型具备良好的泛化能力；若验证误差持续下降，则可能受益于更多的训练数据；如果验证误差未显著改善，可能需要调整模型复杂度或引入更多特征。

通过综合使用验证曲线和学习曲线，我们能够更加全面地理解模型的性能，指导模型的调整与优化，从而构建出既不过度复杂也不过于简单的模型，确保其在实际应用中的有效性和可靠性。

7.2 集成学习概述

7.2.1 发展历程及实际应用

集成学习是一种在机器学习领域得到广泛关注和应用的技术，它的核心思想源于现实生活中的“集思广益”。正如一个复杂问题往往能通过集合多个专家的意见得到更好的解决方案，集成学习通过整合多个基学习器的预测结果，往往能够获得比单一学习器更好的泛化性能。这种方法不仅能够提高预测准确率，还能够降低过拟合的风险，增强模型的稳定性和鲁棒性。

集成学习的发展历程可以追溯到 20 世纪 80 年代末。1990 年，拉尔斯·凯·汉森（Lars Kai Hansen）和彼得·萨拉蒙（Peter Salamon）首次证明了将多个神经网络的输出进行简单平均可以提高分类准确率。这一发现为集成学习奠定了基础。[①] 此后，集成学习理论和方法不断发展，形成了如今丰富多样的集成学习体系。其中，具有里程碑意义的工作包括 1995 年由约阿夫·弗罗因德（Yoav Freund）和罗伯特·沙皮尔（Robert Schapire）提出的 AdaBoost 算法[②]，1996 年由莱奥·布雷曼（Leo Breiman）提出的 Bagging 算法[③]，以及 2001 年由莱奥·布雷曼提出的随机森林算法[④]。这些算法不仅在理论上具有深刻的意义，也在实际应用中取得了巨大的成功。

在实践中，集成学习方法被广泛应用于各个领域和任务中，包括但不限于以下方面。

（1）金融领域：在股票市场预测、信用风险评估和欺诈检测等方面，集成学习能够处理大量复杂的金融数据，提供更准确和可靠的预测结果。例如，在信用评分模型中，通过集成多个基于不同特征子集的模型，可以显著提高评分的准确性和稳定性。

（2）医疗健康：集成学习在疾病预测、医学影像分析和个性化治疗方案推荐中展现出卓越的性能，能帮助医疗专家做出更准确的诊断和决策。例如，在癌症诊断中，集成多个基于不同影像模态（如 CT、MRI、PET 等）的分类器，可以提高诊断的准确率和可靠性。

（3）自然语言处理：在文本分类、情感分析和机器翻译等任务中，集成学习方法能够整合多种特征和模型，显著提高处理效果。例如，在情感分析任务中，通过集成基于词袋模型、词向量模型和深度学习模型的多个分类器，可以更准确地识别文本的情感

---

① Hansen L K, Salamon P. Neural network ensembles. IEEE transactions on pattern analysis and machine intelligence, 1990, 12 (10).

② Freund Y, Schapire R E. A decision-theoretic generalization of on-line learning and an application to boosting. European conference on computational learning theory. Berlin, Heidelberg: Springer, 1995.

③ Breiman L. Bagging predictors. Machine learning, 1996 (24).

④ Breiman L. Random forests. Machine learning, 2001 (45).

倾向。

(4) 计算机视觉：在图像分类、目标检测和图像生成等任务中，集成学习技术结合深度学习模型，极大地提升了视觉处理的准确性和效率。例如，在物体检测任务中，通过集成多个不同架构的卷积神经网络，可以提高检测的准确率和鲁棒性。

(5) 工业生产：在故障诊断、质量控制和生产优化等方面，集成学习可以整合多源数据和多种模型，提高生产效率和产品质量。例如，在制造业的预测性维护中，通过集成基于振动数据、温度数据和声学数据的多个模型，可以更准确地预测设备故障。

集成学习的实际意义不仅体现在其广泛的应用范围，还在于其理论基础的不断完善和技术方法的持续创新。通过有效地利用集成学习，研究人员和从业人员能够在面对数据复杂性和不确定性时，构建出更为健壮和精确的模型，推动机器学习技术在各个领域的深入应用和发展。随着大数据时代的到来和计算能力的不断提升，集成学习的应用前景将更加广阔，其在解决复杂实际问题中的作用也将愈发重要。

7.2.2 基本原理

集成学习的基本原理可以概括为：构建一组个体学习器，然后通过某种策略将它们组合成一个性能更好的集成学习器。构建个体学习器的过程称为个体学习，组合个体学习器的过程称为集成。

个体学习的目标是生成一组准确性和多样性都比较高的个体学习器。准确性指的是个体学习器在训练集上的拟合能力，多样性指的是个体学习器之间的差异性。理想的个体学习器应该在保持较高准确性的同时，彼此之间有较大差异，这样集成时才能互补，避免过拟合。

集成的目标是将个体学习器的预测结果组合起来，得到最终的集成预测。这里集成一般有两种：同质集成和异质集成。同质是指个体学习器全是同一类型，同质集成中的个体学习器也称为基学习器，与之对应的学习算法称为基学习算法；异质是指个体学习器包含不同类型的学习算法。我们常用的集成学习都是同质集成。

从形式化的角度来看，假设有 T 个个体学习器 $\{h_1, h_2, \cdots, h_T\}$，对于一个新的样本 x，集成学习器的预测结果可以表示为：

$$H(x)=f(h_1(x),h_2(x),\cdots,h_T(x))$$

式中，f 是一个组合函数，表示集成策略。

常见的集成策略包括如下三种类型。

(1) 投票法（如 Bagging 算法）：对于分类问题，可以采用多数投票法或加权投票法；对于回归问题，可以采用简单平均或加权平均。

(2) 加权平均（如 AdaBoost 算法）：根据每个个体学习器的性能给予不同的权重。

(3) 学习法（如 Stacking 算法）：将个体学习器的输出作为特征，训练一个新的模型来得到最终的预测结果。一个好的集成策略应该能够最大限度地发挥个体学习器的优势，弥补它们的不足，使集成后的学习器的性能显著优于任何一个个体学习器。

集成学习的理论基础之一是“多数投票定理”。具体来说，如果有 n 个相互独立的个体分类器，每个分类器的错误率为 $\varepsilon<0.5$，那么根据 Hoeffding 不等式可以得出集成

分类器的错误率 E 满足：

$$E \leqslant e^{-2n(0.5-\varepsilon)^2}$$

这个不等式表明，随着个体分类器数量 n 的增加，集成分类器的错误率会呈指数级下降。理论研究表明，如果个体学习器是强可学习的（预测错误率显著小于随机猜测），且彼此之间有较大差异（预测结果不完全相同），那么集成学习的错误率可以随着个体学习器数量的增加而指数下降。这为集成学习的有效性提供了理论保障。

7.2.3 优势与挑战

相比于单一的学习器，集成学习作为一种强大的机器学习范式具有以下优点。

（1）提高泛化能力：通过组合多个学习器的预测，集成学习可以显著降低泛化误差，提高模型在新数据上的预测性能。

（2）减少过拟合风险：单个学习器容易过度拟合训练数据，而集成学习通过组合多个学习器，可以削弱过拟合，提高模型的鲁棒性。

（3）增强稳定性：由于集成结果对个体学习器的依赖性降低，集成学习的性能通常比较稳定，不容易受到数据扰动和参数选择的影响。

（4）适用性广：集成学习可以应用于许多不同类型的学习任务（分类、回归、聚类等）和学习器（决策树、神经网络、支持向量机等），具有很强的通用性和灵活性。

当然，集成学习也有如下缺点和局限性。

（1）计算开销大：集成学习需要构建和维护多个个体学习器，训练和预测的计算量通常比单个学习器要大得多，对计算资源和存储空间有较高要求。

（2）模型复杂度高：由于集成了多个学习器，集成模型的复杂度通常比较高，可解释性和可视化程度相对较差，不利于深入理解数据和模型。

（3）参数调优难：集成学习引入了更多的超参数（如个体学习器的数量、类型、组合策略等），调优难度比单个学习器更大，需要更多的经验和试错。

（4）性能提升有限：当个体学习器的性能已经很高时，集成学习带来的性能提升可能比较有限，甚至会因为个体学习器的相关性过高而降低性能。

因此，在实际应用集成学习时，需要权衡其优缺点，根据具体任务和资源条件，选择合适的个体学习器和集成策略，并进行充分的实验验证和参数调优，以发挥集成学习的最大效用。

7.3 集成学习算法原理

7.3.1 Bagging 算法

Bagging 算法是一种经典的并行式集成学习方法，其基本思想是通过对训练集进行自助采样，生成多个不同的子集，然后在每个子集上训练一个个体学习器，最后将这些个体学习器的预测结果通过投票或平均的方式进行组合，得到最终的集成预测。

Bagging 的训练过程如下。

（1）从原始训练集中使用自助采样法，有放回地随机抽取 n 个样本（可能有重复）组成一个新的子集，共进行 m 次采样，得到 m 个子集。

（2）在每个子集上训练一个个体学习器（如决策树、神经网络等），得到 m 个个体学习器。这些个体学习器可以是同类型的，也可以是不同类型的。

（3）对于分类任务，将 m 个个体学习器的预测结果进行投票，得到最终的集成预测（如果两个选项的票数相同，则随机选择一个输出结果）；对于回归任务，将 m 个个体学习器的预测结果进行平均，得到最终的集成预测。

通过使用自助采样法，每次抽取样本后剩余的数据可以用于包外估计，对个体学习器的泛化性能进行测量。这是 Bagging 算法的一个重要特性，可以在不使用单独的测试集的情况下估计模型的泛化误差。

Bagging 算法之所以有效，主要基于以下两点：（1）自助采样产生了多个不同的训练子集，使得个体学习器之间的差异性增大，集成时能够互补，减少过拟合风险。（2）组合多个个体学习器的预测，可以降低方差，提高预测的稳定性和准确性。特别是当个体学习器对训练集较为敏感时（如决策树），Bagging 算法能够显著改善其泛化性能。

尽管 Bagging 算法已经是一种性能优异的集成学习方法，但仍然存在一些可以优化的空间。以下是几种常见的优化策略。

（1）调整采样比例。标准的 Bagging 算法对训练集进行自助采样，采样比例为 100%，即每个子集的样本数与原始训练集相同。但在实践中，可以尝试调整采样比例，如减小采样比例以提高个体学习器的差异性，或增大采样比例以提高个体学习器的准确性。

（2）引入权重采样。在自助采样时，可以根据样本的权重来进行采样，给不同的样本赋予不同的重要性。这种加权采样可以用于处理非均衡数据集，或者结合 AdaBoost 等算法进行迭代优化。

（3）特征子空间。除了对样本进行采样，还可以对特征进行随机采样，即每次只使用全部特征的一个子集来训练个体学习器。这种方法可以进一步增加个体学习器的差异性，减少过拟合风险，尤其适用于高维数据集。

（4）多样化个体学习器。Bagging 算法可以使用不同类型的个体学习器，如决策树、神经网络、支持向量机等，通过增加个体学习器之间的差异性，可以提高集成的性能。此外，还可以在每个个体学习器内部引入随机性，如随机选择划分属性、随机设置网络结构等。

（5）集成剪枝。当个体学习器数量较多时，可能会出现冗余和过拟合的问题。因此，可以对集成进行剪枝，去除一些冗余或性能较差的个体学习器，以简化模型复杂度，提高泛化能力。常见的集成剪枝方法包括投票剪枝（根据每个基学习器在测试集上的表现进行排序，只保留表现最好的前 k 个学习器）、相关性剪枝（计算基学习器之间的相关性，去除高度相关的冗余学习器）、误差减少剪枝（逐个添加基学习器，当添加新的学习器不再显著减少误差时停止）等。

7.3.2 AdaBoost 算法

AdaBoost 算法是一种经典的迭代型集成学习算法。其核心思想是通过迭代训练多个弱学习器，并根据它们的性能对样本分布进行调整，最终将这些弱学习器线性组合成一个强学习器。

AdaBoost 算法的基本原理可以概括为以下几个关键点。

（1）初始化样本权重：每个训练样本最初都被赋予相同的权重。

（2）迭代训练弱学习器：在每次迭代中，基于当前的样本权重分布训练一个弱学习器。

（3）计算弱学习器的错误率和权重：根据弱学习器在加权训练集上的表现，计算其错误率和在最终模型中的权重。

（4）更新样本权重：提高被错误分类的样本的权重，降低被正确分类的样本的权重。

（5）组合弱学习器：将所有弱学习器加权组合，形成最终的强学习器。

AdaBoost 的算法流程如下。

（1）初始化训练样本的权重分布，对于 n 个样本 $\{(x_i, y_i), i=1, 2, \cdots, n\}$，初始权重都设为 $1/n$。

（2）按照 $t=1, 2, \cdots, T$ 执行迭代。

- 根据当前样本的权重分布，训练一个弱学习器 h_t。
- 计算弱学习器 h_t 在训练集上的分类错误率 e_t：

$$e_t = \frac{\sum_{i=1}^{n} w_i^t \cdot I(h_t(x_i) \neq y_i)}{\sum_{i=1}^{n} w_i^t}$$

式中，w_i^t 是样本 i 的权重；I 是指示函数，即当 $h_t(x_i) \neq y_i$ 时，$I(h_t(x_i) \neq y_i) = 1$；当 $h_t(x_i) = y_i$ 时，$I(h_t(x_i) \neq y_i) = 0$。注意：如果 $e_t \geqslant 0.5$，则终止迭代。

- 计算弱学习器 h_t 的权重 α_t：

$$\alpha_t = \frac{1}{2}\ln\left(\frac{1-e_t}{e_t}\right)$$

可以看出，α_t 与 e_t 负相关，即错误率越低，权重越大。

- 更新样本的权重分布：

$$w_i^{t+1} = \frac{w_i^t e^{[\alpha_t(2I(h_t(x_i) \neq y_i)-1)]}}{Z_t}$$

式中，$Z_t = \sum_{i=1}^{n} w_i^t e^{[\alpha_t(2I(h_t(x_i) \neq y_i)-1)]}$，是归一化因子，确保权重之和为 1。这个更新过程使得被错误分类的样本权重增加，正确分类的样本权重减少。

（3）将 T 个弱学习器线性组合，得到最终的强学习器 H。对于新样本 x，最终输出的结果 $H(x)$ 由所有 $h_t(\boldsymbol{x})$ 的加权投票得到。

从算法流程可以看出，AdaBoost 算法通过迭代调整样本权重的方式，使得后续的弱学习器更关注此前分类错误的样本。这种“重视难样本”的策略使得 AdaBoost 算法能够逐步提高分类性能，并且对噪声和异常值具有较强的鲁棒性。

AdaBoost 算法的理论基础是可能近似正确（probably approximately correct，PAC）学习理论。弗罗因德和沙皮尔证明，如果每个弱学习器的分类错误率略优于随机猜测（即小于 0.5），那么 AdaBoost 算法的训练错误率将以指数速率下降。具体而言，如果每个弱学习器的错误率都不超过 $0.5-\gamma$（其中 $\gamma>0$），则 T 轮迭代后的训练错误率上界为 $e^{-2T\gamma^2}$，这一结果为 AdaBoost 算法的有效性提供了理论保证。

AdaBoost 算法通过简单的迭代和组合策略，实现了弱学习器到强学习器的“升级换代”。它的优点包括算法流程易于理解和实现、广泛适用于各种学习器、具有良好的理论基础等。同时，AdaBoost 算法也存在一些局限性，如对噪声敏感、容易过拟合等，这需要在实践中加以注意。

尽管 AdaBoost 算法已经是一种非常成功的集成学习算法，但仍有许多改进和优化的空间。以下是一些常见的优化策略。

（1）引入正则化项。标准 AdaBoost 算法只关注训练误差，可能会过拟合。为了提高泛化性能，可以在目标函数中引入正则化项，如 L1、L2 范数，惩罚复杂的模型。正则化的 AdaBoost 算法能够自动权衡模型的拟合能力和复杂度，达到更好的偏差-方差平衡。

（2）控制弱学习器的复杂度。AdaBoost 算法的性能很大程度上取决于弱学习器的选择。如果弱学习器过于简单，则集成后的提升空间有限；如果弱学习器过于复杂，则可能出现过拟合。因此，需要根据任务特点，合理控制弱学习器的复杂度，如决策树的深度、神经网络的层数等。

（3）加权投票的优化。标准 AdaBoost 算法使用加权投票来组合弱学习器，权重由分类错误率决定。但这种策略可能不够灵活。一些改进方法考虑使用其他指标来计算权重，如 AUC、F1 分数等；或者引入非线性组合策略，如加权中位数等。这些优化能够更好地适应不同的任务和评价标准。

7.3.3　随机森林算法

随机森林算法是一种基于决策树的集成学习方法，通过组合多个决策树的预测结果，实现了比单棵决策树更加准确和稳定的性能。它结合了 Bagging 算法的思想和随机特征选择，是一种强大且灵活的机器学习算法。

随机森林算法的核心思想包括 Bootstrap 抽样和特征随机选择，具体如下。

（1）Bootstrap 抽样：从原始训练集中有放回地抽取 n 个样本，形成一个自助样本集。重复这一过程 m 次，就得到了 m 个自助样本集。

（2）特征随机选择：在每个自助样本集上，随机选择 k 个特征（$k<d$，d 为总特征数），然后使用这 k 个特征来构建一棵决策树。这样，就得到了 m 棵决策树，它们使用了不同的特征子集。

对于新的样本，使用 m 棵决策树分别进行预测，然后通过投票（分类）或平均

（回归）的方式得到最终的集成预测结果。

从原理上看，随机森林算法继承了决策树的优点，如可解释性强、能够处理各种类型的特征、对缺失值不敏感等。同时，通过引入随机性，随机森林算法还克服了决策树的一些缺陷，如容易过拟合、对训练集扰动敏感等。

随机森林算法的主要优势包括以下几点。

（1）集成的多样性：通过 Bootstrap 抽样和特征随机选择，随机森林算法构建了一组差异较大的决策树，这种多样性使得集成模型的泛化性能显著优于单棵决策树。

（2）天然的特征重要性度量：随机森林算法可以通过计算每个特征在所有决策树中的平均分裂质量（如基尼指数、信息增益等），得到特征重要性的排序，这为特征选择和模型解释提供了有力工具。

（3）训练速度快：由于每棵决策树只使用了一部分样本和特征，随机森林算法的训练速度通常比普通决策树更快。而且，随机森林算法的训练过程可以很容易地并行化，这进一步提高了训练效率。

（4）鲁棒性强：随机森林算法对异常值和噪声数据有很好的抵抗力，不容易受到个别样本的影响。同时，随机森林算法也能够自动处理缺失值，无须额外的缺失值填充。

当然，随机森林算法也存在一些局限性，如模型复杂度高、内存消耗大、对高度相关的特征处理效果不佳等。在实践中，需要根据具体任务的特点，权衡随机森林算法的优缺点。

总体而言，随机森林算法继承了决策树的优点，又通过集成学习的方式克服了决策树的缺陷，是一种简单、灵活、高效的机器学习算法。它在分类、回归、异常检测等领域都得到了广泛应用。

尽管随机森林算法已经是一种性能优异的集成学习算法，但仍然有一些优化的策略可以进一步提升其性能。以下是几种常见的优化策略。

（1）调整决策树的参数。随机森林算法的性能很大程度上取决于个体学习器（决策树）的质量。因此，优化决策树的参数对提升随机森林算法的性能来说至关重要。常见的决策树参数包括：

1）最大深度：控制决策树的复杂度，过大易过拟合，过小易欠拟合。

2）最小分裂样本数：控制决策树的生长，过小易过拟合，过大易欠拟合。

3）最大叶子节点数：控制决策树的宽度，过大易过拟合，过小易欠拟合。

4）通过网格搜索、随机搜索等方法，可以找到最优的决策树参数组合，从而提升随机森林算法的性能。

（2）特征选择。随机森林算法在每个节点分裂时，只考虑了一部分随机选择的特征。但有时，数据集中可能存在一些无关或冗余的特征，反而会降低模型的性能。因此，在训练随机森林算法之前，可以先进行特征选择，去除那些重要性低或相关性高的特征。

（3）集成方法的优化。除了经典的投票/平均策略，随机森林算法还可以使用其他的集成方法来组合决策树的预测结果。例如，加权投票/平均，即根据每棵决策树在测试集上的性能，给予不同的权重；Stacking，即将每棵决策树的预测结果作为新的特征，再训练一个次级模型；Blending，即将每棵决策树的预测结果作为新的特征，再使用简单的线性模型组合。

(4) 随机森林算法的修剪：随机森林算法通过集成多棵决策树来提升性能，但过多的决策树也可能带来过拟合和计算开销大的问题。因此，可以在训练完成后，对随机森林算法进行修剪，去除那些性能较差或冗余的决策树。常见的修剪策略包括：1) 基于测试集性能的修剪：根据每棵决策树在测试集上的性能，去除那些性能较差的决策树。2) 基于相似度的修剪：计算决策树之间的相似度（如预测结果的相关性），去除那些相似度高的冗余决策树。3) 基于重要性的修剪：根据每棵决策树的特征重要性，去除那些使用了不重要特征的决策树。通过修剪，可以在保证性能的同时，降低随机森林算法的复杂度和计算开销。

以上优化策略并非互斥，在实践中可以根据具体任务的特点，灵活组合使用。同时，也不要过度优化，以免导致模型过拟合或失去泛化能力。在应用这些优化策略时，要通过交叉验证等方法来评估其效果，以确保优化的有效性和稳定性。

7.4　实验案例与实验任务

7.4.1　案例内容与步骤

1. 实验背景

收入水平是反映个人或家庭经济状况的重要指标。准确预测个人的收入水平对于各种应用领域都有重要意义，如市场细分、社会经济研究、公共政策制定等。传统的收入水平预测主要依赖于人口统计学特征，如教育程度、职业、年龄等。然而，这些特征与收入水平之间存在复杂的非线性关系，简单的统计模型难以捕捉。

机器学习技术，特别是集成学习算法，为收入水平预测提供了强大的工具。通过训练集成学习模型，我们可以自动学习人口统计学特征与收入水平之间的复杂模式，从而实现对新个体的收入水平进行准确预测。

在本案例中，我们将使用 UCI Machine Learning Repository 的 Adult 数据集（数据来源：https://archive.ics.uci.edu/dataset/2/adult），该数据集包含 1994 年美国人口普查数据的一个子集。同时通过使用 Altair AI Studio Trial 平台，实现和比较三种经典的集成学习算法：AdaBoost 算法、Bagging 算法和随机森林算法，用于建立收入水平预测模型。

2. 数据描述

该数据集提取自 1994 年美国人口普查数据库，包含 32 561 个训练集样本和 16 281 个测试集样本。数据集的目标变量是个人的收入水平，分为两类：年收入不超过 50 000 美元（<=50K）和年收入超过 50 000 美元（>50K）。

每个样本有 14 个特征描述，具体如下。

- age：个人的年龄，连续变量。

- workclass：个人的工作类别，如私营企业、政府部门、自雇等。
- fnlwgt：样本权重，连续变量。
- education：个人的最高教育程度，如学士、硕士、博士等。
- education-num：个人受教育的年数，连续变量。
- marital-status：个人的婚姻状况，如已婚、未婚、离异等。
- occupation：个人的职业，如技术支持、销售、管理等。
- relationship：个人在家庭中的角色，如丈夫、妻子、独子等。
- race：个人的种族，如白人、黑人、亚裔等。
- sex：个人的性别，男性或女性。
- capital-gain：个人的资本收益，连续变量。
- capital-loss：个人的资本损失，连续变量。
- hours-per-week：个人每周工作的小时数，连续变量。
- native-country：个人的原始国籍，如美国、墨西哥、德国等。

该数据集具有以下特点。

（1）数据类型多样：包含连续变量和分类变量，需要进行适当的编码和处理。

（2）数据集规模适中：总样本数量为 48 842，适用于机器学习算法的训练和评估。

（3）类别不平衡：收入水平的分类不平衡，年收入不超过 50 000 美元的样本数量明显多于年收入超过 50 000 美元的样本，需要考虑类别不平衡问题。

（4）特征数量适中：14 个特征涵盖个人的各种人口统计学特征，为预测提供了丰富的信息，同时也需要考虑特征选择和降维的问题。

3. 数据预处理

在将 Adult 数据集应用于集成学习算法之前，我们需要对数据进行预处理。以下是使用 Altair AI Studio Trial 平台进行数据预处理的主要步骤。

（1）数据加载和探索。使用 Altair AI Studio 的 import data 面板将 Adult 数据集导入 Altair AI Studio。通过 Retrieve 算子，可以查看数据集的样本分布、特征类型和基本统计信息（见图 7－3）。

（2）缺失值处理。Adult 数据集中存在一些缺失值，主要集中在 workclass、occupation 和 native-country 等分类特征中。我们可以使用 Altair AI Studio Trial 的 Replace Missing Values 算子，对缺失值进行适当的处理，如用最频繁的类别替换缺失值，或者直接删除含有缺失值的样本（因为本数据集样本数量充足）。

（3）连续特征缩放。Adult 数据集中的连续特征，如 age、fnlwgt、capital-gain 等，其取值范围差异较大。为了避免特征之间的尺度差异对模型性能的影响，我们可以对连续特征进行缩放。常用的缩放方法包括：

1）线性函数归一化：将特征缩放到［0，1］的范围内。

2）标准化：将特征缩放到均值为 0、标准差为 1 的分布。

在 Altair AI Studio Trial 中，我们可以使用 Normalize 算子对连续特征进行最小-最大缩放。

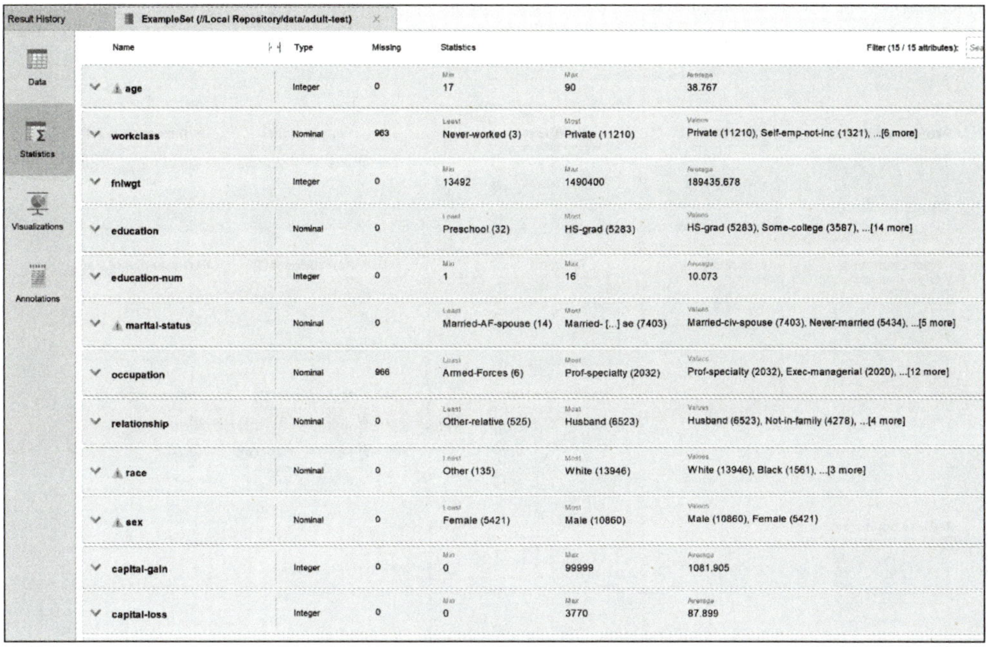

图 7-3 测试数据集的统计结果页面

（4）特征选择和重要性分析。为了提高模型的性能和可解释性，我们可以对特征进行选择和重要性分析。通过识别对目标变量影响较大的特征，可以降低模型的复杂性，提高训练效率。我们可以使用 Correlation Matrix 算子计算特征之间的相关性，识别冗余特征。

（5）处理类别不平衡。由于 Adult 数据集中收入水平的类别是不平衡的，我们需要采取措施来处理这个问题。可以考虑设置 Sample 算子的 balance data 选项，或者使用 SMOTE Upsampling 算子（在软件内置市场的 Operator Toolbox 插件中，需要下载安装）。

4. 模型训练与评估

在完成数据预处理后，我们可以使用 Altair AI Studio 平台训练和评估不同的集成学习模型，包括 AdaBoost、Bagging 和随机森林。具体参考流程如图 7-4 所示。

（1）AdaBoost 模型训练与评估。AdaBoost 算法是一种经典的提升算法，通过迭代训练多个弱学习器，并根据样本的权重调整训练过程，最终将多个弱学习器的预测结果加权组合，得到强学习器。

在 Altair AI Studio 中，我们可以使用以下步骤训练和评估 AdaBoost 模型。

1）将预处理后的数据集连接到 AdaBoost 算子。

2）在 AdaBoost 算子中，设置基学习器（如决策树）、迭代次数和学习率等参数。

3）将 AdaBoost 算子的输出连接到 Apply Model 算子，对测试集进行预测。

4）使用 Performance 算子计算模型在测试集上的性能指标，如准确率、精确率、召回率、F1 分数等。

（2）Bagging 模型训练与评估。Bagging 算法是一种基于自助采样和模型平均的集

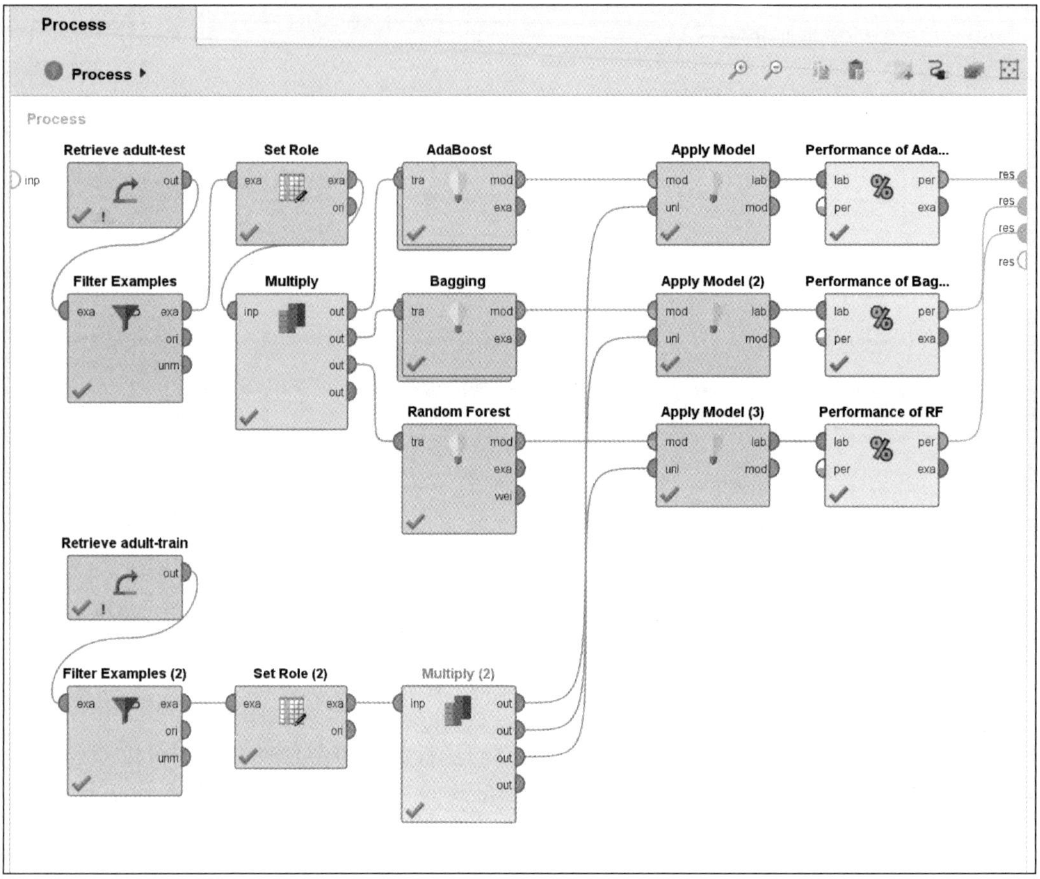

图 7-4　参考流程

成学习方法。通过从原始数据集中重复采样生成多个子数据集，在每个子数据集上训练一个基学习器，最后将多个基学习器的预测结果进行平均或投票，得到最终的预测结果。

在 Altair AI Studio 中，我们可以使用以下步骤训练和评估 Bagging 模型。

1）将预处理后的数据集连接到 Bagging 算子。

2）在 Bagging 算子中，设置基学习器（如决策树）、集成中的基学习器数量和采样比例等参数。

3）将 Bagging 算子的输出连接到 Apply Model 算子，对测试集进行预测。

4）使用 Performance 算子计算模型在测试集上的性能指标。

（3）随机森林模型训练与评估。随机森林算法是一种基于决策树的集成学习方法，通过构建多棵决策树，并对它们的预测结果进行平均或投票，得到最终的预测结果。随机森林算法在训练过程中引入了随机性，包括随机选择特征子集和随机选择样本子集，以提高模型的多样性和泛化能力。

在 Altair AI Studio 中，我们可以使用以下步骤训练和评估随机森林模型。

1）将预处理后的数据集连接到 Random Forest 算子。

2）在 Random Forest 算子中，设置决策树的数量、每棵树的最大深度、每次分裂时考虑的特征数量等参数。

3）将 Random Forest 算子的输出连接到 Apply Model 算子，对测试集进行预测。

4）使用 Performance 算子计算模型在测试集上的性能指标。

（4）模型应用于结果解释。在选定最优的集成学习模型后（假设为随机森林），我们可以将其应用于实际的收入水平预测任务。

1）新样本的预测。给定一个新的个体样本，首先需要对其进行与训练数据相同的预处理步骤，如缺失值处理、分类特征编码、连续特征缩放等。随后，将预处理后的样本输入到训练好的随机森林模型中，模型将输出该个体的收入水平预测结果（<＝50K 或>50K）。可以使用 Apply Model 算子将新样本输入训练好的模型中进行预测。

2）特征重要性分析。为了解释模型的决策过程。我们可以计算每个特征在随机森林模型中的重要性。在 Altair AI Studio 中，可以使用 Weight by Tree Importance 算子计算特征重要性。该算子基于每个特征在决策树的分裂过程中的累积重要性，得到特征重要性的度量。

7.4.2　实验任务

按照上述实验操作步骤，使用 Altair AI Studio 系统自带的数据样本集 Samples/data/Titanic 完成以下任务。

（1）使用单一学习器（如决策树、随机森林、梯度提升树等）构建模型，对比它们的性能。

（2）实现集成学习方法（如 Bagging 算法、Boosting 算法等），构建集成模型。

（3）评估单一学习器和集成模型的性能，比较它们的预测准确度、召回率、F1 分数等指标。

// 关键概念回顾 //

评估指标：衡量机器学习模型性能的量化标准。对于分类任务，常用的指标包括准确率、精度、召回率、F1 分数以及 ROC 曲线下的面积（AUC）。这些指标从不同角度反映了模型在分类任务中的表现。准确率衡量整体正确预测的比例，精度关注预测为正类中实际为正类的比例，召回率衡量实际正类中被正确识别的比例，F1 分数综合了精度和召回率的平衡，AUC 评估分类模型的综合性能。

交叉验证方法：一种评估模型性能的有效方法，主要包括保持方法和 K 折交叉验证。保持方法通过将数据集随机划分为训练集和测试集，操作简便且计算效率高，适用于大规模数据集。然而，其评估结果可能因数据划分的偶然性而不够稳定。相比之下，K 折交叉验证将数据集分为 K 个子集，轮流将其中一个子集作为测试集，其余 K－1 个子集作为训练集，进行 K 次训练与验证，最终取平均值作为模型的整体性能指标。这种方法能够更充分地利用数据，提供更稳定和可靠的性能估计，特别适用于数据量有限的情况。

过拟合与欠拟合：过拟合指模型在训练数据上表现优异，但在新数据上表现较差，通常由于模型过于复杂或训练数据中存在噪声导致。过拟合模型记住了训练数据中的细节和偶然性，导致其无法有效泛化到新数据。相反，欠拟合则是模型在训练和新数据上均表现不佳，无法捕捉数据中的基本模式和规律，这通常是由于模型复杂度不足或特征不充分。为了防止过拟合，可以简化模型结构、增加训练数据量、应用正则化技术等；而为解决欠拟合，则可以增加模型复杂度、引入更多相关特征或延长训练时间，以提升模型的表达能力和学习效果。

集成学习：通过组合多个基学习器的预测结果，显著提升整体模型的性能和稳定性。其核心思想源于“集思广益”，通过整合多个学习器的优势，弥补单一学习器的不足。集成学习方法主要包括 Bagging 算法、AdaBoost 算法和随机森林算法等，每种方法都有其独特的构建和组合策略，能够在不同的应用场景下有效提升模型的泛化能力和预测准确性。

Bagging 算法：一种并行式集成学习方法，通过对训练集进行自助采样，生成多个不同的子集，然后在每个子集上训练一个个体学习器，最后将这些学习器的预测结果通过投票或平均的方式进行组合。通过多样化的训练子集，Bagging 算法能够提升模型的稳定性和准确性，同时自助采样法允许每个学习器都能接触到不同的数据分布，进一步增强集成模型的泛化能力。

AdaBoost 算法：一种迭代型集成学习算法，通过逐步调整训练样本的权重，使得后续的弱学习器更加关注之前分类错误的样本。AdaBoost 算法的核心在于通过加权组合多个弱学习器，形成一个强学习器。每一轮迭代中，AdaBoost 算法根据当前的错误率计算学习器的权重，并更新样本权重分布，强化难分类样本的影响力。这种方法能够有效提升模型的准确性，并具备良好的理论基础。

随机森林算法：一种基于决策树的集成学习方法，通过组合多个决策树的预测结果，实现比单棵决策树更高的准确性和稳定性。其核心思想结合了 Bagging 算法的自助采样和随机特征选择策略，在每个节点分裂时随机选择部分特征进行决策，增加了模型的多样性和鲁棒性。随机森林算法不仅具备天然的特征重要性评估能力，还具有较强的抗噪声能力和处理缺失值的能力。

// 第 8 章 //

朴素贝叶斯

朴素贝叶斯算法基于贝叶斯定理，增加特征条件独立假设，虽假设简单但应用广泛。其原理是利用贝叶斯定理计算后验概率进行分类，计算时需注意零概率、连续属性求概率及属性相关性问题。本章将系统介绍朴素贝叶斯的概念及其算法，并以企业破产风险预测为例展示朴素贝叶斯模型从数据处理、建模、参数设置到结果解读的完整流程。

8.1　朴素贝叶斯概述

朴素贝叶斯以概率论中的基本定理——贝叶斯定理为基础，该定理出自英国数学家托马斯・贝叶斯（Thomas Bayes）于 1763 年发表的论文，其核心思想可以用通俗的语言解释为：“当你不能准确知道一个事物的本质时，你可以依靠与事物特定本质相关的事件出现的多少去判断其本质属性的概率。”经过近 200 年的发展，比尔・马龙（Bill Maron）和拉里・库恩（Lary Kuhns）在 1960 年首次将贝叶斯方法用于文本分类。所谓朴素贝叶斯，就是在贝叶斯定理的基础上增加特征之间的条件独立性假设，名称中“朴素”的由来便是因为该假设显得过于简单而不符合实际。这一方法在 20 世纪 60 年代至 80 年代广泛应用于文本分类和语音识别等领域，20 世纪 90 年代广泛应用于垃圾邮件过滤，而今在人工智能领域也获得广泛认可。

朴素贝叶斯分类是一种基于贝叶斯定理的简单而强大的概率分类方法。它通过计算给定特征条件下不同类别的概率来进行分类，其对特征之间的条件独立性做出了朴素假设（即假设所有特征是相互独立的），尽管这一假设在实际数据中往往并不成立，但在许多实际应用中仍表现出了令人惊讶的优异性能。

8.2　朴素贝叶斯算法原理

8.2.1　数学原理

朴素贝叶斯算法是以贝叶斯定理为基础并且假设特征条件之间相互独立的方法，因此介绍朴素贝叶斯算法的原理需要从介绍贝叶斯定理开始。贝叶斯定理的公式如下：

$$P(Y \mid X)=\frac{P(Y) * P(X \mid Y)}{P(X)}$$

在此公式中包含三种概率：

（1）先验概率，指没有任何观测值的时候完全凭经验来判断的概率，可以理解为“由因求果”。

（2）后验概率，指有了观测值以后对先验概率进行修正后得到的概率，可以理解为“由果求因”。

（3）似然概率，可以理解为现在有一堆数据，需要构建一组参数对这些数据建模，以使得模型能够尽可能地拟合这些数据，所以要做的就是从很多组参数中选出一组使得模型对数据的拟合程度最高，所以也常常说最大似然概率。

将这三种概率对应到贝叶斯定理中，$P(x)$ 与 $P(Y)$ 为先验概率，$P(Y \mid X)$ 为后验概率，$P(X \mid Y)$ 为似然概率，根据上述公式可看出，后验概率可以由先验概率与似然概率计算出。

下面阐述朴素贝叶斯算法的原理。假设现在有样本数据集 D，对应样本数据有特征属性集为 $X=\{x_1, x_2, \cdots, x_d\}$，类变量为 $Y=\{y_1, y_2, \cdots, y_m\}$，即该数据集有 d 个特征属性，共有 m 个类别，根据贝叶斯定理便可求得 $P(Y \mid X)$。其中，求出 $P(Y)$ 与 $P(X)$ 比较容易，关键在于求出 $P(X \mid Y)$，而在朴素贝叶斯算法中，朴素即为假设特征属性之间相互独立，此时 $P(X \mid Y)$ 可以表示为：

$$P(X \mid Y=y)=\prod_{i=1}^{d} P(x_i \mid Y=y)$$

因此可得后验概率为：

$$P(Y \mid X)=\frac{P(Y) * \prod_{i=1}^{d} P(x_i \mid Y)}{P(X)}$$

在比较后验概率时，由于 $P(X)$ 是不变的，因此只需计算出分子进行大小比较便可确定样本数据所属类别。

接下来，我们举一个例子来更加具体生动地体现朴素贝叶斯算法的原理。

采用如表 8-1 所示数据集，其中包含三种属性表示求婚男生的三个特征，一个类标签表示被求婚女生的选择。针对此例提出的问题是，若现在有一个男生向女生求婚，这个男生满足三个特点：帅、性格不好、不上进。请判断该女生是否会嫁。

表 8-1　男生的特征属性与女生的选择

颜值	性格	上进否	嫁与否
帅	好	上进	嫁
不帅	好	一般	不嫁
不帅	不好	不上进	不嫁
帅	好	一般	嫁
不帅	好	上进	嫁

续表

颜值	性格	上进否	嫁与否
帅	不好	一般	不嫁
帅	好	不上进	嫁
不帅	不好	不上进	不嫁
帅	不好	上进	嫁
不帅	好	不上进	不嫁

(1) 计算先验概率 $P(Y)$。在这个案例中，$P(Y)$ 为女生选择嫁或不嫁的结果的概率，根据表 8-1 计算出：

$$P(Y=\text{嫁})=\frac{5}{10}=\frac{1}{2}$$

$$P(Y=\text{不嫁})=\frac{5}{10}=\frac{1}{2}$$

(2) 计算似然概率 $P(X_i \mid Y)$。对于三种属性，即颜值、性格、上进否，分别计算各属性在各类结果发生的前提下的概率，根据表 8-1 的数据计算得：

$$P(\text{帅} \mid \text{嫁})=\frac{4}{5}$$

$$P(\text{性格不好} \mid \text{嫁})=\frac{1}{5}$$

$$P(\text{不上进} \mid \text{嫁})=\frac{1}{5}$$

$$P(\text{帅} \mid \text{不嫁})=\frac{1}{5}$$

$$P(\text{性格不好} \mid \text{不嫁})=\frac{3}{5}$$

$$P(\text{不上进} \mid \text{不嫁})=\frac{3}{5}$$

(3) 利用贝叶斯公式预测结果。根据这个案例的问题，可以利用贝叶斯公式求出 $P(\text{嫁} \mid \text{帅性格不好不上进})$ 与 $P(\text{不嫁} \mid \text{帅性格不好不上进})$，比较二者的大小，较大概率对应的结果即为预测结果。根据贝叶斯公式可得：

$$P(\text{嫁}|\text{帅性格不好不上进})$$
$$=\frac{P(\text{嫁})*P(\text{帅}|\text{嫁})*P(\text{性格不好}|\text{嫁})*P(\text{不上进}|\text{嫁})}{P(\text{帅性格不好不上进})}$$

$$P(\text{不嫁}|\text{帅性格不好不上进})$$
$$=\frac{P(\text{不嫁})*P(\text{帅}|\text{不嫁})*P(\text{性格不好}|\text{不嫁})*P(\text{不上进}|\text{不嫁})}{P(\text{帅性格不好不上进})}$$

对于式中分母的计算，依据全概率公式 $P(B)=\sum_{i=1}^{n}P(A_i)*P(B \mid A_i)$，可得：

$$P(\text{帅性格不好不上进})$$
$$=P(\text{嫁})*P(\text{帅}|\text{嫁})*P(\text{性格不好}|\text{嫁})*P(\text{不上进}|\text{嫁})$$
$$+P(\text{不嫁})*P(\text{帅}|\text{不嫁})*P(\text{性格不好}|\text{不嫁})*P(\text{不上进}|\text{不嫁})=\frac{13}{250}$$

计算可得 P(嫁 | 帅性格不好不上进)=31%，P(不嫁 | 帅性格不好不上进)=69%，可以预测结果为该女生选择不嫁。

8.2.2 注意事项

尽管朴素贝叶斯算法的逻辑较为简单，实现也比较容易，但在使用朴素贝叶斯算法进行分类时，仍需要注意到一些局限性。

1. 避免零概率问题

零概率问题指测试样例的标签属性中出现了模型训练过程中没有记录的值，或者某个分类没有记录的值，从而出现 $P(x_i \mid Y)=0$ 的现象，由 $P(X \mid Y=y)$ 的计算公式可知贝叶斯公式的分子将等于 0，$P(Y \mid X)$ 也等于 0。在表 8-1 求婚的例子中，P(上进 | 不嫁)=0，根据贝叶斯公式，后验概率为：

$$
\begin{aligned}
&P(\text{不嫁}|\text{不帅性格不好上进})\\
&=P(\text{不嫁})*\frac{P(\text{不帅}|\text{不嫁})*P(\text{性格不好}|\text{不嫁})*P(\text{上进}|\text{不嫁})}{P(\text{不帅性格不好上进})}\\
&=\frac{1}{2}\times\frac{\frac{4}{5}\times\frac{3}{5}\times 0}{P(\text{不帅性格不好上进})}=0
\end{aligned}
$$

这样，P(嫁 | 不帅性格不好上进) 总是大于 P(不嫁 | 不帅性格不好上进)，从而预测结果总是为嫁。这种情况会导致模型的混乱预测。

为了解决此问题，可以采用拉普拉斯（Laplace）校准方法，在每个频率计数中加上一个较小的数，以避免出现概率为 0 的情况。如刚刚计算 P(不嫁 | 不帅性格不好上进）的例子中，P(上进 | 不嫁)、P(一般 | 不嫁)、P(不上进 | 不嫁）分别为 0、2/5、3/5。可以引入可控误差，对所有分子加 1，所有分母加 3，则这三个概率依此变为 1/8、3/8、4/8。这样一来，这些“校准的”概率估计与对应的“未校准的”的估计很接近，但是避免了零概率问题。

2. 连续属性求概率问题

当特征属性为数值数据而非标称数据时，拉普拉斯校准方法也不再适用，对此，假设连续数据服从高斯分布（正态分布），并使用高斯函数对特征值进行概率建模。通过计算高斯函数的值，以概率密度替代似然概率，从而估计某个特征值属于某个类别的概率。正态分布的概率密度函数为：

$$f(x)=\frac{1}{\sigma\sqrt{2\pi}}e^{-\frac{(x-\mu)^2}{2\sigma^2}}$$

以表 8-1 为例，若新增一个特征属性“身高”，取值范围为 150cm 至 190cm，要求判断女生是否会接受一个“帅、性格不好、不上进、身高为 170cm”的男生的求婚，即计算 P(嫁 | 帅性格不好不上进 170cm）与 P(不嫁 | 帅性格不好不上进 170cm)，根据贝叶斯公式，需要先计算 P(170cm | 嫁）与 P(170cm | 不嫁)。为此，可以分别计算女生的两种选择的前提下身高属性的均值与方差，分别记为μ_1和σ_1、μ_2和σ_2，然后将身高=170cm 分别与μ_1和σ_1、μ_2和σ_2代入概率密度函数进行计算：

$$P(170\text{cm} \mid 嫁)=\frac{1}{\sigma_1\sqrt{2\pi}}e^{-\frac{(170-\mu_1)^2}{2\sigma_1{}^2}}$$

$$P(170\text{cm} \mid 不嫁)=\frac{1}{\sigma_2\sqrt{2\pi}}e^{-\frac{(170-\mu_2)^2}{2\sigma_2{}^2}}$$

并将计算所得的概率密度替代似然概率加入贝叶斯公式后面的计算。

3. 属性之间的相关性

朴素贝叶斯算法假设每个特征与其他特征之间是完全独立的，这在实际应用中难以实现。不过，虽然属性之间有一些相关性，但是朴素贝叶斯模型的表现依然不错。为了解决这个问题，我们可以在运用朴素贝叶斯算法之前的数据预处理阶段将有强相关关系的属性移除。

8.3　实验案例与实验任务

8.3.1　案例内容与步骤

1. 实验背景

自 2020 年初起，新冠疫情在全球蔓延，严重影响了全球的经济活动，企业破产数量也大幅上升。其中，美国作为受疫情影响最严重的国家之一，餐饮、零售、酒店、旅游等多个行业都遭受了严重冲击。作为市场活动的主体，企业破产可能会带来多方面的影响。对于企业自身而言，其业务和声誉受损，债权人和股东也会遭受经济损失。对于员工而言，员工因此而失业，失去未发放的工资和福利。对此，我们希望通过数据挖掘技术来帮助企业经营者识别自身企业破产风险，提前防范风险以实现稳定经营，同时帮助外部投资者和金融机构识别企业破产风险，以作出更准确的投资决策。

财务报表反映了企业在一段时间内的经营成果，财务数据体现了偿还债务能力、资金周转能力、创造利润能力等企业生存发展的重要能力，这些财务数据中可能蕴含企业是否会破产的特征信息，因此我们可以通过对财务数据的分析来预测企业的破产风险。根据以往了解企业破产情况所形成的经验，将企业的破产风险评估分为三个等级：低风险、中风险、高风险。如果能通过财务数据确认企业的破产风险，便能帮助企业管理者防范风险，帮助投资者更好地决策。

2. 数据描述

根据来源于纽约证券交易所和纳斯达克的美国上市公司相关破产预测数据，经过整理得到企业破产风险数据集，该数据集包含 50 983 条企业财务数据的观测值。数据集总共包含 12 个属性，对应 12 个财务指标，分别从偿债能力、盈利能力、运营能力、市场价值四个维度体现企业过去一年的经营成果，所有的财务指标及对应计算公式如表 8-2 所示。与业务理解对应，数据集的标签列“企业破产风险”包含三个类别：低风险、中风险、高风险。

表 8-2 数据集属性及计算公式

所属类型	名称	计算公式
偿债能力	速动比率	(流动资产一存货)/流动负债
	资产负债率	总负债/总资产
	流动比率	流动资产/流动负债
盈利能力	营业净利率	净利润/营业收入
	成本费用利润率	总利润/成本费用总额
	资产报酬率	息税前利润/资产
	总资产净利润率	净利润/总资产
	销售期间费用率	总运营费用/营业收入
运营能力	总资产周转率	净销售额/总资产
	应收账款周转率	净销售额/应收账款
	流动资产周转率	营业收入/流动资产
市场价值	市场价值	股价×发行股票总数

3. 建立模型与性能评估

(1) 导入数据集并观察各属性分布情况。导入企业破产风险数据集 .xlsx，图 8-1 显示了数据集中部分属性的分布情况，通过观察发现不同风险类别的企业数量差异较大，这会影响朴素贝叶斯算法计算先验概率与似然概率，因此后续需要进行数据平衡处理。

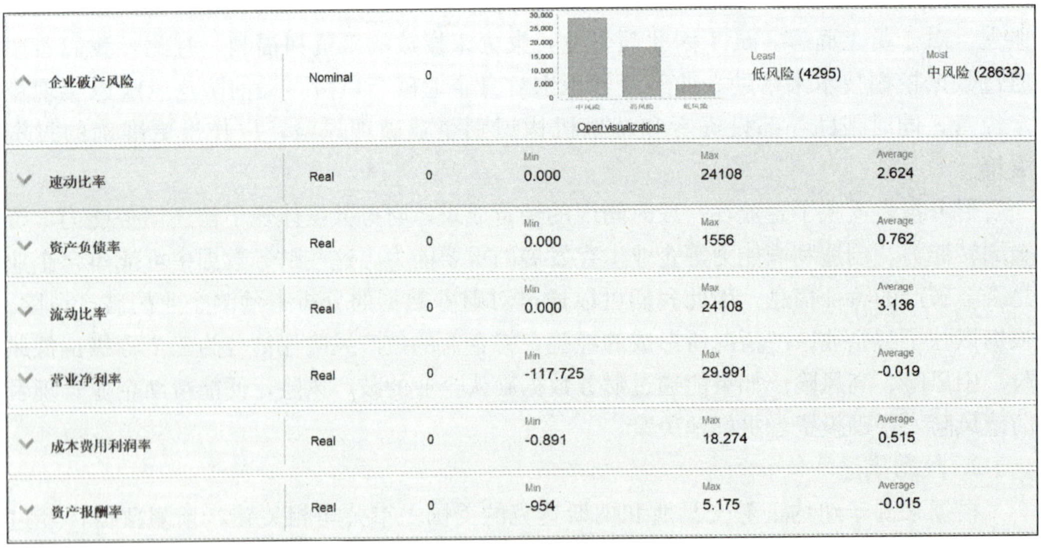

图 8-1 部分属性分布情况

(2) 数据预处理。使用 Set Role 算子将 ID 列设置为 id，将企业破产风险列设置为 label；为避免不同企业规模的影响，应对所有特征属性进行标准化处理，使用 Normalize 算子将各属性按照 Z-transformation 统一标准化；为避免不平衡数据导致误导性结果，使用 Sample 算子，参数选择 absolute，高、中、低三种风险的财务数据各选择

1 000 组。数据预处理流程如图 8－2 所示，Sample 算子参数设置如图 8－3 所示。

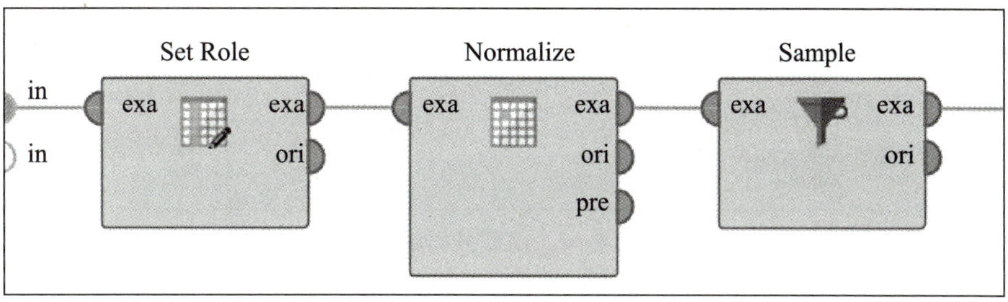

图 8－2　数据预处理流程

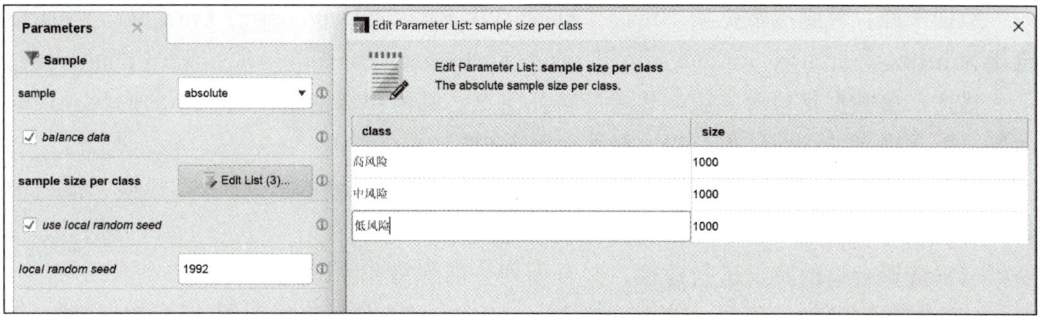

图 8－3　Sample 算子参数设置

（3）建立朴素贝叶斯模型。使用 Cross Validation 算子将数据集分割为训练集与测试集。在训练集部分连接上 Naive Bayes 算子，在参数值设置上，由于该数据集属性皆为连续数据，因此无须勾选 laplace correction。在测试集部分连接上 Apply Model 与 Performance 算子。Cross Validation 内部的设置如图 8－4 所示。

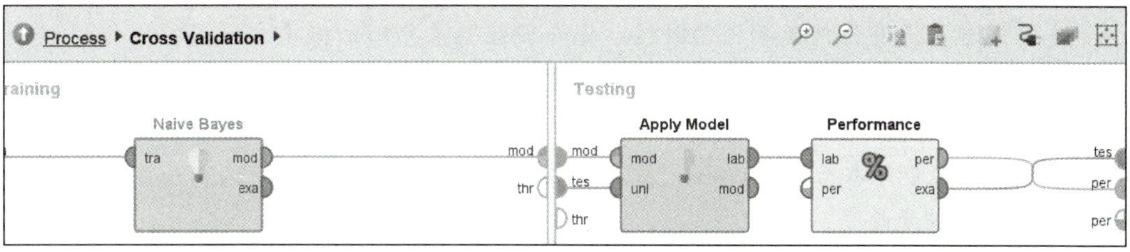

图 8－4　Cross Validation 内部流程

（4）模型评估。图 8－5 展示了朴素贝叶斯的分类结果，模型的预测准确率达到 74.03%。从预测精确率来看，当预测结果为高风险时，企业有很大可能性为高破产风险企业；从预测召回率来看，模型能够较为准确地识别出低风险企业。

4. 部署应用

该预测模型可以帮助企业管理者或投资者进行决策。对企业管理者来说，若模型预测结果为高风险，则需要进一步分析风险点，采取针对性措施降低风险；对投资者来说，该模型可以较为准确地筛选出低破产风险的企业，帮助投资者合理分散风险，实现收益最大化。

accuracy: 74.03% +/- 2.64% (micro average: 74.03%)

	true 中风险	true 低风险	true 高风险	class precision
pred. 中风险	867	63	324	69.14%
pred. 低风险	100	934	256	72.40%
pred. 高风险	33	3	420	92.11%
class recall	86.70%	93.40%	42.00%	

图 8-5 模型分类结果

8.3.2 实验任务

数据来源：乳腺癌数据集 Breast Cancer Wisconsin (Diagnostic) Data Set。数据集链接为 https://archive.ics.uci.edu/dataset/17/breast+cancer+wisconsin+diagnostic。

描述：该数据集包含乳腺癌患者的特征信息，其中包括细胞核的大小、形状、均匀性等，以及患者的诊断结果（M：恶性，B：良性）。

任务：使用 Altair AI Studio Trial 中的朴素贝叶斯算法构建一个分类模型，根据患者的特征预测乳腺癌的诊断结果（良性或恶性）。

（1）选择合适的特征进行建模，并合理划分训练集和测试集；

（2）在模型评估过程中，使用准确率、召回率、F1 分数等指标评估模型的性能；

（3）尝试调整模型参数或进行特征工程，以提高模型的性能。

// 关键概念回顾 //

朴素贝叶斯算法：一种基于贝叶斯定理的简单且强大的概率分类方法。它通过计算给定特征条件下不同类别的概率来进行分类，并对特征之间的条件独立性做出了朴素假设，即假设所有特征是相互独立的。

先验概率：没有任何观测值的时候，完全凭经验来判断的概率。

后验概率：有了观测值以后，对先验概率进行修正后得到的概率。

似然概率：可以理解为现在有一堆数据，需要构建一组参数对这些数据建模，以使得模型能够尽可能地拟合这些数据，所以要做的就是从很多组参数中选出一组使得模型对数据的拟合程度最高。

// 第9章 //
K 近邻

K 近邻属于消极学习方法，核心是依据“物以类聚”思想，通过寻找最近的 K 个邻居判断新样本类别，可用于分类和回归。本章将系统介绍 K 近邻算法，尤其是 K 值选择和相似度计算。K 值影响预测结果，需经交叉验证确定；相似度计算则有多种距离和相似度算法，且数据常需规范化处理。实验部分将以酒店预订软件用户留存预测案例为例，展示 K 近邻模型从建模、参数设置到结果解读的完整流程。

9.1　K 近邻概述

在机器学习中，有两种不同的学习方式：积极学习和消极学习。积极学习是指利用训练集数据，通过训练得到一个函数关系，然后用这个函数来对新样本进行预测。决策树就是一种典型的积极学习方法。消极学习则是指没有“训练”的过程，它不会根据训练集主动学习或者拟合一个函数来用于对新样本的判断，而是直接记住训练集的所有样本，然后在需要进行预测的时候，遍历训练集中的所有数据，通过查找与新样本最相似的样本，来对新样本进行预测。K 近邻算法就是一种典型的消极学习方法。算法的核心思想与古语“物以类聚，人以群分”“近朱者赤，近墨者黑”一致，即认为与新样本最邻近的 K 个邻居样本，很可能与新样本属于同一类别。因此，K 近邻算法通过在训练数据集中找到与新样本最邻近的 K 个邻居，根据邻居们的类型和少数服从多数的原则，来判断新样本所属类别。K 近邻算法是一种简单而有效的机器学习方法，既可以用作分类，也可以用作回归，应用场景广泛，如垃圾邮件识别、图像内容识别等。

K 近邻算法是一种基于距离度量的分类和回归算法，它根据未知样本与 K 个最近训练样本的相似程度来进行预测。样本之间的相似程度通过距离度量来衡量，常用的距离度量有欧氏距离、曼哈顿距离等。为了消除不同属性的量纲和取值范围的影响，通常需要对数据进行归一化处理。在确定了 K 个最近训练样本后，K 近邻算法有两种预测方式：分类和回归。分类是指根据邻居的类别标签进行多数投票，选择票数最多的类别作为未知样本的类别。为了增加邻居的区分度，可以对邻居的投票进行加权，使距离更近的邻居的投票权重更大。回归是指根据邻居的数值输出进行平均，计算邻居的输出值的算术平均或加权平均，作为未知样本的输出值。

9.2 K 近邻算法原理

9.2.1 算法参数

K 近邻算法参数如表 9-1 所示。

表 9-1 K 近邻算法参数

参数名称	参数介绍
K	找到与未知样本最接近的 K 个训练样本是 K 近邻算法的第一步。如果 K=1，则将样本简单地分配给其最近邻的一个训练样本所属的类别。K 通常是一个较小的正奇数 类型：整数 范围：1～+∞ 默认值：5
加权投票	如果设置了此参数，则在预测中还会考虑样本之间距离值的权重来增加邻居的区分度，即对邻居的投票进行加权，使距离更近的邻居的投票权重更大 类型：布尔值 默认值：true
度量类型	此参数选择和判断最近邻居，即通过距离度量来衡量样本间的相似程度 范围：混合变量、名义变量、数值变量、Bregman 散变 默认值：混合变量
混合度量	在存在名义和数值属性的情况下，使用混合度量来计算距离 范围：MixedEuclideanDistance 默认值：MixedEuclideanDistance 混合度量的唯一选项是 MixedEuclideanDistance。对于数值，计算欧氏距离。对于名义值，如果两个值相同，则距离为 0；否则距离为 1
名义度量	在仅存在名义属性的情况下，可以使用不同的距离度量来计算这些名义属性的距离 范围：NominalDistance，DiceSimilarity，JaccardSimilarity，KulczynskiSimilarity，RogersTanimotoSimilarity，RussellRaoSimilarity，SimpleMatchingSimilarity 默认值：NominalDistance
数值度量	在仅存在数值属性的情况下，可以使用不同的距离度量来计算这些数值属性的距离 范围：EuclideanDistance，CamberraDistance，ChebychevDistance，CorrelationSimilarity，CosineSimilarity，DiceSimilarity，DynamicTimeWarpingDistance，InnerProductSimilarity，JaccardSimilarity，KernelEuclideanDistance，…… 默认值：EuclideanDistance

续表

参数名称	参数介绍
Bregman 散度	Bregman 散度是更通用的“接近度”度量类型，不满足三角不等式或对称性 范围：GeneralizedIDivergence，ItakuraSaitoDistance，KLDivergence，LogarithmicLoss，LogisticLoss，MahalanobisDistance，SquaredEuclideanDistance，SquaredLoss 默认值：GeneralizedIDivergence

9.2.2　基本原理

对于任意 n 维的输入向量，可以对应于特征空间的一个点，目标是通过 K 近邻算法输出该特征向量的所属类别标签或者预测值。存在一个训练集，即该数据集中的样本数据都存在相对应的标签，通过将没有标签的数据与样本集中每个数据对应的特征进行比较，找到相似度最高（最近邻）的 K 个数据，根据 K 个数据的标签类型赋予新数据的分类标签。因此，K 个最近的邻居的作用就是根据这 K 个最近邻居的类别来判断新样本属于什么类别。例如，已有的训练集中有圆形和方块两种标签，P1 是要预测的点，根据 K 近邻算法，首先要计算训练集中的点与 P1 的相似度，这里相似度用距离度量，假设 K=3，则找到与 P1 距离最近的三个点，根据所找到的三个点的类别，来对 P1 的类型进行预测。如与 P1 距离最近的三个点均为圆形，则将 P1 归类为圆形。同理，对于 P2，由于与 P2 距离最近的三个点均为方形，则将 P2 归类为方形。而对于 P3，与 P3 距离最近的三个点中既有圆形也有方形，则根据少数服从多数的原则，由于圆形的数量大于方形，则将 P3 归类为圆形。当 K=7 时，则判定会发生改变，此时与 P3 距离最近的 7 个点中，有 4 个是方形，3 个是圆形，则将 P3 归类为方形（见图 9-1）。可见，K 的选取对于新样本类别的判定具有重要影响。综上可见，K 近邻算法基于将一个未知样本与 K 个最近邻的训练样本进行比较，得到未知样本的类别推断。在运用 K 近邻算法时，最关键的就是 K 的选择以及如何衡量最近邻，接下来将对这两个问题展开陈述。

1. K 值选择

从上述的例子中可以观察到，K 值的不同取值会影响到未知样本的标签预测。如果 K 值设置太小，则会对噪声敏感。假如 K=1，当某个邻居样本是异常值或噪声，那么只根据 1 个已知样本来对未知样本进行分类则可能提升错误分类的概率，导致不稳定的预测结果。此外，较小的 K 值也可能忽略了整体特征。当 K 值太小时，预测结果主要依赖于少数邻居样本，有可能无法捕捉到更广泛的数据分布和特征。选择较大的 K 值则意味着考虑了更多的邻居样本来进行预测。但过大的 K 值可能导致模型过于简化，无法捕捉到数据的细节和复杂关系，即出现欠拟合的情况。较大的 K 值也可能会将不相关的样本考虑在内，导致预测过程中引入了更多的噪声和干扰信息，从而降低了模型的准确性。此外，考虑到少数服从多数的原则，在进行二元分类问题时，一般将 K 值设置为奇数，避免出现两种类型占比一致的情况。因此，K 值通常是一个正奇数。在实验操作中，一般通过交叉验证来选择 K 值，通过将样本数据拆分成训练集和验证集，从一个较小的 K 值开始，不断增加，通过计算验证集的方差，最终找到一个比较合适

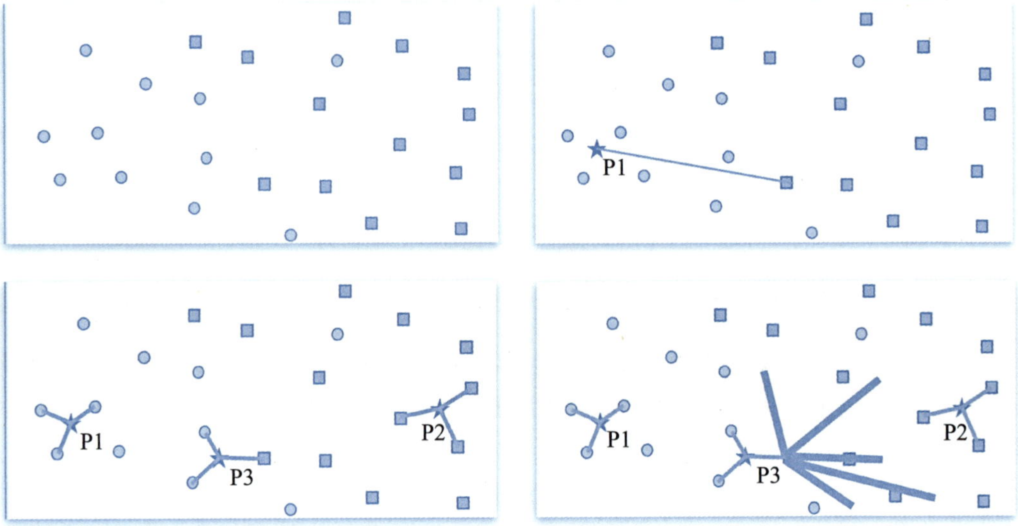

图 9－1　K 近邻算法示意图

的 K 值。一般而言，随着 K 值的增大，错误率会降低，当到达合适的 K 值后，继续增大 K 值，错误率反而会提高。

2. 相似度计算

在确定 K 值后，需要找出与 K 个未知样本最近邻的邻居，近邻是通过相似度来衡量的。相似度就是比较两个个体间的差异大小，通常会计算个体特征之间的距离，如果距离小，则代表相似度大，反之则代表相似度小。常用的度量相似度的方法如下。

（1）距离算法。

1）欧氏距离。在二维空间中，欧氏距离可以简单地通过勾股定理来计算；而在多维空间中，它考虑了所有维度上的距离。欧氏距离可以用于计算数值特征之间的相似性，也适用于数据对象之间的连续型比较。需要指出的是，欧氏距离适用于数据完整且维度之间衡量单位一致的情况，否则需要对样本特征的数据进行标准化处理。在 n 维空间中，欧氏距离的计算公式为：

$$\text{dist}(x,y)=\sqrt{\sum_{i=1}^{n}(x_i-y_i)^2}$$

2）曼哈顿距离。曼哈顿距离是在欧几里得空间的固定直角坐标系上两点所形成的线段对称轴产生的投影的距离总和。曼哈顿距离不受数据点之间具体分布的影响，不同维度上的距离具有独立性。在 n 维空间中，曼哈顿距离的计算公式为：

$$\text{dist}(x,y)=\sum_{i=1}^{n}|x_i-y_i|$$

3）切比雪夫距离。切比雪夫距离是向量空间中的一种度量，两点之间的距离定义为其各个坐标数值差的最大值。在国际象棋中，国王可以直行、横行、斜行，因此国王走一步可以移动到相邻 8 个方格中的任意一个，那么国王从格子（x_1，y_1）走到格子（x_2，y_2）最少需要走多少步，这个步数就是切比雪夫距离。在 n 维空间中，切比雪夫距离的计算公式为：

$$\mathrm{dist}(x,y)=\max(|x_i-y_i|)$$

4）闵可夫斯基距离。闵可夫斯基距离是欧氏距离和曼哈顿距离的扩展，它可以根据参数 p 的不同取值来变化，是以上距离度量公式的概括性表述。当 $p=1$ 时，闵可夫斯基距离即为曼哈顿距离；当 $p=2$ 时，闵可夫斯基距离即为欧氏距离；当 $p=\infty$ 时，闵可夫斯基距离即为切比雪夫距离。在 n 维空间中，闵可夫斯基距离的计算公式为：

$$\mathrm{dist}(x,y)=\left(\sum_{i=1}^{n}|x_i-y_i|^p\right)^{1/p}$$

（2）相似度算法。

1）余弦相似度。相比距离度量，余弦相似度更注重两个向量在方向上的差异。余弦相似度在文档相似度和图片相似度的计算中具有重要作用，它不受向量的长度影响，仅受方向影响，适用于高维数据和稀疏数据。在 n 维空间中，余弦相似度的计算公式为：

$$\cos(\theta)=\frac{\vec{a}\cdot\vec{b}}{|\vec{a}||\vec{b}|}=\frac{\sum_{i=1}^{n}a_i b_i}{\sqrt{\sum_{i=1}^{n}a_i^2}\sqrt{\sum_{i=1}^{n}b_i^2}}$$

式中，$\vec{a}$ 和 $\vec{b}$ 是 n 维空间中的两个向量，θ 是它们之间的夹角，a_i 和 b_i 是向量的第 i 个分量。

2）皮尔森相关系数。皮尔森相关系数又称相关相似性，又或直接称相关系数，是通过计算两个向量之间的线性相关程度来衡量其相似度。皮尔森相关系数的取值范围是［－1，1］。当 $\rho(x,y)=1$ 时，表示两个向量完全正相关；当 $\rho(x,y)=-1$ 时，表示两个向量完全负相关；当 $\rho(x,y)=0$ 时，表示两个向量无线性相关关系。在 n 维空间中，皮尔森相关系数的计算公式为：

$$\begin{aligned}\rho(x,y)&=\frac{\sigma(x)\cdot\sigma(y)\mathrm{cov}(x,y)}{\sigma(x)\cdot\sigma(y)E[(x-\mu_x)(y-\mu_y)]}\\&=\frac{E[(x-\mu_x)(y-\mu_y)]}{\sqrt{\sum_{i=1}^{n}(x_i-\mu_x)^2}\sqrt{\sum_{i=1}^{n}(y_i-\mu_y)^2}}\end{aligned}$$

式中，x 和 y 是两个 n 维向量，μ_x 和 μ_y 是它们的均值，$\sigma(x)$ 和 $\sigma(y)$ 是它们的标准差，$\mathrm{cov}(x,y)$ 是它们的协方差，$E[\,]$ 是期望值。

3）杰卡德相似度。当个体的特征有符号或布尔值标识时，无法衡量其具体差异值的大小，此时可以使用杰卡德相似度。杰卡德相似度只关心个体间共同具有的特征是否一致这个问题，主要用于计算符号度量或布尔值度量的个体间的相似度。在 n 维向量空间中，杰卡德相似度的计算公式为：

$$J(x,y)=\frac{|x\cap y|}{|x\cup y|}=\frac{p}{p+q+r}$$

式中，x 和 y 是两个 n 维向量，p 是 x 和 y 都为 1 的维度的个数，q 是 x 为 1 而 y 为 0 的维度的个数，r 是 x 为 0 而 y 为 1 的维度的个数。

(3) 规范化。在度量距离时，不同特征往往具有不同的量纲和量纲单位，特征间的量纲可能会影响到数据分析的结果。例如，在使用 K 近邻算法时，如果某个特征的值范围远远大于其他特征，那么该特征可能会对算法的结果产生更大的影响。通过规范化处理，可以确保所有特征对算法的影响程度相对均衡，从而提高算法的性能。一个具体的例子是，假如要比较不同国家的经济发展水平，我们可能会考虑国内生产总值(GDP)、人均收入、通货膨胀率等指标，但这些指标的单位和数量级都不一样，比如 GDP 是数亿美元的量级，而人均收入则只有千美元或者万美元的数量级，此外，GDP 可能是以亿美元为单位，而通货膨胀率可能是以百分比为单位。如果直接对这些指标进行比较或加权求和，就会忽略它们的量纲和数量级的差异，导致评价结果不准确。因此，需要对原始数据进行规范化处理。常见的数据规范化处理方法如下。

1) 归一化。归一化是通过将数据映射到指定的范围，从而去除不同数据特征的量纲。常见的映射范围有 [0, 1] 和 [−1, 1]，通过归一化能够排除量纲的影响，但是归一化对离群值十分敏感，且没有考虑到数据本身的离散程度。最常见的归一化方法是最小-最大归一化，通过对原始数据进行线性变换，使数据映射到 [0, 1] 之间，转换函数如下：

$$x_{\text{new}}=\frac{x-x_{\min}}{x_{\max}-x_{\min}}$$

2) 标准差标准化。标准差标准化根据原始数据的均值和方差来对数据进行标准化处理，经过处理后的数据符合正态分布。转换函数如下：

$$x_{\text{new}}=\frac{x-\mu}{\sigma}$$

式中，μ 是样本数据的均值，σ 是样本数据的标准差。

(4) 权重。在 K 近邻算法中进行距离度量时，一般会通过设置权重来帮助考虑不同样本之间的距离和重要性，从而提高预测的准确性和稳定性。在以下情况中可能需要考虑设置权重。首先是可能存在不同类别的样本数量不平衡的情况。在这种情况下，设置权重可以使少数类别的样本在计算距离时产生更大的影响力，以平衡不同类别的样本。例如，假设使用 K 近邻算法来诊断一种罕见疾病，其中阳性样本（患有该疾病）只占总样本的很小比例，而阴性样本（未患病）占据绝大多数。在这种情况下，样本不平衡可能会导致 K 近邻算法过于偏向阴性样本，而忽略了阳性样本。为了解决这个问题，我们可以设置权重，使阳性样本在计算距离时具有更大的权重。这样，K 近邻算法在进行分类时会更加关注阳性样本，提高罕见疾病的诊断准确性。此外，某些特征可能对最终预测的结果影响更大，通过设置权重就可以调整每个特征对距离计算的贡献，重要特征在计算距离时具有更大的权重。假设使用 K 近邻算法来预测房价，有以下特征：房屋面积（以平方米为单位）、房间数量和附近学校的评分。这些特征具有不同的量纲和范围。在这个例子中，房屋面积可能对房价的影响最大，如果在计算距离时没有考虑特征重要性，K 近邻算法可能会过于依赖其他特征，而忽略了房屋面积对房价的特别重要性。在距离度量时，有时也会调整距离度量的权重，目的是让距离更近的邻居对分类或回归结果有更大的影响，从而更好地适应特定的数据分布或特征空间。

设置权重的方法可以有很多种，常见的方法包括使用距离的倒数作为权重，或者使用高斯核函数对距离进行加权。具体的权重设置方法取决于具体的问题和数据特征。

以上是常见的度量未知数据和已知数据相似度的方法，不同的度量方法可能会影响K近邻模型的性能和准确性。在实验操作中，可以通过交叉验证来比较不同度量方法对模型性能的影响，从而选出最合适的度量方法。此外，相似度的度量方法也取决于数据的类型和问题的性质。一般而言，距离度量方法适用于数值数据，当数据为类别数据或序数数据，若要使用距离度量方法，则需要对数据进行转换，例如，当数据为类别数据时，如果两者的特征属性相同，则将距离记为0，否则记为1。而对于序数数据，则需要用数字替代相应的级别或次序。在距离度量中，欧氏距离更适用于连续数据，曼哈顿距离更适用于离散数据。对于其他相似度度量方法，余弦相似度更适用于文本数据或稀疏矩阵等高维数据。皮尔森相关系数适用于连续数据，尤其是具有线性关系的数据。选用哪种度量方法需要根据实际问题和数据类型进行判断和选择。

9.3 实验案例与实验任务

9.3.1 案例内容与步骤

1. 实验背景

酒店预订软件往往面临用户流失的问题，即用户在使用一段时间后就不再使用该软件。为了提高用户的忠诚度和留存率，酒店预订软件需要对用户的行为和偏好进行分析和预测，从而提供更个性化和优质的服务。本实验的目的是利用机器学习的方法，对酒店预订软件的用户进行留存或流失预测。为了实现这一目的，酒店预订软件提供了关于其用户信息的数据集，该数据集中包含997个酒店预订软件的用户信息。每个用户的信息包括以下属性：邮政编号、性别、年龄、付款方式以及上一次交易的时间排序。此外，每个用户还有一个标签信息，表示该用户是留存还是流失。请将这些数据随机分为训练集和测试集，并使用K近邻算法对用户的留存或流失进行预测。

2. 建模与分析

根据用户的属性，计算用户之间的相似度，然后根据最相似的K个用户的标签，来判断目标用户的标签。

(1) 数据准备。该数据集中共有997个样本，5种属性，已经完成了初步的数据预处理。接下来使用Normalize算子对所有属性进行标准化处理，这里我们使用标准差转化，使所有属性具有相等的标准差。

进行标准化后，使用Split Data算子，将数据集随机分为训练集和测试集，这里我们设置训练集和测试集分别占原数据集的80%和20%。

(2) 建模。使用K近邻算法时，我们的建模思路如下。

1) 选择距离度量的方法。

2) 选取一个K值。

3) 找到K个最近的邻居：对每一个需要预测的未标记的样本，计算测试数据和各个训练数据之间的距离，对距离从小到大进行排序，选取距离最近的K个点。

4）确定目标用户的标签：统计 K 个最近邻居的标签类别出现的频率，以出现频率最高的类别作为目标用户的预测分类。

在建模时，我们调用 KNN 算子，该算子需要设置以下参数。

1）K：这里我们设置 K=20。

2）加权投票：当 K>1 时，选择加权投票会在 K 各邻近点投票时考虑距离远近所占的权重不同，这里我们选择进行加权投票。

3）度量类型：由于我们的属性中既有名义变量，也有数值变量，因此这里选择混合度量即 MixedMeasures。

需要根据实际问题和数据类型选择相似度度量方法，由于我们选择的统计量种类是混合度量，这里只有 MixedEuclideanDistance 一个选择（见图 9-2）。

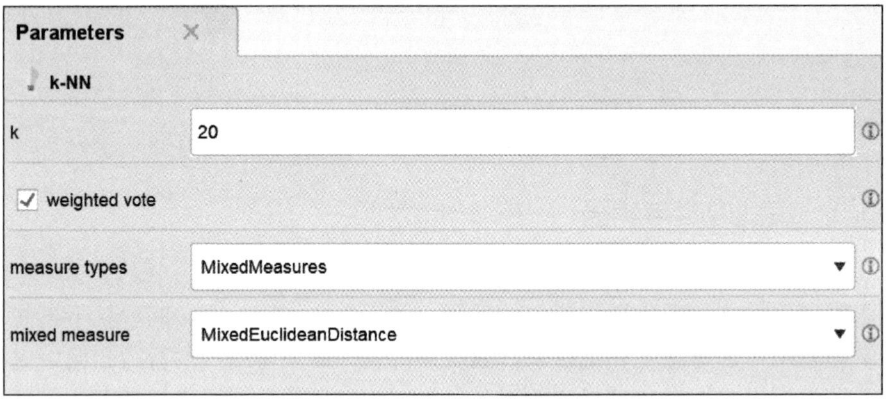

图 9-2　KNN 算子参数设置

（3）评估。使用 Apply Model 算子，将模型应用于测试集上。再使用 Performance 算子，比较测试集的预测标签和实际标签，获得模型的预测准确率。完整的 K 近邻模型流程如图 9-3 所示。

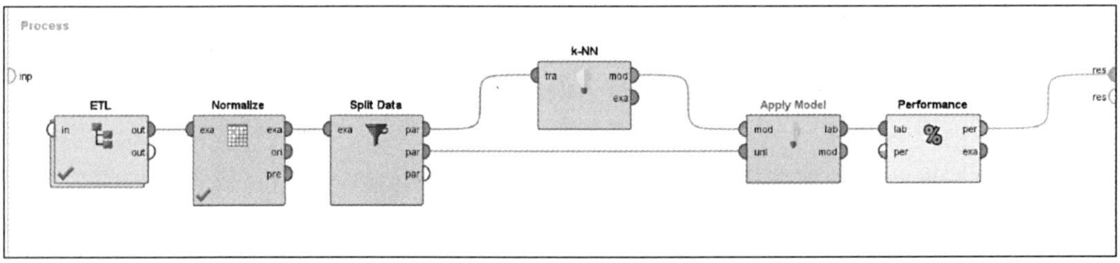

图 9-3　K 近邻模型流程

（4）结果解读。由于 K 近邻模型就是训练集本身，因此模型的基本信息为训练集的基本统计分布情况。Performance 算子输出测试集的正确及错误结果，测试集共 299 个样本，该模型成功预测的有 229 个，错误预测的有 70 个，模型预测准确率为 76.59%（见图 9-4）。

KNNClassification

```
20-Nearest Neighbour model for classification.
The model contains 698 examples with 5 dimensions of the following classes:
  Churn
  Loyal
```

accuracy: 76.59%

	true Churn	true Loyal	class precision
pred. Churn	118	37	76.13%
pred. Loyal	33	111	77.08%
class recall	78.15%	75.00%	

图 9-4　混淆矩阵

（5）其他问题。在实验中，我们可以通过将数据分为训练集和验证集，通过交叉验证找出合适的 K 值。首先使用 Split Data 算子将数据集分为训练集和验证集，使用 Optimize Parameters 算子，在参数设置中选择 K 值，设置 K 值迭代的范围，这里设置为［0，50］，步长为 5，线性递增。在 Optimize Parameters 算子中使用 Cross Validation 进行交叉验证，其中训练部分使用 KNN 算子，测试部分使用 Apply Model 算子和 Performance 算子，具体操作如图 9-5、图 9-6、图 9-7 和图 9-8 所示。

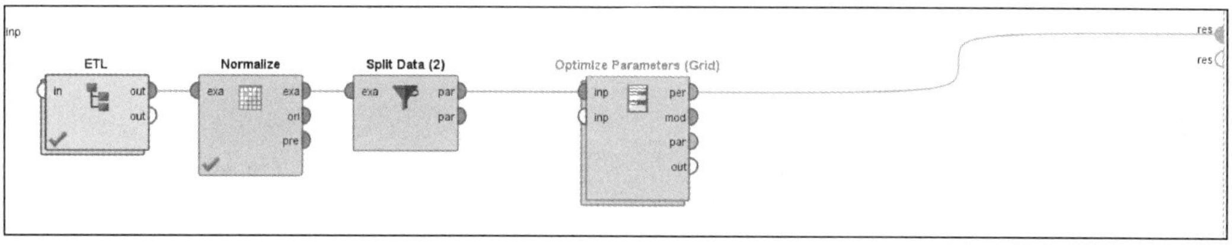

图 9-5　主流程图

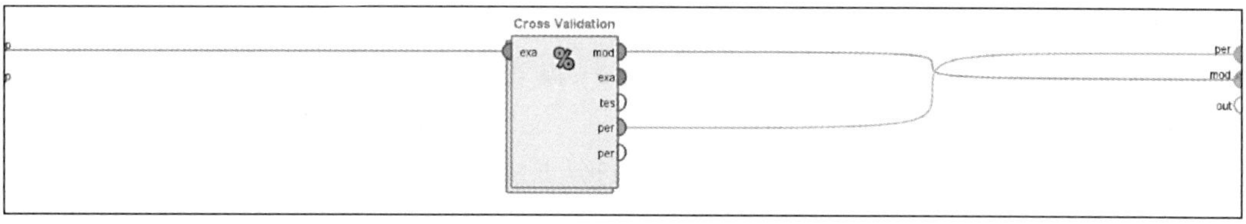

图 9-6　Cross Validation 交叉验证

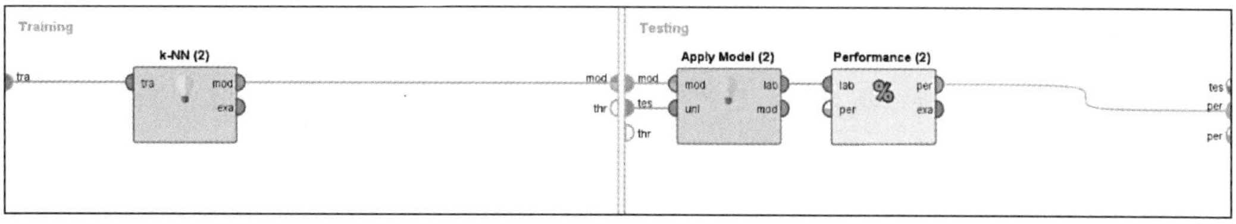

图 9-7　训练与测试

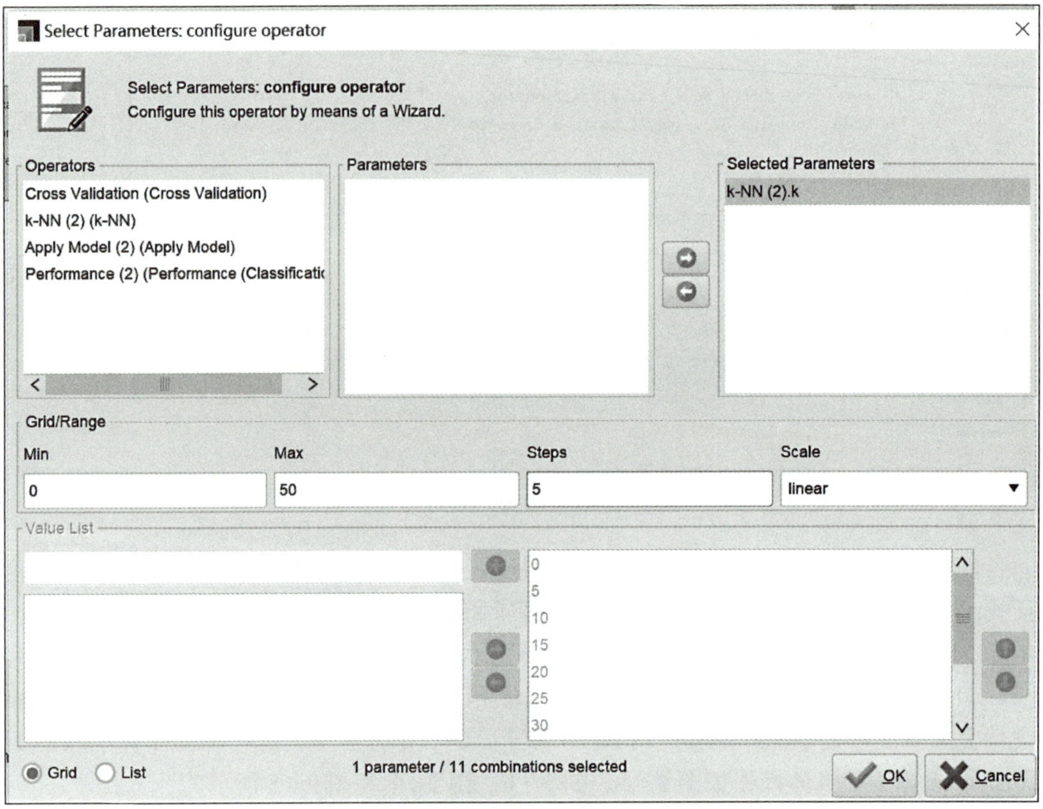

图 9－8　Optimize Parameters 算子参数设置

9.3.2　实验任务

数据来源：鸢尾花数据集（Iris Dataset）。

数据集链接：https://archive.ics.uci.edu/dataset/53/iris。

描述：该数据集包含鸢尾花的特征信息，包括花萼长度、花萼宽度、花瓣长度、花瓣宽度等，以及对应的鸢尾花品种（Setosa、Versicolor、Virginica）。

任务：使用 Altair AI Studio Trial 中的 K 近邻算法构建一个分类模型，根据花的特征预测鸢尾花的品种：

（1）选择合适的特征进行建模，并合理划分训练集和测试集；

（2）在模型评估过程中，使用准确率、召回率、F1 分数等指标评估模型的性能；

（3）尝试调整 KNN 算法中的 K 值，观察模型性能的变化。

// 关键概念回顾 //

积极学习：利用训练集数据，通过训练得到一个函数关系，然后用这个函数来对新样本进行预测。

消极学习：没有“训练”的过程，不会根据训练集主动学习或者拟合一个函数来用于对新样本的判断，而是直接记住训练集的所有样本，然后在需要进行预测时遍历训练集中的所有数据，通过查找与新样本最相似的样本，来对新样本进行预测。

K 近邻：对于任意 n 维的输入向量，可以对应于特征空间的一个点，目标是通过 K 近邻算法输出该特征向量的所属类别标签或者预测值。

相似度：比较两个个体间的差异大小，通常会计算个体特征之间的距离，如果距离小，代表相似度大，反之则代表相似度小。

// 第 10 章 //
支持向量机

支持向量机（support vector machine，SVM）是一种在机器学习领域广泛应用的分类算法，它的核心思想是找到一个超平面，这个超平面能将不同类别的数据最大程度地分开，同时保证分类间隔最大。本章将详细阐述线性支持向量机、软间隔、核函数等支持向量机涉及的基本概念及其算法原理，并以实例展示如何使用支持向量机算法构建分类模型。

10.1 支持向量机概述

支持向量机的研究历史可以追溯到 20 世纪 60 年代，当时弗拉基米尔·万普尼克（Vladimir Vapnik）等人提出了统计学习理论的基础。但直到 1992 年，伯恩哈德·伯泽尔（Bernhard Boser）、伊莎贝尔·居永（Isabelle Guyon）和弗拉基米尔·万普尼克提出了非线性支持向量机的概念，通过引入核函数将低维空间中的非线性问题转化为高维空间中的线性问题，才使得支持向量机得到了广泛关注和应用。1995 年，克里娜·柯尔特斯（Corinna Cortes）和弗拉基米尔·万普尼克正式发表了关于支持向量机的经典论文，进一步完善了其理论和算法，使其成为机器学习领域一种重要的分类和回归方法，在文本分类、图像识别、生物信息学等众多领域取得了显著成果。

在详细解释支持向量机的原理之前，我们需要先了解超平面的概念，它是一个将空间划分为两部分的决策边界。在二维空间中，这个决策边界就是一条直线；在三维空间中，它是一个平面；在更高维度的空间中，我们称之为超平面。

支持向量机具有诸多优点。比如，它在处理高维数据时表现出色，能够将数据映射到更高维度的空间，并通过寻找最优超平面进行分类，这使得其在处理复杂数据集时具有优势，不容易受到“维数灾难”的影响。此外，支持向量机通过最大化分类间隔来寻找最优超平面，这有助于减少过拟合的风险。同时，支持向量机中的软间隔概念使得模型对噪声和异常值具有一定的鲁棒性，从而提高了模型的泛化能力。再者，支持向量机不仅适用于线性可分的数据，还可以通过引入核函数来处理非线性可分的数据，这使得它能够应用于各种类型的数据集，包括文本、图像、生物信息等。另外，在训练过程中，支持向量机只需要使用支持向量来构建模型，而不需要考虑所有的样本点，这大大减少了计算量，使得支持向量机在处理大规模数据集时具有相对较高的效率。

但支持向量机也有一些缺点。首先，支持向量机的性能在很大程度上取决于超参的选择，如软间隔惩罚系数和核函数参数等，不同的超参组合可能会造成模型性能差异很大，因此需要通过交叉验证等方法来选择最优超参，这增加了模型调参的复杂性。其次，原始的支持向量机算法是针对二分类问题设计的，虽然可以通过构建多个二分类支持向量机来解决多分类问题，但这会增加模型的复杂性和计算量，相比之下，其他一些算法，如决策树、随机森林等，能更直接地支持多分类问题。而且支持向量机对数据的完整性要求较高，如果数据集中存在较多的缺失值或异常值，就可能会影响模型的性能和稳定性，因此在使用支持向量机之前需要对数据进行适当的预处理和清洗。

总的来说，支持向量机是一种强大且灵活的机器学习算法，它能够处理线性可分和非线性可分的数据，并且对于高维数据和复杂非线性边界的建模能力较强。通过选择合适的核函数和超参，支持向量机可以应用于各种分类问题，并且可以拓展到回归问题，目前在许多领域取得了优异的表现。

10.2　支持向量机算法原理

支持向量机的目标是找到一个合适的超平面，它不仅能够将两类数据正确地分开，而且能够使得距离这个超平面最近的点到超平面的距离最大。这些距离超平面最近的点被称为支持向量，而支持向量机的决策边界只取决于这些支持向量。在求解过程中，我们需要解决一个二次规划问题。具体来说，就是通过优化目标函数（通常是最大化分类间隔和最小化误分类点的数量或误分类的程度）和满足一系列约束条件（例如样本点到超平面的距离大于某个阈值）来找到最优的超平面和支持向量。

10.2.1　线性支持向量机

对于线性支持向量机，即样本线性可分的支持向量机，可用以下方法找到超平面。

考虑训练集 $T=\{(\boldsymbol{x}_1, y_1), (\boldsymbol{x}_2, y_2), \cdots, (\boldsymbol{x}_N, y_N)\}$，其中向量$\boldsymbol{x}_i$是样本点，$y_i$是样本标签，取$+1$时是正例，取$-1$时是负例。

给定数据集 T 和某超平面 $\boldsymbol{\theta x}+\theta_0=0$，支持向量到超平面的距离被称为间隔：

$$\text{间隔} = \min_{i=1,2,\cdots,N} y_i(\boldsymbol{\theta x}_i+\theta_0)$$

为了寻找到一个最大间隔的超平面，我们有目标函数

$$\max_{\boldsymbol{\theta},\theta_0} \min_{i=1,2,\cdots,N} y_i(\boldsymbol{\theta x}_i+\theta_0)$$

但该问题并不具有有界解，因为对于任意解（$\boldsymbol{\theta}$，θ_0），总是能找到另一个解（$C\boldsymbol{\theta}$，$C\theta_0$）使得目标函数值变大（C 为一个正常数）。因此，我们需要添加约束$\|\boldsymbol{\theta}\|_2=1$，使

得 $\boldsymbol{\theta}$ 的 L2 范数被固定住。但是该问题并不是凸优化问题（即目标函数不是凸函数），因此需要针对其进行变换。变换后的优化问题如下：

$$\min_{\boldsymbol{\theta},\theta_0}\|\boldsymbol{\theta}\|_2^2$$

$$\text{s. t.}\ \ y_i(\boldsymbol{\theta}\boldsymbol{x}_i+\theta_0)\geqslant 1, \forall i=1,2,\cdots,N$$

原优化问题可看作最大化间隔，标准化参数的模；变换后的优化问题可看作标准化间隔，最小化参数的模。变换后的优化问题目标函数是二次函数，约束是线性函数，可以利用二次规划算法进行求解。另外，还可进一步利用拉格朗日乘子法，将其变换为对偶问题，并采用序列最小优化（sequential minimal optimization，SMO）算法求解。感兴趣的读者可自行研究，本书不展开。

10.2.2 软间隔

为了处理数据中的噪声和异常值，支持向量机还引入了软间隔的概念。在硬间隔中，我们要求所有样本都必须被正确分类（即约束 $y_i(\boldsymbol{\theta}\boldsymbol{x}_i+\theta_0)\geqslant 1$），这就可能导致模型过拟合。而在软间隔中，我们允许一些样本被错误分类，但会在目标函数中考虑错误分类的代价。这样，模型就可以在保持一定分类精度的同时，提高泛化能力。软间隔对应的优化问题如下：

$$\min_{\boldsymbol{\theta},\theta_0,\xi_i}\frac{1}{2}\|\boldsymbol{\theta}\|^2+C\sum_{i=1}^{N}\xi_i$$

$$\text{s. t.}\ \ y_i(\boldsymbol{\theta}\boldsymbol{x}_i+\theta_0)\geqslant 1-\xi_i,\quad i=1,2,\cdots,N$$

$$\xi_i\geqslant 0,\quad i=1,2,\cdots,N$$

在约束 $y_i(\boldsymbol{\theta}\boldsymbol{x}_i+\theta_0)\geqslant 1-\xi_i$ 中，每个样本点对应的 ξ_i 代表了该样本点违反间隔约束的程度，$\xi_i=0$ 表示被正确分类且没超过间隔，$0<\xi_i\leqslant 1$ 表示被正确分类但超过间隔，$1<\xi_i\leqslant 2$ 表示被错误分类但没有超过另一类的间隔，$\xi_i>2$ 表示被错误分类且超过了另一类的间隔。目标函数中的 $C\sum_{i=1}^{N}\xi_i$ 表示对样本点违反间隔约束的惩罚。其中，C 又称正则化超参。C 越小，违反间隔约束的代价越小，超过间隔的数据样本会越多，间隔越宽；C 越大，违反间隔约束的代价越大，超过间隔的数据样本会越少，间隔越窄。

10.2.3 核函数

针对线性不可分数据，带有软间隔的支持向量机可以处理一部分分类问题，如图 10－1 所示。但有些情况，带有软间隔的支持向量机也无法处理，如图 10－2 所示。

为了解决这个问题，支持向量机引入了核函数的概念。它的作用是使用特征映射，将线性不可分数据，映射到另一个特征空间，使得其线性（近似）可分。

举例如下，如图 10－3 所示，左图在平面空间，我们无法使用线性的分界线使得红蓝球分开，但若将其映射到三维空间上，则可以使用一个线性的分界面将其分开。

完成这项特征空间映射任务的函数称为核函数。核函数可以将原始数据映射到更高

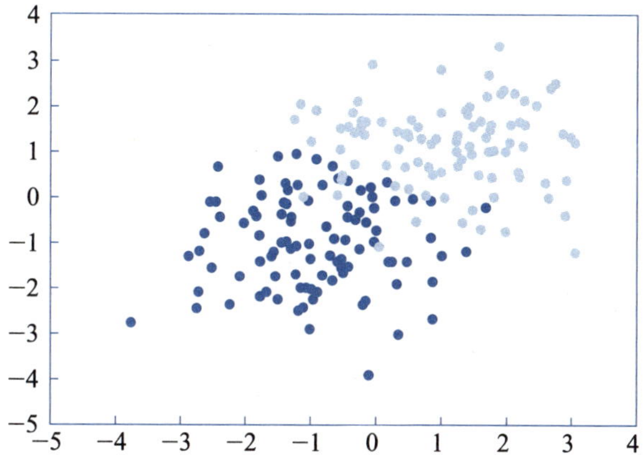

图 10－1　带软间隔的支持向量机可以处理的线性不可分数据

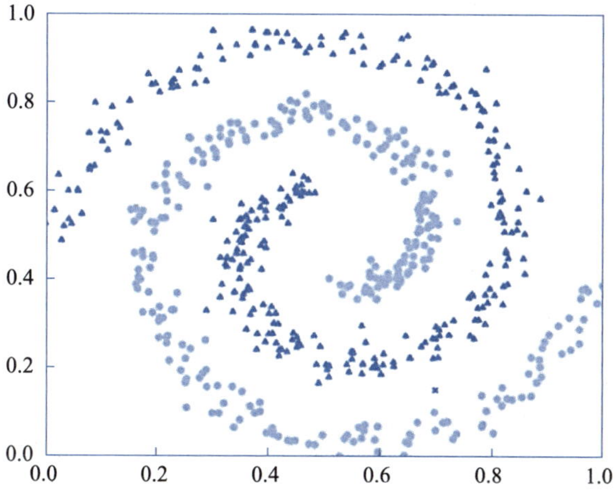

图 10－2　带软间隔的支持向量机不能处理的线性不可分数据

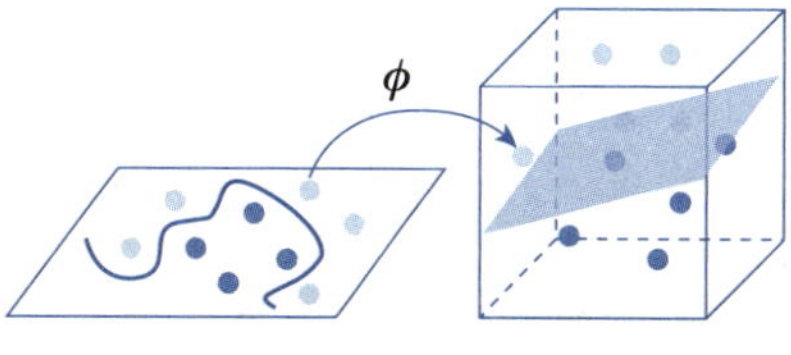

图 10－3　线性不可分数据的映射

维度的空间中，使得数据在这个高维空间中变得线性可分。常用的核函数包括线性核、多项式核、径向基函数核等。不同的核函数对应不同的映射方式和复杂度，需要根据具体问题进行选择。常用核函数有以下几种。

（1）高斯核函数，又称为径向基核函数。

$$K(\boldsymbol{x},\boldsymbol{z})=\exp\left(-\frac{\|\boldsymbol{x}-\boldsymbol{z}\|^2}{2\sigma^2}\right)$$

(2) 多项式核函数。

$$K(\boldsymbol{x},\boldsymbol{z})=(\boldsymbol{x}'\boldsymbol{z})^d$$

(3) 余弦相似度核函数。

$$K(\boldsymbol{x},\boldsymbol{z})=\frac{\boldsymbol{x}'\boldsymbol{z}}{\|\boldsymbol{x}\|\|\boldsymbol{z}\|}$$

(4) Sigmoid 核函数。

$$K(\boldsymbol{x},\boldsymbol{z})=\frac{1-\exp(\alpha\boldsymbol{x}'\boldsymbol{z}+c)}{1+\exp(\alpha\boldsymbol{x}'\boldsymbol{z}+c)}$$

Altair AI Studio 支持向量机算子中有关核函数的参数如表 10-1 所示。

表 10-1 Altair AI Studio 支持向量机算子中有关核函数的参数

参数名称	介绍
核类型 (kernel type)	范围：点积、径向、多项式、Sigmoid、ANOVA、Epanechnikov、高斯组合、多元二次 默认值：径向
核伽马 (kernel gamma)	此参数仅在将数值度量参数设置为核欧氏距离且核类型参数设置为径向或 ANOVA 时需设置 类型：实数 范围：0.0～+∞ 默认值：1.0
核 sigma1 (kernel sigma1)	此参数仅在将数值度量参数设置为核欧氏距离且核类型参数设置为 Epanechnikov、高斯组合或多元二次时需设置 类型：实数 范围：0.0～+∞ 默认值：1.0
核 sigma2 (kernel sigma2)	此参数仅在将数值度量参数设置为核欧氏距离且核类型参数设置为高斯组合时需设置 类型：实数 范围：0.0～+∞ 默认值：0.0
核偏移 (kernel shift)	此参数仅在将数值度量参数设置为核欧氏距离且核类型参数设置为多元二次时需设置 类型：实数 范围：−∞～+∞ 默认值：1.0
核度 (kernel degree)	此参数仅在将数值度量参数设置为核欧氏距离且核类型参数设置为多项式、ANOVA 或 Epanechnikov 时需设置 类型：实数 范围：0.0～+∞ 默认值：3.0

续表

参数名称	介绍
核 a （kernel a）	此参数仅在将数值度量参数设置为核欧氏距离且核类型参数设置为 Sigmoid 时需设置 类型：实数 范围：－∞～＋∞ 默认值：1.0
核 b （kernel b）	此参数仅在将数值度量参数设置为核欧氏距离且核类型参数设置为 Sigmoid 时需设置 类型：实数 范围：－∞～＋∞ 默认值：0.0

10.3　实验案例与实验任务

10.3.1　案例内容与步骤

1. 利用支持向量机进行线性可分数据的分类预测

(1) 读取训练集（见图 10－4）。使用 Read CSV 算子读取 SVM_simple_example.csv 数据，该数据可以在如下网址下载：https://github.com/wangshan731/Altair-RapidMinerData。

在 Read CSV 算子中，使用 Import Configuration Wizard 来选择数据，并对属性的类型和角色进行设置（见图 10－4）。由于 class 是需要分类的属性，因此将其角色设置为 label。另外，由于支持向量机只能处理二元分类问题，因此需要将 class 的类型修改为 binomial。

(2) 训练支持向量机。导入 Support Vector Machine 算子，将其 tra 输入接口与 Read CSV 算子的 out 接口相连接。接下来对该算子进行参数设置，如图 10－5 所示。

由于该算例为线性支持向量机，无须核函数，kernel type 选择 dot，表示核函数为 $k(\boldsymbol{x},\ \boldsymbol{y})=\boldsymbol{x}\cdot\boldsymbol{y}$，即无核函数。

C 代表正则化系数，对模型的复杂度进行惩罚。该值越大，则训练出来的模型越简单，间隔越“软”，误分类的样本可能越多。

convergence epsilon 代表模型收敛误差，越小模型越精确，但也需要更多计算时间。max iterations 用于限制最大迭代次数，避免训练时间过长。

若勾选了 scale，则输入的数据将会被标准化。

在损失函数中，L pos 和 L neg 代表对第二类错误和第一类错误的惩罚系数，若两类错误代价不同，可设置为不同的系数。epsilon、epsilon plus、epsilon minus 表示损失函数中可以容忍的偏差。若勾选了 balance cost，则会在损失函数中将样本的不平衡性纳入考量。quadratic loss pos 和 quadratic loss neg 则代表在损失函数中使用用误差平方和。

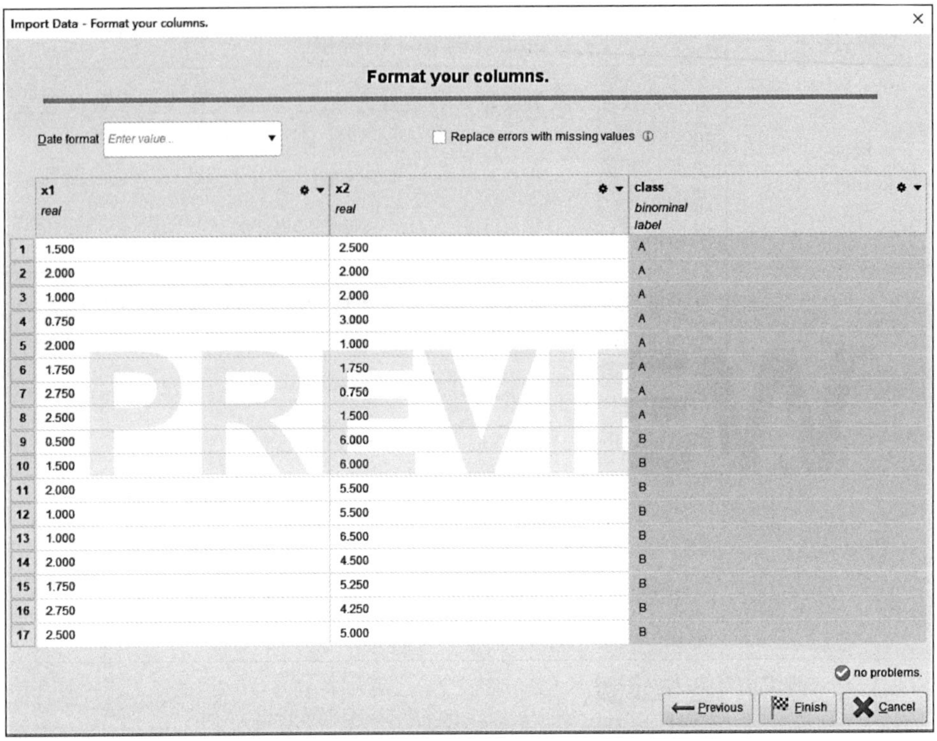

图 10-4　使用 Import Configuration Wizard 修改标签属性的类型和角色

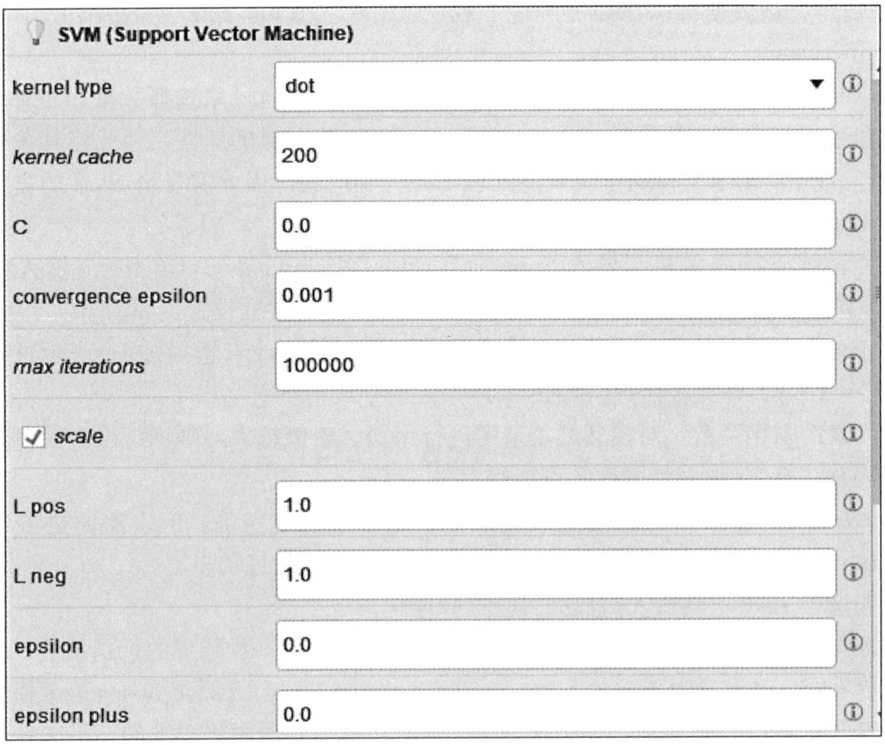

图 10-5　Support Vector Machine 算子参数设置

一般情况下，设置核函数参数、正则化系数、L pos 和 L neg 即可。若想要间隔约束比较严格的支持向量机，可将 C 设为 0，将 L pos 和 L neg 设得比较大。在这里，我们将 L pos 和 L neg 设为 100。

（3）理解支持向量机模型。Support Vector Machine 算子的 mod 将输出支持向量机模型。

模型结果中的 Description 页面，Bias、w[x1] 和 w[x2] 分别是支持向量机线性函数的截距项和特征系数项。

模型结果中的 Support Vector Table 可以显示哪些样本是支持向量。如图 10－6 所示，可以看出，有 4 个样本点被标记为支持向量，它们的 function value 的绝对值均小于等于 1，说明这些样本位于间隔上。非支持向量的 function value 的绝对值均大于 1 且 alpha 均为 0，说明它们对决策边界没有任何贡献。

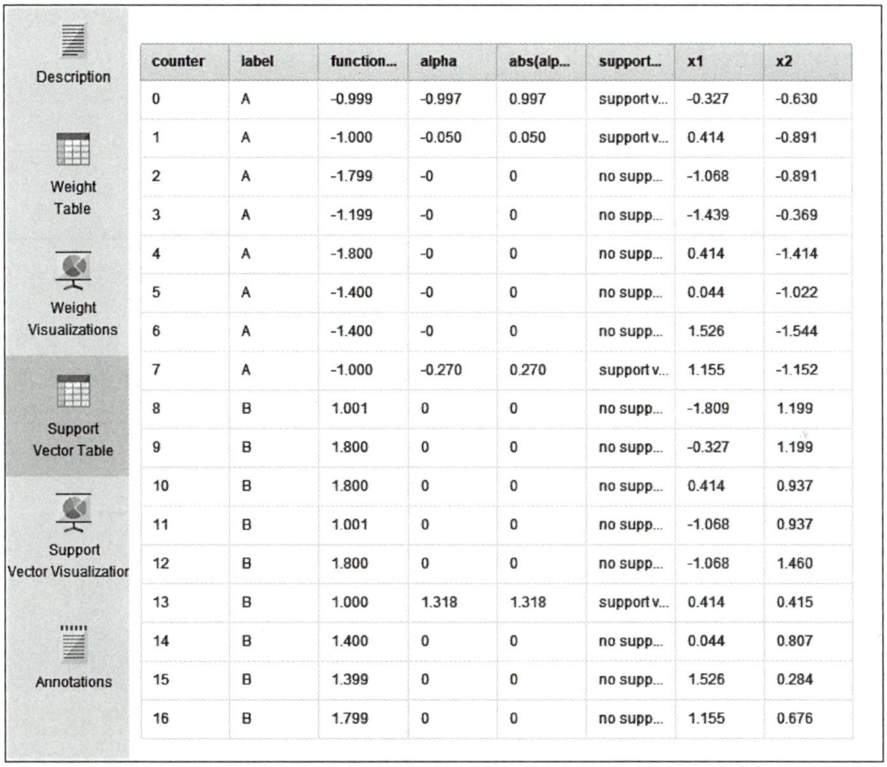

counter	label	function...	alpha	abs(alp...	support...	x1	x2
0	A	-0.999	-0.997	0.997	support v...	-0.327	-0.630
1	A	-1.000	-0.050	0.050	support v...	0.414	-0.891
2	A	-1.799	-0	0	no supp...	-1.068	-0.891
3	A	-1.199	-0	0	no supp...	-1.439	-0.369
4	A	-1.800	-0	0	no supp...	0.414	-1.414
5	A	-1.400	-0	0	no supp...	0.044	-1.022
6	A	-1.400	-0	0	no supp...	1.526	-1.544
7	A	-1.000	-0.270	0.270	support v...	1.155	-1.152
8	B	1.001	0	0	no supp...	-1.809	1.199
9	B	1.800	0	0	no supp...	-0.327	1.199
10	B	1.800	0	0	no supp...	0.414	0.937
11	B	1.001	0	0	no supp...	-1.068	0.937
12	B	1.800	0	0	no supp...	-1.068	1.460
13	B	1.000	1.318	1.318	support v...	0.414	0.415
14	B	1.400	0	0	no supp...	0.044	0.807
15	B	1.399	0	0	no supp...	1.526	0.284
16	B	1.799	0	0	no supp...	1.155	0.676

图 10－6 模型结果中的 Support Vector Table

模型结果中的 Support Vector Visualization 可对模型进行可视化。选择 Plot type 为 Scatter/Bubble，X-Axis column 为 x1，Value column 为 x2，Color 为 Label，Size 为 Abs（Alpha），如图 10－7 所示。可以看出，Abs（Alpha）取值较大的四个数据点均位于决策边界的两边，它们共同决定了决策边界。

2. 利用带有核函数的支持向量机进行线性不可分数据的分类预测

（1）读取训练集。使用 Import Configuration Wizard 重新设置 Read CSV 算子，使其读取 SVM_nonLinear_example.csv 数据集，并对属性类型和角色进行设置。其中的 y＝x1SQ＋x2SQ 是用作验证模型结果的属性，并不用于训练模型，故将其角色设为 id；

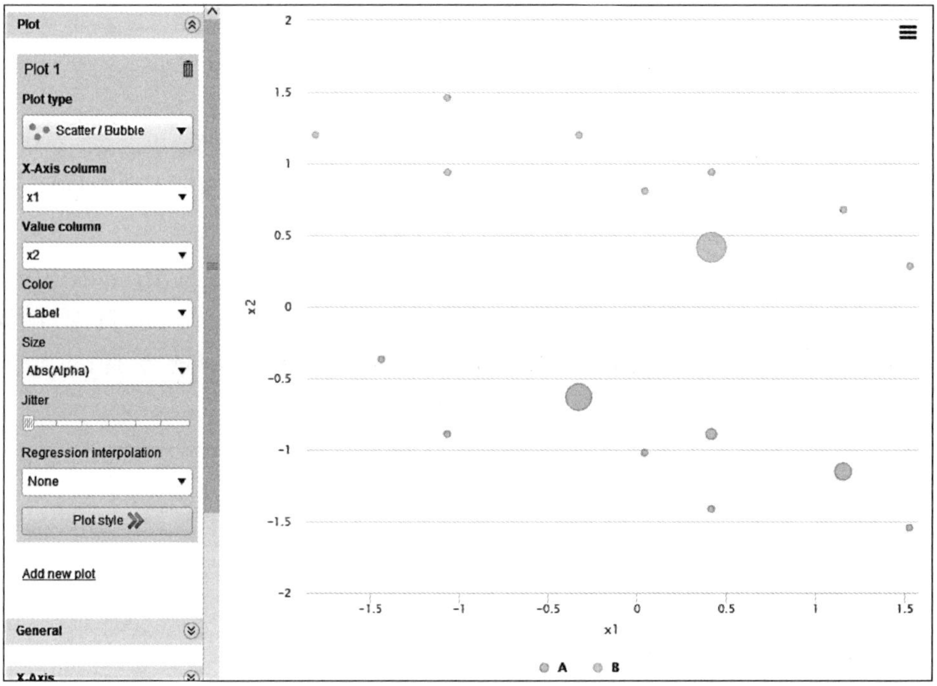

图 10-7　模型结果中的 Support Vector Visualization

由于 ring 是我们需要分类的属性，因此将其角色设置为 label。另外，由于支持向量机只能处理二元分类问题，因此需要将 ring 的类型修改为 binomial，如图 10-8 所示。

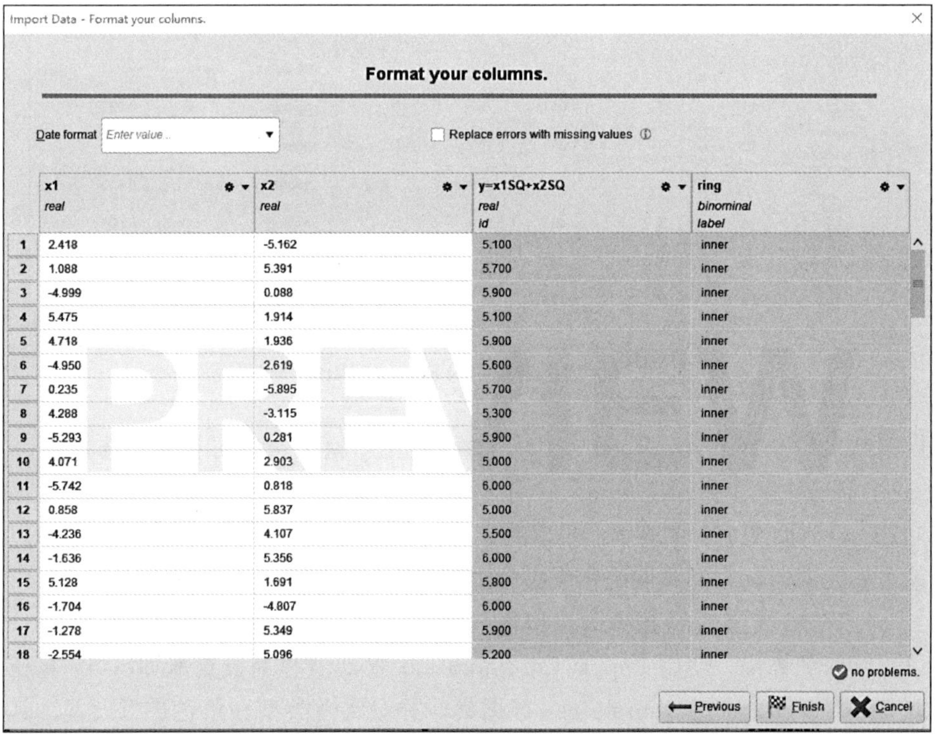

	x1 real	x2 real	y=x1SQ+x2SQ real id	ring binominal label
1	2.418	-5.162	5.100	inner
2	1.088	5.391	5.700	inner
3	-4.999	0.088	5.900	inner
4	5.475	1.914	5.100	inner
5	4.718	1.936	5.900	inner
6	-4.950	2.619	5.600	inner
7	0.235	-5.895	5.700	inner
8	4.288	-3.115	5.300	inner
9	-5.293	0.281	5.900	inner
10	4.071	2.903	5.000	inner
11	-5.742	0.818	6.000	inner
12	0.858	5.837	5.000	inner
13	-4.236	4.107	5.500	inner
14	-1.636	5.356	6.000	inner
15	5.128	1.691	5.800	inner
16	-1.704	-4.807	6.000	inner
17	-1.278	5.349	5.900	inner
18	-2.554	5.096	5.200	inner

图 10-8　修改 SVM_simple_example. csv 数据的属性类型和角色

（2）训练支持向量机。对 Support Vector Machine 算子的 kernel type 参数进行修改，设为 polynomial，并设置其对应的 kernel degree，如图 10－9 所示。当 kernel type 为 polynomial 时，kernel degree 代表多项式函数的幂数。

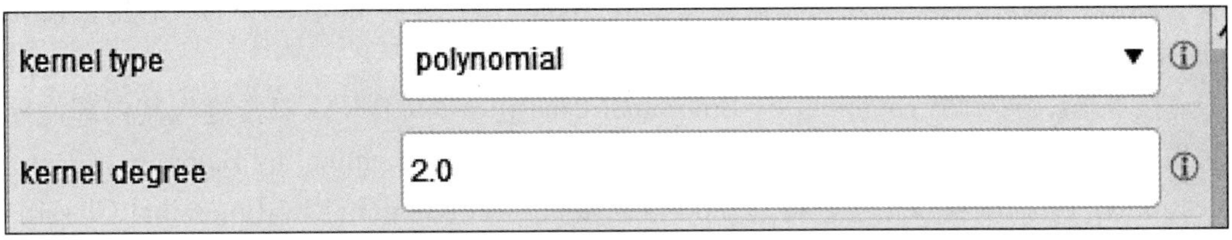

图 10－9　修改 kernel type 参数及其对应的 kernel degree 参数

设置完毕后即可运行并输出 mod。

（3）理解支持向量机模型。观察模型结果中的 Support Vector Table 可以看出，有 6 个样本点被标记为支持向量，它们的 function value 的绝对值均小于等于 1，说明这些样本位于间隔上。非支持向量的 function value 的绝对值均大于 1 且 alpha 均为 0，说明它们对决策边界没有任何贡献。

模型结果中的 Support Vector Visualization 可对模型进行可视化。选择 Plot type 为 Scatter/Bubble，X-Axis column 为 x1，Value column 为 x2，Color 为 Label，Size 为 Abs（Alpha），如图 10－10 所示。可以看出，Abs（Alpha）取值较大的 6 个数据点均位于决策边界的周围，它们共同决定了一个非线性的决策边界。

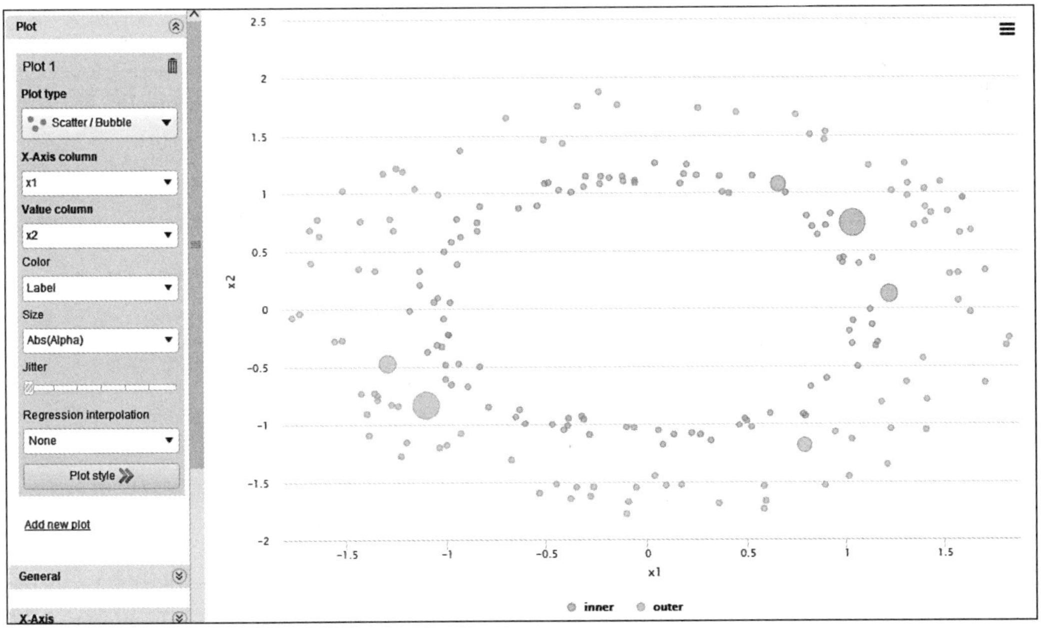

图 10－10　线性不可分数据的可视化

在本例中，我们事先通过数据知道了标签变量是根据 y＝x1SQ＋x2SQ 得出的，因此选择了二次多项式函数作为核函数，读者也可以尝试不同的核函数。需要注意的是，不同的核函数有不同的参数需要设置。

3. 利用支持向量机进行多元分类预测

虽然支持向量机只能进行二元分类，但也可通过 Polynominal by Binominal Classification 算子实现多元分类。

首先，我们读取多元分类数据集 Credit_Risk. csv，并将 Applicant_ID 的角色设为 id，将 Credit_Risk 的角色设为 label。

接下来，导入 Polynominal by Binominal Classification 算子，双击进入其内部，导入 Support Vector Machine 算子，将其 tra 输入接口与 Polynominal by Binominal Classification 算子的 tra 接口相连，将其 mod 输出接口与 Polynominal by Binominal Classification 算子的 mod 接口相连，如图 10 - 11 和图 10 - 12 所示。这里可对支持向量机参数进行设置。

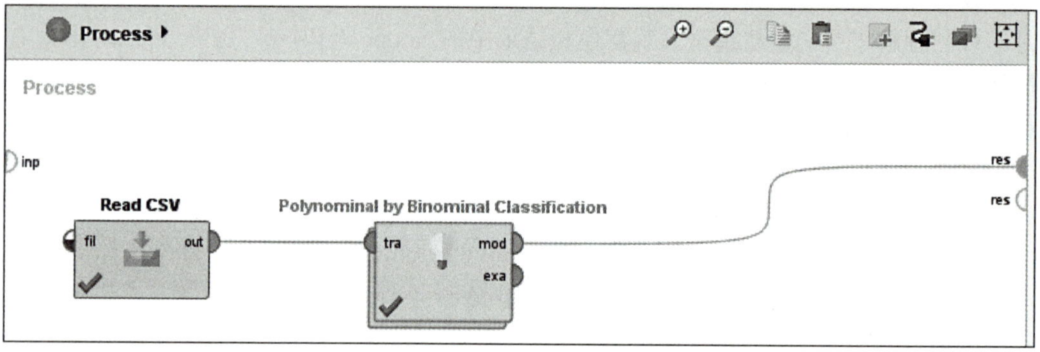

图 10 - 11　Polynominal by Binominal Classification 算子连接

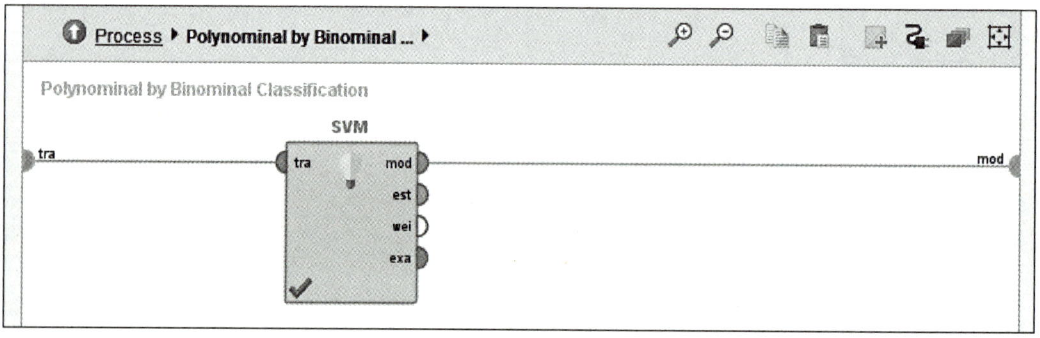

图 10 - 12　Polynominal by Binominal Classification 算子内部结构

在 Polynominal by Binominal Classification 算子的参数设置中，需要对 classification strategies 进行选择。一般选择 1 against all 或者是 1 against 1。这里 Credit_Risk 的取值一共是五类——DO NOT LEND、High、Moderate、Low 和 Very Low。1 against all 代表训练五个支持向量机模型，分别分类每一类和其他类；1 against 1 代表训练十个支持向量机模型，分别对任意两类进行分类。

Polynominal by Binominal Classification 算子输出的模型可直接用于多元分类预测。

10.3.2　实验任务

利用 Samples/Templates/Credit Risk Modeling/Counterparty Risk Data 数据集，使用支持向量机构建分类模型，预测每个数据实例是否有信用风险（标签为 Default）。

// 关键概念回顾 //

支持向量机：一种在机器学习领域广泛应用的分类算法，核心思想是找到一个超平面，这个超平面能够将不同类别的数据最大程度地分开，同时保证分类间隔最大。

线性支持向量机的数学模型：

$$\min_{\boldsymbol{\theta},\theta_0}\|\boldsymbol{\theta}\|_2^2$$

$$\text{s.t.}\ \ y_i(\boldsymbol{\theta}x_i+\theta_0)\geqslant 1,\quad \forall i=1,2,\cdots,N$$

软间隔：允许一些样本超过间隔的限制甚至被错误分类，但会在目标函数中考虑超过间隔限制的代价，使得模型可以在保持一定分类精度的同时，提高泛化能力。

核函数：使用特征映射，将线性不可分数据，映射到另一个特征空间，使得其线性（近似）可分。

// 第 11 章 //

神经网络

神经网络通过模拟人脑神经系统的结构和功能，并通过训练和优化，自动学习到数据的特征表示，同时完成各种复杂的任务。本章将深入探讨神经网络涉及的概念、方法、原理，并以实例展示如何构建神经网络分类模型并对模型进行评估。

11.1 神经网络概述

神经网络是一个深度模拟人脑神经系统结构和功能的计算模型，其核心在于通过大量神经元之间的连接和交互，实现对输入数据的分布式并行处理，进而达到完成识别、分类、预测等复杂任务的目标。

神经网络的研究历史可以追溯到 20 世纪 40 年代。1943 年，沃伦·麦卡洛克（Warren McCulloch）和沃尔特·皮茨（Walter Pitts）提出了 MP 神经元模型，标志着神经网络研究的开端。1958 年，弗兰克·罗森布拉特（Frank Rosenblatt）提出了感知机模型，这是一种简单的神经网络，能够对线性可分的数据进行分类。20 世纪 60 年代末，马文·明斯基（Marvin Minsky）和西摩·佩珀特（Seymour Papert）指出了感知机的局限性，导致神经网络的研究陷入低谷。20 世纪 80 年代，杰弗里·辛顿（Geoffrey Hinton）等人提出的反向传播算法使得神经网络能够有效地进行训练，从而重新激发了人们对神经网络的研究兴趣。

随着计算机性能的不断提升和数据量的不断增加，神经网络在 20 世纪 90 年代得到进一步发展，出现了各种不同类型的神经网络模型，如多层感知机、卷积神经网络、循环神经网络等。进入 21 世纪后，随着深度学习技术的发展，神经网络模型在图像识别、语音识别、自然语言处理等领域取得了突破性进展，成为人工智能领域的核心技术之一。例如，卷积神经网络在图像处理方面表现出色，能够自动学习到图像的层次化特征；循环神经网络在处理序列数据方面具有优势，能够捕捉序列中的时间依赖关系；Transformer 在自然语言处理方面十分出色，是当前大语言模型的基础架构。

神经网络的强大之处在于其能够自动学习数据的特征表示。通过训练，模型能够学习到从原始输入到目标输出的映射关系，而无须人工设计特征提取器。这使得神经网络在处理高维、非线性、复杂数据时具有显著优势。

11.2　神经网络算法原理

11.2.1　神经网络模型

神经网络模型的基本单元是神经元。每个神经元接收来自其他神经元的输入信号，并根据这些输入信号与对应权重的乘积之和，通过激活函数得到一个输出值：

$$f(z) = w_0 + \sum_m w_m x_m$$

这个过程是神经元对输入数据进行处理的核心步骤，如图 11－1 所示。通过调整权重和激活函数，神经元可以对输入数据进行不同的特征提取和转换，以适应不同任务的需求。

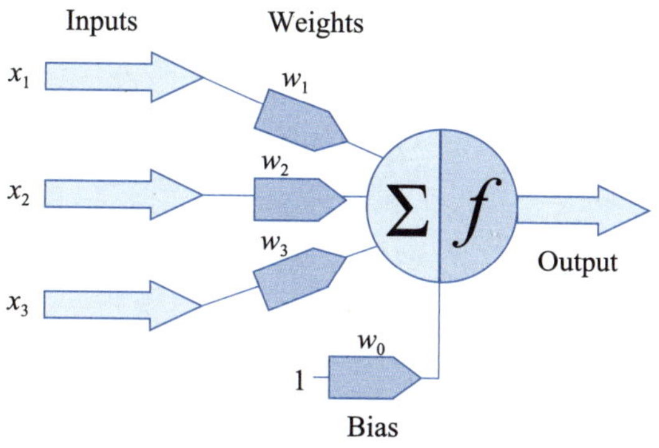

图 11－1　一个基本的神经元模型

激活函数是神经网络中极为重要的一部分，它是一种将神经元的输入信号汇总并将其传递到下一个神经元的非线性转换函数。它的主要作用是将传输到神经元的信号进行处理和转化，最终输出一种非线性化的结果。通过使用激活函数，神经网络具有了非线性化的能力，从而可以对不同种类的任务进行处理。

常见的激活函数包括 Sigmoid 函数、Tanh 函数、ReLU 函数以及 Softmax 函数等。这些函数各具特点，适用于不同的场景和需求。例如，Sigmoid 函数和 Tanh 函数常用于将输入值转换为有限范围内的输出，适用于二分类或多分类问题；ReLU 函数则能够有效地解决梯度消失问题，提高神经网络的训练效率；而 Softmax 函数则适用于多分类问题，能够将输出转换为概率分布。

（1）Sigmoid 函数：

$$\sigma(z) = \frac{1}{1+e^{-z}}$$

（2）Tanh 函数：

$$\tanh(z) = \frac{1-\exp(-2z)}{1+\exp(-2z)}$$

（3）ReLU 函数：

$$\mathrm{ReLU}(z) = \max(0, z)$$

（4）Softmax 函数：

$$o_k = \frac{e^{z_k}}{\sum_{k'=1}^{K} e^{z_{k'}}}$$

式中，z 为激活函数的输入，即 $z = w_0 + \sum_m w_m x_m$。

在选择激活函数时，需要考虑神经网络的类型、问题的性质以及训练数据的特性等因素。不同的激活函数可能会对神经网络的性能产生不同的影响，因此需要根据实际情况进行选择和优化。

在神经网络中，神经元按照一定的层次结构进行连接，形成多层网络。每一层都负责处理上一层输出的特征，并将结果传递给下一层。这种层次化的结构使得神经网络能够逐步提取输入数据的深层特征，从而实现对复杂模式的识别和学习。多层神经网络模型如图 11－2 所示。

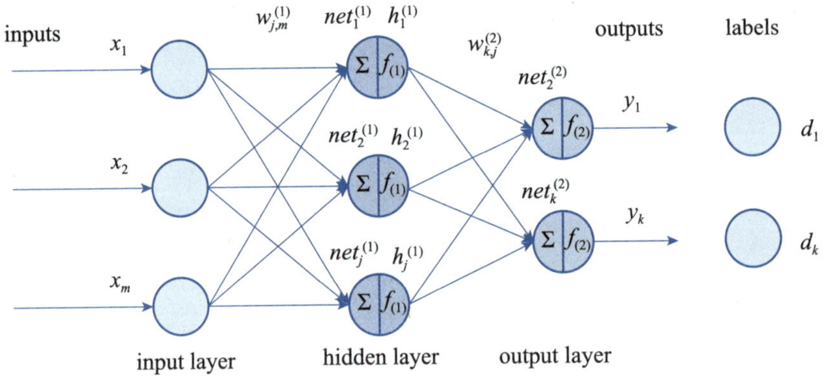

图 11－2　多层神经网络模型

神经网络输入层的每一个神经元对应一个特征，输出对应特征的值；而其输出层根据输出的取值类别而确定，输出有 K 类就有 K 个神经元，第 k 个神经元输出第 k 类的概率。输入层和输出层之间的结构叫隐层，每个隐层有多个神经元，每个神经元将上一层神经元的输出结果作为输入，处理后输出给下一个层的神经元。

神经网络的参数是$w_{j,m}^{(t)}$，上标（t）表示第 t 层，下标 j，m 表示从左侧第 m 个神经元传递给右侧第 j 个神经元。第 t 层第 j 个神经元的输出为：

$$h_j^{(t)} = f_t(w_{j,0}^{(t)} + \sum_m w_{j,m}^{(t)} h_m^{(t-1)})$$

式中，f_t是第 t 层的激活函数。

11.2.2　神经网络的训练

为了训练神经网络模型，需要使用大量的标注数据进行监督学习。在训练过程中，模型会尝试根据输入数据预测输出，并与实际输出进行比较，计算误差。具体公式为：

$$L_i = \frac{1}{2}\sum_{k=1}^{K}(o_{k,i} - y_{k,i})^2$$

式中，$o_{k,i}$ 为预测第 i 个样本为第 k 类的概率，$y_{k,i}$ 表示第 i 个样本的真实值是否为第 k 类。

神经网络的训练目标是寻找参数 $w_{j,m}^{(t)}$，使得样本上的误差最小。所使用的方法一般是梯度下降法，即反复进行如下的更新迭代：

$$\boldsymbol{w}_{\text{new}} = \boldsymbol{w} - \eta \frac{\partial L(\boldsymbol{w})}{\partial \boldsymbol{w}}$$

式中，$\boldsymbol{w}$ 是参数，$\frac{\partial L(\boldsymbol{w})}{\partial \boldsymbol{w}}$ 是平均误差对参数的偏导（梯度），η 代表步长（学习率），$\boldsymbol{w}_{\text{new}}$ 是本次更新后的权重参数。

在神经网络中，基于其结构特性，我们可以使用反向传播算法（BP 算法）来利用链式法则简化对每一个参数的梯度计算：

$$w_{i,j}^{\text{new}} = w_{i,j} - \eta \varepsilon_i h_j$$

式中，h_j 是神经元 j 的输出。若神经元 i 在输出层，则：

$$\varepsilon_i = (o_i - y_i) f_i'$$

式中，f_i' 是神经元 i 的激活函数一阶导数的取值。若神经元 i 在隐层，则：

$$\varepsilon_i = \sum_{k=1}^{K} \varepsilon_k w_{k,i} f_i'$$

式中，ε_k 是神经元 i 后面的神经元 k 所计算出的 ε。

通过反向传播算法，将损失函数的梯度从输出层逐层反向传播到输入层，更新每个神经元的权重。这个过程是迭代的，随着训练的进行，模型的权重会逐渐调整，使得预测输出越来越接近实际输出。

除了基本的层次结构和训练方法外，神经网络模型还可以通过各种技巧进行优化。例如，引入正则化项、提早停止训练、使用 dropout 操作（按照一定概率随机将一些神经元节点暂时从网络中丢弃）来防止过拟合，利用学习率衰减和添加动量加速模型的收敛，采用不同的激活函数和损失函数来改善模型的性能等。

11.2.3　深度神经网络

深度神经网络即层数非常多的神经网络。除了全连接多层神经网络之外，常用的还有卷积神经网络。

卷积神经网络主要在图像识别中应用，其利用卷积来进行图像特征的提取，原理如图 11-3 所示。其左边是代表输入图像像素的二维数据，中间是卷积核参数（一个较小的二维矩阵），右边是经过一次卷积处理后的输出。卷积的具体操作是使用卷积核遍历输入数据中的每一部分维度与卷积核一致的区域，使该区域数据与卷积核中对应位置的参数相乘后求和，再作为对应的输出。

卷积神经网络利用共用卷积核参数，可以大幅简化神经网络的结构、降低深度神经网络的参数规模，且可以有效提取出图像的特征与信息。图 11-4 是一个典型的卷积神经网络。

在该卷积神经网络中，卷积层后有一个池化层，其作用是对输入的数据进行压缩和降维，其具体操作是遍历输入数据的每一个小区域，用其最大值或者均值来代替这个小区域的数据矩阵，示意如图 11-5 所示。

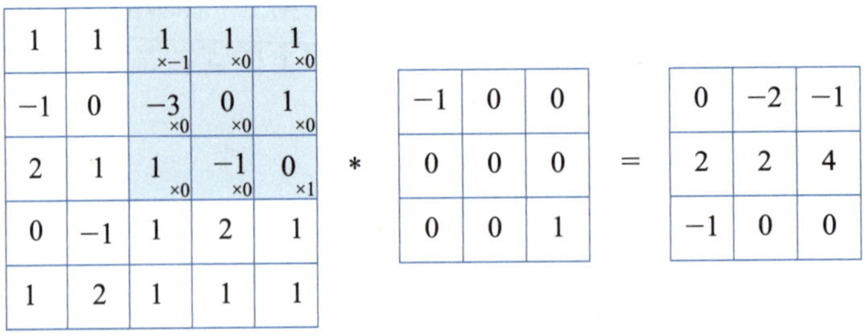

图 11-3　卷积计算的原理

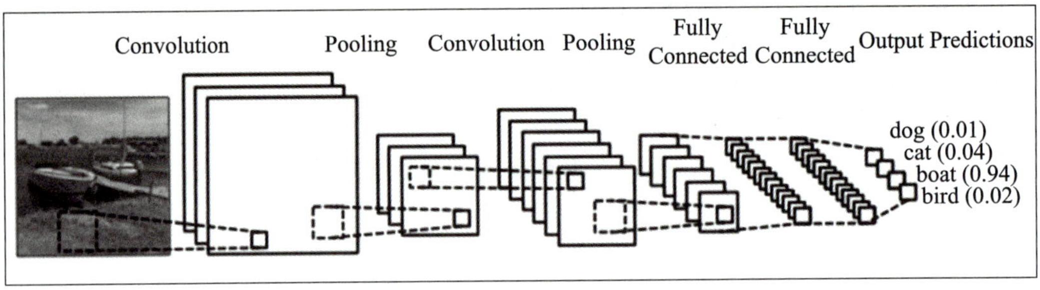

图 11-4　卷积神经网络举例

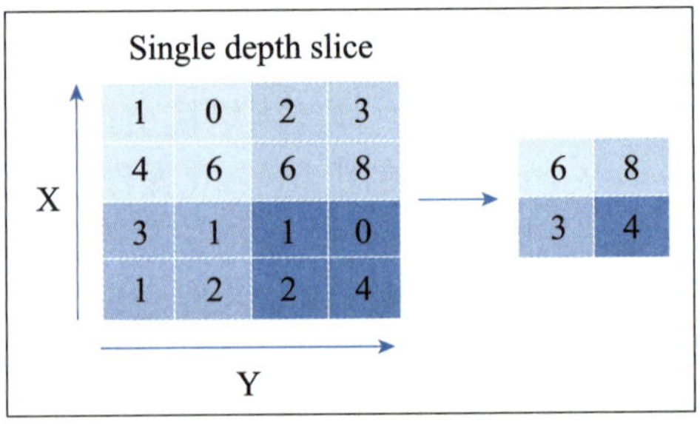

图 11-5　最大池化操作的示意

11.3　实验案例与实验任务

11.3.1　案例内容与步骤

1. 实验步骤 1

(1) 读取训练集。从 Altair AI Studio 读取 Samples/data/Titanic Training 数据集。Surivided 是我们需要分类的属性，其角色已被设置为 label。

但由于 Neural Net 算子只能处理 Numerical 类型的特征，我们需要使用 Nominal to Numerical 算子将所有特征转化为数值型。在该算子的参数设置中，我们设置要处理的属性为 all，即所有特征，注意不要勾选 include special attribute，编码方式为 dummy coding，勾选 use comparison groups，并设置参考值，如图 11-6 和图 11-7 所示。

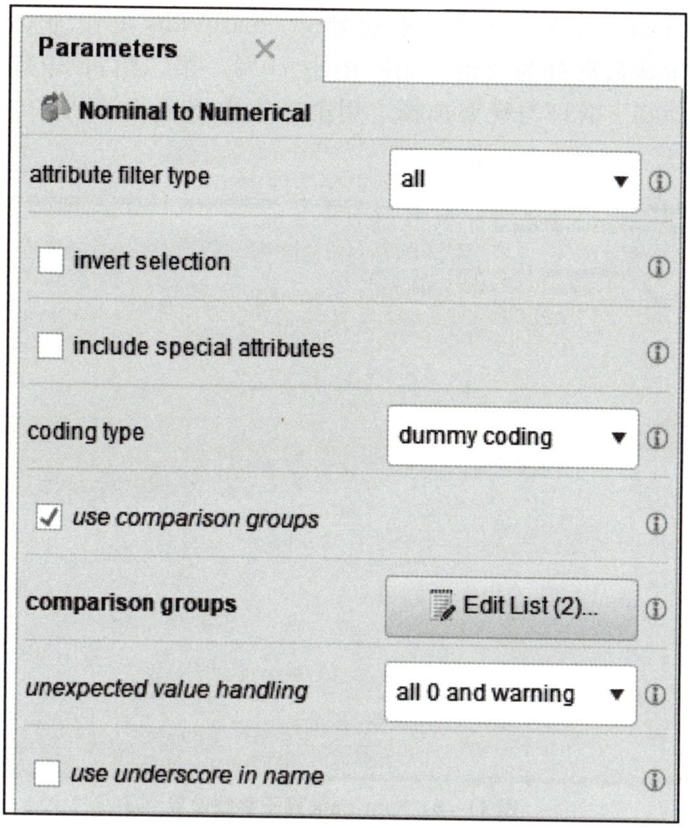

图 11－6　Nominal to Numerical 算子参数设置

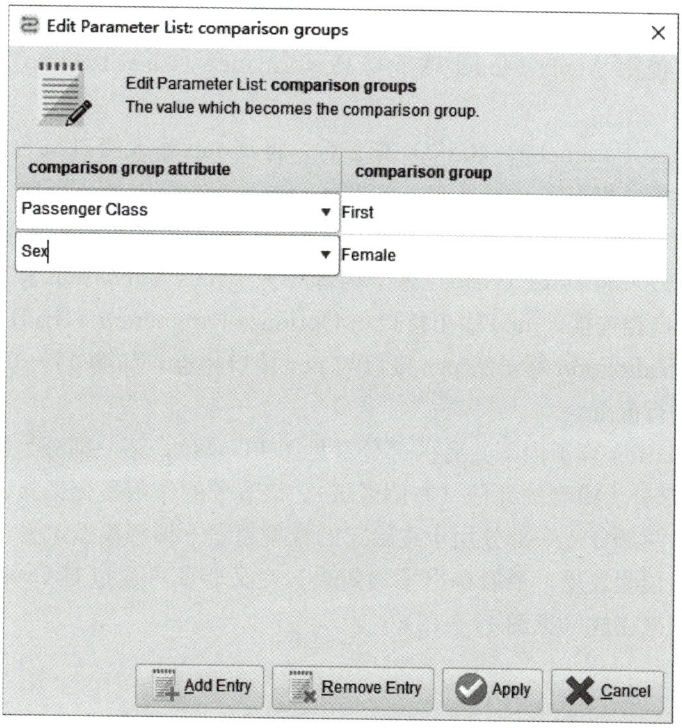

图 11－7　Comparison Group 算子参数设置

使用 Split Data 算子进行数据集的划分。partitions 设置为 0.7 与 0.3（见图 11-8），表示将数据分为两组，第一组占 70%，第二组占 30%。我们将用第一组数据进行训练、验证与模型选择，用第二组数据进行评估。sampling type 选择 automatic。

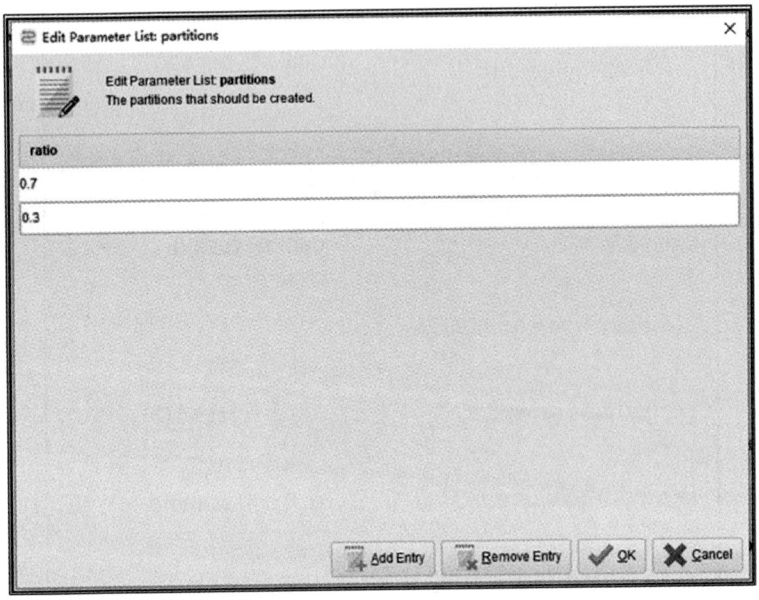

图 11-8　Split Data 算子参数设置

（2）模型验证与训练。我们使用 Optimize Parameters（Grid）算子来进行模型选择。在其中，使用 Cross Validation 算子进行模型的交叉验证，使用 Neural Net 算子进行模型的训练，使用 Apply Model 算子与 Performance（Classification）算子进行模型的评估。

导入 Optimize Parameters（Grid）算子后，将其 inp 输入接口与 Split Data 算子的第一个 par 输出接口相连接，如图 11-9 所示。该算子的作用是让用户设置多个考虑的模型参数，进行比较后，输出最优的一组。双击该算子对其内部进行配置。

在 Optimize Parameters（Grid）算子内部导入 Cross Validation 算子，将其 tra 输入接口与 inp 接口相连接，mod 输出接口与 Optimize Parameters（Grid）算子的 mod 接口相连，Cross Validation 算子的 per 接口与 per 接口相连，如图 11-10 所示。双击该算子对其内部进行配置。

Cross Validation 算子内部共有两部分（见图 11-11），第一部分为模型的训练（左侧区域），第二部分为模型的评估（右侧区域）。该算子的作用是交叉验证，即多次将输入的数据拆分为两部分，一部分用于在给定的模型超参下训练模型，另一部分用于评估训练出的模型的预测效果，最后得出平均效果。交叉验证可通过对 Cross Validation 算子进行参数设置来完成（见图 11-12）。

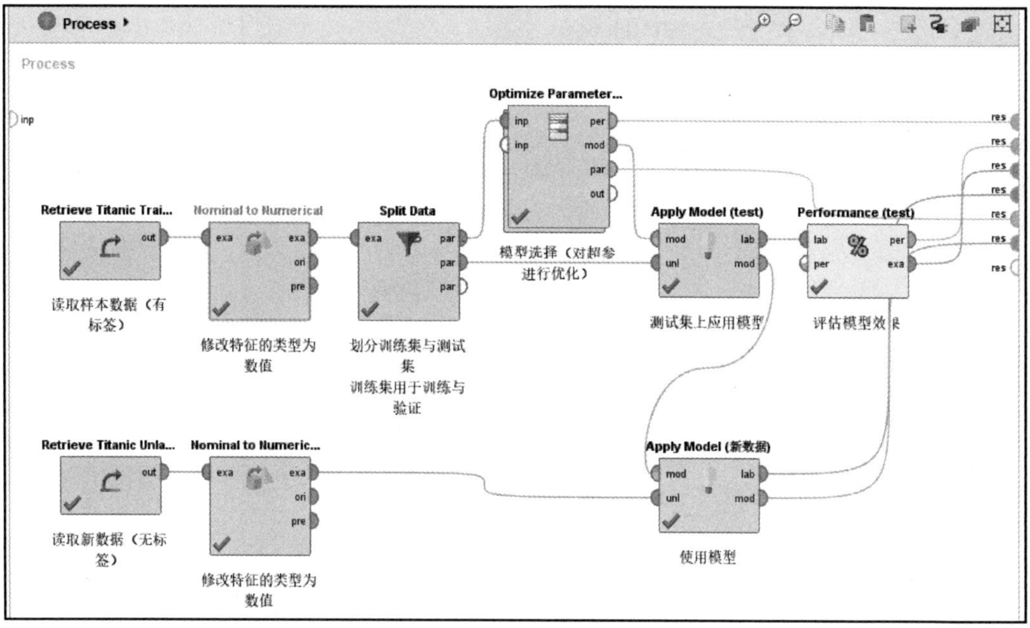

图 11-9　整体算子结构

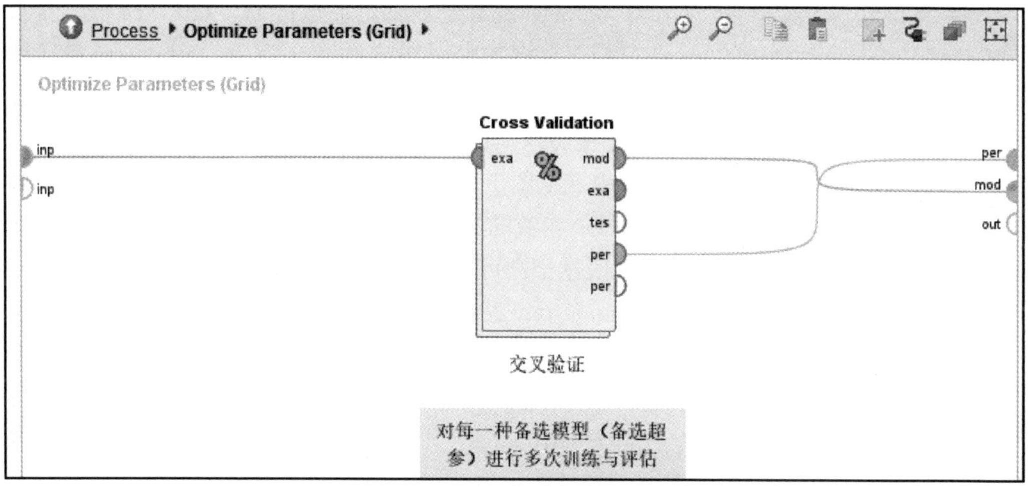

图 11-10　Cross Validation 算子连接

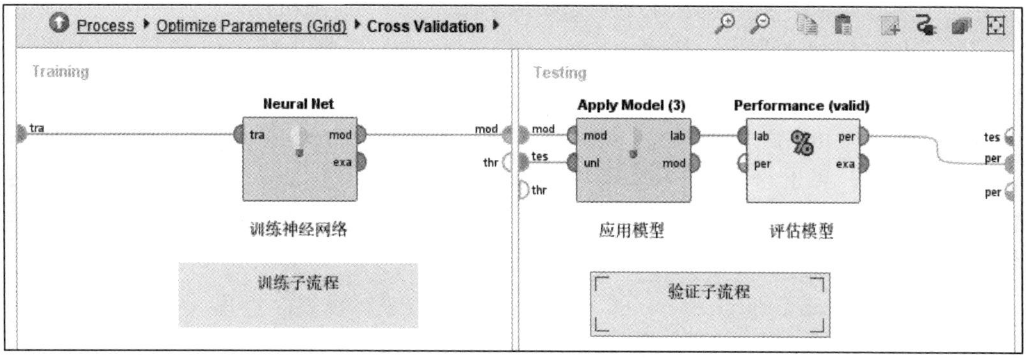

图 11-11　Cross Validation 算子内部结构

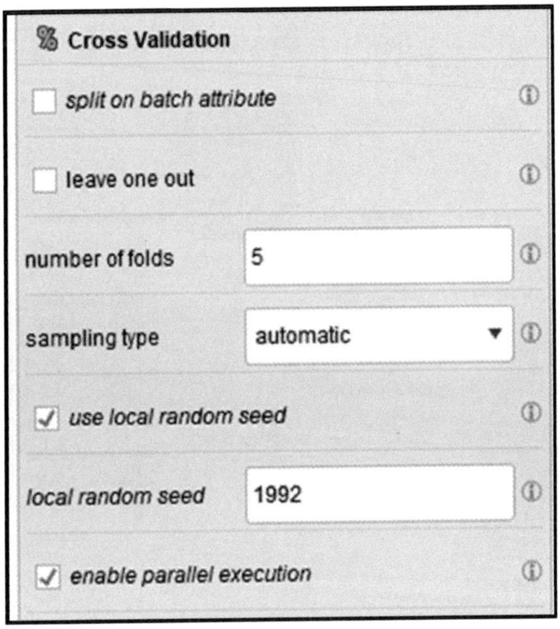

图 11-12　Cross Validation 算子参数设置

将 Neural Net 算子导入 Cross Validation 算子内部的左侧区域，将其 tra 输入接口与 Cross Validation 算子的 tra 接口相连，将其 mod 输出接口与 Cross Validation 算子的 mod 接口相连。给定模型超参下，Neural Net 算子将使用划分的训练子集数据进行神经网络的训练，训练出的模型将传递给 Cross Validation 算子的第二部分。

在 Neural Net 算子的参数设置中（见图 11-13），需设置 hidden layers 的层数和神经元数（见图 11-14）。training cycles 参数的数值表示最多训练多少轮（一轮一般指所有训练数据都被使用了一次），该数值过小则可能欠拟合，过大则可能过拟合。learning rate 表示梯度下降中的学习率。momentum 表示梯度下降中的动量。学习率和动量越大，则收敛得越快，但也更容易欠拟合。若勾选 decay，则表示学习率会随训练过程逐步变小。若勾选 shuffle，用于训练的数据将会被打乱后再使用；若数据是按一定顺序排列过的，应勾选 shuffle 参数。若勾选 normalize，用于训练的数据将会被标准化后再使用，建议勾选。error epsilon 参数的取值表示最小误差值，若达到该误差值，则提前结束训练。若勾选 use local random seed，当在同一个设备中使用同一个 random seed，将会得到一样的训练结果（这是因为神经网络的训练方法具有随机性）。

将 Apply Model 算子与 Performance（Classification）算子依次放入 Cross Validation 算子的第二部分。Apply Model 算子的 mod 输入接口与 Cross Validation 算子的 mod 接口相连，unl 输入接口与 Cross Validation 算子的 tes 接口相连，Performance（Classification）算子的 lab 输入接口与 Apply Model 算子的 lab 接口相连，per 输出接口与 Cross Validation 算子的 per 接口相连。在 Performance（Classification）算子的参数设置中，可以选 accuracy 或其他评估指标。

现在对 Optimize Parameters（Grid）算子的参数进行设置。这里，我们希望 Optimize Parameters（Grid）算子帮助我们找到最优的 Neural Net 算子的学习率 learning

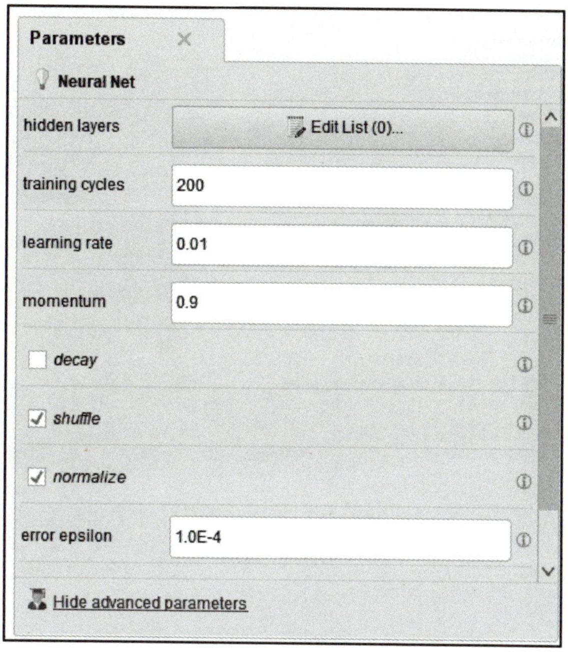

图 11－13　Neural Net 算子参数设置

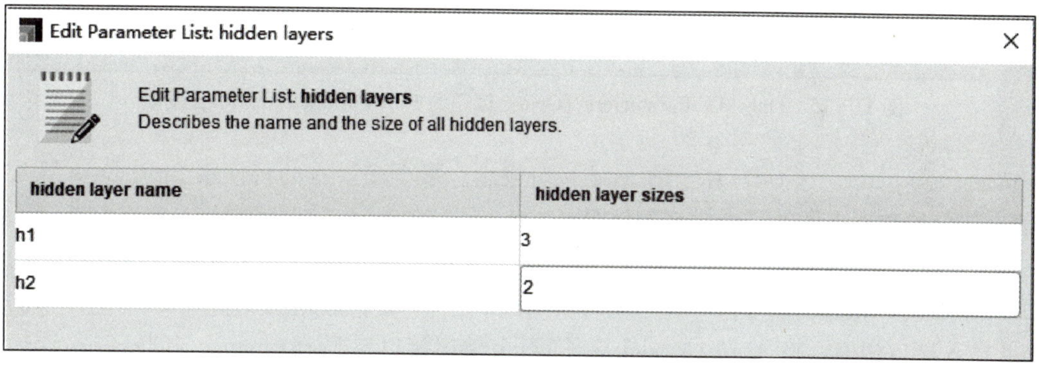

图 11－14　对 Neural Net 算子设置隐层神经元

rate。点击右侧参数设置中的 Edit Parameter Settings，Operators 中选择我们需要进行模型选择的 Neural Net，Parameters 中将需要调整的 learning_rate 选入 Selected Parameters。Grid/Range 表示我们考虑的学习率范围，默认设为从 0 到 1 的间隔为 0.1 的 11 个数，可对其进行修改，右下角的框内表示所有加入备选的 learning_rate 取值，如图 11－15 所示。

到这一步，我们完成了模型选择和训练的部分，Optimize Parameters（Grid）算子的 per 接口将输出最优学习率对应的模型的预测效果，mod 接口将输出该模型，par 接口将输出所有考虑的 learning_rate 对应的预测效果。注意，这里的预测效果均为在 Cross Validation 算子中测试子流程的平均效果。

（3）模型评估。经过模型选择与验证，我们获得了一个最终的模型，它将通过 Op-

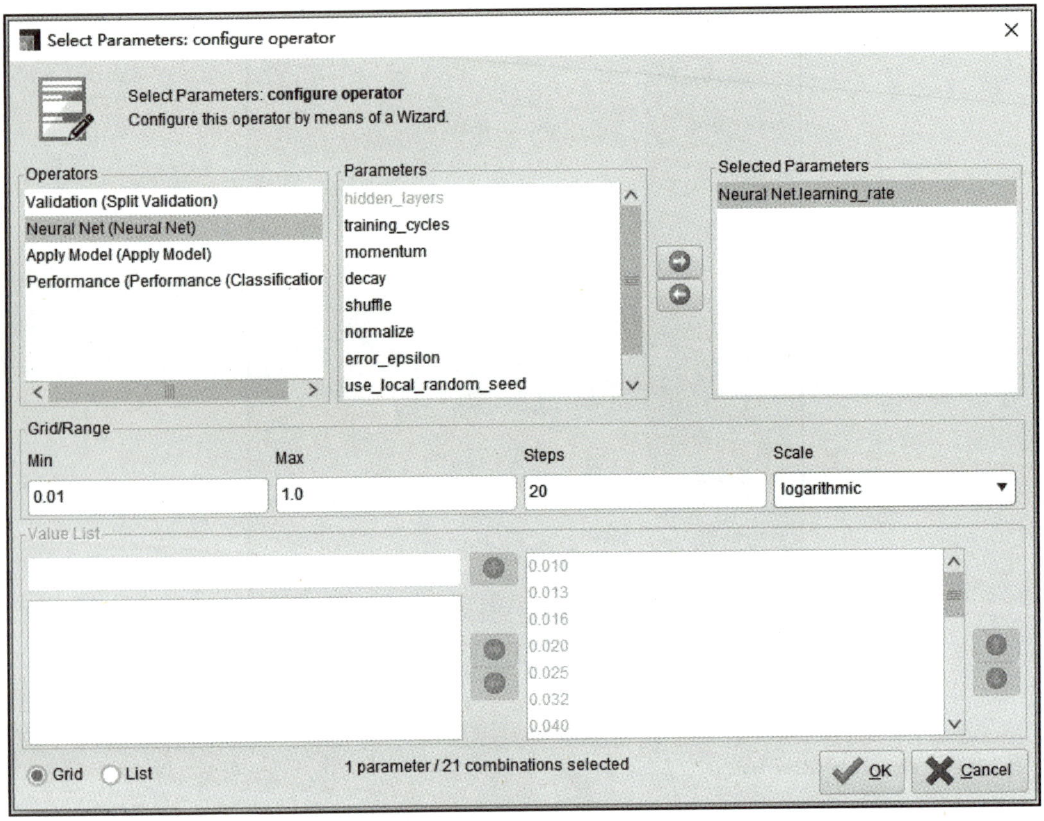

图 11－15　Optimize Parameters（Grid）算子的 Edit Parameter Settings 设置

timize Parameters（Grid）算子的 mod 接口输出。接下来，我们将使用 Split Data 算子第二部分的数据来评估这个模型的效果。

我们将 Optimize Parameters（Grid）算子的 mod 输出接口与 Apply Model 算子的 mod 输入接口相连，将 Split Data 算子的第二个 par 输出接口与 Apply Model 算子的 unl 输入接口相连，将 Apply Model 算子的 lab 输出接口与 Performance（Classification）算子的 lab 输入接口相连，如图 11－9 所示。Performance（Classification）算子将输出所得模型在测试集上的预测结果（exa 接口）和预测集上的预测效果（per 接口）。

（4）模型应用。这一步，我们将使用训练好的模型预测未标签的数据。

读取“Samples/data/Titanic Unlabeled”数据集。

在用 Nominal to Numerical 算子将所有特征转化为数值型后，使用 Apply Model 算子将新数据和训练好的模型连接起来。具体来说，将用于测试的 Apply Model 算子的 mod 输出接口与用于预测的 Apply Model 算子的 mod 输入接口相连，将 Nominal to Numerical 算子的 exa 输出接口与用于预测的 Apply Model 算子的 unl 输入接口相连，如图 11－9 所示。用于预测的 Apply Model 算子的 lab 接口将输出模型的预测结果。

2. 实验步骤 2

我们还可以将 Neural Net 算子替换为其他更具有灵活性的神经网络算子，如 Deep Learning 算子。

（1）设置 Deep Learning 算子（见图 11－16）。

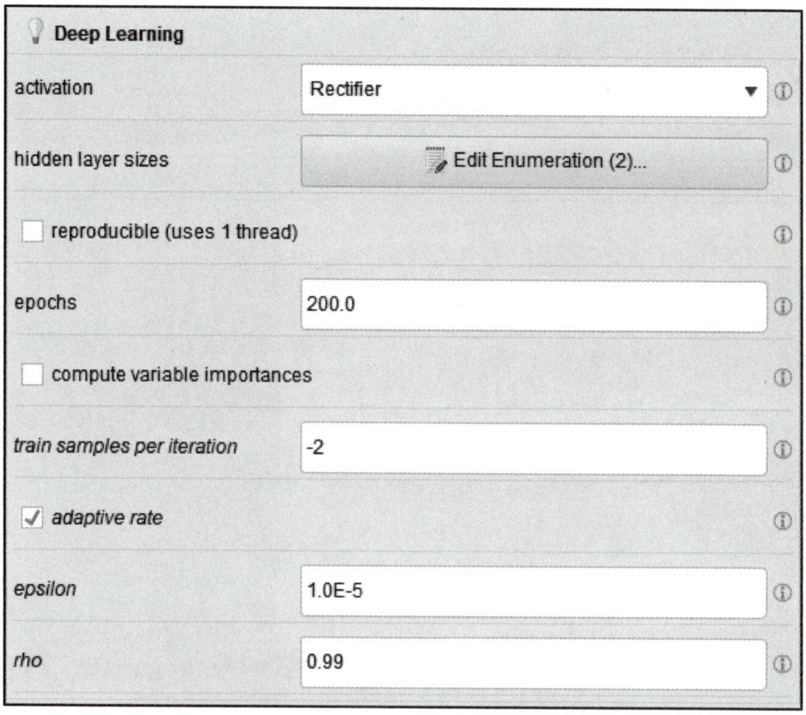

图 11－16　Deep Learning 算子参数设置 1

Deep Learning 算子中，activation 参数可以选择不同的激活函数（见图 11－16），如 Rectifier（ReLu），其中，…WithDropout 表示该神经网络可以随机丢掉一些神经元，使得模型泛化能力更强。

hidden layer sizes 参数中可以设置神经网络的层数和每层的神经元数目，通过 Add Entry 和 Remove Entry 实现层数的更改，如图 11－17 所示。

若在 activation 参数中选择了…WithDropout，则需要在 hidden dropout ratios 参数中设置 dropout 的概率。注意，层数需与 hidden layer sizes 参数中的层数一致。依旧通过 Add Entry 和 Remove Entry 实现层数的更改，如图 11－18 所示。

若勾选了 reproducible，则可以通过使用相同的随机数种子复现之前的模型训练结果，但会影响训练效率，不建议勾选。

epochs 参数的数值表示训练多少轮，与 Neural Net 算子中的 cycle 参数类似。

若勾选了 compute variable importances，则该算子能根据前两层的特征系数输出属性的重要性。

train samples per iteration 参数的取值表示每一次系数迭代中使用多少个样本。越多则影响计算效率，越少则影响收敛速度。这里有三个特殊的取值：0 表示每次使用全部样本，－1 表示使用尽可能多的样本，－2 表示算子自动调整。

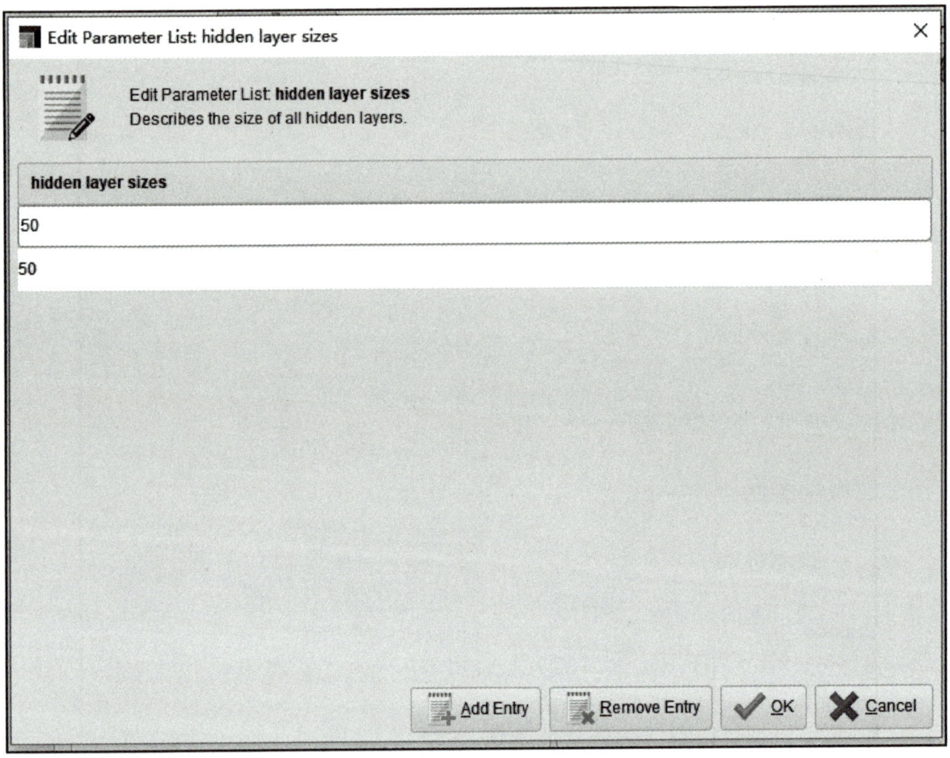

图 11-17　使用 hidden layer sizes 设置隐层神经元

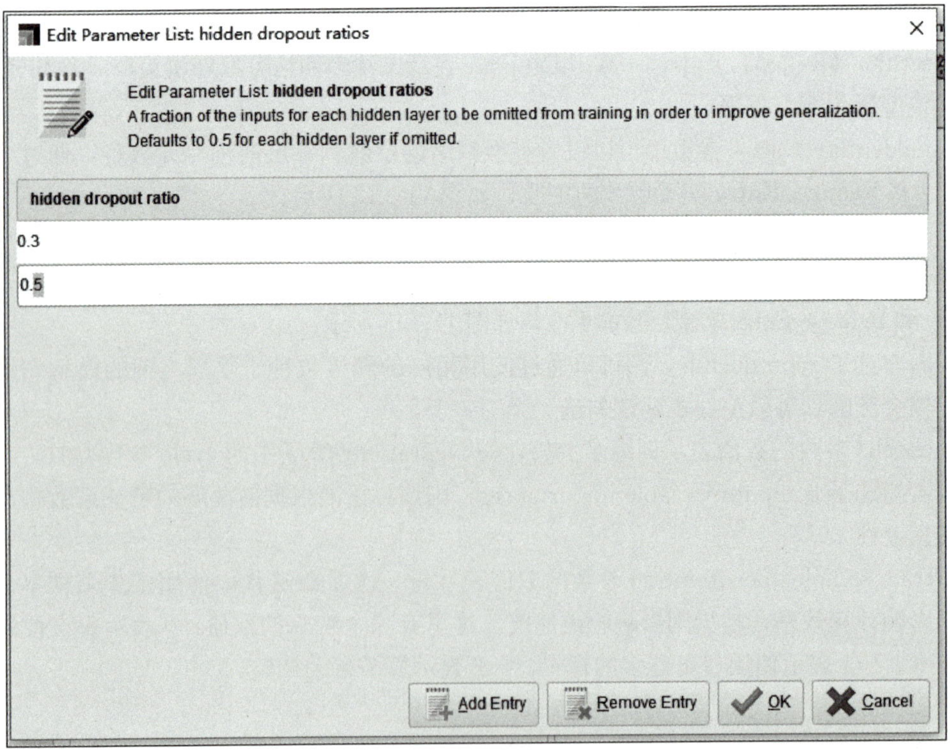

图 11-18　设置每个隐层 dropout 概率

若勾选 adaptive rate 则表示使用自适应梯度下降法（见图 11 - 19），主要由参数 epsilon（与学习率类似）和 rho 控制（与动量类似）。

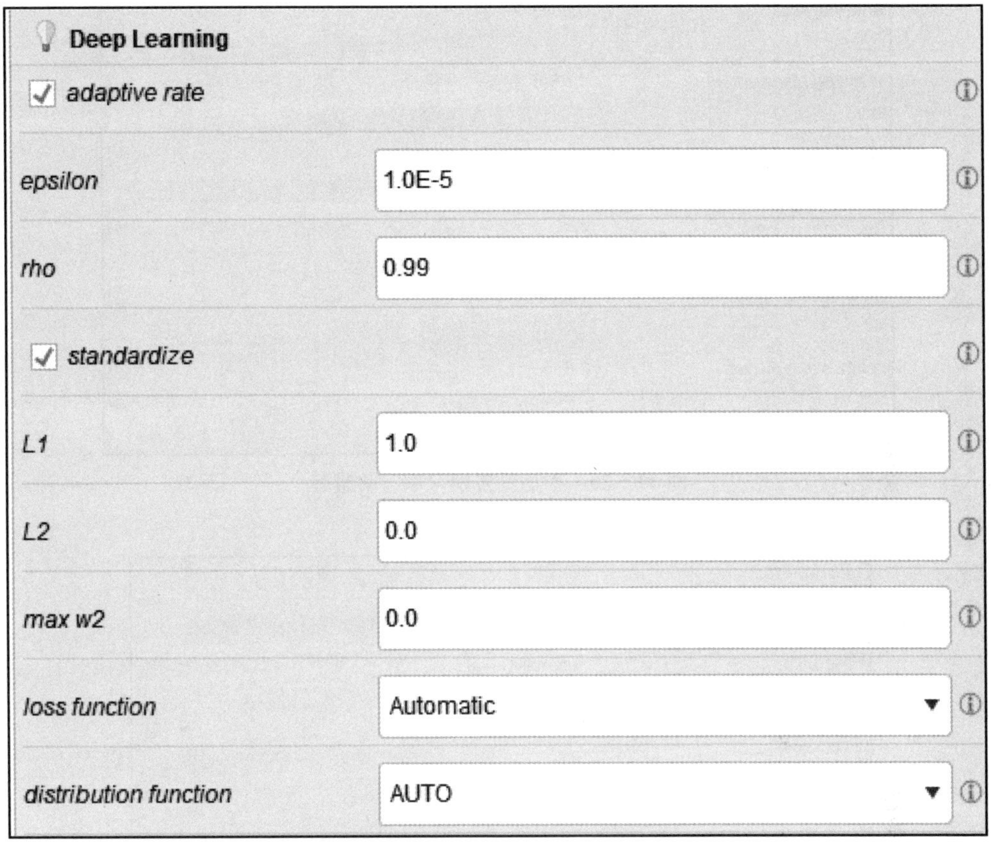

图 11 - 19　Deep Learning 算子参数设置 2

若没有勾选 adaptive rate，则需对学习率、动量等进行手动设置（见图 11 - 20）。其中，learning rate 表示初始学习率；learning rate annealing 表示学习率随训练过程衰减的速度，与 Neural Net 算子中的 decay 参数类似；learning rate decay 则表示学习率随神经网络深度的衰减系数；momentum start、momentum ramp 和 momentum stable 均是与动量相关的参数，这里不过多介绍。

若勾选 standardize，用于训练的数据将会被标准化后再使用，与 Neural Net 算子中的 normalize 类似，建议勾选。

正则化的实现通过设置 L1、L2 或者 max w2 实现。L1 和 L2 参数的数值代表 L1 和 L2 正则化项的惩罚系数，越大则代表越重视模型的精简程度；max w2 参数的数值表示所有系数平方和的最大值，越小则代表越重视模型的精简程度。往往三者中选取一种设置就行。

loss function 参数表示神经网络训练中使用的损失函数，分类问题可用 CrossEntropy，回归问题可用 Quadratic，一般情况下选择 Automatic，让算子自行选择，如图 11 - 21 所示。

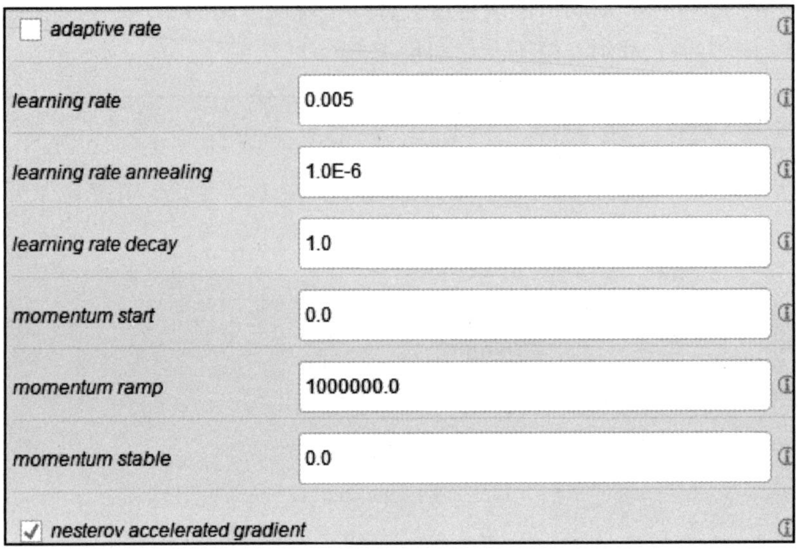

图 11-20　手动设置学习率、动量等

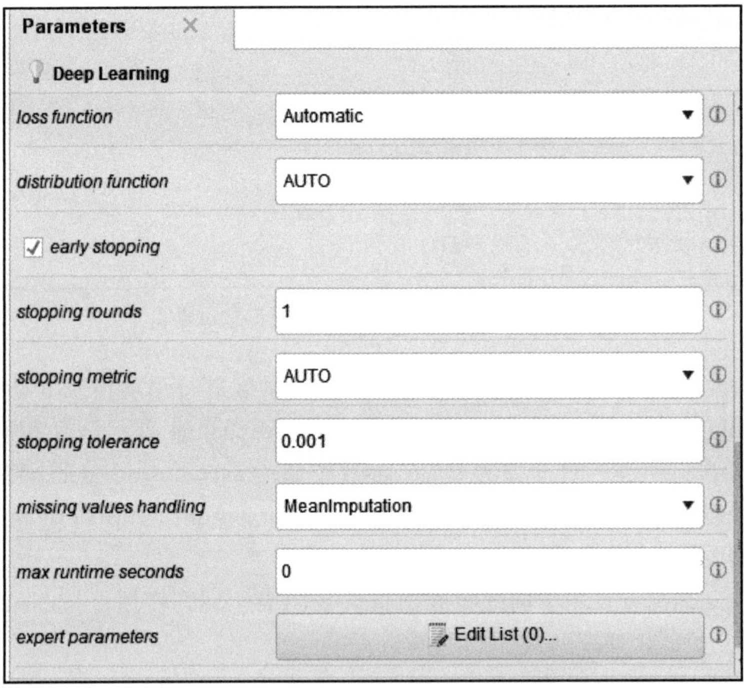

图 11-21　Deep Learning 算子参数设置 3

distribution function 参数表示数据的分布假设，一般选择 AUTO。

若勾选 early stopping，则神经网络的训练可根据早停准则提早结束，其早停准则由 stopping rounds、stopping metric 和 stopping tolerance 设定，这里不过多讲解。

missing values handling 表示处理缺失值的方法。

max runtime seconds 的取值为最长训练时间，0 表示不限制。

设置完 Deep Learning 算子后，首先右击 Neural Net 算子使其 disabled，然后将 Deep Learning 算子连接在 Split Validation 算子内部的左侧区域，如图 11 - 22 所示。

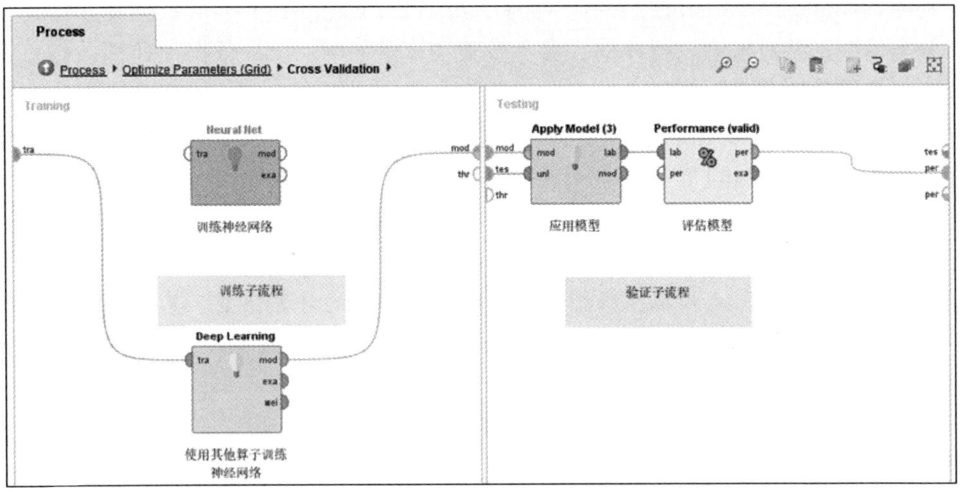

图 11 - 22　使用 Deep Learning 算子替代 Neural Net 算子

（2）修改 Optimize Parameters（Grid）算子。由于训练神经网络的算子已改变，Optimize Parameters（Grid）算子也应进行相应的变化。在 Optimize Parameters（Grid）算子的 Edit Parameter Setting 中将之前设置的 Neural Net 的参数移除，添加 Deep Learning 算子里的参数，为其设置取值范围，如图 11 - 23 所示。

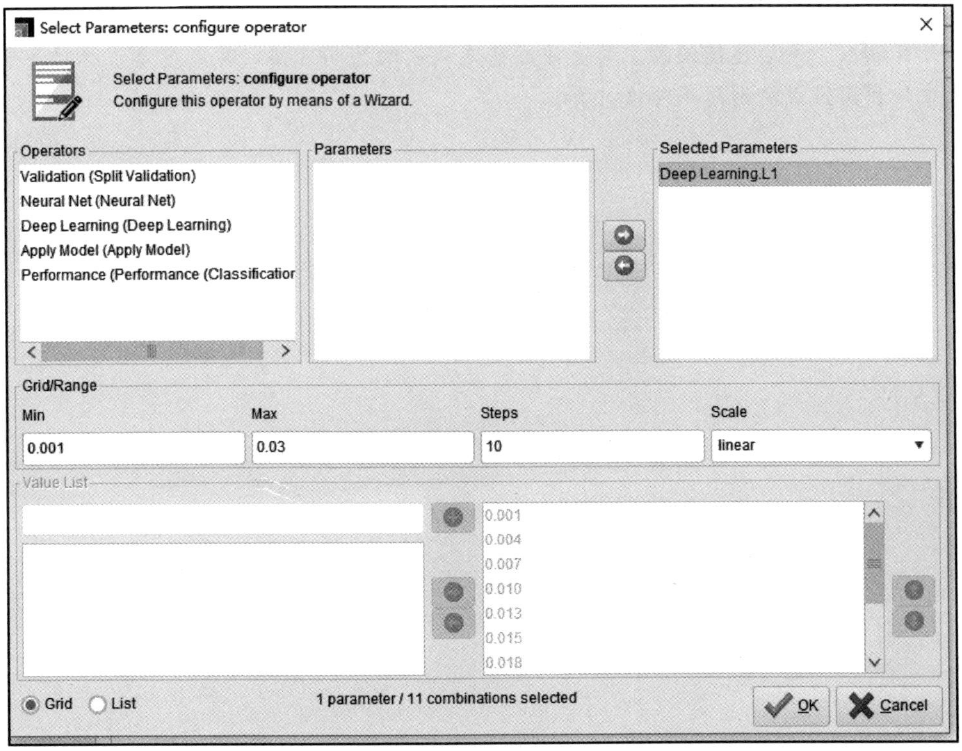

图 11 - 23　Optimize Parameters（Grid）算子参数设置

11.3.2 实验任务

利用 Samples/Templates/Direct Marketing/Past Campaign Data 数据集，构建神经网络分类模型，并对模型进行评估。参考步骤和算子如下：(1) 数据预处理；(2) 把数据分为训练集和测试集，参考 Split Data 算子；(3) 使用训练集构建预测模型；(4) 模型选择与验证，参考 Optimize Parameters 算子与 Cross Validation 算子；(5) 评估模型表现，参考 Apply Model 算子和 Performance 算子。

// 关键概念回顾 //

神经网络：一个深度模拟人脑神经系统结构和功能的计算模型。其核心在于通过大量神经元之间的连接和交互，实现对输入数据的分布式并行处理，进而达到完成识别、分类、预测等复杂任务的目标。

神经元：神经网络模型的基本单元。每个神经元接收来自上一层神经元的输出信号，并将这些输出信号与对应权重的乘积之和作为输入，再通过激活函数得到一个输出值。

激活函数：神经网络中极为重要的一部分，是一种将神经元的输入信号汇总并将其传递到下一个神经元的非线性转换函数。主要作用是将传输到神经元的信号进行处理和转化，最终输出一种非线性化的结果。

反向传播算法：本质上是梯度下降法，即反复计算误差函数 $L(\boldsymbol{w})$ 对每个参数的梯度 $\frac{\partial L(\boldsymbol{w})}{\partial \boldsymbol{w}}$，并使用 $\boldsymbol{w}_{\text{new}}=\boldsymbol{w}-\eta\frac{\partial L(\boldsymbol{w})}{\partial \boldsymbol{w}}$ 更新参数 $\boldsymbol{w}$。反向传播算法可总结为两个步骤：向前计算输入、向后传播误差。其算法思想是误差的反向传播，其本质是在梯度下降的迭代中，利用链式法则简化梯度计算。

// 第12章 //

聚类分析

聚类分析的目的在于揭示数据集中潜在的结构化分布特征，通过无监督学习将相似性较高的对象聚合为同质簇，差异性显著的样本区隔为异质簇，从而挖掘数据内在的拓扑关系与分组规律，为复杂数据的模式识别与知识发现提供可解释性框架。本章将深入探讨聚类分析的原理、方法和应用，帮助读者更好地理解和应用聚类分析技术。学习重点包括了解聚类分析的理论基础，理解K均值、DBSCAN等经典算法的迭代机制与计算逻辑，对比不同聚类分析方法在适用场景与计算效率上的差异，理解参数调优与领域知识融合对结果可解释性的影响。

12.1 聚类分析概述

聚类分析是数据挖掘和机器学习领域的重要技术之一，它是一种无监督学习的方法，旨在将数据集中的对象分组成具有相似特征的簇。聚类分析在市场营销、医疗健康、社交网络、生物信息学等领域都有着广泛的应用，为研究人员和决策者提供了一个有效的数据分析工具，帮助他们理解数据之间的内在关系，发现隐藏在数据背后的模式和规律。

12.1.1 产生背景与作用

聚类分析的兴起和发展与信息技术的迅猛发展和数据爆炸式增长密切相关。随着互联网、物联网、社交网络等新型信息技术的广泛应用，越来越多的数据被生产和积累，如何从这些海量的数据中获取有用的信息和知识成为一个亟待解决的问题。聚类分析作为一种重要的数据分析方法，通过对数据进行分组和分类，帮助人们理解数据的内在结构和模式，为决策和预测提供科学依据。

聚类分析可以帮助人们发现数据集中具有相似特征的对象或样本，从而揭示数据集的内在结构和分布情况。同时，聚类分析可以帮助人们发现数据中的模式和规律，揭示数据背后隐藏的信息和知识。通过对数据进行聚类分析，人们可以发现数据集中的共性和特点，把握数据变化的趋势和规律，为决策和预测提供支持。

业务方面，聚类分析可以帮助企业和组织优化业务流程，提高工作效率和生产效益。通过对客户、产品、服务等数据进行聚类分析，企业可以更好地了解客户需求和行为习惯，制定个性化的营销策略，提升服务质量和客户满意度。借助聚类分析，人们能够发现新的知识和发展方向，促进学术研究和技术创新。通过对数据进行聚类分析，人们可以发现新的模式和规律，提出新的假设和猜想，推动学术界和工业界的发展和进步。

总的来说，聚类分析作为一种重要的数据分析方法，为人们深入了解数据、发现数据价值和指导决策提供了重要手段和途径。随着数据挖掘和机器学习技术的不断发展和完善，聚类分析的应用范围和效果将会更加广泛和显著，为人们的生活和工作带来更多的便利。

12.1.2 应用领域

聚类分析在各个领域都有着广泛的应用，下面我们将介绍聚类分析在几个典型领域的应用和案例，展示其在解决实际问题和挖掘数据价值方面的重要作用。

在市场营销领域，聚类分析可以帮助企业了解客户的消费习惯和行为特征，发现不同类型的客户群体，并制定针对性的营销策略。例如，一家零售商可以通过对客户购买行为的聚类分析，将客户分为高消费群体、低消费群体、偏好某一类产品的群体等，从而针对不同的客户群体制定个性化的促销活动和服务策略，提升客户满意度和忠诚度。

在医疗健康领域，聚类分析可以帮助医生和研究人员发现不同疾病之间的关联性，识别不同患者群体的特征和病情变化规律，指导临床诊断和治疗决策。例如，一项针对乳腺癌患者的研究利用聚类分析方法将患者分为不同的亚型，发现了不同亚型的病情发展和治疗反应存在显著差异，为个性化治疗提供了重要依据。

在社交网络分析领域，聚类分析可以帮助人们发现社交网络中的群体结构和社群关系，识别影响力较大的核心节点和关键群体，挖掘潜在的社交网络规律和行为模式。例如，在关于微博社交网络的研究中，我们可以利用聚类分析方法将用户分为不同的兴趣群体和话题群体，发现用户之间的信息传播路径和影响力传播规律，为社交网络营销和舆情监测提供重要参考。

12.1.3 基本概念

在介绍聚类分析的基本原理之前，我们首先要了解聚类分析的基本概念和定义。聚类分析是一种无监督学习的方法，其主要目标是将数据集中的对象或样本划分为若干个类别或簇，使得同一类别内的对象相似度较高，不同类别之间的对象相似度较低。在聚类分析中，我们通常假设数据集中的对象之间存在一定的相似性或距离度量，通过计算相似性或距离，将相似的对象聚集在一起形成一个簇。它旨在将数据集中的对象或样本划分为若干个簇，使得同一簇内的对象相似度较高，而不同簇之间的对象相似度较低。聚类分析的基本概念包括以下几个要点。

（1）无监督学习：聚类分析属于无监督学习的范畴，即不需要事先标记好的训练数据，而是根据数据对象之间的相似性或距离来进行自动分类。

（2）相似性度量：聚类分析的关键在于如何度量数据对象之间的相似性或距离。常用的相似性度量包括欧氏距离、曼哈顿距离、余弦相似度等。

(3) 簇的形成：聚类分析的目标是将数据集中的对象划分为若干个簇，使得同一簇内的对象相似度高，不同簇之间的相似度低。簇的形成过程通常是迭代的，直到达到某个停止条件为止。

(4) 簇的性质：簇内的对象应该尽可能相似，而不同簇之间的对象应该尽可能不同。因此，在进行聚类分析时，需要选择合适的聚类算法和参数，以得到满足这一性质的簇。

不同的度量在聚类分析中的应用各不相同，关于不同度量的定义请参考第 9 章中相似度的计算。欧氏距离常用于 K 均值聚类等方法中，通过计算样本点之间的距离来确定簇的中心。曼哈顿距离在城市规划、交通运输等领域有广泛应用，也用于 K 均值聚类等方法中。余弦相似度在文本挖掘、推荐系统等领域有着重要的应用，用于衡量文本或向量之间的相似性。

假设我们有一个包含身高和体重两个特征的数据集，现在要计算其中两个样本之间的相似度：

样本 A：(170，65)；

样本 B：(175，70)。

使用欧氏距离计算样本 A 和样本 B 之间的距离：

$$\text{dist}(A,B)=\sqrt{(170-175)^2+(65-70)^2}\approx 7.07$$

使用曼哈顿距离计算样本 A 和样本 B 之间的距离：

$$\text{dist}(A,B)=|170-175|+|65-70|=10$$

使用余弦相似度计算样本 A 和样本 B 之间的相似度：

$$\cos(A,B)=\frac{170\times 175+65\times 70}{\sqrt{170^2+65^2}\times\sqrt{175^2+70^2}}$$

聚类分析的基本原理是通过计算数据对象之间的相似性或距离，将相似的数据对象聚集在一起形成簇。聚类分析的方法多种多样，常见的聚类方法包括 K 均值聚类、层次聚类、密度聚类等。这些方法在原理和应用上有所差异，适用于不同的数据类型和应用场景。

12.2　聚类分析算法原理

12.2.1　K 均值聚类

K 均值聚类是一种基于距离的聚类方法，其基本思想是将数据集中的对象划分为 K 个簇，使得每个对象都属于与其最近的簇。K 均值聚类的过程包括初始化 K 个聚类中心、分配每个对象到最近的聚类中心、更新聚类中心的位置等步骤，直到达到收敛条件为止。

1. 公式与过程

（1）初始化：随机选择 K 个聚类中心，μ_1，μ_2，…，μ_K。

（2）分配每个对象到最近的聚类中心：对于每个对象x_i，计算其到每个聚类中心的距离，并将其分配到距离最近的聚类中心所在的簇。

$$J^{(t)}=\sum_{i=1}^{n}\min\parallel x_i-\mu_j\parallel^2,\quad j=1,2,\cdots,K$$

（3）更新聚类中心的位置：重新计算每个簇的中心位置，即取簇中所有对象的均值作为新的聚类中心。

$$\mu_j=\frac{1}{|C_j|}\sum\nolimits_{x\in C_j}x$$

（4）重复步骤（2）和步骤（3），直到簇中心不再发生变化或达到最大迭代次数为止。

2. 算法优缺点

（1）优点。

1）K 均值聚类思路简单，易于理解和实现。它是一种直观的聚类算法，适用于大多数数据集。

2）K 均值聚类的计算复杂度相对较低，适用于处理大型数据集。

3）K 均值聚类适用于各种数据类型和数据结构，不受数据的分布形式限制。

4）聚类结果直观，易于解释。每个聚类簇的中心代表了该簇的平均特征，便于分析和理解数据集的特点。

（2）缺点。

1）K 均值聚类对初始聚类中心的选择敏感。不同的初始聚类中心可能导致不同的聚类结果，有时可能收敛到局部最优解。

2）在使用 K 均值聚类时，需要预先指定聚类数量 K，而有时难以确定最优的 K 值。

3）K 均值聚类对噪声和异常值敏感。噪声和异常值可能会影响聚类结果，导致聚类质量下降。

4）K 均值聚类假设聚类簇是凸形的，并且在空间中具有相似的密度。当数据集包含非凸形状的聚类簇或者聚类簇具有不同的密度分布时，K 均值聚类的表现可能较差。

3. 案例

假设有以下的数据样本点，我们将使用 K 均值聚类对数据样本点进行聚类：

{2，3，5，10，11，13，15，20，26，40}

假设我们选择 K=3，并且初始聚类中心分别为 5，10 和 11。

第一次迭代（见表 12-1）：对于三个聚类中心，分别计算其与其他数据点的距离并将所有点分配到最近的聚类中心，然后计算新的聚类中心，即新的均值。

表 12-1　第一次迭代聚类中心

聚类中心 1=5	Cluster_1={2，3，5}	新聚类中心 1=10/3
聚类中心 2=10	Cluster_2={10}	新聚类中心 2=10
聚类中心 3=11	Cluster_3={11，13，15，20，26，40}	新聚类中心 3=125/6

第二次迭代（见表 12－2）：分别计算三个新聚类中心与其他数据点的距离并将所有点分配到最近的聚类中心，然后更新计算新的聚类中心。

表 12－2　第二次迭代聚类中心

聚类中心 1=10/3	Cluster_1={2，3，5}	新聚类中心 1=10/3
聚类中心 2=10	Cluster_2={10，11，13，15}	新聚类中心 2=49/4
聚类中心 3=125/6	Cluster_3={20，26，40}	新聚类中心 3=86/3

第三次迭代（见表 12－3）：再次计算三个新聚类中心与其他数据点的距离并将所有点分配到最近的聚类中心，然后更新计算新的聚类中心。

表 12－3　第三次迭代聚类中心

聚类中心 1=10/3	Cluster_1={2，3，5}	新聚类中心 1=10/3
聚类中心 2=49/4	Cluster_2={10，11，13，15，20}	新聚类中心 2=69/5
聚类中心 3=86/3	Cluster_3={26，40}	新聚类中心 3=33

第四次迭代（见表 12－4）：再次计算三个新聚类中心与其他数据点的距离并将所有点分配到最近的聚类中心，然后更新计算新的聚类中心。

表 12－4　第四次迭代聚类中心

聚类中心 1=10/3	Cluster_1={2，3，5}	与上一步相同
聚类中心 2=69/5	Cluster_2={10，11，13，15，20}	与上一步相同
聚类中心 3=33	Cluster_3={26，40}	与上一步相同

算法收敛，停止迭代。因此，最终的聚类结果为：

聚类 1：{2，3，5}，聚类中心为 10/3。

聚类 2：{10，11，13，15，20}，聚类中心为 69/5。

聚类 3：{26，40}，聚类中心为 33。

12.2.2　K 中心聚类

K 中心聚类是 K 均值聚类的变种，它采用了不同的簇内距离度量准则，可以有效地克服 K 均值聚类的局部最优解问题。K 中心聚类的过程与 K 均值聚类类似，唯一的区别在于更新聚类中心的方式。在 K 中心聚类中，簇的中心不再是簇中所有对象的均值，而是根据特定的准则选择的代表性对象。

算法优缺点如下。

（1）优点。

1）K 中心聚类使用数据点本身作为聚类中心，而不是简单地计算聚类的均值。因此，对于存在噪声和异常值的数据集，K 中心聚类更加稳健。

2）K 中心聚类不受距离度量方式的限制，因此可以适用于更广泛的数据类型和数据空间。

3）聚类中心是实际数据点，因此对于聚类结果的解释更为直观和可理解。

4）K 中心聚类不需要假设数据服从特定的距离分布，因此在处理不同类型的数据时更为灵活。

（2）缺点。

1）K 中心聚类的计算复杂度较高，特别是在大型数据集上的计算时间较长。

2）类似于 K 均值聚类，K 中心聚类对初始聚类中心的选择敏感，不同的初始中心可能导致不同的聚类结果。

3）与 K 均值聚类一样，K 中心聚类需要预先指定聚类数量 K，而在实际应用中确定最优的 K 值可能具有一定难度。

4）当数据集维度较高且稀疏时，K 中心聚类的性能可能受到影响，因为在高维空间中距离计算的效率较低。

总的来说，K 中心聚类是一种灵活且稳健的聚类方法，尤其适用于数据集中存在噪声和异常值的情况。然而，在应用时需要权衡算法的计算复杂度和对初始参数的敏感性。

下面将上一节的算例利用 K 中心聚类进行计算并比较所得的结果。

假设有以下的数据样本点，我们使用 PAM 算法对数据样本点进行聚类：

{2，3，5，10，11，13，15，20，26，40}

假设我们选择 K=3，并且初始聚类中心随机选择为 5、10 和 11。

步骤 1：初始代价计算（见表 12－5）。对于三个聚类中心，分别计算其与其他数据点的距离并将所有点分配到最近的聚类中心，然后计算总的代价（即与各自聚类中心的距离和）。

表 12－5　初始代价计算

聚类中心 1=5	Cluster_1={2，3，5}	代价：｜2－5｜+｜3－5｜+｜5－5｜=5
聚类中心 2=10	Cluster_2={10}	代价：｜10－10｜=0
聚类中心 3=11	Cluster_3={11，13，15，20，26，40}	代价：｜11－11｜+｜13－11｜+｜15－11｜+｜20－11｜+｜26－11｜+｜40－11｜=59

因此，初始总代价为 5+0+59=64。

步骤 2：尝试替换（见表 12－6）。PAM 算法中，下一步要做的就是：对当前每个中心，都尝试与所有非中心点进行一一替换，看能否降低代价。这里先举例“用非中心点 26 去替换中心 5”的过程。以下只展示部分替换尝试过程，最后会选出“能使代价下降最多”的那次替换来更新中心。

表 12－6　尝试替换后的代价计算

聚类中心 1=26	Cluster_1={20，26，40}	代价：6+0+14=20
聚类中心 2=10	Cluster_2={2，3，5，10}	代价：8+7+5+0=20
聚类中心 3=11	Cluster_3={11，13，15}	代价：0+2+4=6

因而替换后的总代价为 20＋20＋6＝46，相比初始总代价大幅下降。在真实的 PAM 算法实现中，会对中心 5 与所有非中心点做类似的替换尝试，并选取使总代价下降最多的那一次替换。这里举了用 26 替换 5 的例子，确实代价从 64 降到了 46，所以很可能是一个不错的替换。

步骤 3：后续替换与迭代（见表 12－7）。在完成对中心 5 的替换更新后（比如最终选择了用 26 来替换 5），新的中心集就变为了｛10，11，26｝。随后再对中心 10、中心 11 依次尝试用各种非中心点去替换，看是否能继续把代价降得更低；若能，则执行对应替换并再次迭代直至没有进一步改进。为了让大家看清楚核心思路，我们再展示其中一个关键替换——用 3 替换中心 10，这往往能使代价进一步大幅下降。

表 12－7　进一步替换后的代价计算

聚类中心 1＝26	Cluster_1＝{20，26，40}	代价：6＋0＋14＝20
聚类中心 2＝3	Cluster_2＝{2，3，5}	代价：1＋0＋2＝3
聚类中心 3＝11	Cluster_3＝{10，11，13，15}	代价：1＋0＋2＋4＝7

新的总代价值 30 相比替换前的代价值 46 进一步降低，说明此替换非常有效。

步骤 4：收敛和最终结果。继续按照 PAM 算法的流程，对当前的三个中心｛3，11，26｝再做所有可能的替换尝试，如果都无法获得比 30 更小的总代价，就说明算法收敛。实际小范围穷举可以发现，许多三元组（如｛3，11，26｝、｛3，13，26｝等）都能得到总代价 30，表明在这些解之间可能会出现并列的最优或近似最优解。

在 PAM 算法中，只要进入无法进一步降低代价的局部最优（或全局最优）状态，算法就会停止，并输出最终的聚类结果。例如，以｛3，11，26｝为中心时，最终的划分与代价如下。

- 聚类 1：中心为 3，簇包含｛2，3，5｝，代价为 3。
- 聚类 2：中心为 11，簇包含｛10，11，13，15｝，代价为 7。
- 聚类 3：中心为 26，簇包含｛20，26，40｝，代价为 20。

如果我们将最终的结果与上一节基于 K 均值聚类的结果进行对比，可以发现点 20 的分配发生了改变，其中一个原因就是 K 均值聚类对极端值（如本例中的 40）更为敏感，这些离群值往往会拉动均值，而中心点本质上是在数据点里“挑最适合当中心”的那个点（如本例中的 26），离群点不一定会成为中心。这正好导致了点 20 的分配差异。

12.2.3　基于密度方法

密度聚类是一种基于密度的聚类方法，其基本思想是将数据集中密度较高的区域视为一个簇，并通过密度连通性来划分簇。密度聚类的代表算法是 DBSCAN，它能够有效地识别任意形状的簇，并对噪声数据具有较强的鲁棒性。OPTICS 算法则是 DBSCAN 算法的一种扩展方法。

（1）定义邻域关系：对于每个数据点，计算其在指定半径 ε 的邻域内的点数。

（2）标记核心点：如果一个数据点的邻域内包含至少 MinPts 个数据点，则将其标记为核心点。

（3）连接密度可达：将所有直接密度可达的点划分为同一个簇。

（4）扩展簇：将核心点的邻域内的非核心点添加到该簇中，并递归地处理它们的邻域。常见的基于密度的聚类方法如下。

1. DBSCAN

DBSCAN 是一种基于密度的聚类方法，它通过确定每个数据点的密度和邻域关系，从而发现具有足够高密度的区域，并将其划分为簇。DBSCAN 能够有效地处理数据集中的噪声和异常值，对参数的选择相对较为鲁棒。其优缺点如下：

（1）优点。

1）不需要预先指定簇的个数，适用于各种形状和大小的簇。

2）能够有效处理噪声和异常值。

3）可以发现任意形状的簇，对密度变化较大的数据集具有较好的鲁棒性。

（2）缺点。

1）对于高维数据集和不均匀分布的数据集，算法的性能会下降。

2）对于密度变化较大的数据集，可能会产生较大的误差。

3）算法对参数的选择较为敏感，需要谨慎调参。

2. OPTICS

OPTICS 算法也是一种基于密度的聚类算法，通过计算核心距离和可达距离，以构建有序的可达性图来识别数据集中的聚类结构。它可以自动发现数据集中的不同密度级别，并生成一个可视化的聚类结构图，为数据挖掘和知识发现提供了一种重要的工具和方法。OPTICS 算法对参数的选择相对较为灵活，在实际应用中需要根据数据集的特点和需求，选择合适的聚类算法和参数配置。其优缺点如下：

（1）优点。

1）不需要预先指定邻域半径，适用于各种形状和大小的簇。

2）能够发现具有不同密度和大小的聚类结构。

3）对于噪声和异常值具有较好的鲁棒性。

（2）缺点。

1）算法复杂度较高，特别是在处理大规模数据集时。

2）对参数的选择较为敏感，需要谨慎调参。

3）对于高维数据集的处理效果可能不如低维数据集。

在实际应用中，什么是合适的聚类方法取决于数据集的特点、聚类目标以及算法的实现复杂度等因素。不同的聚类方法具有不同的优缺点，需要根据具体情况进行权衡和选择。综上所述，聚类分析作为一种重要的数据挖掘技术，在实际应用中具有广泛的应用前景和发展空间，可以帮助人们发现数据的内在结构和规律，为决策和预测提供支持和指导。

12.2.4　划分聚类与密度聚类的区分

划分聚类和密度聚类虽然都是聚类分析的方法，但它们的应用场景和适用性略有不同。

划分聚类的应用场景如下。

（1）大型数据集的聚类：划分聚类适用于大型数据集的聚类，因为它的计算复杂度相对较低，适合处理大规模数据。

（2）数据集具有明显的凸形状：划分聚类对具有明显凸形状的数据集效果较好，比如球状簇。

（3）均匀分布的数据集：划分聚类对均匀分布的数据集较为适用，簇之间的密度差异不大时效果较好。

密度聚类的应用场景如下。

（1）具有不规则形状的簇：密度聚类适用于发现具有不规则形状的簇，因为它不需要预先指定簇的个数或形状，能够适应各种形状和大小的簇。

（2）密度变化较大的数据集：密度聚类能够有效处理密度变化较大的数据集，对于密度不均匀的数据集也有较好的适应性。

（3）噪声和异常值的检测：由于密度聚类具有较好的鲁棒性，因此在需要检测和处理噪声和异常值的应用场景中较为合适。

综上所述，划分聚类适用于处理具有凸形状且簇密度相对均匀的数据集，而密度聚类更适用于发现具有不规则形状且簇密度变化较大的数据集，以及需要检测和处理噪声和异常值的情况。选择合适的聚类算法时应该根据数据集的特点、聚类目标以及对噪声和异常值的处理需求来进行权衡。

12.3　实验案例与实验任务

12.3.1　案例内容与步骤

1. 实验背景

鸢尾花数据集是数据挖掘和统计学领域最知名和最常用的数据集之一。

它由来自三个不同品种的 150 个鸢尾花样本组成：Setosa、Versicolor 和 Virginica。每个样品包括四个特征：萼片长度、萼片宽度、花瓣长度和花瓣宽度。它是由英国生物学家和统计学家罗纳德·费舍尔（Ronald Fisher）于 1936 年提出的，作为判别花品种的一个例子。

鸢尾花数据集通常用作数据挖掘初学者的数据集，以了解数据挖掘中的分类和聚类算法。通过使用鸢尾花的特征，研究人员和数据科学家可以将每个样本分类为三个品种之一。

该数据集特别受欢迎，因为它简单易用，并且根据提供的特征将不同物种清晰地分开。这四个特征都以厘米为单位。

- 萼片长度：鸢尾花萼片的长度（包裹花蕾的绿叶状结构）。
- 萼片宽度：鸢尾花萼片的宽度。
- 花瓣长度：鸢尾花花瓣的长度（花的彩色结构）。
- 花瓣宽度：鸢尾花花瓣的宽度。

目标变量表示鸢尾花的种类，分为三类。本实验仅通过该数据集进行聚类分析，因此目标变量不会在聚类分析时使用，可以保留该目标变量以便比较聚类分析的结果。

2. 数据准备

将 Altair AI Studio 内置 Samples-data-Iris 数据集拖入 Process 窗口，可以先了解该数据集是否存在缺失值或异常值。

由图 12-1 我们可以看到先前介绍的四个属性（a1，a2，a3，a4），共有 150 个观察项；由图 12-2 我们可以看到每个属性的平均值、标准差和范围。在数据中没有看到缺失和异常的值需要处理，因此数据看起来非常干净，可以直接进行挖掘。

Row No.	id	label	a1	a2	a3	a4
1	id_1	Iris-setosa	5.100	3.500	1.400	0.200
2	id_2	Iris-setosa	4.900	3	1.400	0.200
3	id_3	Iris-setosa	4.700	3.200	1.300	0.200
4	id_4	Iris-setosa	4.600	3.100	1.500	0.200
5	id_5	Iris-setosa	5	3.600	1.400	0.200
6	id_6	Iris-setosa	5.400	3.900	1.700	0.400
7	id_7	Iris-setosa	4.600	3.400	1.400	0.300
8	id_8	Iris-setosa	5	3.400	1.500	0.200
9	id_9	Iris-setosa	4.400	2.900	1.400	0.200
10	id_10	Iris-setosa	4.900	3.100	1.500	0.100

图 12-1 Samples-data-Iris 数据集

Filter (6 / 6 attributes): Search for Attribute

Name	Type	Missing	Statistics		
id	Nominal	0	Least: id_99 (1)	Most: id_1 (1)	Values: id_1 (1), id_10 (1), ...[148 more]
label	Nominal	0	Least: Iris-virginica (50)	Most: Iris-setosa (50)	Values: Iris-setosa (50), Iris-versicolor (50), ...[1 more]
a1	Real	0	Min: 4.300	Max: 7.900	Average: 5.843
a2	Real	0	Min: 2	Max: 4.400	Average: 3.054
a3	Real	0	Min: 1	Max: 6.900	Average: 3.759
a4	Real	0	Min: 0.100	Max: 2.500	Average: 1.199

图 12-2 Samples-data-Iris 数据统计信息

3. 数据聚类

将数据拖拽到操作视图界面，检索 K-Means 操作符并将其与数据进行连接，然后连接到输出接口。点击运行后，我们可以看到运行结果。在参数设置中，我们可以指定要聚类的簇数 k，以及 max runs 最大循环迭代的次数（见图 12－3）。

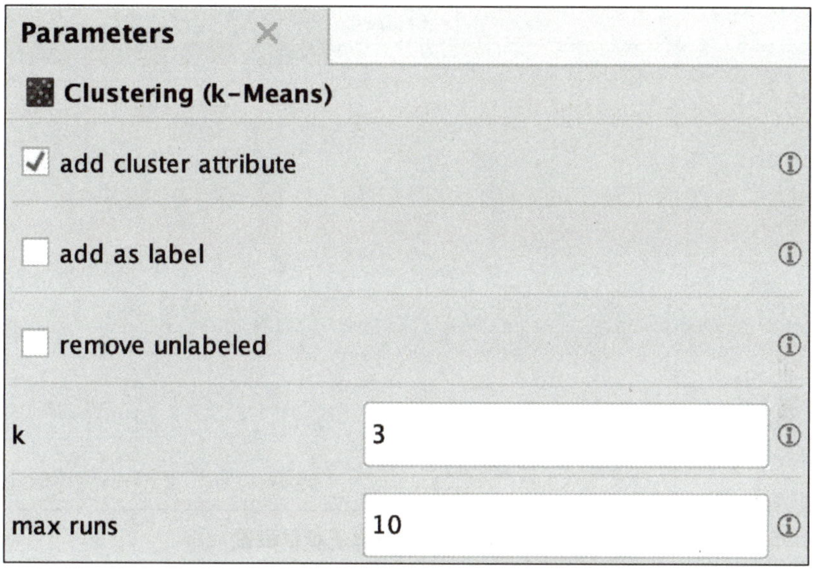

图 12－3　Clustering（k-Means）算子参数设置

如图 12－4 所示，我们可以得到生成的聚类结果（即各个聚类各属性的中心点位置）。

Attribute	cluster_0	cluster_1	cluster_2
a1	5.006	6.854	5.884
a2	3.418	3.077	2.741
a3	1.464	5.715	4.389
a4	0.244	2.054	1.434

图 12－4　聚类各属性的中心点

4. 结果比较

如果将聚类得到的结果与目标变量进行进一步比较，需要对聚类的结果进行一些基本的整理，例如：计算每个聚类的总个数以及分别包含目标变量中不同类别的个数。我们将 Aggregate 算子连接到 K-means 算子的另一个出口并对参数进行设置。具体如图 12－5、图 12－6 和图 12－7 所示。

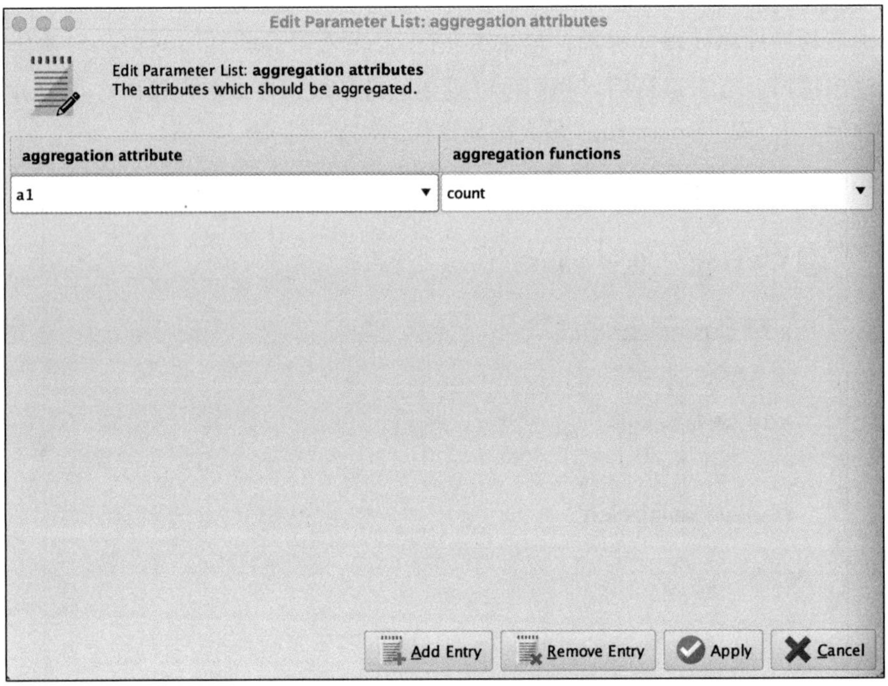

图 12-5 Aggregate 算子参数设置

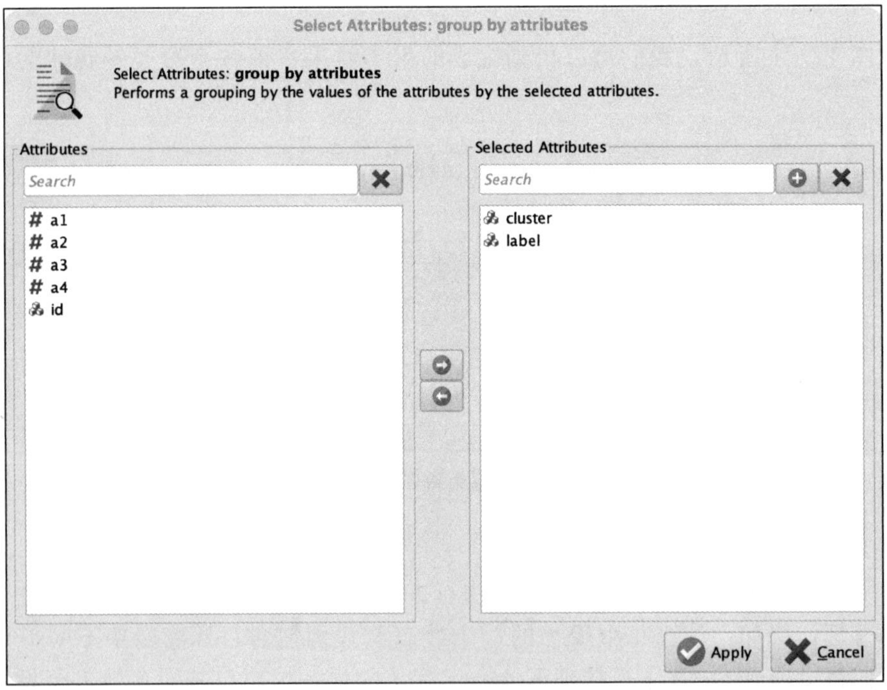

图 12-6 其他参数设置

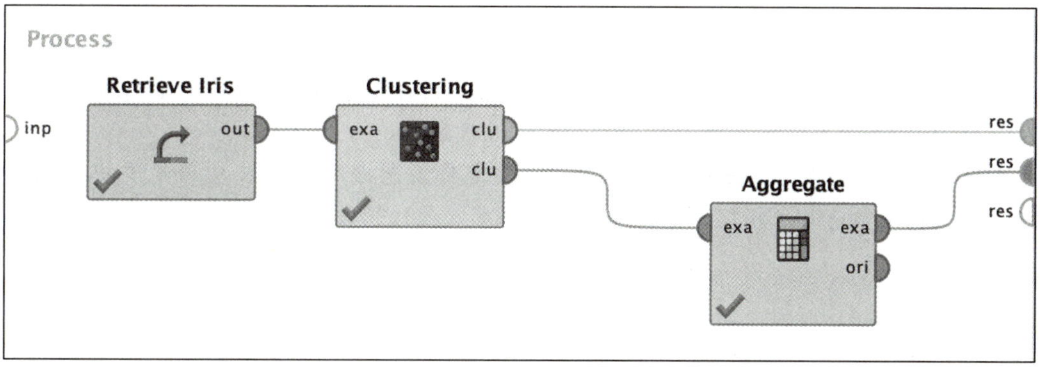

图 12－7　模型框架

5. 输出结果

最后将 Aggregate 算子得到的结果进行输出，可以发现每个聚类中各个品种花的数量（见图 12－8）。

Row No.	label	cluster	count(a1)
1	Iris-setosa	cluster_0	50
2	Iris-versicolor	cluster_1	3
3	Iris-versicolor	cluster_2	47
4	Iris-virginica	cluster_1	36
5	Iris-virginica	cluster_2	14

图 12－8　输出结果

通过显示的输出结果，可以发现 cluster_0 中包含所有 Setosa 品种的鸢尾花，且不含其他品种；cluster_1 中包含大多数的 Virginica 品种的鸢尾花，但也有少量 Versicolor 品种；cluster_2 中则主要是 Versicolor 品种以及部分 Virginica 品种鸢尾花。

12.3.2　实验任务

使用聚类分析做如下关联分析。

（1）按照上述实验操作步骤将 Altair AI Studio 内置数据集 Samples/data/RipleySet 进行聚类分析。

（2）熟悉 Altair AI Studio 中 DBSCAN 算子并运行 DBSCAN 算子 tutorial 中的例子，进一步观察比较 DBSCAN 算法与 K 均值聚类输出结果的区别。（提示：通过 Visulizations，分别将 Color 选项设置成 dbscan_cluster 和 kmeans_cluster）

// 关键概念回顾 //

簇：聚类算法生成的数据分组。簇内的数据点应该具有较高的相似度或距离较近。

聚类准则：评估聚类结果好坏的标准。可能基于簇内数据点的紧密程度、簇间数据点的分离程度等。

聚类算法类型：划分方法如 K 均值聚类、K 中心聚类，将数据划分为 K 个簇。密度方法如 DBSCAN 算法，基于数据点的密度进行聚类。

簇的数量：聚类算法中的重要参数，通常需要预先指定（如 K 均值聚类中的 K）。也可以通过聚类有效性指标（如轮廓系数）来确定最佳簇数量。

// 第 13 章 //

文本分析

在信息爆炸时代，大量的文本数据涌现，如何从海量数据中提取有价值的信息成为一项重要的任务。文本分析作为一种强大的数据分析工具，为我们理解文本背后的信息提供了有效途径，在市场分析、舆情分析、法律研究、生物医学研究等领域也具有极高的使用价值。本章将深入探讨文本分析的关键概念、方法和技术，包括特征提取与表示、主题建模、情感分析等，帮助读者更好地应对文本数据的挖掘和分析任务，并通过两个具体案例展示如何运用所学知识处理实际的文本数据。

13.1　文本分析概述

13.1.1　发展历程

文本分析作为自然语言处理的重要分支，其研究历史可以追溯到 20 世纪 50 年代。1950 年，艾伦·图灵（Alan Turing）提出了著名的“图灵测试”，为文本分析和自然语言处理奠定了基础。20 世纪 60 年代，诺姆·乔姆斯基（Noam Chomsky）的形式语言理论为文本的语法分析提供了理论支持。20 世纪 70 年代，随着计算机技术的发展，基于规则的方法在文本分析中占据主导地位，研究者通过手工编写规则来实现词法分析、句法分析和语义分析。然而，规则方法的局限性在于其难以覆盖语言的复杂性和多样性。20 世纪 80 年代，统计方法的引入为文本分析带来了新的突破，尤其是隐马尔可夫模型（HMM）在语音识别和词性标注中的应用。20 世纪 90 年代，随着机器学习的兴起，支持向量机和最大熵模型（MaxEnt）等算法在文本分类和信息抽取中得到了广泛应用。进入 21 世纪，深度学习的快速发展彻底改变了文本分析的格局。2003 年，神经语言模型（NLM）的提出为后续的神经网络模型奠定了基础。2013 年，Word2Vec 的发布使得词向量表示成为文本分析的核心技术之一。此后，基于深度学习的模型，如循环神经网络（RNN）、长短期记忆网络（LSTM）和 Transformer 在机器翻译、文本生成和情感分析等任务中取得了显著成果。特别是 2018 年，BERT 模型的提出极大提升了文本理解的能力，推动了文本分析技术的进一步发展。如今，文本分析已成为人工智能领域的重要研究方向，广泛应用于搜索引擎、智能客服、舆情分析等场景。

13.1.2 基本概念

文本分析是从大量文本数据中提取有用信息的过程，其基本流程包括文本预处理（如分词、去停用词、词干提取等）、特征提取（如 TF-IDF、Word2Vec 等）、模型训练和评估。自然语言处理、机器学习、深度学习等关键技术和算法在文本分析中有着重要作用。

（1）分词。将文本分割成单独的词语或短语的过程，是文本分析的基本步骤。假如有一个句子“小明准备星期五看演唱会”，我们希望语料库统计后的分词结果是“小明/准备/星期五/看/演唱会”，而不是“小明/准备/星期/五看/演唱会”。从统计的角度，我们希望“小明/准备/星期五/看/演唱会”出现的概率要大于“小明/准备/星期/五看/演唱会”。用数学语言描述，则句子 S 有 m 种分词选项，如下：

$$\begin{matrix} S_{11} & S_{12} \cdots & S_{1n_1} \\ S_{21} & S_{22} \cdots & S_{2n_2} \\ \vdots & \vdots & \vdots \\ S_{m1} & S_{m2} \cdots & S_{mn_m} \end{matrix}$$

式中，下标n_i代表第 i 种分词的词个数。如果选择最优的第 k 种方法，则该种方法下的统计分布概率最大，即：

$$k = \underbrace{\operatorname{argmax}}_{i} P\{S_{i1}, S_{i2}, \cdots, S_{in_i}\}$$

利用马尔可夫假设，即一个分词出现概率仅与上一个分词有关，则联合分布 $P\{S_{i1}, S_{i2}, \cdots, S_{in_i}\} = P\{S_{i1}\} P\{S_{i2} | S_{i1}\} P\{S_{i3} | S_{i2}\} \cdots P\{S_{in_i} | S_{in_{i-1}}\}$。根据标准语料库，可以计算出所有分词的二元条件概率。对于任意两个词A_1和A_2，条件概率分布近似表示为：

$$P\{A_2 \mid A_1\} = \frac{P\{A_1, A_2\}}{P\{A_1\}} = \frac{\text{freq}\{A_1, A_2\}}{\text{freq}\{A_1\}}$$

$$P\{A_1 \mid A_2\} = \frac{P\{A_1, A_2\}}{P\{A_2\}} = \frac{\text{freq}\{A_1, A_2\}}{\text{freq}\{A_2\}}$$

式中，$\text{freq}\{A_1, A_2\}$ 表示A_1和A_2相邻出现的次数，$\text{freq}\{A_1\}$ 和 $\text{freq}\{A_2\}$ 分别表示A_1和A_2在语料库中出现的次数。利用语料库建立的统计概率，给定任意句子，都可以计算各个分词对应的联合分布概率。找到最大概率对应的分词方法，则是最优分词。

（2）停用词：常见且在文本中出现频率较高但对文本分析任务贡献较小的词语，例如“and”“the”等。在处理过程中通常被移除。

（3）词干提取：将单词还原为其基本形式，去除词缀，以减少词汇的变化形式。例如，将 is，are，been 还原成 be；将 plays，played，playing 还原为 play。

（4）词袋模型：将文本表示为一个无序的单词集合，忽略了单词在文本中的顺序，仅考虑单词的出现频率。具体来说，首先，将训练样本中所有不重复的词放到这个袋子中构成一个词表（字典）；其次，再以这个词表为标准来遍历每一个样本，如果词表中对应位置的词出现在了样本中，那么对应位置就用 1 来表示，没有出现就用 0 来表示；

最后，对于每个样本来说都将其向量化成一个和词表长度一样的 0－1 向量。

（5）TF-IDF 值：衡量一个词在文本集合中的重要性。高频率出现但在整个语料库中罕见的词具有较高的 TF-IDF 值。具体来说，如果某个单词在一篇文章中出现的频率（TF）高，并且在其他文章中很少出现，则认为此词或者短语具有很好的类别区分能力，适合用来分类。

例如，计算词条 w 的 TF-IDF 值，首先计算

$$\mathrm{TF}_{(d,w)}=\frac{d\text{ 类文档中词条 }w\text{ 出现的次数}}{d\text{ 类文档中所有词条数目}}$$

然后计算

$$\mathrm{IDF}_{w}=\log\left(\frac{\text{语料库的文档总数}}{\text{包含词条 }w\text{ 的文档数}+1}\right)+1$$

式中，分母加 1 是为了避免分母为 0。最终可得

$$\text{TF-IDF}=\mathrm{TF}_{(d,w)}\times\mathrm{IDF}_{w}$$

（6）N-grams：连续的 N 个词作为一个基本的操作单元，其中可能包括单词、数字、符号和标点符号，是用于将文本从非结构化格式转换为结构化格式的众多技术之一。N-grams 的替代方法是词嵌入技术，例如 Word2Vec。N-grams 广泛用于文本挖掘和自然语言处理任务。

（7）词嵌入：使用词向量表示单词，词向量就是一个数字高维向量，通过向量表示捕捉了语义和词语之间的关系，例如 Word2Vec，其主要包括 CBOW 和 SkipGram 两种模型。其中，CBOW 通过上下文词汇预测当前词汇，即用w_{t-2}，w_{t-1}，w_{t+1}，w_{t+2}预测w_t。而 SkipGram 则用w_t预测w_{t-2}，w_{t-1}，w_{t+1}和w_{t+2}。

（8）主题建模：通过算法（如 LDA）从文本中提取主题，帮助理解文本的隐含结构。LDA 是一种基于概率图模型的文本主题分析方法。它最早由戴维・贝雷（David Blei）等人在 2003 年提出，旨在通过对文本数据进行分析，自动发现其隐藏的主题结构。LDA 模型的基本原理是先假设一个文本集合的生成过程：首先从主题分布中随机选择一个主题；然后从该主题的单词分布中随机选择一个单词；重复上述过程，直到生成整个文本。

（9）情感分析：情感分析是一种自然语言处理技术，旨在从文本数据中识别和分析人们的情感态度。情感分析可以应用于社交媒体监控、产品评价分析、客户反馈分析等多个领域。情感分析的输入通常是文本数据，如社交媒体评论、问卷调查等。情感分析的输出可以是情感词、情感标签或情感强度。在情感分析中，文本预处理是一个关键步骤，它包括去除噪声、分词、词汇过滤、词性标注、命名实体识别等。预处理后，文本通常被转换为计算机可理解的数值表示，如词袋模型、TF-IDF、Word2Vec 等。

（10）实体识别：又称作专名识别，是自然语言处理中的一项基础任务，应用范围非常广泛。命名实体一般指的是文本中具有特定意义或者指代性强的实体，通常包括人名、地名、组织机构名、日期时间、专有名词等。实体识别系统就是从非结构化的输入文本中抽取出上述实体，并且可以按照业务需求识别出更多类别的实体，比如产品名

称、型号、价格等。因此实体这个概念可以很广，只要是业务需要的特殊文本片段都可以称为实体。

以上基础概念涵盖了文本挖掘中常用的一些技术和方法，有助于理解和处理文本数据。在实际应用中，根据任务的不同，可能会涉及更多的概念和技术。

13.2 实验案例与实验任务

13.2.1 案例内容与步骤

1. 文本预处理

为了完成文本挖掘操作，需要确认已经安装了文本处理插件，可用以下步骤确认是否已经安装文本处理插件。

- 打开 Altair AI Studio，在主菜单点击 Extensions>>Manage Extensions。
- 确认文本处理插件已经显示在列表中并被选中。我们将使用 7.0.0 版本的文本处理插件。

如果还没有安装文本处理插件，可以按以下步骤完成安装。

- 如果使用 windows 系统，以 Administrator 权限登录。
- 在主菜单上点击 Extensions>>Update and Extensions（Marketplace）…，如图 13－1 所示。

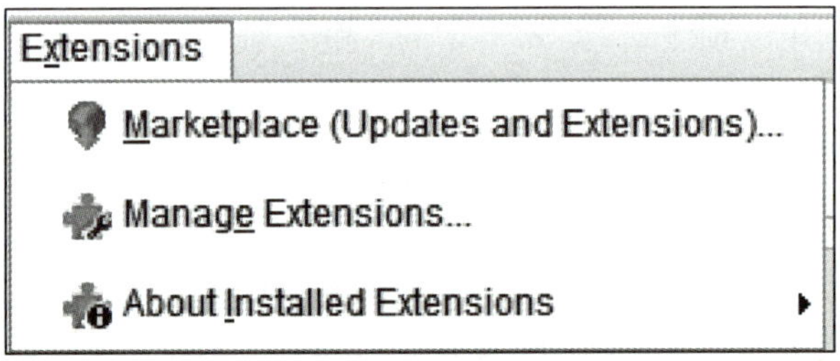

图 13－1 升级扩展下拉菜单

- 在 Top Downloads 标签中找到并双击 Text Processing，点击安装按钮，如图 13－2 所示。
- 接受 license 条款，点击确定按钮。插件下载安装完毕后，重新启动 Altair AI Studio。

本例将使用加州大学欧文分校机器学习库中的一个手机短信数据集，包含 5 574 条短信记录。数据简介和下载地址如下：http://archive.ics.uci.edu/ml/datasets/SMS+Spam+Collection。

此数据集中有 747 条垃圾短信被标记为 spam，其余非垃圾短信被标记为 ham，该数据集是 tab 分隔的文本文件，每行表示一条短信记录，文件为 UTF-8 编码。

以导入 csv 方式导入 SMSSpamCollection 文件（见图 13－3）。

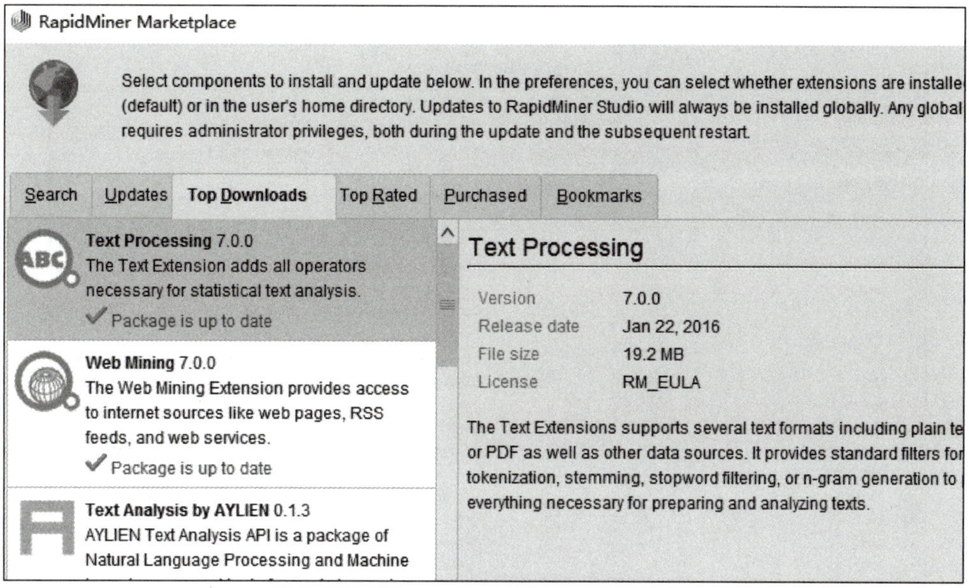

图 13-2　安装最多的扩展工具

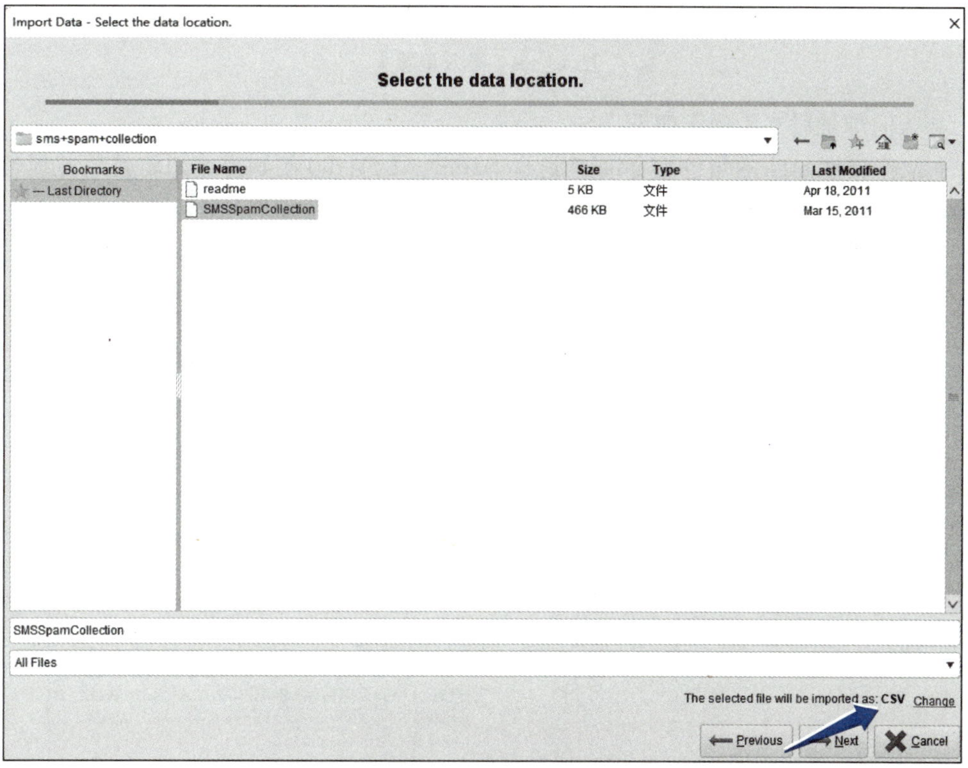

图 13-3　导入步骤 1

注意该文件以 tab 分隔符分隔，并且内容包含双引号，需要在导入向导的 2/5 步骤做适当处理：Column Separation 选择 Tab，关闭 Header Row 和 Use Quotes 的复选框（见图 13-4）。

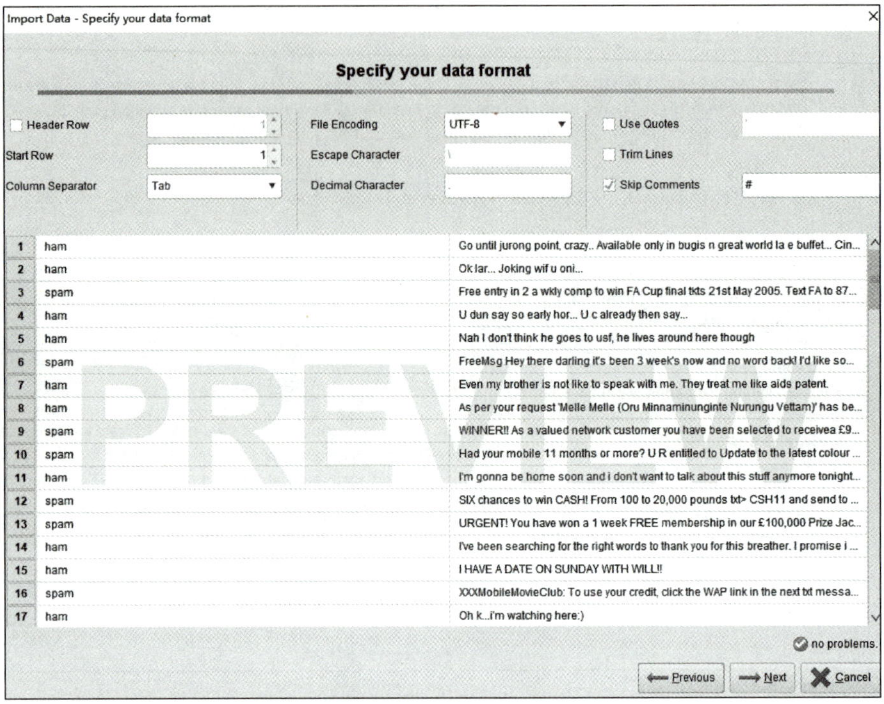

图 13-4　导入步骤 2

导入向导最后一步操作如下。

● 改变属性 att1 的角色为 label，这样 Altair AI Studio 便知道用户将使用此属性做预测（见图 13-5）。

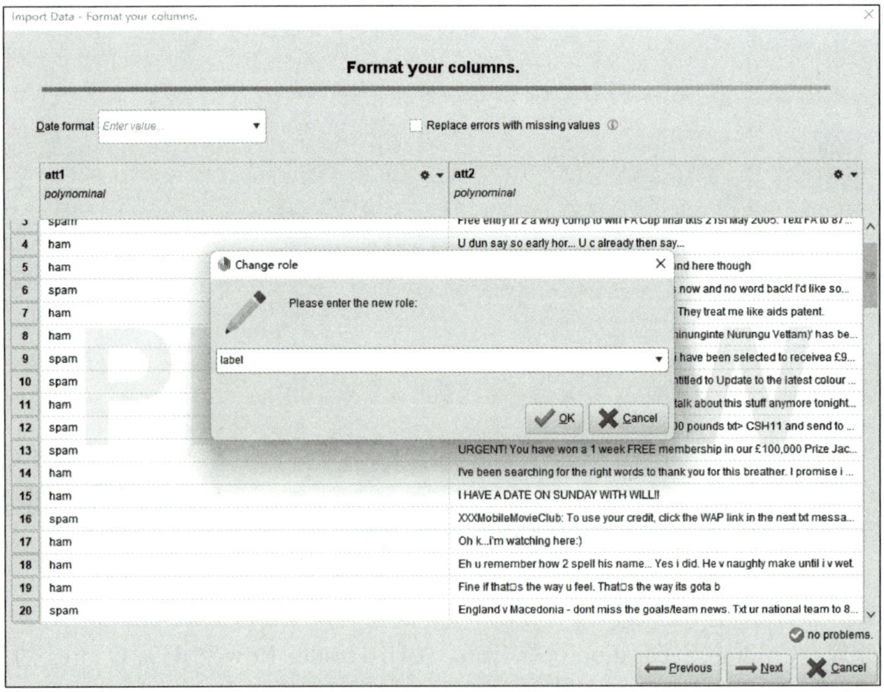

图 13-5　导入步骤 3

● 改变属性 att2 的类型，由 polynomial 改变为 text，这样告诉 Altair AI Studio 此属性包含用户希望处理的文本数据（通过 Nominal to Text 操作符进行设置）。

2. 特征提取与表示

在文本处理中，特征提取和特征表示是将文本数据转换为可以用于机器学习模型的数值形式的过程。特征提取是从原始文本中提取有意义的信息，而特征表示是将这些信息以数值形式呈现。在 Altair AI Studio 中，可以使用一系列操作符来进行这些操作。

文本数据向量化是文本处理中的常用方法，具体方法有词袋模型、TF-IDF、词嵌入等。在特征表示时，将文本中提取的信息转换为数值形式，以便机器学习模型能够理解。

特征提取涉及从文本中提取出有意义的信息，以用于建立机器学习模型。常见的特征提取方法包括词袋模型、TF-IDF、N-grams 等。

特征表示是将从文本中提取的信息转换为数值形式，以便机器学习模型能够理解。常见的特征表示方法包括向量化（将文本转换为稠密或稀疏的数值向量）、词嵌入等。

以下是特征提取和特征表示的操作步骤。

（1）模型构建。调用 Nominal to Text 操作符，在参数设置中，将属性 att2 的类型转换为文本型，这将告诉 Altair AI Studio 此属性包含用户希望处理的文本数据，如图 13－6 所示。

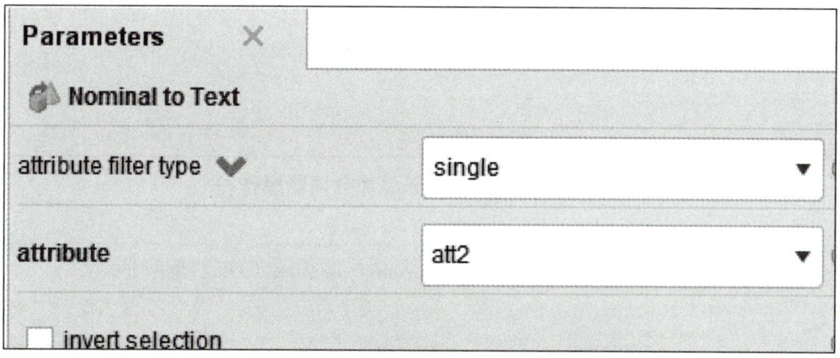

图 13－6　Nominal to Text 参数设置

接下来调用 Process Documents from Data 操作符，输入接口与 Nominal to Text 连接后，输出接口 exa 和 wor 分别与结果接口连接，如图 13－7 所示。

双击 Process Documents from Data 操作符，进入其内部，添加 Tokenize 分词器操作符，使用默认参数配置，如图 13－8 所示。

点击运行之后，经过一小段时间的计算，我们可以看到输出结果。如图 13－9 所示，WordList 结果视图显示了各个单词出现的次数以及在垃圾或非垃圾信息中出现的次数。另外，当我们在 Process Documents from Data 操作符参数设置里勾选 keep text 后，可以在图 13－10 所示界面看到每个单词在该文本中的 TF-IDF 值。

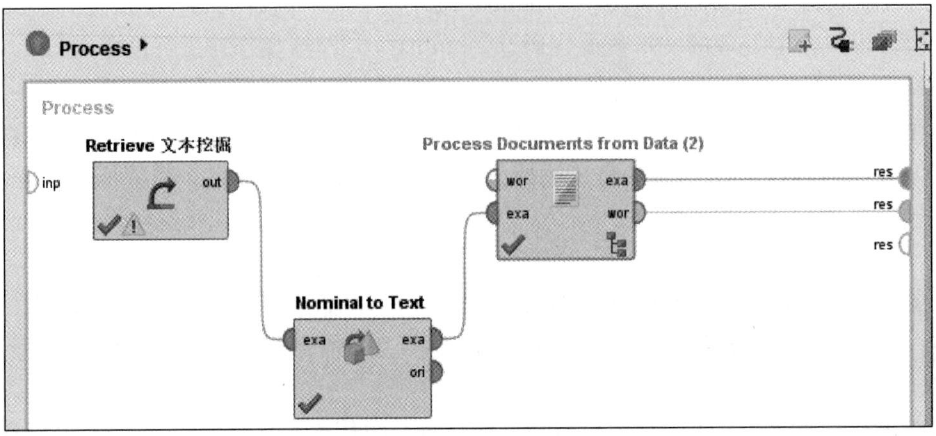

图 13-7　建立文本分析模型

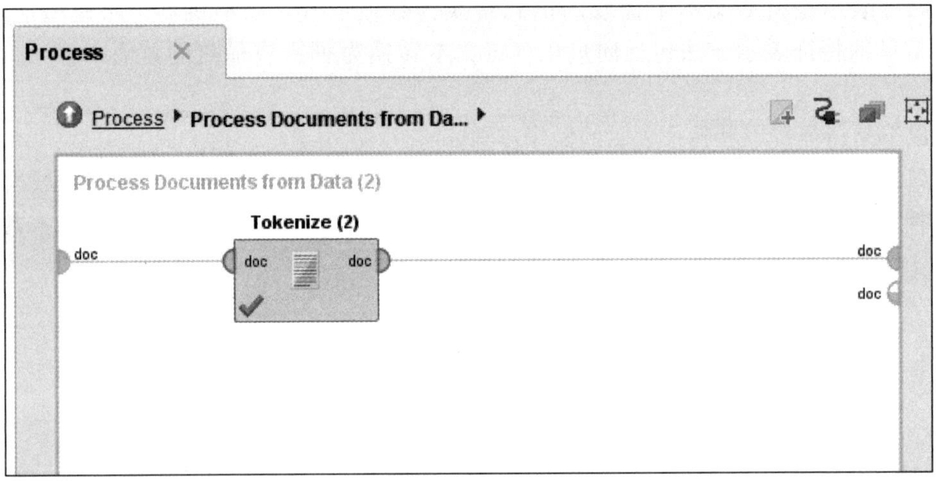

图 13-8　在流程内部添加分词器操作符

WordList (Process Documents from Data (2))　ExampleSet (Process Documents from Data (2))

Word	Attribute Name	Total Occurences	Document Occurences
A	A	113	102
ABOUT	ABOUT	3	3
ABOUTAS	ABOUTAS	1	1
ABTA	ABTA	3	3
ACCEPT	ACCEPT	3	3
ACL	ACL	2	2
ACTION	ACTION	2	2
ACTUALLY	ACTUALLY	1	1
AD	AD	1	1
ADAM	ADAM	2	2
ADDAMSFA	ADDAMSFA	2	2
ADP	ADP	1	1

图 13-9　单词出现次数统计

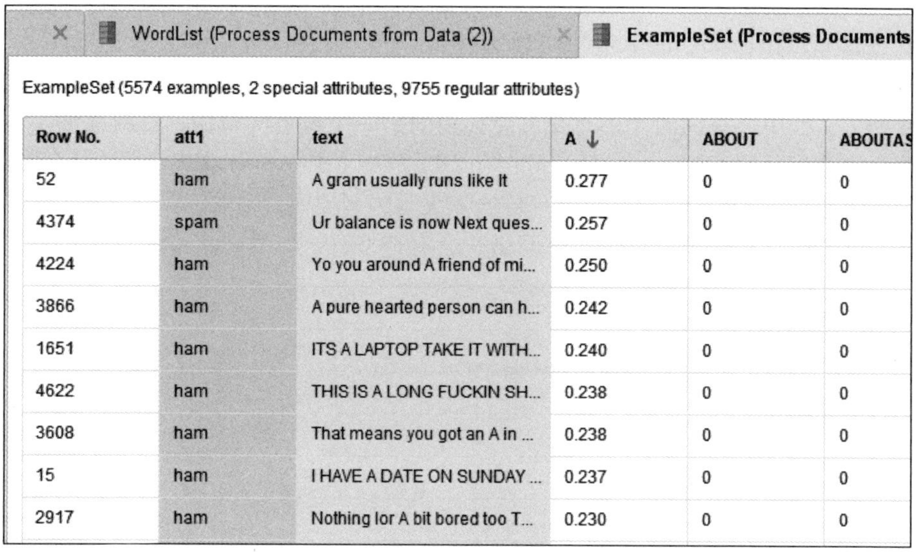

WordList (Process Documents from Data (2))　ExampleSet (Process Documents

ExampleSet (5574 examples, 2 special attributes, 9755 regular attributes)

Row No.	att1	text	A ↓	ABOUT	ABOUTAS
52	ham	A gram usually runs like It	0.277	0	0
4374	spam	Ur balance is now Next ques...	0.257	0	0
4224	ham	Yo you around A friend of mi...	0.250	0	0
3866	ham	A pure hearted person can h...	0.242	0	0
1651	ham	ITS A LAPTOP TAKE IT WITH...	0.240	0	0
4622	ham	THIS IS A LONG FUCKIN SH...	0.238	0	0
3608	ham	That means you got an A in ...	0.238	0	0
15	ham	I HAVE A DATE ON SUNDAY ...	0.237	0	0
2917	ham	Nothing lor A bit bored too T...	0.230	0	0

图 13-10　单词在每篇文档中出现的情况

在 Process Documents from Data 操作符参数设置里，可以进行许多的参数调整（见图 13-11），例如在 vector creation 中除了可以选择 TF-IDF 以外，还可以选择 Term Occurrences 单词出现的频率统计，或者将 Binary Term Occurrences 二值属性作为输出结果的统计形式。

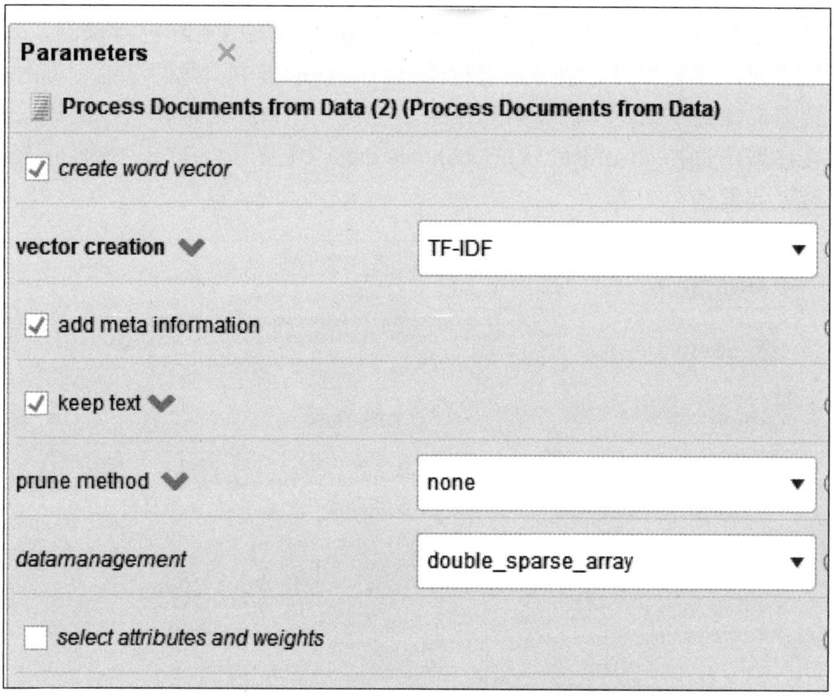

图 13-11　文本挖掘处理参数设置界面

此外，在一篇文档中，出现最多的词大都是如 is，the 这样无意义的词，我们需要把它们过滤掉，在 prune method 中可以选择 percentual 将出现频率低于 3%或高于 30%的词排除掉。

在英文文档中，单词的大小写很可能代表的是一个意思的单词，这就需要我们进行一定的合并处理。双击 Process Documents from Data 操作符，在里面添加一个转换大小写的操作符 Transform Cases，统一转换为大写或者小写，如图 13－12 所示，然后点击运行，可以发现在结果中出现的分词格式会有近 2 000 个单词的减少。

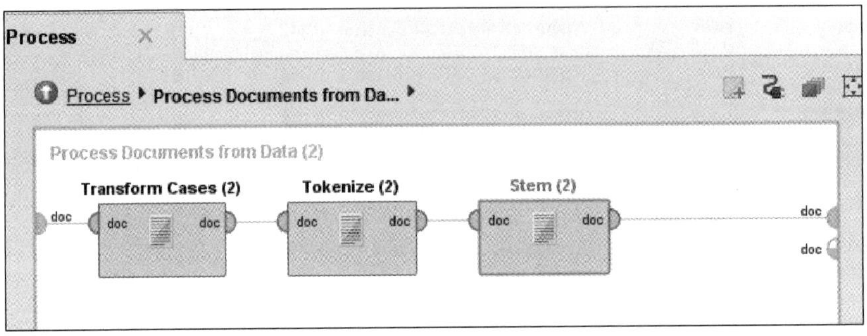

图 13－12　添加大小写转换操作符及词根操作符

另外，在英文中还有词根的区别，我们添加 Stem（Porter）词根操作符，运行模型后会发现单词又减少了 1 000 多个。

英文中的短语可能代表一个词的意思，我们也可以添加 Generate n-Grams（Terms）操作符进行处理。

（2）应用模型预测。贝叶斯模型可以对大规模的稀疏型矩阵进行预测，效果较好。在应用模型之前，我们需要对结果集进行筛选。在数据集中，我们看到少部分是垃圾短信，这样会造成预测不准，所以需要对结果集进行一个采样处理，这里调用采样操作符 Sample，在参数中选择 absolute，勾选 balance data（见图 13－13），在 Edit List 中添加垃圾与非垃圾数据各 747 个。

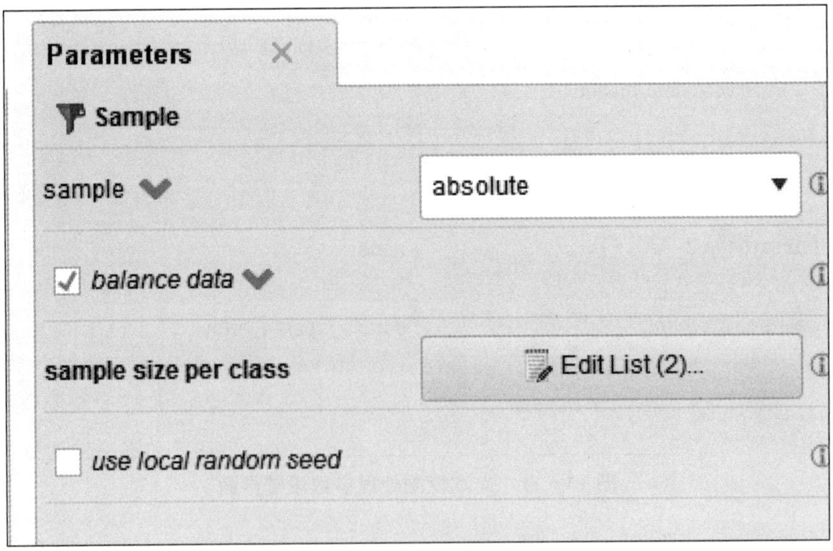

图 13－13　采样参数设置

我们在模型中添加 Naive Bayes 操作符，将文本处理的单词矢量矩阵输出接口与贝叶斯操作符输入接口连接，添加 Apply Model 模型，将模型接口与贝叶斯模型接口连接，同时连接验证贝叶斯数据集，然后连接输出接口，配置流程如图 13－14 所示，点击运行可以看到预测的结果，如图 13－15 所示。可以添加 Performance 操作符来计算模型输出的精度。

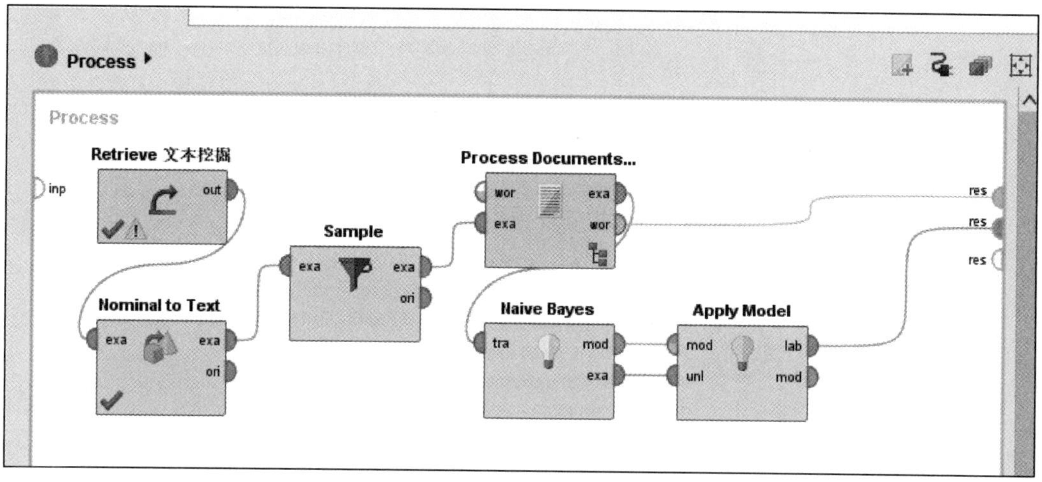

图 13－14　应用预测模型

ExampleSet (1494 examples, 5 special attributes, 110 regular attributes)

Row No.	att1	prediction(a...	confidence(...	confidence(...	text	a
1	spam	spam	1	0	free entri in a ...	1
2	spam	ham	0	1	freemsg hei t...	0
3	ham	spam	1	0	as per your re...	0
4	spam	spam	1	0	winner as a v...	1
5	spam	spam	1	0	had your mob...	0
6	spam	spam	1	0	six chanc to ...	0
7	spam	spam	1	0	urgent you ha...	1
8	spam	spam	1	0	xxxmobilemo...	0
9	ham	ham	0	1	eh u rememb...	0
10	spam	spam	1	0	england v ma...	0
11	ham	ham	0	1	so ü pai first l...	0
12	ham	ham	0	1	did you catch ...	1
13	ham	ham	0	1	i m back amp...	0

图 13－15　模型预测结果

在应用模型中，将训练模型的学习应用到训练模型的预测中，很容易造成过拟合，真实环境还需要拿测试数据来测试，并且文本内容还不够多，实际的预测结果不高。

3. 主题建模

适用场景：文本主题发现。

优点：可以无监督地从大量文档中发现主题。

在 Altair AI Studio 软件中，需要在 Extensions 中安装 Operator Toolbox，随后方可在 operator 中调用 LDA 模型（见图 3－16 和图 13－17）。

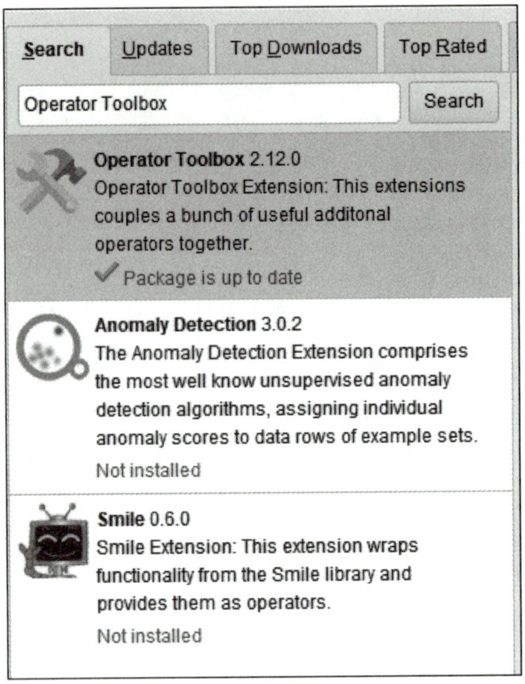

图 13－16　安装 Operator Toolbox

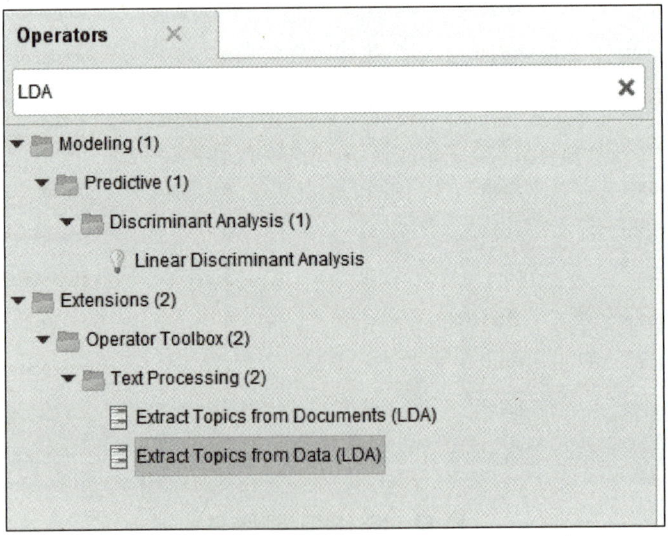

图 13－17　调用 LDA 模型

进行主题建模的数据准备。找到 Altair AI Studio 软件中自带数据文件，位置在软件内的//Samples/Templates/Sentiment Analysis/Historical Sentiments（见图 13－18）。

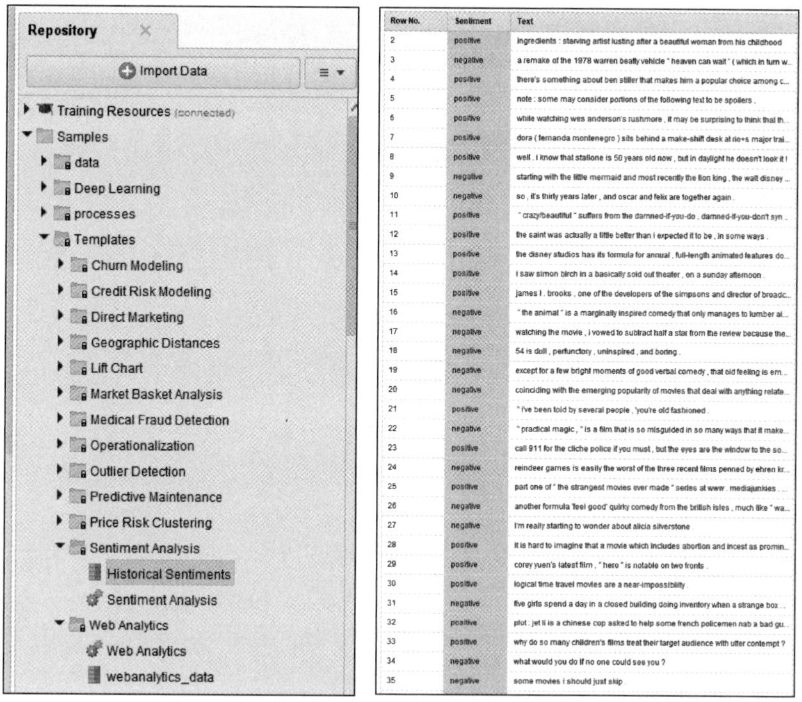

图 13－18　调用情感分析数据

此数据集中有 200 条数据，其中属性 sentiment 定义为标注的数据，即 label；属性 Text 为要处理的文本数据。

主题建模的操作步骤如图 13－19 所示。

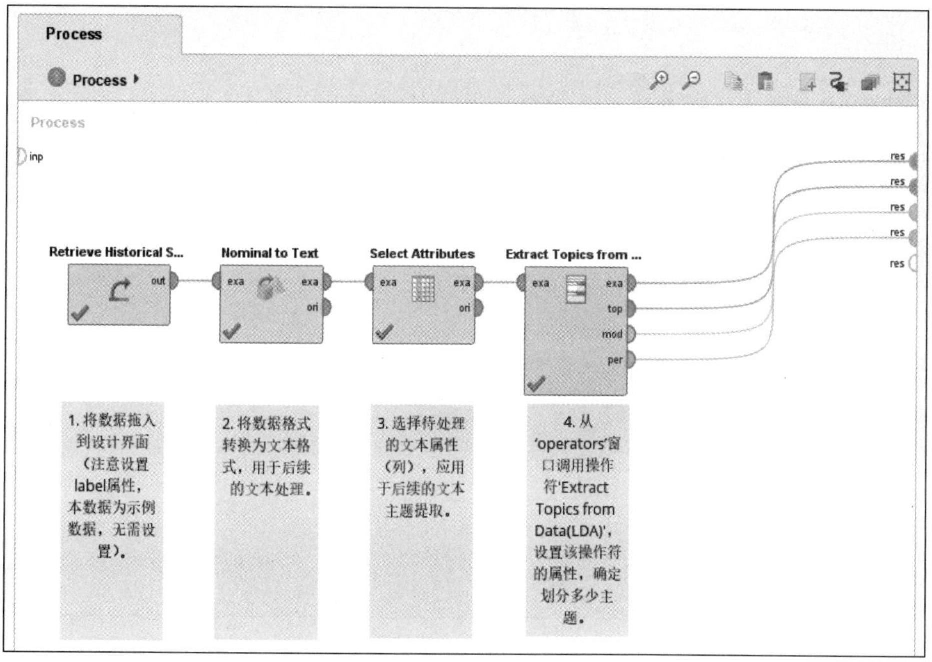

图 13－19　处理逻辑图

点击运行，得到如图 13－20、图 13－21、图 13－22 和图 13－23 所示的四个结果窗口。

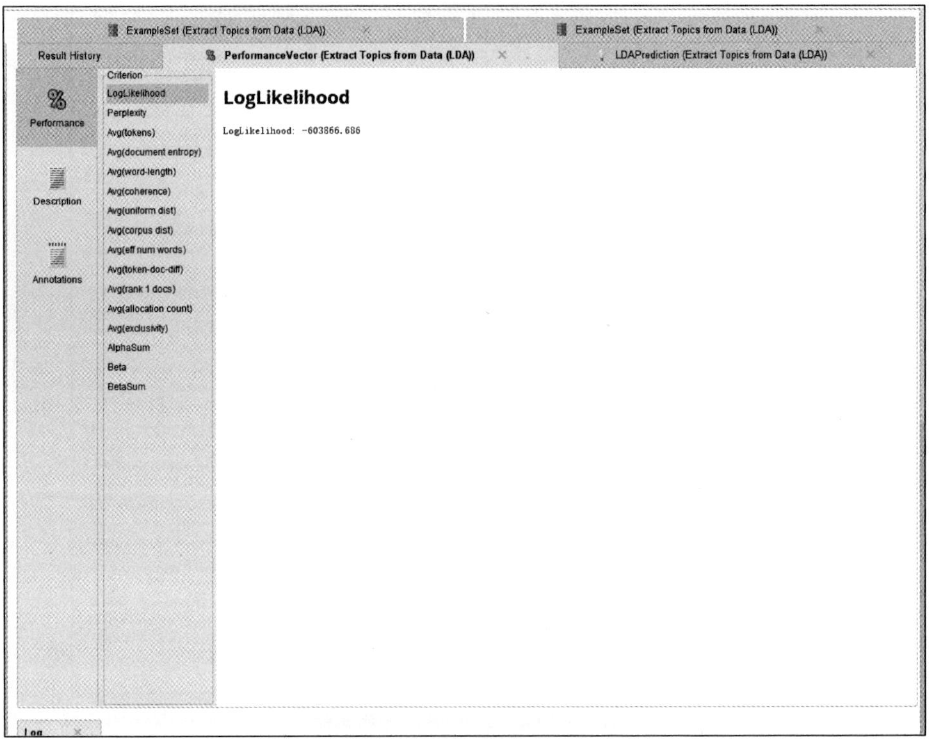

图 13－20　结果输出 1

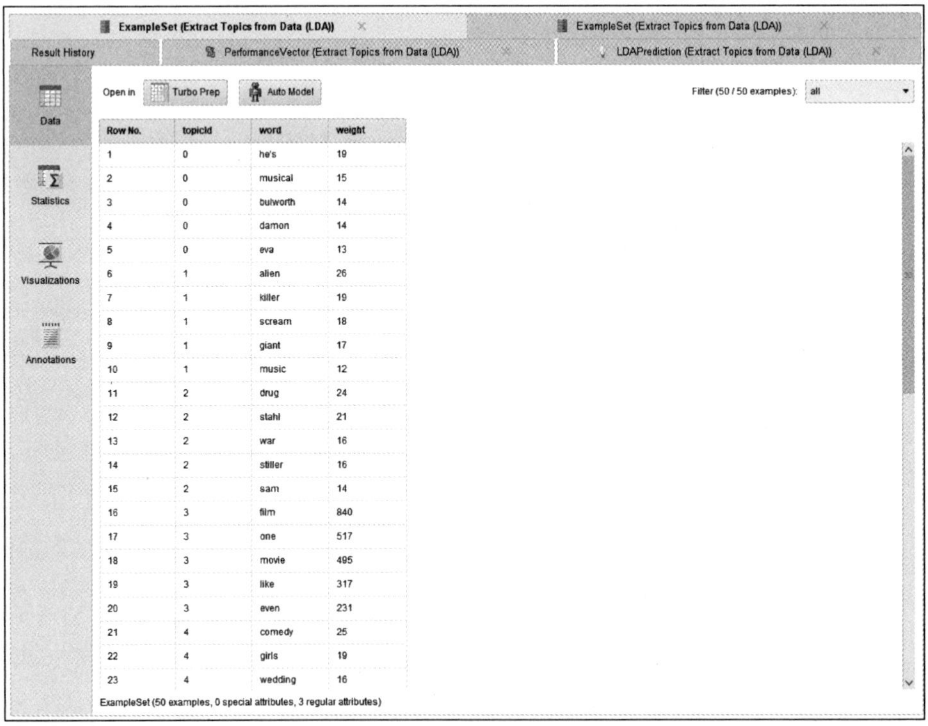

Row No.	topicId	word	weight
1	0	he's	19
2	0	musical	15
3	0	bulworth	14
4	0	damon	14
5	0	eva	13
6	1	alien	26
7	1	killer	19
8	1	scream	18
9	1	giant	17
10	1	music	12
11	2	drug	24
12	2	stahl	21
13	2	war	16
14	2	stiller	16
15	2	sam	14
16	3	film	840
17	3	one	517
18	3	movie	495
19	3	like	317
20	3	even	231
21	4	comedy	25
22	4	girls	19
23	4	wedding	16

图 13－21　结果输出 2

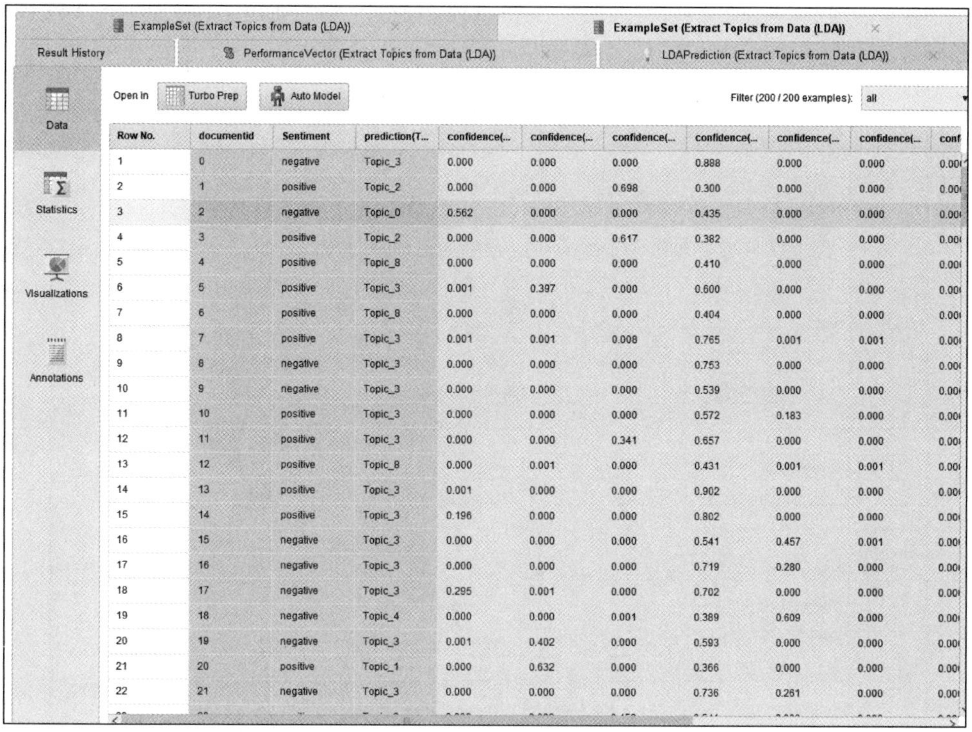

Row No.	documentid	Sentiment	prediction(T...	confidence(...	confidence(...	confidence(...	confidence(...	confidence(...	confidence(...	conf
1	0	negative	Topic_3	0.000	0.000	0.000	0.888	0.000	0.000	0.00
2	1	positive	Topic_2	0.000	0.000	0.698	0.300	0.000	0.000	0.00
3	2	negative	Topic_0	0.562	0.000	0.000	0.435	0.000	0.000	0.00
4	3	positive	Topic_2	0.000	0.000	0.617	0.382	0.000	0.000	0.00
5	4	positive	Topic_8	0.000	0.000	0.000	0.410	0.000	0.000	0.00
6	5	positive	Topic_3	0.001	0.397	0.000	0.600	0.000	0.000	0.00
7	6	positive	Topic_8	0.000	0.000	0.000	0.404	0.000	0.000	0.00
8	7	positive	Topic_3	0.001	0.001	0.008	0.765	0.001	0.001	0.00
9	8	negative	Topic_3	0.000	0.000	0.000	0.753	0.000	0.000	0.00
10	9	negative	Topic_3	0.000	0.000	0.000	0.539	0.000	0.000	0.00
11	10	positive	Topic_3	0.000	0.000	0.000	0.572	0.183	0.000	0.00
12	11	positive	Topic_3	0.000	0.000	0.341	0.657	0.000	0.000	0.00
13	12	positive	Topic_8	0.000	0.001	0.000	0.431	0.001	0.001	0.00
14	13	positive	Topic_3	0.001	0.000	0.000	0.902	0.000	0.000	0.00
15	14	positive	Topic_3	0.196	0.000	0.000	0.802	0.000	0.000	0.00
16	15	negative	Topic_3	0.000	0.000	0.000	0.541	0.457	0.001	0.00
17	16	negative	Topic_3	0.000	0.000	0.000	0.719	0.280	0.000	0.00
18	17	negative	Topic_3	0.295	0.001	0.000	0.702	0.000	0.000	0.00
19	18	negative	Topic_4	0.000	0.000	0.001	0.389	0.609	0.000	0.00
20	19	negative	Topic_3	0.001	0.402	0.000	0.593	0.000	0.000	0.00
21	20	positive	Topic_1	0.000	0.632	0.000	0.366	0.000	0.000	0.00
22	21	negative	Topic_3	0.000	0.000	0.000	0.736	0.261	0.000	0.00

图 13 - 22　结果输出 3

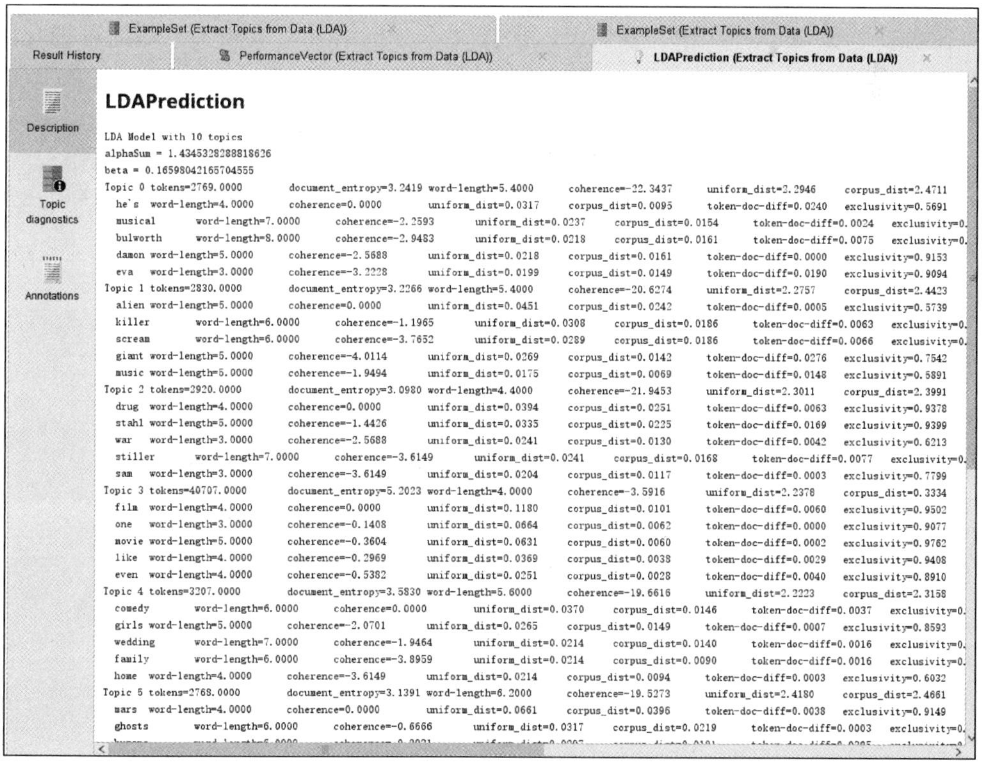

图 13 - 23　结果输出 4

其中，在第一个 ExampleSet 中，我们可以根据文本分析结果生成词云可视化图，如图 13－24 所示。

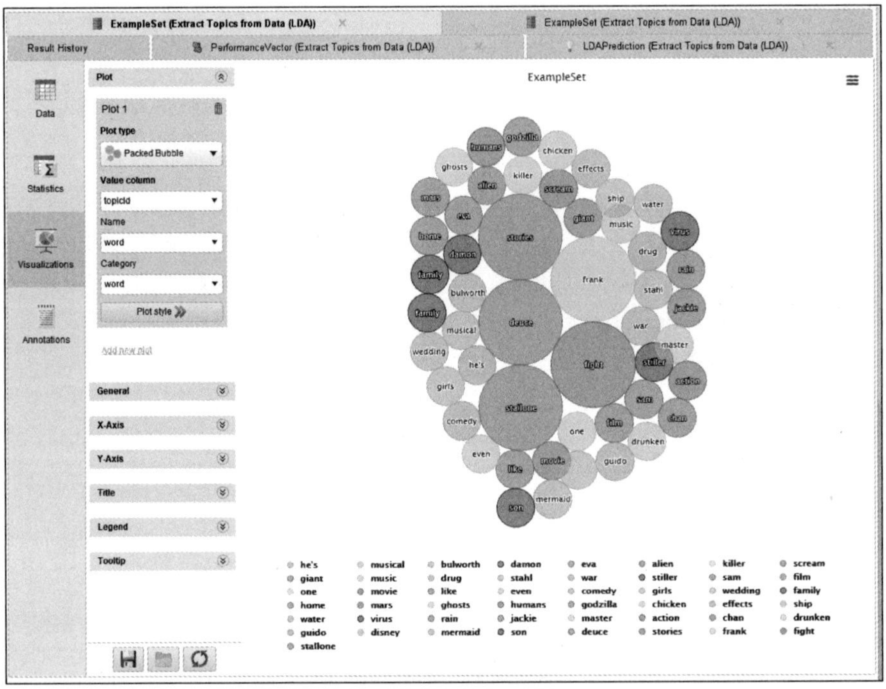

图 13－24　词云可视化

在第二个 ExampleSet 中，我们可以根据文本分析结果生成相关主题的可视化图，如图 13－25 所示。

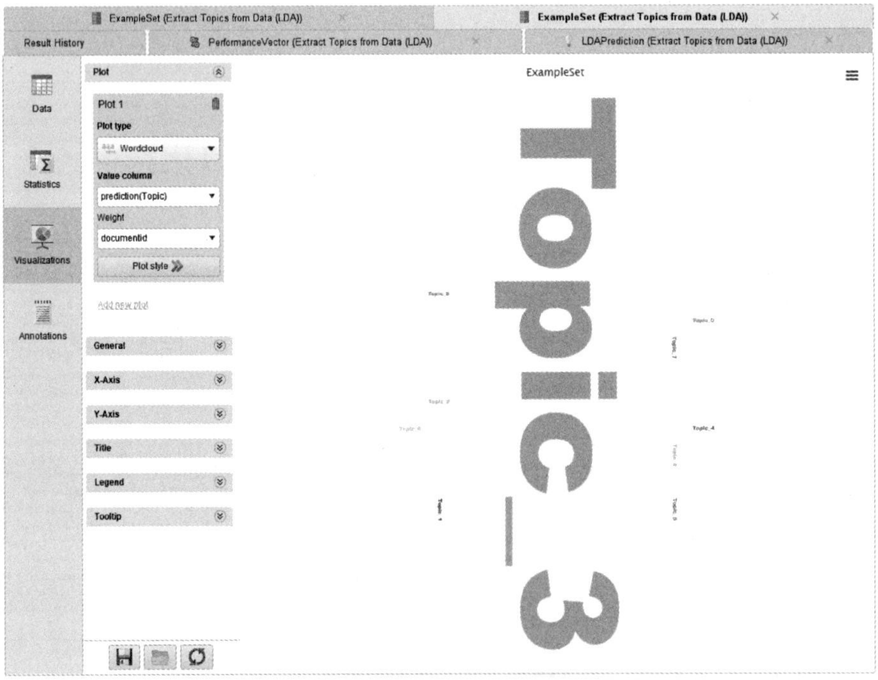

图 13－25　相关主题的可视化

4. 情感分析

还是使用上一小节的数据。按照图 13－26 所示步骤从 Operators 中拖入相应操作符（图中文字为说明文档，无须拖入）。

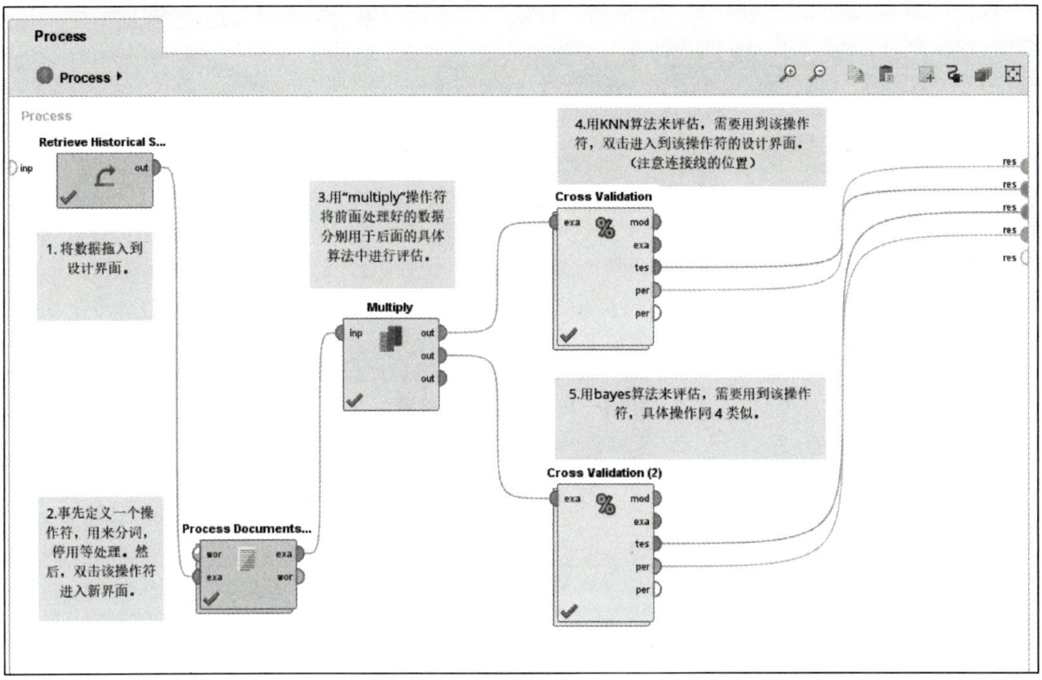

图 13－26　算子连接结构图

图 13－26 中步骤 2 的结构子图如图 13－27 所示。

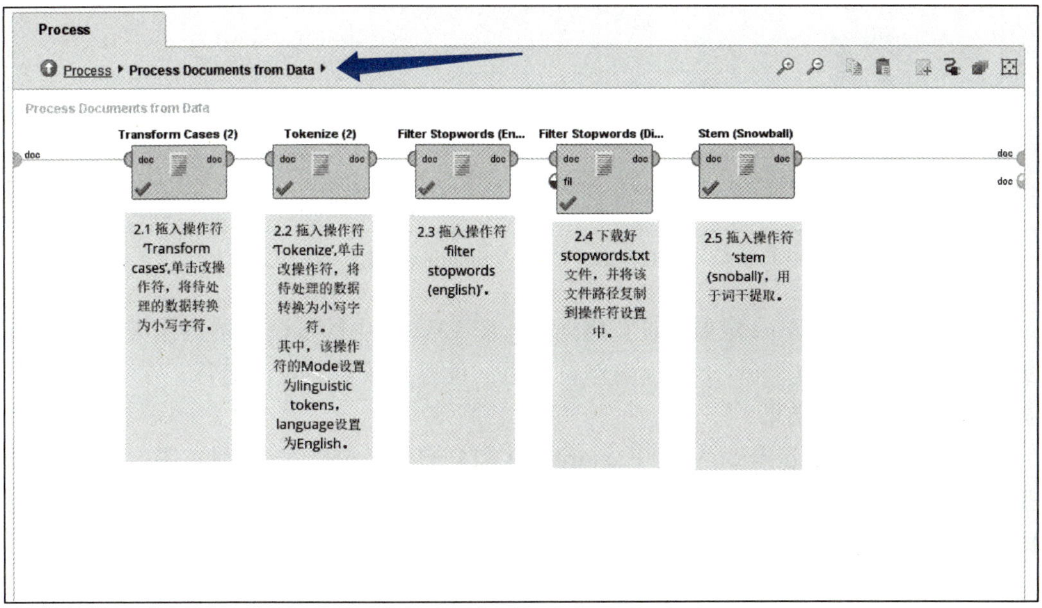

图 13－27　Process Documents from Data 算子结构子图

图 13－27 中 2.4 步骤的操作符设置如图 13－28 所示，具体下载路径由用户自行决定。

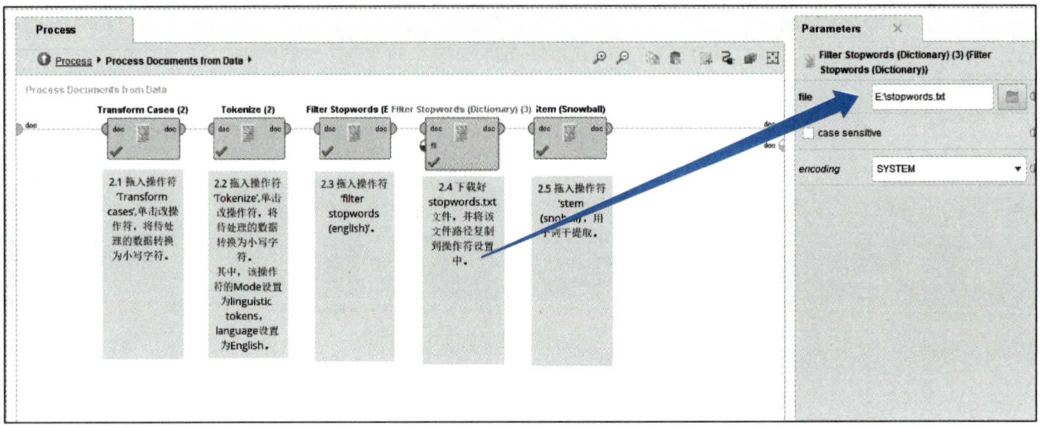

图 13－28　算子参数设置

当运行到图 13－26 中的步骤 4 时，双击该操作符进入新设计界面，具体步骤如图 13－29 所示。

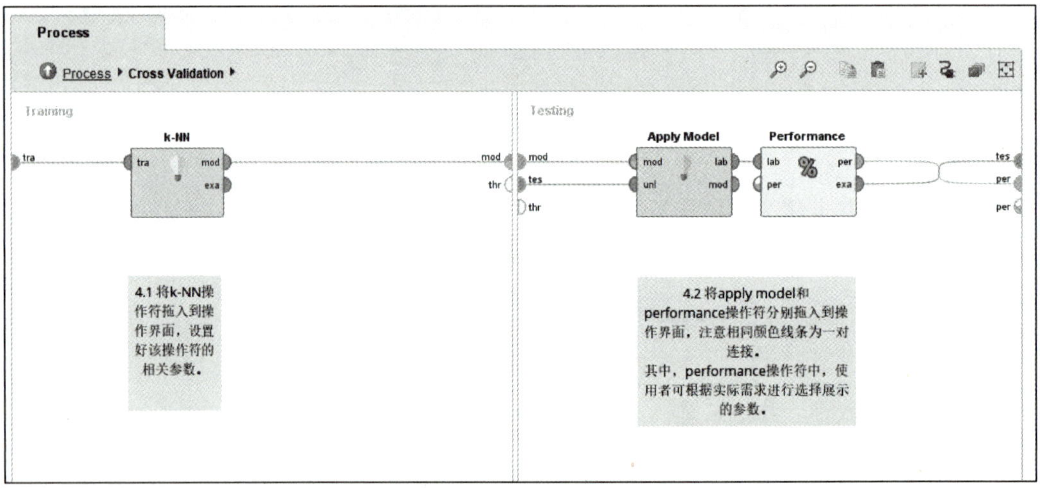

图 13－29　Cross Validation 子图

在该设计界面中，一定要保证正确连线。图 13－26 中的步骤 5 的操作类似步骤 4，更换 K-NN 操作符为 Naive Bayes 操作符即可。设置完成后，点击运行，在 Results 中显示图 13－30 所示结果。

其中，Cross Validation 中的 ExampleSet 和 PerformanceVector 对应图 13－26 中步骤 4 的 K 近邻算法，Cross Validation（2）中的 ExampleSet 和 PerformanceVector 对应图 13－26 中步骤 5 的朴素贝叶斯算法。

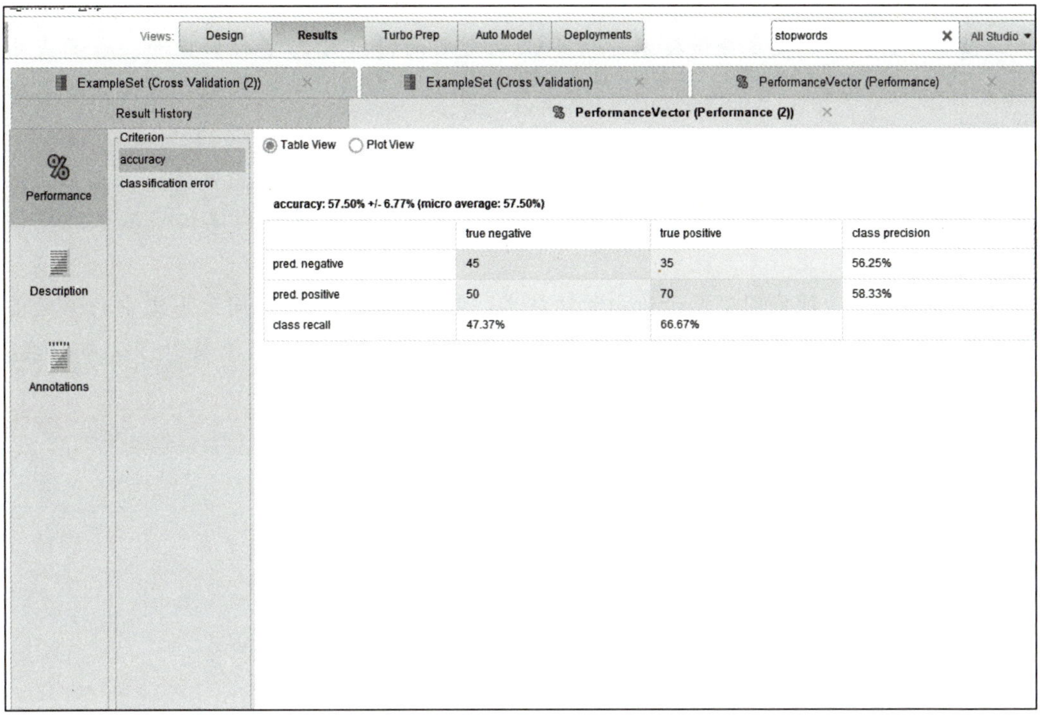

图 13-30　Performance 结果

13.2.2　实验任务

请仿照上述案例的步骤，使用来自今日头条的数据集进行主题建模与情感分析，数据下载地址：https://github.com/aceimnorstuvwxz/toutiao-text-classfication-dataset。

// 关键概念回顾 //

文本分析：从非结构化文本数据中提取有价值信息的过程。它通过自然语言处理、信息检索和机器学习技术来分析文本，揭示潜在的模式和关系。具体应用包括情感分析、主题建模和文本分类等，广泛用于社交媒体分析、市场研究和舆情监控等领域。

自然语言处理：使计算机能够理解、生成和处理人类语言的技术。核心任务包括分词、词性标注、语法解析和命名实体识别等。它的应用涵盖机器翻译、聊天机器人和语音助手等多个领域，是文本分析的技术支柱。

词袋模型：一种表示文本的简单方法，将文本视为一个词的集合，忽略语序和语法。每个词的频率或存在与否被用作特征，用于文本分类、聚类等任务。虽然简单，但在许多场景中仍然有效。

TF-IDF：一种评估词语在文档中重要性的统计方法。TF 衡量一个词在单个文档中出现的频率，IDF 衡量词语的普遍性。结合使用可以突出区分性强的词语，广泛用于信息检索和文本分类。

主题建模：一种无监督学习方法，用于从大量文档中识别主题分布。常见算法包括

LDA 和 NMF。它帮助研究者理解文档集合的结构，例如新闻聚类或学术文献综述。

情感分析：一种文本分析技术，用于识别文本的情绪或态度（如正面、负面或中立）。它在品牌监控、用户反馈和社交媒体分析中应用广泛，依赖于词典方法或机器学习模型。

命名实体识别：一种自然语言处理任务，旨在识别文本中的特定实体，如人名、地名、时间和组织。它通过标注实体类别，为信息提取、知识图谱构建和问答系统提供支持。

情境嵌入：一种将词语表示为向量的技术，能够捕捉词语在不同上下文中的语义差异。基于深度学习的模型（如 BERT）实现了语义的动态表达，极大提升了文本分类、生成和问答的准确性。

// 第 14 章 //
RapidMiner 高阶功能

在 RapidMiner 的数据分析和人工智能软件平台上，系统也提供了一些高阶功能帮助用户更便捷高效地使用数据挖掘和机器学习算法，尤其是提供了全自动建模功能和生成式人工智能功能。用户在执行一个数据挖掘任务时，自动建模功能能让系统自动从多个可行算法中选出最优的算法模型，快速完成数据挖掘。生成式人工智能自 2022 年之后飞速发展，具有精准理解语言和图像意义、生成高质量文本和图像的能力，可以在资料搜索与调研、机器翻译与对话、常识性知识问答，甚至是解决某些专业领域问题方面发挥巨大辅助作用，RapidMiner 也提供了生成式人工智能功能模块，并允许用户结合本行业数据情况进行模型的微调、精调，为研究人员和决策者提供了一个强大的辅助工具。

14.1 自动建模

14.1.1 功能介绍

无论是刚开始使用 RapidMiner 的用户，还是一位经验丰富的用户，自动建模（Auto Model）都能让使用者的工作更加轻松。Auto Model 是 RapidMiner 的一个扩展功能，旨在加速构建和验证模型的过程。最重要的是，它会创建一个可供用户自行修改或投入生产的流程，而不是一个无法解读的黑盒。

Auto Model 不仅帮助用户获得结果，还帮助用户理解这些结果，即使对于像深度学习这样内部逻辑难以理解的模型也是如此。在 RapidMiner 中，Auto Model 作为一个视图出现，与 Design、Results 和 Turbo Prep 并列（见图 14-1）。

在 RapidMiner 软件（其单机版本为 Altair AI Studio）中使用 Auto Model 的步骤如下：点击 RapidMiner 主界面顶部的 Auto Model，进入 Auto Model 的标签页。在此功能中，用户需要按照向导的指引，逐步完成建模过程。整个流程包括以下六个步骤。

（1）加载数据。

（2）选择任务。

（3）准备目标。

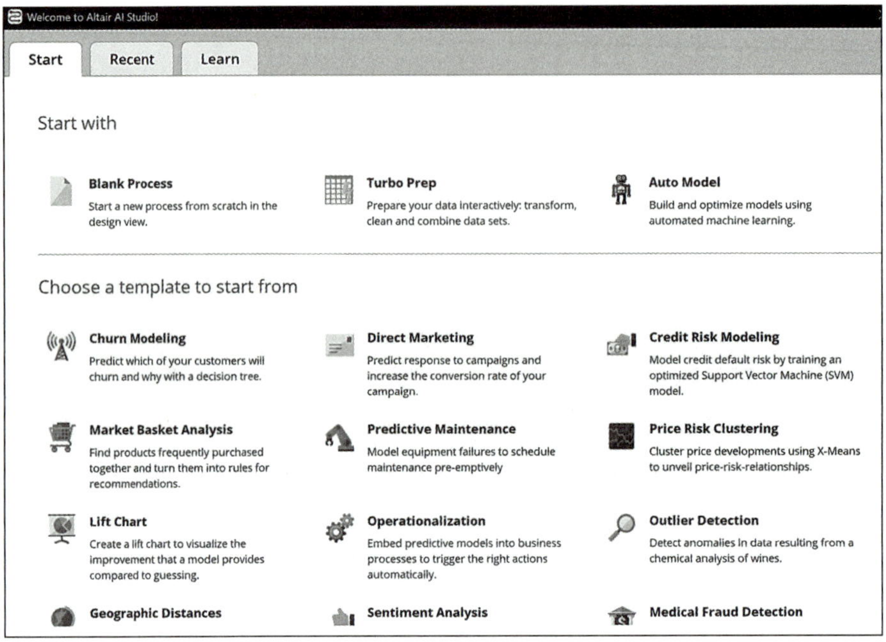

图 14-1　RapidMiner 中 Auto Model 入口示意

（4）选择输入。

（5）选择模型类型。

（6）查看结果。

接下来，我们将通过一个具体的示例，详细介绍每个步骤的操作方法和注意事项。

14.1.2　使用示例

为了展示 Auto Model 的工作方式，我们将使用 RapidMiner 自带的泰坦尼克号数据集，预测乘客的幸存情况。

1. 加载数据

在 Auto Model 的加载数据界面，需要从数据仓库中选择一个数据集。如果数据不在仓库中，可以点击屏幕底部的 IMPORT NEW DATA 进行数据导入并选择。

在此示例中，可以在 Samples>>data 路径下找到泰坦尼克号数据集 Titanic Training。选择该数据集后，点击屏幕顶部的 Next（见图 14-2）。

2. 选择任务

数据加载完成后，需要决定要解决的问题类型。Auto Model 可解决如下数据挖掘任务。

（1）预测（Predict）。

（2）聚类（Clusters）。

（3）异常检测（Outliers）。

在本示例中，我们希望预测乘客的幸存情况，因此选择 Predict，并点击目标变量 Survived 列，然后点击 Next（见图 14-3）。

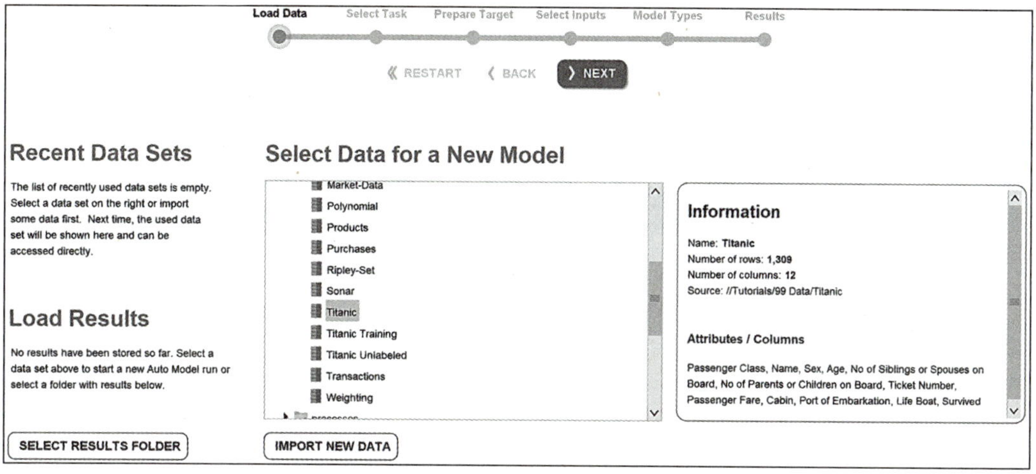

图 14-2　为 Auto Model 选择数据集

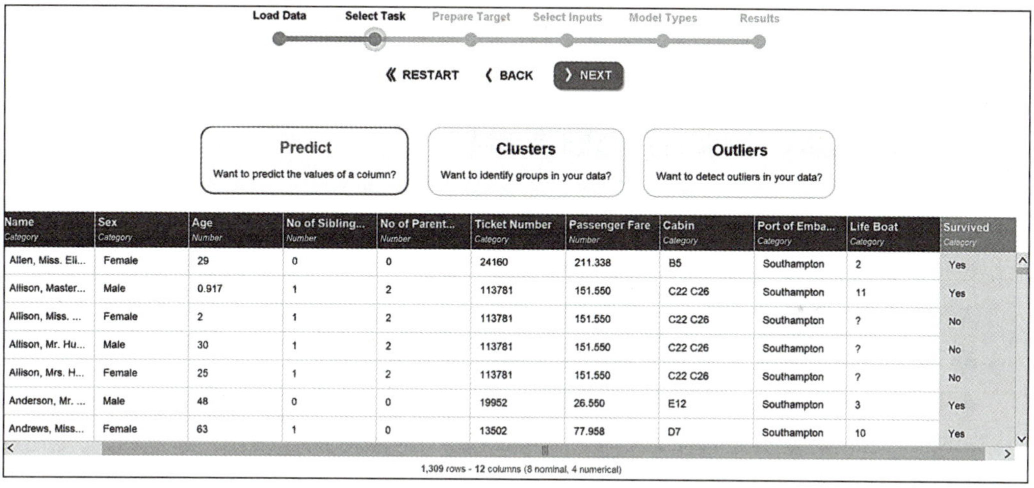

图 14-3　预测任务中数据集的属性字段设置情况

操作指南如下。

（1）选择 Predict。

（2）在数据列中，点击要预测的目标变量。

3. 准备目标

Survived 只有两个取值 Yes 或 No，这是一个分类问题。对于分类问题，Auto Model 会显示每个类别的数据点数量的柱状图，如图 14-4 所示。

操作指南如下。

（1）Class of Highest Interest：选择最重要的类别。在本例中，我们选择 Yes，表示对幸存的预测更感兴趣。

（2）Map Classes to New Values：如果需要，可以在此步骤重命名目标变量的取值，或者合并类别。这里我们不做修改。

点击 Next 继续。

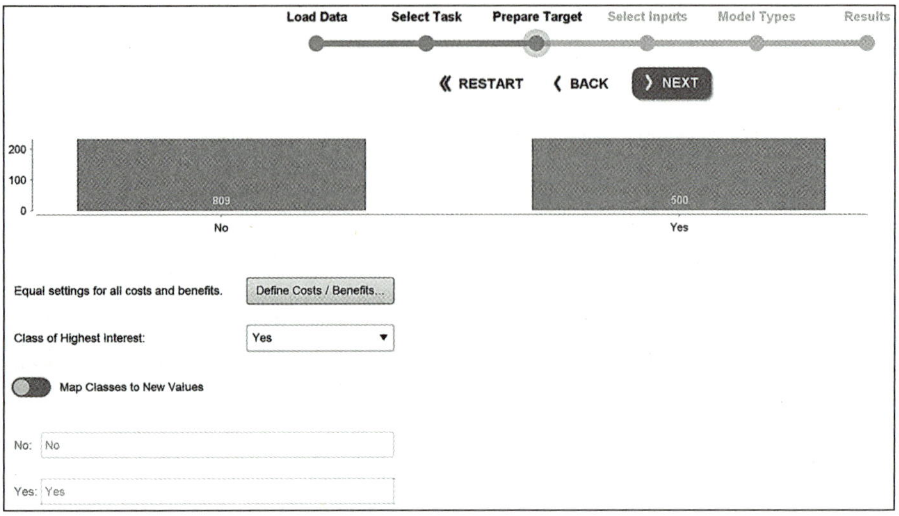

图 14-4　不同类别中样本数量的柱状图

需要注意以下事项。

- 确认目标变量的类别分布，注意是否存在类别不平衡的情况。
- 如果类别过多，可能需要合并或重新编码。

4. 选择输入

并非所有的数据字段列都能帮助用户进行预测。通过剔除一些无用的数据列，可以加快模型的训练速度，或者提高模型的性能。

Auto Model 提供以下指标来帮助用户选择特征（属性字段列）。

- Correlation：特征与目标变量的相关程度。
- IDness：特征是否类似于唯一标识符。
- Stability：特征值是否在数据集中保持稳定（变化很小）。
- Missing：特征中缺失值的比例。

每个特征旁边都有一个颜色编码的状态标志（红/黄/绿），用于快速评估其质量。

操作指南如下。

（1）剔除红色状态的特征。例如，在泰坦尼克号数据集中，Name 和 Ticket Number 是唯一标识符，没有预测价值，应剔除。

（2）剔除高缺失值的特征。例如，Cabin 列缺失值过多，应剔除。

（3）审查黄色状态的特征。例如，Life Boat 特征与目标变量 Survived 高度相关，实际上直接表明乘客是否生还。为了防止模型过拟合，并确保模型在未知数据上有良好的泛化能力，应剔除该特征。

勾选要保留的特征，取消勾选要剔除的特征，然后点击 Next（见图 14-5）。

需要注意以下事项。

- 避免使用与目标变量高度相关或重复的特征，防止模型过拟合。
- 关注特征的缺失值和数据质量，必要时进行数据预处理。

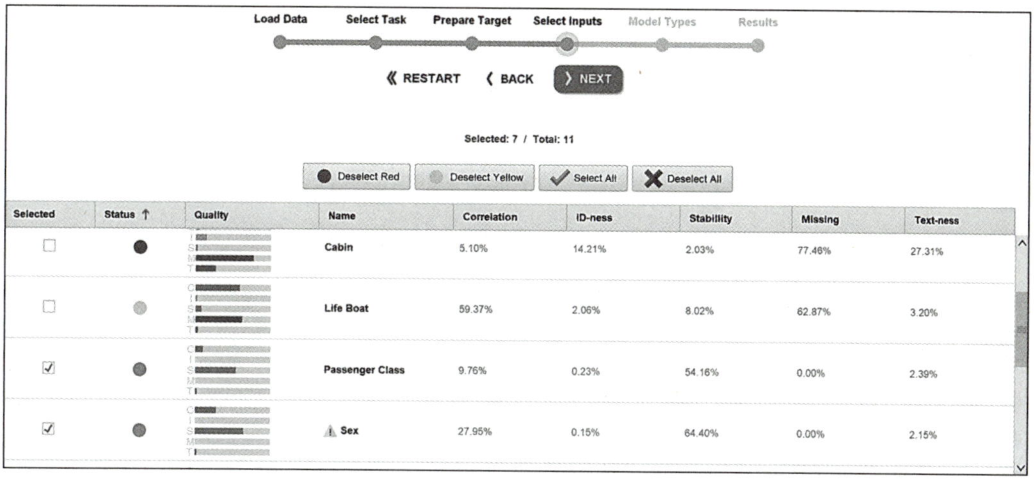

图 14-5　不同属性字段的特征质量情况

5. 选择模型类型

Auto Model 针对用户的问题提供了一系列相关的算法模型。根据时间和性能需求，用户可以选择要构建的模型类型。

在泰坦尼克号的示例中，Auto Model 提供了以下模型。

- 朴素贝叶斯。
- 广义线性模型。
- 逻辑回归。
- 深度学习。
- 决策树。
- 随机森林。
- 梯度提升树。

操作指南如下。

(1) 勾选想要训练的模型类型，可以多选。

(2) 如果时间允许，建议选择所有模型，以便在结果中进行比较。

(3) 点击 Run 开始模型训练（见图 14-6）。

需要注意以下事项。

- 更复杂的模型可能需要更长的训练时间。
- 根据自己的计算资源和业务需求，合理选择模型类型。

6. 查看结果

模型训练完成后，Auto Model 会显示结果（见图 14-7），包括模型的性能指标和结果的可视化分析。

操作指南如下。

(1) 比较模型性能：在 Comparison>>Overview 下，查看各模型的准确率和运行时间。

(2) 查看详细结果：点击具体模型，查看其详细的评估指标，如精确率、召回率、

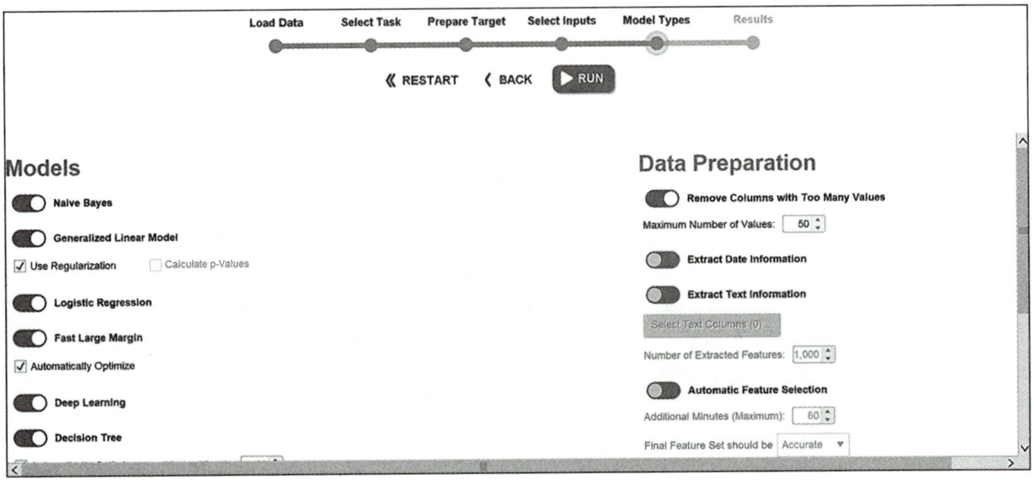

图 14-6　不同算法模型的选择

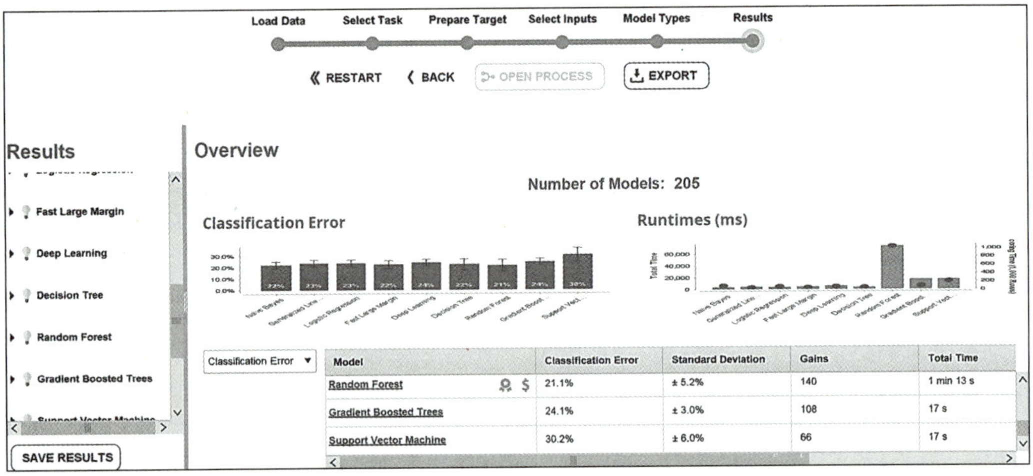

图 14-7　Auto Model 各个算法模型的训练结果

F1 分数等。

（3）使用模型模拟器：通过调整输入特征，观察模型预测的变化，帮助理解模型行为。

在泰坦尼克号的示例中可以看到，随机森林模型的准确率最高，但训练时间最长。决策树模型的性能稍低，但训练时间较短。

需要注意以下事项。

- 选择模型时，需要在性能和计算成本之间权衡。
- 使用模型模拟器可以更好地理解模型，即使是复杂的深度学习模型。

14.1.3　模型理解与优化

1. 模型模拟器

模型模拟器是一个交互式工具，允许用户调整输入特征，实时观察预测结果的变化。这有助于深入理解模型的行为，即使对于复杂的模型也很有帮助。

操作指南如下。

（1）调整特征值：使用滑块或下拉菜单更改输入特征。

（2）观察预测变化：右侧的柱状图显示预测结果和特征对预测的贡献。

（3）分析特征重要性：红色和绿色的条形表示特征对预测结果的正负影响，绿色代表正向影响，红色代表负向影响（见图 14-8）。

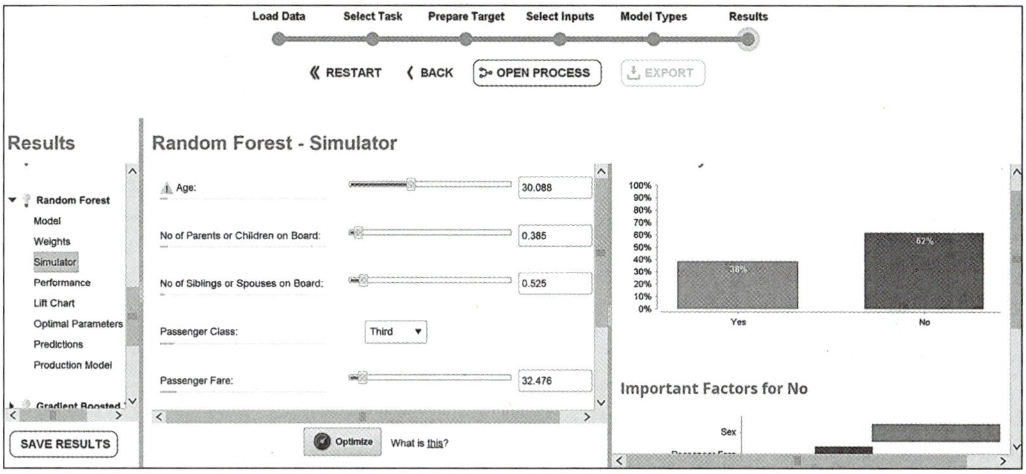

图 14-8　模型模拟器的功能示意

示例分析如下。

- 将 Sex 从 Male 改为 Female，幸存概率显著增加。
- 提高 Passenger Class 到一等舱，幸存概率进一步提高。

2. 优化器

模型模拟器还提供了优化功能，可帮助用户找到最优的特征组合以达到更优的预测效果。

操作指南如下。

（1）点击模拟器左下角的 Optimize。

（2）定义目标：选择要优化的目标类别，例如 Survived 选择 Yes。

（3）设置约束：固定某些特征，例如将 Sex 固定为 Male，如图 14-9 所示。

（4）运行优化：点击 Run，系统会计算出最佳的特征组合（见图 14-10）。

示例分析如下。

- 固定性别为男性，优化后的结果显示年轻的男性在二等舱幸存概率最高。
- 通过调整 Age 和 Passenger Class，可以看到不同特征对幸存概率的影响。

14.1.4　深入探索与定制

Auto Model 不仅提供了强大的自动化工具，还允许用户查看并修改模型的构建流程，也就是查看流程的功能。

操作指南如下。

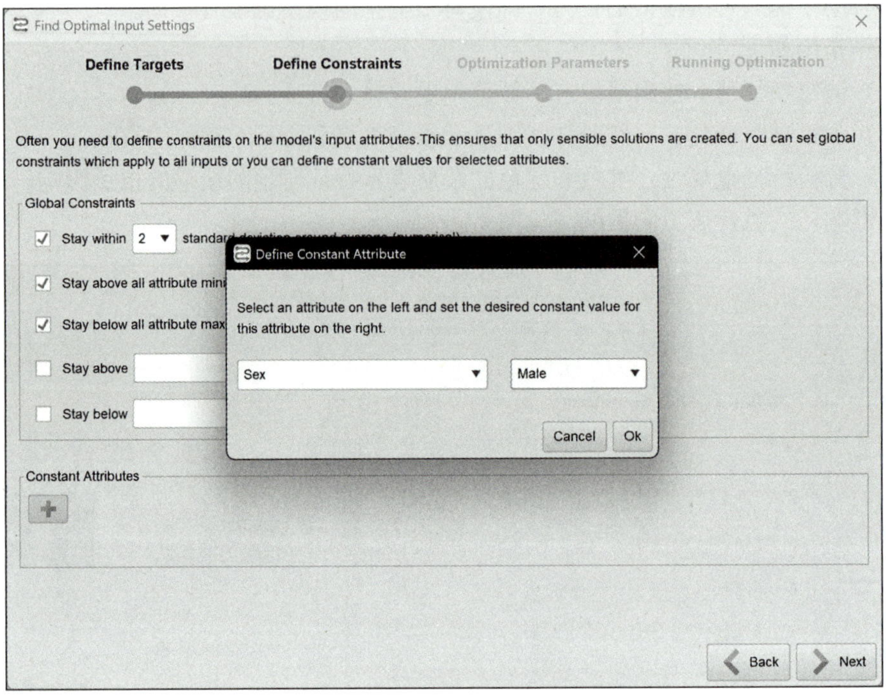

图 14-9　在模型模拟器中选择最优特征属性

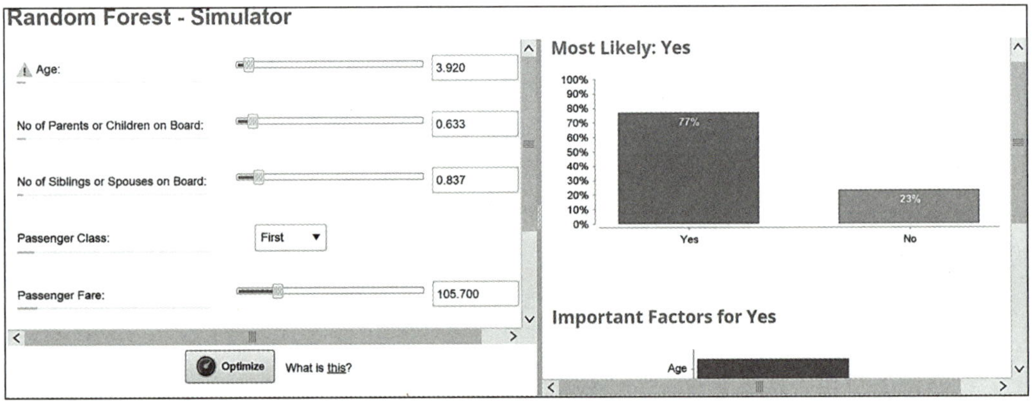

图 14-10　模型模拟器的最佳特征组合的推荐结果

（1）在 Results 页面，可以在点击评价指标相对较好的模型后，点击顶部的 Open Process。

（2）系统会在设计视图中显示完整的模型构建流程，如图 14-11 所示。

（3）用户可以查看、修改并重新运行该流程。

（4）运行之后，可以将训练好的 Product Model 进行保存。

需要注意以下事项。

- 理解模型：在将模型投入生产之前，理解其工作原理非常重要。
- 学习最佳实践：新手可以通过研究流程，学习数据科学的最佳实践。

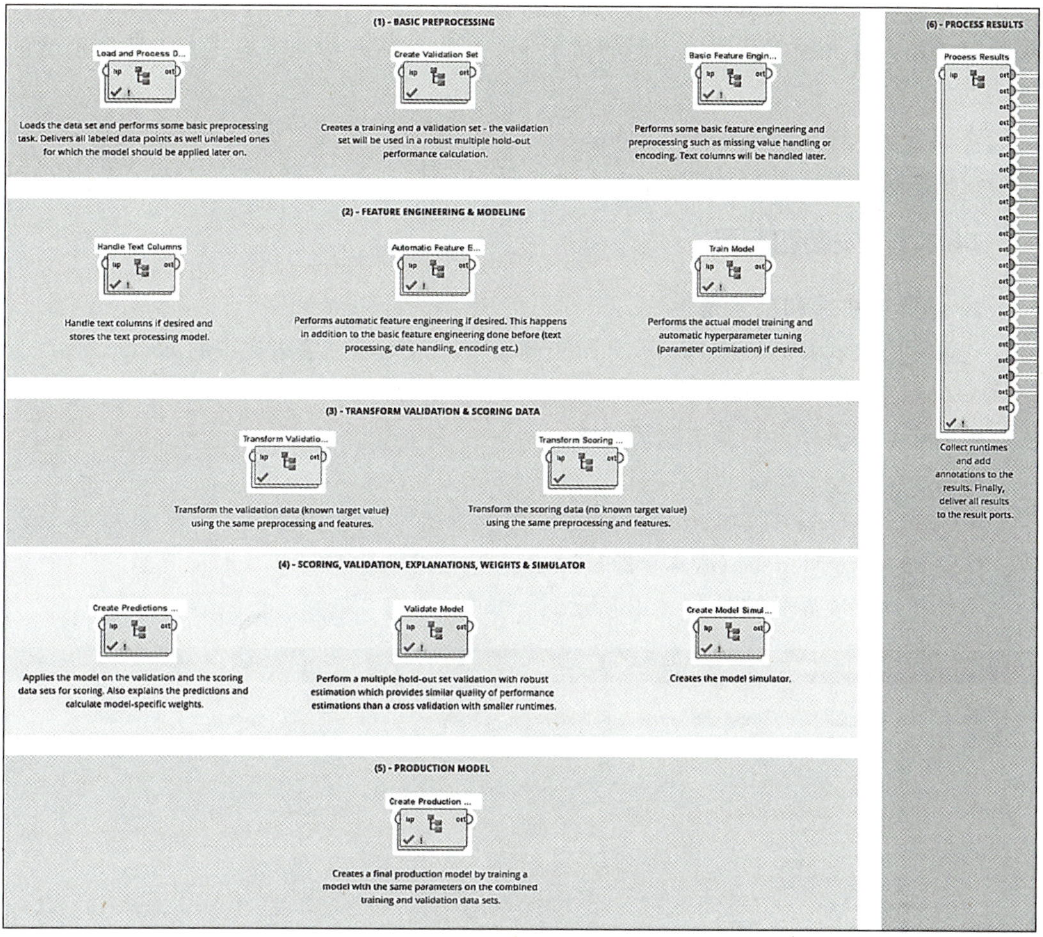

图 14－11　模型模拟器的模型构建流程界面

● 定制模型：专家可以在此基础上，进一步优化模型，满足特定需求。

14.1.5　注意事项

（1）数据质量：确保数据的准确性和完整性，避免“垃圾入，垃圾出”（Garbage In，Garbage Out）的情况。

（2）模型选择：根据业务需求、平衡性能、计算成本，选择合适的模型。

（3）避免过拟合：注意模型的泛化能力，避免在训练数据上表现良好但在新数据上表现不佳。

14.2　生成式人工智能

在当今的数据科学领域，生成式人工智能（Generative AI）正迅速成为一项革命性的技术。它不仅能够理解和分析数据，还能创造性地生成新的内容，为各行各业带来了全新的可能性。RapidMiner 作为领先的数据科学平台，通过其 Generative AI 扩展，赋予用户在无须编写任何代码的情况下，轻松使用和构建生成式人工智能模型的能力。

本节将深入探讨如何在 RapidMiner 中安装、配置和使用生成式人工智能功能，帮助各位读者将生成式人工智能应用于实际的业务场景。

14.2.1 安装和配置

1. 必要的扩展和前置条件

建议使用 RapidMiner Studio 10.3 或更高版本。首先通过菜单栏中的 Extensions>>Marketplace 搜索并安装以下扩展。

- Python Scripting（版本≥10.0.1）。
- Custom Operators（版本≥1.1.2）。
- Generative AI（版本≥0.1.1）。
- Generative Models（版本≥2.1.1）。

具体扩展安装界面如图 14-12 所示。

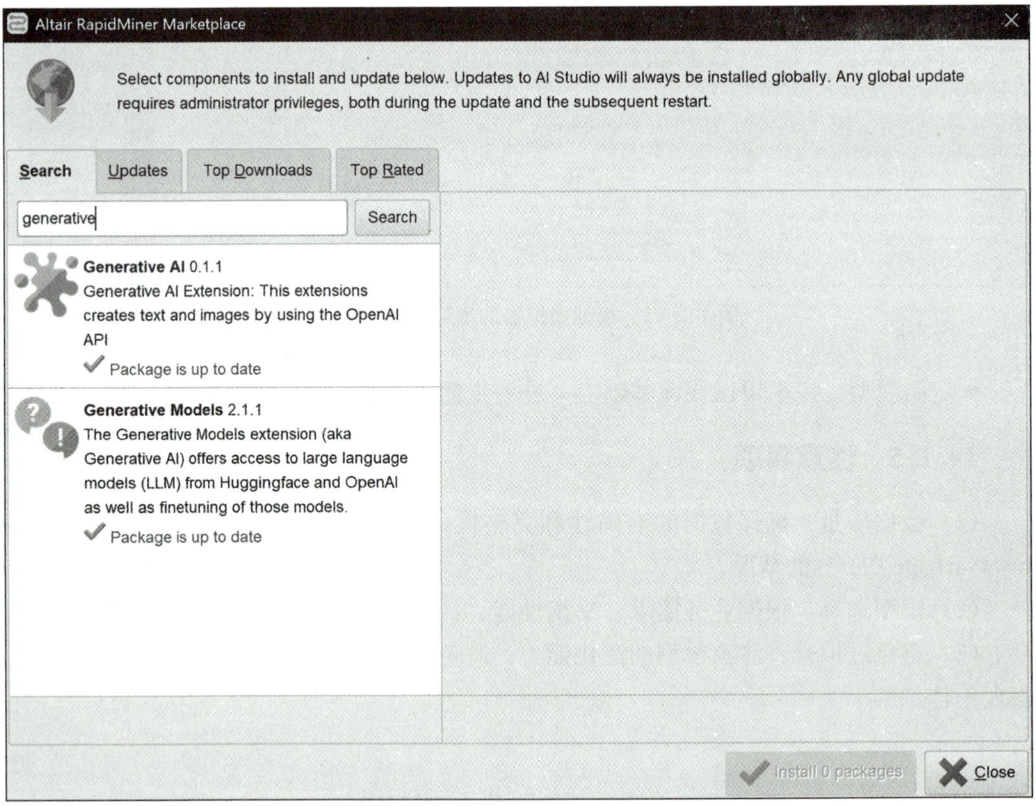

图 14-12　Generative AI 的扩展安装

2. 配置 Python 环境

使用 Generative AI 扩展功能之前需要配置特定的 Python 环境，其中必须包含以下指定版本的核心 Python 包。

- qdrant-client==1.7.0。
- fastembed==0.1.3。
- pymilvus==2.3.5。

建议使用 Python 3.11.5 或更高版本，并通过 Miniconda 来管理环境，以确保兼容性和稳定性。

Python 的配置可通过上方菜单栏中 Settings>>Preferences 的 Python Scripting 进行配置。可以配置 conda 的环境或者本地的 Python 环境（见图 14-13）。

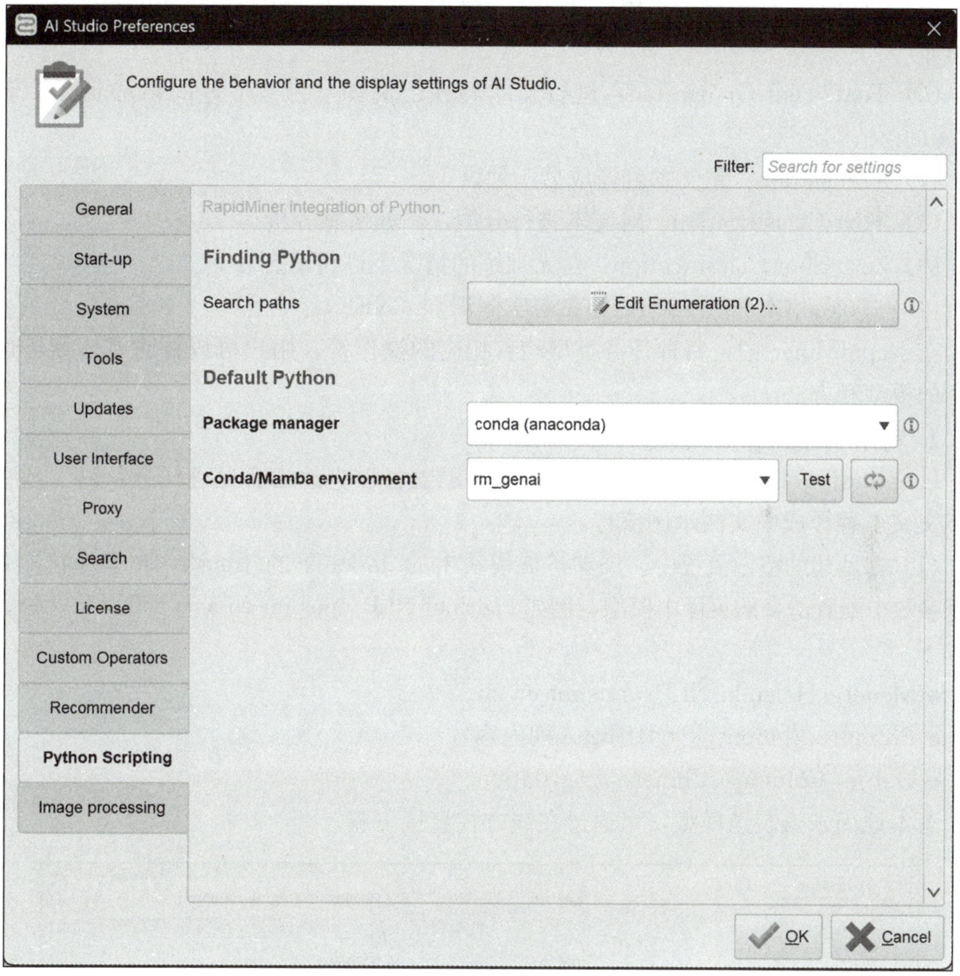

图 14-13 Python 环境的安装配置

14.2.2 使用 Generative AI 扩展功能

1. 任务类型

在开始实践之前，理解 Generative AI 所支持的各种任务类型非常重要。与传统的机器学习相比，Generative AI 的任务类型更加丰富，以下是 Huggingface 支持的任务类型以及它们在 RapidMiner 中的应用。

（1）Conversational：处理对话场景。例如，输入“你好”，模型回答“你好！有什么可以帮您的吗？”。

（2）Fill Mask：填补文本中的空白。例如，“巴黎是法国的［掩码］”，模型可能填充“首都”。

（3）Question Answering：在上下文中回答问题。例如，“谁是计算机科学的先驱？”上下文为“艾伦·图灵是计算机科学的先驱”，答案为“艾伦·图灵”。

（4）Summarization：将长文本总结为简短的摘要。

（5）Text Generation：生成扩展文本。例如，“从前有座山”，接着可能生成“山里有座庙”。

（6）Text2Text Generation：进行文本转换。例如，将“不好的语法句子”转为“正确的语法句子”。

（7）Translation：将文本翻译成另一种语言。

（8）Text Classification：对文本进行分类，例如情感分析。

（9）Zero-Shot Classification：在无训练的情况下进行动态分类。

（10）Token Classification：如命名实体识别（NER）。

在 RapidMiner 中，每种任务类型均有相应的操作符，用户可以针对具体业务选择适合的模型和方法。

2. 利用 Huggingface 模型

Huggingface 拥有庞大的预训练模型库，涵盖各种自然语言处理任务。以下是一个将英文文本翻译成中文的示例流程。

（1）在新建的空白流程中，添加扩展模块中的 Tasks 下的 Translation 操作符，并在模型参数中配置适合的英译中模型，例如 Helsinki-NLP/opus-mt-en-zh（见图 14－14）。配置如下。

- Model：Helsinki-NLP/opus-mt-en-zh。
- Prompt：[[input]]（引用输入列内容）。
- Output Column：Chinese Translation。

若本地尚未安装该模型，可通过在线方式直接下载。

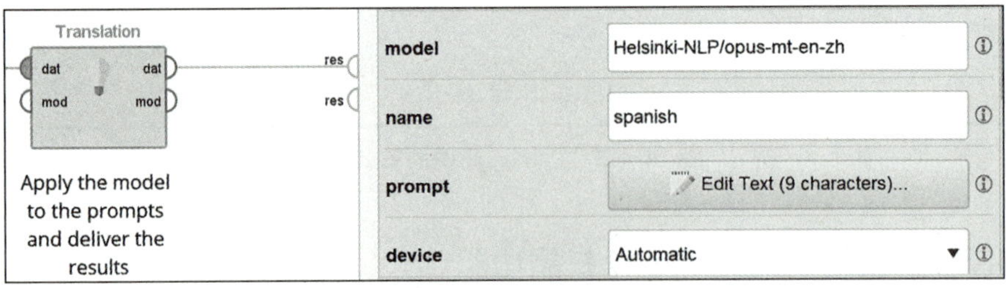

图 14－14　Translation 操作符的安装配置

（2）准备数据：在 RapidMiner 中导入包含英文文本的数据集（见图 14－15）。

（3）运行流程：连接流程并执行后，生成结果将包含原始英文文本和对应的中文翻

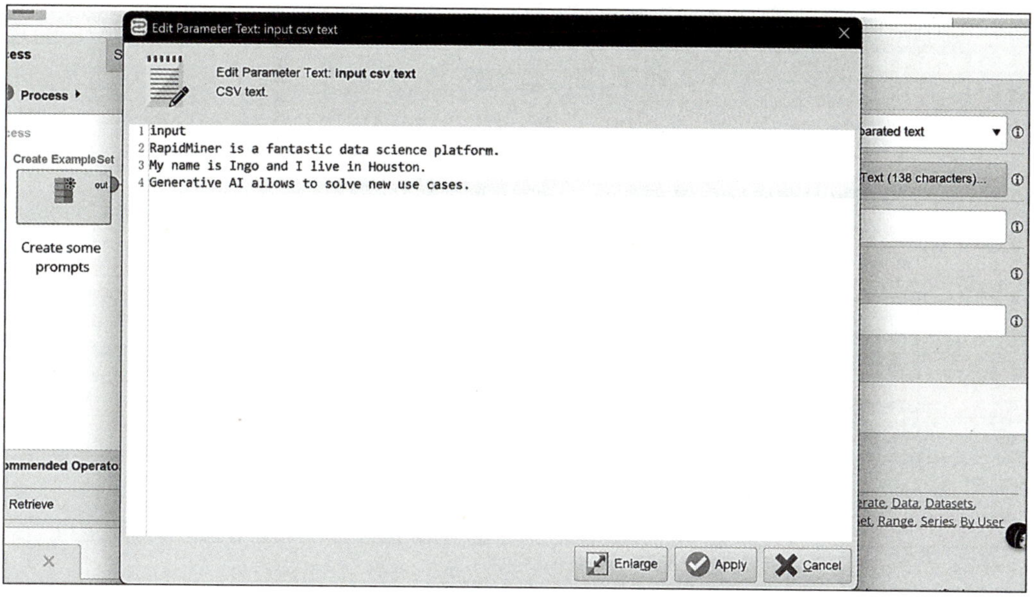

图 14－15　给 Translation 操作符导入文本数据集

译。翻译结果如图 14－16 所示。

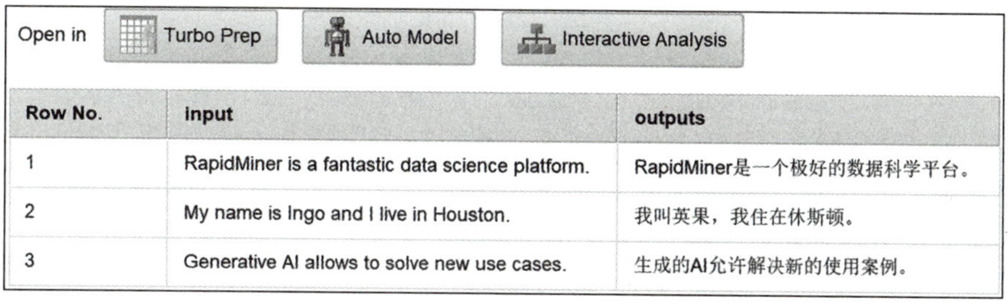

Row No.	input	outputs
1	RapidMiner is a fantastic data science platform.	RapidMiner是一个极好的数据科学平台。
2	My name is Ingo and I live in Houston.	我叫英果，我住在休斯顿。
3	Generative AI allows to solve new use cases.	生成的AI允许解决新的使用案例。

图 14－16　Translation 操作符的翻译结果

3. 微调 Huggingface 模型

如果预训练模型不能完全满足需求，可以通过微调来优化模型性能。以下是微调文本生成模型的流程。

（1）准备数据：数据集需包含输入文本和目标文本的列（见图 14－17）。

（2）下载基础模型：使用 Download Model 操作符下载基础模型，例如 tf_model。

（3）微调模型：使用 Finetune Translation 操作符并进行如下配置。

- input column：输入文本的列。
- target column：目标文本的列。
- 训练参数：例如 Epochs、Batch Size 等。

（4）应用微调模型：微调后的模型可用于新的翻译任务。具体的流程示意如图 14－18 所示。

4. 使用 OpenAI 模型

OpenAI 提供了强大的生成式人工智能模型，如 GPT－3.5 和 GPT－4，如图 14－19

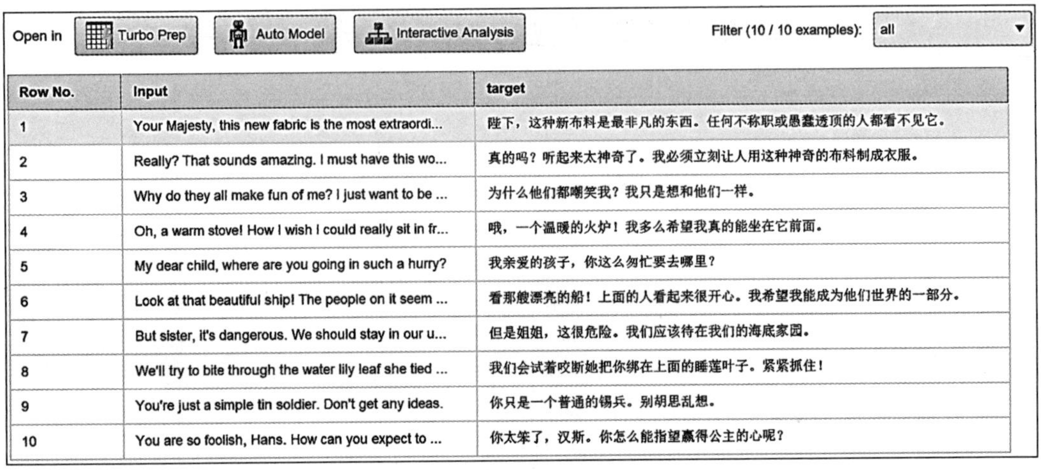

Row No.	Input	target
1	Your Majesty, this new fabric is the most extraordi...	陛下，这种新布料是最非凡的东西。任何不称职或愚蠢透顶的人都看不见它。
2	Really? That sounds amazing. I must have this wo...	真的吗？听起来太神奇了。我必须立刻让人用这种神奇的布料制成衣服。
3	Why do they all make fun of me? I just want to be ...	为什么他们都嘲笑我？我只是想和他们一样。
4	Oh, a warm stove! How I wish I could really sit in fr...	哦，一个温暖的火炉！我多么希望我真的能坐在它前面。
5	My dear child, where are you going in such a hurry?	我亲爱的孩子，你这么匆忙要去哪里？
6	Look at that beautiful ship! The people on it seem ...	看那艘漂亮的船！上面的人看起来很开心。我希望我能成为他们世界的一部分。
7	But sister, it's dangerous. We should stay in our u...	但是姐姐，这很危险。我们应该待在我们的海底家园。
8	We'll try to bite through the water lily leaf she tied ...	我们会试着咬断她把你绑在上面的睡莲叶子。紧紧抓住！
9	You're just a simple tin soldier. Don't get any ideas.	你只是一个普通的锡兵。别胡思乱想。
10	You are so foolish, Hans. How can you expect to ...	你太笨了，汉斯。你怎么能指望赢得公主的心呢？

图 14－17　微调功能的训练数据集

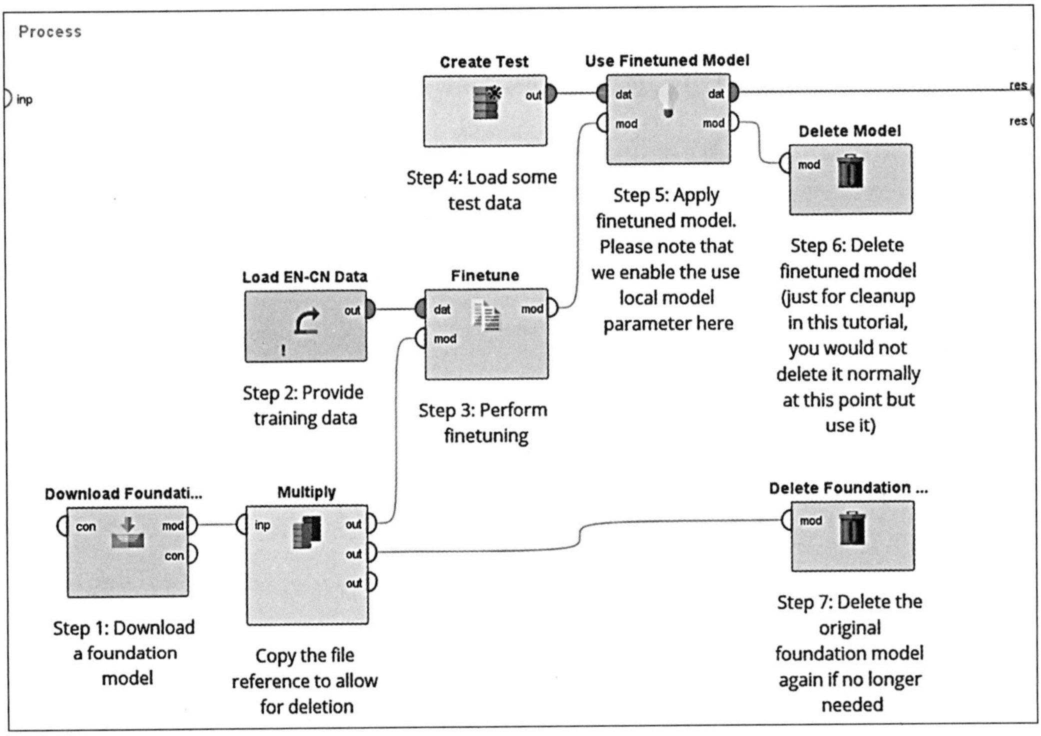

图 14－18　执行微调功能的流程示意

所示。这些模型可以帮助用户高效完成多种任务，例如文本生成、翻译和数据增强。

（1）获取 API 密钥。

1）访问 OpenAI 平台（https://platform.openai.com/account/api-keys）。

2）注册或登录后，按照页面提示生成 API 密钥。

（2）配置 RapidMiner 连接。

在 RapidMiner 中，按照以下步骤创建连接。

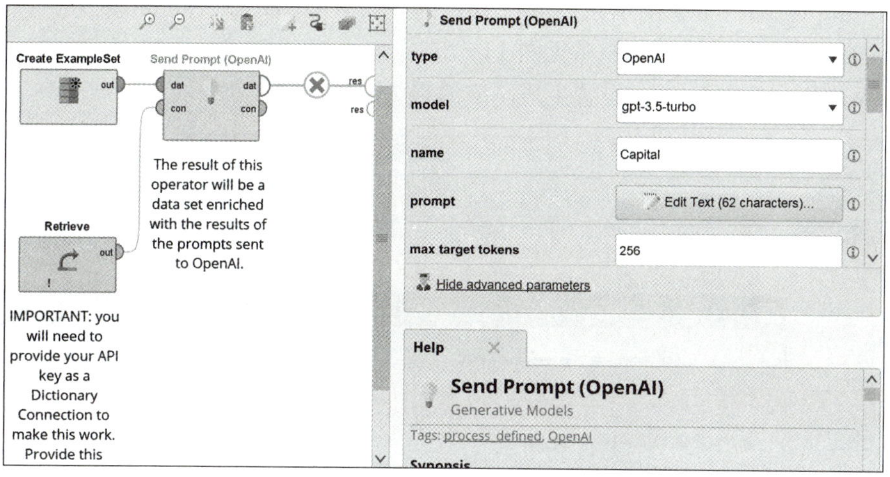

图 14－19　配置 OpenAI 的 GPT 模型

1）打开连接设置，选择创建连接。

2）设置连接类型为 Dictionary（见图 14－20）。

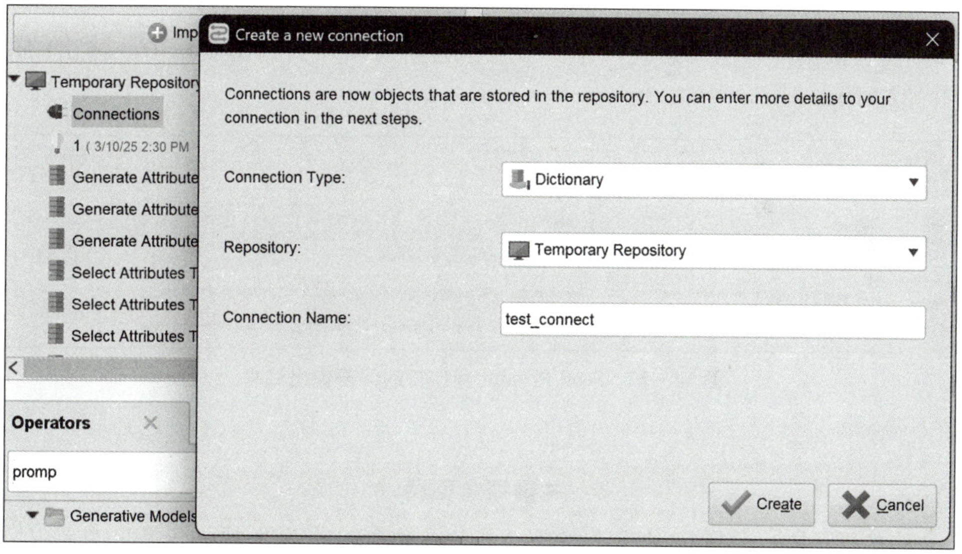

图 14－20　配置 RapidMiner 与 OpenAI 的连接设置

3）添加一个键值对：

● 键名：api_key。

● 值：用户的 OpenAI API 密钥。

4）保存连接以供后续使用。

（3）使用 Send Prompt 操作符。

1）在工作流中添加扩展中 OpenAI 中的 Send Prompt 操作符。

2）设置以下参数。

● Model：选择 OpenAI 模型，例如 gpt-3. 5-turbo。

- Prompt：输入希望模型完成的任务。例如：What is the capital of Japan? What is the largest city in Marocco? 参见图 14 - 21。
- Max Target Tokens：设置生成响应的最大长度。

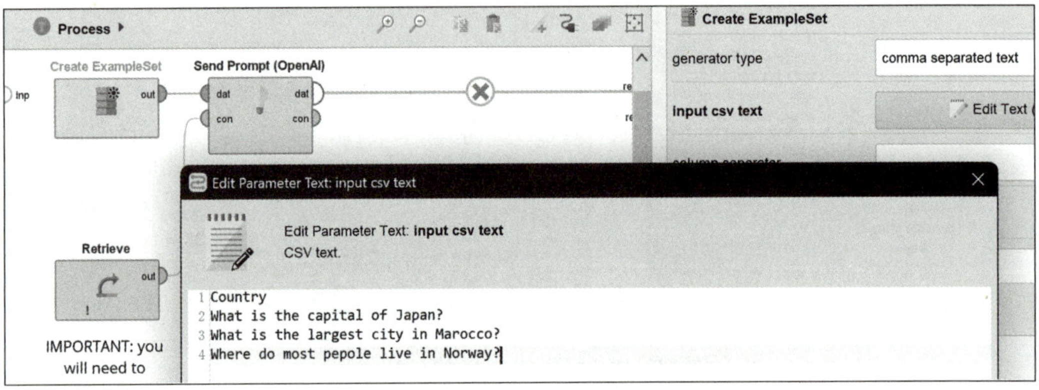

图 14 - 21　设置 Send Prompt 操作符的参数

(4) 运行流程如下。

1) 将输入数据表连接到 Send Prompt 操作符。

2) 模型根据提示生成响应，并将结果作为新列添加到输出表格中。输出结果如图 14 - 22 所示。

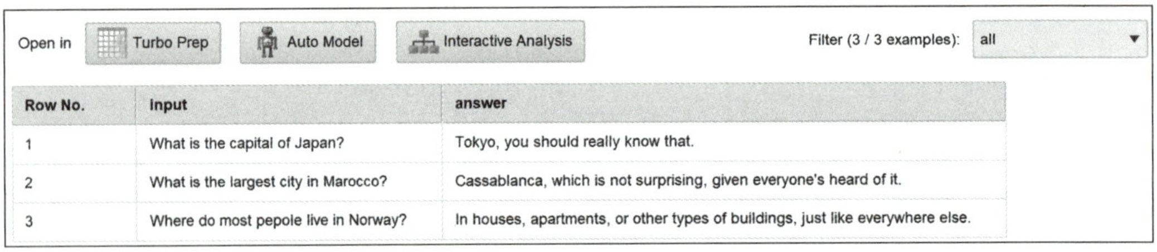

Row No.	input	answer
1	What is the capital of Japan?	Tokyo, you should really know that.
2	What is the largest city in Marocco?	Cassablanca, which is not surprising, given everyone's heard of it.
3	Where do most pepole live in Norway?	In houses, apartments, or other types of buildings, just like everywhere else.

图 14 - 22　Send Prompt 操作符的问答输出结果

// 关键概念回顾 //

自动建模：RapidMiner 的一个扩展功能，在执行一个数据挖掘任务时自动从多个可行算法中选出最优的算法模型，帮助用户快速、一键式地完成数据挖掘任务。

生成式人工智能：RapidMiner 的一个高级功能，能够让用户在无须编写任何代码的情况下，利用大语言模型轻松完成个性化的机器翻译、摘要生成、常识性知识问答、文本分析等任务。

// 附录 //

数据挖掘任务实践与示例

纸上得来终觉浅，绝知此事要躬行。学习大数据与商业智能这门课程要掌握各种算法的基本原理，更要进行实践和运用。因此在附录中，编者将近年来在课堂上组织学生进行数据挖掘任务实践的相关资料进行了整理和示例，供读者参考并鼓励依此进行实践，以便更好地掌握和运用各种数据挖掘算法来解决实际的商业分析问题。

A.1 数据挖掘任务实践选题

大数据与商业智能这门课程旨在运用数据挖掘和机器学习方法从企业经营数据中挖掘所隐藏的信息与知识，帮助企业决策者更好地解决企业管理问题。本书之前的章节全面介绍了数据挖掘的主要步骤和典型算法。数据挖掘和机器学习是一门非常注重实际操作的学科，要想更深入地掌握相关方法，务必通过完成数据挖掘的具体实践任务来实现相关算法的理解、掌握和运行。

建议通过 3～5 人组队联合的方式来完成某项数据挖掘任务，具体的选题可以来自公司行业、个人兴趣、数据挖掘竞赛等，相应的数据来源可以来自公司自有数据、公开数据集、竞赛数据集等，通过对具体商业问题的定义和提炼，组织数据集并进行数据的预处理与可视化分析，进一步运用各种数据挖掘算法对数据进行挖掘和分析，得到相应商业问题的决策建议和管理启示。

此处列出一些相关的数据挖掘任务选题参考资料，读者可选择其中感兴趣的选题进行实践。

（1）Kaggle（https://www.kaggle.com）：国际数据挖掘领域一个广泛使用的数据挖掘任务和数据集共享平台。

（2）和鲸社区（https://www.heywhale.com）：国内领先的数据科学协同平台，有各种数据挖掘数据集以及国内外相关的数据挖掘赛事资料。

（3）Kdnuggets（https://www.kdnuggets.com）：国际数据科学和机器学习领域的交流论坛，可供相关用户进行互动交流与探讨，并提供各类算法和数据集资料。

（4）WEKA（https://www.weka.io）：一款国际开源的、基于 JAVA 环境的数据

挖掘和机器学习软件，相关算法源代码可在其官方网站下载。

（5）UCI（https://archive.ics.uci.edu）：由加州大学欧文分校组织管理的机器学习的公开数据集，其全称是 UC Irvine Machine Learning Repository。

（6）GitHub（https://github.com）：国际流行的开源算法代码共享平台，可以从该网站找到全世界算法爱好者开源的各类机器学习算法代码。

（7）RapidMiner Academy（https://academy.rapidminer.com）：RapidMiner 官方提供的学习资源和实践机会的交流平台，包括内容库、Goldmine、认证考试三大模块，分别提供学习课件、数据挖掘案例、技能认证等内容，这些素材内容能够直接在 RapidMiner 中运行，帮助用户快速上手数据挖掘任务。

（8）Altair Community（https://community.altair.com/categories/altair-rapidminer）：由 RapidMiner 母公司 Altair 提供的在线平台，主要包括讨论论坛、教程与文档、扩展与插件、网络研讨会与活动等内容，聚集了全球各地的用户、开发者和专家，为他们提供一个交流、学习和分享的空间。

表 A-1 列出了一些往届学生在完成课程大报告的数据挖掘任务实践时的具体选题情况，供读者参考。

表 A-1　数据挖掘任务实践的选题示例

利用大数据提高销售效率——基于 K 均值聚类的协同过滤推荐算法应用
Hubble Connected——家用婴儿监护器的网络推广/销售分析/预测
大数据智能投资——医药制造板块的股票投资决策
最优投资组合——从上证 50 成分股中挖掘
关于提升某母婴品牌电商销量的项目汇报
淘宝美妆数据分析及店铺参加双十一指引
银行客户用户画像分析——对个人消费贷款业务增长的研究分析
日化用品超市未来销售预测
疫情精准防控中大数据的应用
数据挖掘——基于豆瓣电影分类排行
SVM 在多因子选股中的应用
数据挖掘辅助人才识别和招聘案例
心理培训行业的营销方案决策可视化
通过 Item KNN 算法实现基于协同过滤的商品推荐
投资者论坛情绪与指数走势预测模型
企业债券风险影响因素的数据分析模型
基于比特币行情等数据预测比特币价格
基于基金精选的 FOF 组合策略
基于某 Tmall 店铺订单的数据分析及商业决策
利用大数据提供会计估计模型提高收入确认的准确性
数据挖掘在跨境电商销售预测的应用

续表

基于上市公司财务相关数据建模分析识别财务困境
“大海捞针”式财务造假智能识别？——基于 SVM 算法下的研究
基于关联规则的快销品的商品推荐
基于机器学习的强化配对交易

A. 2　数据挖掘任务实践示例

此处摘取笔者在中山大学管理学院讲授大数据与商业智能本科生课程的过程中学生所完成的数据挖掘任务实践的课程报告内容，供读者参考了解一个典型的数据挖掘任务所涉及的主要步骤和相关分析流程。

大数据与商业智能
课程报告

题目： 商业银行理财产品的客户认购行为预测

作者： ××学生组

2024 年 1 月 14 日

摘　要

目前，我国互联网技术正处于飞速发展的阶段，这同时也推动了我国互联网金融行业的进步，在金融领域各方面均可看到互联网技术的应用场景。此外，随着传统金融类产品数量的不断增多以及营销利益的驱使，金融产品的形式逐渐趋于一致化。在“互联网+”创新计划推动下，数字化营销在金融领域的应用逐渐成为焦点，传统银行电话营销受到巨大挑战，我国银行业急需转型。而从技术层面上，虽然银行可从外部获取大量非结构化数据，但将这些数据转换成文本数据应用于客户画像并非易事。因此本报告对研究问题进行了界定，主要是：实现银行精准客户画像的方法和工具如何选择？如何评估银行精准营销的效果和提升客户价值？如何实现精确预测？背后指向的是大数据背景下的精准问题。

立足于解决问题，本报告运用天池分析赛提供的银行客户认购产品数据集，通过银行的沟通次数等行为数据、客户的年龄职业等基本信息，以及当前市场的就业状况等宏观经济情况，银行可以更全面地了解市场动态，制定更具针对性的销售策略。首先通过对现有数据集进行整合与预处理获取初步数据，并将 22 个属性归为 5 类进行描述性统计分析，挖掘订购该银行产品的客户的特征信息，得到结论：倾向订购银行理财产品的群体多为已婚、文盲、退休人员或失业者、较年轻群体；新老客户的产品订购率差异不大、银行现有客户粘性较低，且有较多高价值客户未被银行主动挖掘到；在经济形势更积极稳定时，客户订购意愿强。其次，为了进一步得到订购产品的客户画像，本报告选取与标签属性相关性最强的 9 个属性进行聚类，并参考现有文献及实际生活从个人特征、市场情况以及营销情况 3 个维度塑造客户画像。我们发现，聚类后订购率最高的 cluster_3 客户很可能为实现财务自由的中年群体，粘性较高、所处市场的就业变化率最低。针对聚类结果进行了商业运用的分析以及对该算法进行了优缺点的有效性评价。最后借助机器学习算法，通过 IV 值浅析预测能力并运用 SMOTE 方法平衡样本后，构建了传统的随机森林、神经网络、XGBoost、朴素贝叶斯等多种模型进行客户订购行为的预测分析，并从特征重要性、混淆矩阵以及 AUC 值等角度对比模型的分类性能。实验结果表明，随机森林、神经网络等模型更能准确预测客户订购产品行为，并且得出 22 个属性中对客户订购行为影响最大的 5 大重要特征，包含就业变化率、银行上次的连续时长等，这与前面的聚类分析结果一致。

综上所述，本研究通过借助多样化的技术手段，帮助银行深度挖掘用户行为数据、构建客户画像，形成对客户购买行为的准确预测。这不仅有助于银行优化营销决策体系、节约人力和时间成本、提高客户满意度进而持续增加收益，还能够加强金融产品与客户之间的高效精准匹配，实现数字普惠金融，推动金融行业朝着更加智能、便捷、个性化的方向发展。

关键词：聚类；客户画像；分类；购买决策预测；精准营销

目　录

图表目录

课程报告的正文内容省略，详情可参考本书配套的电子资源。内容参考框架如下：

一、问题解读

（一）……

1. ……

（1）……

二、文献综述

三、模型设计

（一）数据预处理

（二）建模分析与算法

（三）结果对比

四、结论与管理启示

五、意见与回应（针对课堂提出的有意义的建议，做修改与回应）

六、组内分工

七、课程感想与建议

参考文献

图书在版编目（CIP）数据

大数据与商业智能：基于 RapidMiner 的数据挖掘 / 夏俐主编；吴记等副主编．--北京：中国人民大学出版社，2025.8．--（高等学校新文科教材）．-- ISBN 978-7-300-34220-7

Ⅰ．F712-39

中国国家版本馆 CIP 数据核字第 202512SG17 号

高等学校新文科教材·数字化管理系列

大数据与商业智能——基于 RapidMiner 的数据挖掘

主　编　夏　俐

副主编　吴　记　卓晓坡　沈华晓　王　杉　吴浩然

Dashuju yu Shangye Zhineng——Jiyu RapidMiner de Shuju Wajue

出版发行	中国人民大学出版社		
社　址	北京中关村大街 31 号	**邮政编码**	100080
电　话	010－62511242（总编室）		010－62511770（质管部）
	010－82501766（邮购部）		010－62514148（门市部）
	010－62511173（发行公司）		010－62515275（盗版举报）
网　址	http://www.crup.com.cn		
经　销	新华书店		
印　刷	天津中印联印务有限公司		
开　本	787 mm×1092 mm　1/16	**版　次**	2025 年 8 月第 1 版
印　张	15.5 插页 1	**印　次**	2025 年 8 月第 1 次印刷
字　数	354 000	**定　价**	55.00 元

中国人民大学出版社　管理分社

教师教学服务说明

中国人民大学出版社管理分社以出版工商管理和公共管理类精品图书为宗旨。为更好地服务一线教师，我们着力建设了一批数字化、立体化的网络教学资源。教师可以通过以下方式获得免费下载教学资源的权限：

★ 在中国人民大学出版社网站 www.crup.com.cn 进行注册，注册后进入“会员中心”，在左侧点击“我的教师认证”，填写相关信息，提交后等待审核。我们将在一个工作日内为您开通相关资源的下载权限。

★ 如您急需教学资源或需要其他帮助，请加入教师 QQ 群或在工作时间与我们联络。

中国人民大学出版社　管理分社

教师 QQ 群：648333426（工商管理）　114970332（财会）　648117133（公共管理）
教师群仅限教师加入，入群请备注（学校＋姓名）

联系电话：010-62515782，82501868，82501048，62514760

电子邮箱：glcbfs@crup.com.cn

通讯地址：北京市海淀区中关村大街甲 59 号文化大厦 1501 室（100872）

管理书社　　人大社财会　　公共管理与政治学悦读坊